I0271022

ENSEIGNEMENT
HISTORIQUE ET GÉOGRAPHIQUE

HISTOIRE DE FRANCE
DEPUIS L'AVÉNEMENT DE LA SECONDE RACE
JUSQU'A FRANÇOIS Ier.

Classe de Cinquième.

ENSEIGNEMENT HISTORIQUE ET GÉOGRAPHIQUE
DANS LES LYCÉES.

OUVRAGES SPÉCIALEMENT RÉDIGÉS
d'après le Programme du 30 août 1852.
PAR MM. ANSART FILS ET AMBROISE RENDU.

CLASSE DE SIXIÈME.

NOTIONS GÉNÉRALES D'HISTOIRE ET DE GÉOGRAPHIE ANCIENNES ET HISTOIRE DE FRANCE jusqu'à la fin de la première race. 1 vol. in-12, broché.   3 fr. 25 c.

CLASSE DE CINQUIÈME.

HISTOIRE ET GÉOGRAPHIE DE LA FRANCE, depuis l'avénement de la seconde race jusqu'à François Ier. 1 volume in-12, broché.   3 fr. 25 c.

Le même volume, suivi de *la Géographie physique de la France*, in-12 broché.   3 fr. 85 c.

CLASSE DE QUATRIÈME.

HISTOIRE ET GÉOGRAPHIE DE LA FRANCE, depuis l'avénement de François Ier jusqu'en 1815. 1 vol. in-12, broché. 3 fr. 25 c.

Le même volume, suivi de *la Géographie administrative de la France*. In-12 broché.   3 fr. 85 c.

CLASSE DE TROISIÈME.

HISTOIRE ET GÉOGRAPHIE ANCIENNES, depuis l'origine du monde jusqu'à la chute de l'Empire d'Occident. 1 volume in-12, broché.   3 fr. 25 c.

Le même volume, suivi de *la Géographie physique du globe* (objet du cours, — grandes divisions). In-12, broché.   3 fr. 85 c.

CLASSE DE SECONDE.

HISTOIRE ET GÉOGRAPHIE DU MOYEN AGE. 1 volume in-12, broché.   3 fr. 25 c.

Le même volume, suivi de *la Géographie politique et statistique des États Européens* (la France exceptée). In-12, broché.   3 fr. 85 c.

CLASSE DE RHÉTORIQUE.

HISTOIRE ET GÉOGRAPHIE DES TEMPS MODERNES (1453-1815). 1 volume in-12, broché.   3 fr. 25 c.

Le même volume suivi de *la Géographie physique et politique de la France*. In-12, broché.   3 fr. 85 c.

Chaque volume contient les CARTES CORRESPONDANTES AUX QUESTIONS DE GÉOGRAPHIE HISTORIQUE prescrites par les Programmes.

Tous les cahiers de géographie ajoutés à la fin de chaque volume peuvent se vendre séparément, brochés.   60 c.

Le cartonnage se paye en sus 25 c. par volume.

Ces volumes répondent également au moyen des renvois détaillés à toutes les questions d'Histoire et de Géographie posées par les PROGRAMMES DES BACCALAURÉATS ÈS LETTRES ET ÈS SCIENCES, lesquels sont insérés dans chaque volume.

Paris. — Typ. Morris et comp., rue Amelot, 64.

Les Auteurs se réservent le droit de traduction.

ENSEIGNEMENT
HISTORIQUE ET GÉOGRAPHIQUE

D'APRÈS

LE NOUVEAU PLAN D'ÉTUDES

ET

LES PROGRAMMES ARRÊTÉS PAR M. LE MINISTRE DE L'INSTRUCTION PUBLIQUE
le 30 août 1852.

CLASSE DE CINQUIÈME.

HISTOIRE DE FRANCE

DEPUIS

L'AVÉNEMENT DE LA SECONDE RACE
JUSQU'A FRANÇOIS Ier.

PAR

M. ANSART Fils

Professeur d'Histoire et de Géographie, Membre de la Société de Géographie,

ET

M. AMBROISE RENDU

Docteur en droit.

SECONDE ÉDITION, REVUE ET CORRIGÉE AVEC SOIN.

PARIS.

LIBRAIRIE ECCLÉSIASTIQUE ET CLASSIQUE
DE CH. FOURAUT,
47, RUE SAINT-ANDRÉ-DES-ARTS.

1855

	Pages.
Royaume d'Aquitaine avec le duché de Gascogne et la Marche d'Espagne.	42
Nouvelles cités en Austrasie et en Allemagne.	44
4. *Démembrement de l'empire de Charlemagne par le soulèvement des peuples (814-843).*	49
Faiblesse de Louis le Débonnaire : partage de l'empire entre ses fils.	50
Révolte et mort de Bernard (817).	51
Pénitence publique de Louis.	51
Première et seconde déposition.	52
Bataille de Fontanet. (841).	53
Traité de Verdun qui partage l'empire en trois royaumes et limite celui de France à l'ouest de la Meuse, de la Saône et du Rhône.	55
5. *Démembrement du royaume de France par les usurpations des Leudes (843-887).*	56
Embarras de Charles le Chauve.	57
Les Northmans.	58
Hastings et Robert le Fort.	60
Démembrement de la France en grands fiefs.	62
Édits de Mersen et de Kiersy-sur-Oise.	62
Louis le Bègue.	63
Louis III et Carloman (877-884).	64
Charles le Gros.	66
Sa déposition (887).	66
Commencement du régime féodal.	68
Puissance du clergé.	69
6. *Les derniers rois carlovingiens et les ducs de France (887-987).*	71
Opposition contre les Carlovingiens.	71
Élection d'Eudes, duc de France, et de Raoul, duc de Bourgogne.	71
Charles le Simple.	73
Établissement des Northmans en France (912).	73
Ravages des Sarrasins et des Hongrois.	74
Louis IV d'Outre-mer.	75
Lothaire et Louis V.	75
Misère des derniers Carlovingiens.	75
Tableau généalogique des rois de la seconde race.	78
7. *Les quatre premiers Capétiens (987-1108).*	79
Hugues Capet fonde la troisième race (987).	80
La couronne est réunie à un grand fief.	80
Alliance des premiers Capétiens avec l'Église.	81

	Pages.
Robert II (996).	83
Henri Ier (1031).	86
Fondation de la première maison capétienne de Bourgogne.	86
Philippe Ier (1060).	89
8. *Exposition du système féodal au onzième siècle.*	93
Hérédité des bénéfices et des fonctions publiques.	94
Vassal et suzerain.	95
Recommandation, foi, hommage, investiture.	98
Droits du suzerain : obligations des vassaux et des sujets.	99
Droits de guerre privée.	99
Violences universelles.	101
Ignorance.	101
Misère du peuple.	101
Quelques résultats heureux du régime féodal.	103
9. *Entreprises extérieures.*	105
Nombreux pèlerinages.	105
Réforme dans l'Église par Grégoire VII, qui ranime l'enthousiasme religieux.	106
Fondation par les Normands du royaume des Deux-Siciles.	107
Fondation par Henri de Bourgogne du royaume de Portugal.	108
Conquête de l'Angleterre par les soixante mille Français de Guillaume, duc de Normandie (1066).	109
10. *Géographie politique de la France avant les croisades.*	111
Étendue du domaine royal.	112
Grands vassaux de la couronne : duchés de Normandie, de Bretagne, de Bourgogne et de Guyenne, comtés de Flandre, de Champagne, d'Anjou, de Toulouse et de Barcelone.	115
Vassaux inférieurs.	120
Fiefs de l'Église.	123
11. *La première croisade (1095-1099).*	125
Pierre l'Ermite.	126
Concile de Clermont.	126
Godefroy de Bouillon.	130
Conquête de Jérusalem (1099).	130
Fondation d'un royaume français en Palestine.	134
Part de la France dans ces grandes entreprises.	134
Résultats pour le commerce et l'industrie.	135
Création des ordres militaires (les Hospitaliers et les Templiers), des armoiries.	136
Développement de la chevalerie.	137
Lois de cette institution, tournois.	139
12. *Louis VI dit le Gros (1108-1137) et les communes.*	144

	Pages
Activité de ce prince.	145
Bonne police dans ses domaines.	145
Il protége les églises.	145
Condition des serfs et des vilains.	149
Débris des anciennes institutions urbaines.	150
Insurrections sur plusieurs points pour obtenir des chartes de commune.	151
Intervention du roi dans cette révolution.	155
Histoire de la commune de Laon.	156
Pouvoir croissant du roi.	157
Lutte contre Henri Ier, roi d'Angleterre.	157
Influence de Louis VI dans le Midi.	159

13. *Louis VII dit le Jeune, Philippe-Auguste et Louis VIII* (1137-1226). 161

Mariage de Louis VII avec Éléonore de Guyenne.	162
Seconde croisade (1147).	163
Divorce de Louis VII.	164
Vastes possessions du roi d'Angleterre en France.	164
Diversions favorables à Louis VII.	164
Administration de ce prince.	165
Suger.	165
Philippe-Auguste (1180).	166
La troisième croisade.	168
Rivalité de Philippe-Auguste et de Richard Cœur-de-Lion.	168
Condamnation de Jean Sans-terre.	170
Acquisition de plusieurs provinces.	170
Victoire de Bouvines (1214).	171
Quatrième croisade.	172
Fondation d'un empire français à Constantinople.	172
Croisade contre les Albigeois.	173
Expédition d'Angleterre.	176
Administration de Philippe-Auguste.	177
Louis VIII (1223); la France du Midi ramenée sous l'autorité du roi.	178

14. *Saint-Louis* (1226-1270). 181

Régence de Blanche de Castille.	182
Victoire de Taillebourg (1242).	183
Première croisade de saint Louis (1248).	185
Administration de ce prince.	188
Affaiblissement de la féodalité.	188
Extension de la juridiction royale.	188
Affaiblissement des communes.	188

	Pages.
Conquête du royaume de Naples par les Français.	190
Seconde croisade et mort de saint Louis.	190
La Sainte-Chapelle et la Sorbonne.	191
15. *De la civilisation au treizième siècle.*	192
Développement du commerce.	195
Industries nouvelles.	195
Corporations industrielles.	197
Sûreté des routes.	197
Monnaie du roi.	197
Premiers grands monuments de la langue française.	198
Villehardouin, Joinville et les trouvères.	198, 199
Développement de l'architecture, de la peinture sur verre, de la sculpture.	201
Ordres mendiants.	202
Progrès du tiers état.	203
16. *Philippe III le Hardi, Philippe le Bel et ses fils* (1270-1328).	204
Agrandissement du domaine sous Philippe III.	206
Philippe IV (1285).	208
Guerre de Guyenne.	208
Guerre de Flandre.	208
Batailles de Courtray et de Mons en Puelle.	208
Embarras financiers du roi.	211
Altération des monnaies.	211
Démêlé avec Boniface VIII.	212
Condamnation des Templiers.	214
Acquisition de Lyon et de Lille.	215
Le parlement.	215
Premiers États généraux.	217
Louis X le Hutin (1314).	218
La loi salique.	219
Philippe V le Long (1316), et Charles IV le Bel (1322).	219
Convocation fréquente des États généraux.	219
Lettres de noblesse.	219
17. *Géographie politique de la France à l'avénement des Valois.*	222
Résumé des acquisitions faites par le domaine royal depuis la fin du XIe siècle.	223
Nouvelles maisons féodales formées par les princes du sang apanagistes.	227
Autres feudataires.	228
Princes étrangers possessionnés en France.	229
18. *Philippe VI* (1328-1350), *auteur de la branche des Capétiens-Valois.*	231

	Pages.
Puissance du roi de France avant la guerre avec l'Angleterre.	232
Prétentions d'Édouard III.	233
Affaires de Flandre.	233
Arteweld.	233
Combat naval de l'Écluse.	233
Affaires de Bretagne.	234
Expédition d'Édouard III en France.	235
Bataille de Crécy (1346).	235
Siége de Calais.	239
Eustache de Saint-Pierre.	239
Peste de Florence.	239
La gabelle.	239
Acquisition de Montpellier et du Dauphiné.	240
19. *Jean le Bon* (1350-1364).	242
États généraux de 1355.	243
Bataille de Poitiers (1356).	243
États généraux de 1356.	244
Étienne Marcel.	244
La Jacquerie.	245
Charles le Mauvais.	245
Le dauphin Charles.	246
Traité de Brétigny (1360).	247
Seconde maison de Bourgogne.	247
20. *Charles V dit le Sage* (1364-1380).	249
Rétablissement de l'ordre dans le pays et dans les finances.	250
Fin de la guerre de Bretagne (1365).	251
Du Guesclin.	251
Les grandes compagnies.	252
Intervention des Français en Castille.	252
Reprise des hostilités avec les Anglais.	253
Nouveau système de guerre.	254
Les Anglais ne conservent que Calais, Bordeaux et Bayonne.	254
Froissart.	255
Sages ordonnances de ce prince.	256
21. *Charles VI* (1380-1422).	258
Rapines des oncles du roi.	259
Soulèvements à Paris, à Rouen, dans le Languedoc.	260
Guerre de Flandre.	260
Victoire de Rosebecque.	260
Démence du roi (1392).	262
Croisade de Nicopolis (1396).	263
Isabeau de Bavière.	264

	Pages.
Meurtre du duc d'Orléans.	264
Faction des Armagnacs et des Bourguignons.	264
Massacres dans Paris.	265
Bataille d'Azincourt (1415).	265
Traité de Troyes (1420).	266
Mort de Henri V d'Angleterre et de Charles VI.	267
22. *Charles VII* (1422-1461).	269
Henri VI, roi d'Angleterre, est couronné roi de France.	271
Charles VII ne possède que les provinces au sud de la Loire.	271
Inertie du roi de Bourges, fêtes et intrigues continuelles à sa petite cour.	272
Réveil du sentiment national.	273
Jeanne d'Arc.	274
Siége d'Orléans.	275
Le roi sacré à Reims.	276
Captivité et mort de Jeanne d'Arc.	276
Expulsion définitive des Anglais (1453).	279
Administration de Charles VII : sévérité à l'égard des nobles.	281
Praguerie.	282
Création d'une armée permanente.	283
Taille perpétuelle.	283
Administration de Charles VII.	284
Pragmatique sanction de Bourges.	285
23. *Louis XI* (1461-1483).	287
Ligue du bien public.	291
Entrevue de Péronne.	292
Mort du frère du roi.	295
Jeanne Hachette.	295
Batailles de Granson, de Morat et de Nancy.	296
Louis recueille la moitié de l'héritage du duc de Bourgogne.	298
Abaissement des grands.	300
Relations avec l'Angleterre et l'Aragon.	301
Acquisitions faites sous ce règne.	302
Nouveaux parlements.	303
Postes.	303
Encouragements au commerce, à l'imprimerie, aux lettres.	303
Comines.	305
Caractère et derniers moments de Louis XI.	306
24. *Géographie comparée de la France à l'avénement et à la mort de Louis XI.*	309
Étendue du domaine royal.	310 et 317
Grandes maisons féodales.	312 et 317

Pages.

25. *Charles VIII* (1483-1498). 318
    Anne de Beaujeu. 320
    États généraux de 1484. 320
    Révolte du duc d'Orléans. 323
    Acquisition de la Bretagne. 325
    Imprudentes concessions de Charles VIII aux États voisins. 327
    Conquête et perte du royaume de Naples. 328
    Victoire de Fornoue. 332
26. *Louis XII* (1498-1515). 335
    Partage de Naples avec les Espagnols et acquisition de Milan. 337
    Traité de Blois. 340
    Ligue de Cambrai. 341
    Victoire d'Agnadel. 343
    Sainte ligue. 343
    Victoire et mort de Gaston de Foix à Ravenne. 345
    Perte de l'Italie. 345
    Traités de paix. 347
    Administration bienfaisante du *Père du peuple*. 348
    Le cardinal d'Amboise. 349
    Commencement de la renaissance des arts. 350

Baccalauréat ès Lettres.

PROGRAMME SOMMAIRE
D'HISTOIRE ET DE GÉOGRAPHIE,

ARRÊTÉ PAR M. LE MINISTRE DE L'INSTRUCTION PUBLIQUE

le 5 septembre 1852.

Histoire du moyen âge.

	Pages.
28. Charlemagne.	1
Faiblesse de ses successeurs.	49
Lutte des derniers Carlovingiens et des premiers Capétiens.	71
Établissement des Northmans en France.	73
29. Exposition du système féodal.	93
Géographie sommaire de l'Europe féodale.	111
Déclin des lettres à la fin du neuvième siècle. — Renaissance dès le onzième.	192
30. Rivalité du sacerdoce et de l'Empire (1).	
31. Croisades. — Leurs résultats. 125, 163, 168, 172, 187,	190
32. Organisation des grandes nations modernes. — En France, progrès de l'autorité royale.	145
Bataille de Bouvines.	171
Saint Louis; progrès de la littérature et des arts. 181,	191
Philippe le Bel.	208
La loi salique.	219
33. Invasion danoise en Angleterre. — Invasion du duc de Normandie.	107
Royauté anglo-normande. — Henri II. — La grande charte.	221

(1) Les réponses aux questions étrangères à l'histoire de France se trouvent dans les volumes relatifs à l'histoire générale du moyen âge et des temps modernes, tomes V et VI.

Pages.

34. Guerre de Cent ans entre la France et l'Angleterre. — Batailles de Crécy et de Poitiers. 235, 243
Charles V. 249
Du Guesclin. 251
Charles VI. 258
Les Armagnacs et les Bourguignons. 264
Bataille d'Azincourt. 265
Charles VII. 269
Jeanne d'Arc. 274
Nouveaux progrès de l'autorité royale. 281
35. Espagne. — Lutte entre les Maures et les Chrétiens. — Formation et agrandissement des monarchies espagnoles.
Fondation du royaume de Portugal. 108
Découvertes des Portugais.
36. Républiques italiennes.
37. État anarchique de l'Allemagne. — Formation et rupture de l'Union de Calmar. — Polonais et Moscovites. — Turcs ottomans. — Chute de Constantinople.

Histoire des temps modernes.

38. État politique et divisions géographiques de l'Europe au milieu du quinzième siècle.
39. France. — Louis XI. 287
Charles le Téméraire. 292
Charles VIII. 318
Acquisition de la Bretagne. 325
40. Angleterre. — Guerre des deux Roses.
41. Espagne. Ferdinand et Isabelle. — Chute de Grenade.
42. Allemagne et Italie. — Frédéric III et Maximilien. — Venise et Gênes. — Les Médicis. — Politique du Saint-Siége.
43. — Les Turcs sous Mahomet II. — Étendue et puissance de l'empire ottoman en 1520.
44. Guerres d'Italie. 328
Louis XII. Tableau de l'Italie au moment de l'invasion française. 337

Baccalauréat ès Sciences.

PROGRAMME
D'HISTOIRE ET DE GÉOGRAPHIE,

ARRÊTÉ PAR M. LE MINISTRE DE L'INSTRUCTION PUBLIQUE.

le 7 septembre 1852.

Histoire de France.

	Pages.
23. Pépin le Bref fonde la seconde race (752).	1
24. Réunion et tentative d'organisation de tout le monde germanique par Charlemagne. — Ses guerres, son gouvernement ; étendue et divisions géographiques de son empire. — Premier réveil littéraire (768-814).	7, 19, 36
25. Fragilité de l'œuvre de Charlemagne. — Faiblesse de Louis le Débonnaire. — Bataille de Fontanet. — Division de l'Empire en trois royaumes par le traité de Verdun. — La France proprement dite est limitée au nord-est par la Meuse (814-843).	49
26. Faiblesse de Charles le Chauve. — Invasions des Northmans par le nord et l'ouest, des Sarrasins par la Provence et par les Alpes, et bientôt des Hongrois par l'est. — Nouveau démembrement de l'État et du pouvoir. — Reconnaissance définitive de l'hérédité des bénéfices et des offices royaux. Inutilité des tentatives faites pour reconstituer l'empire de Charlemagne. — Irrévocable division en plusieurs États (843-888).	54
27. Royauté d'Eudes et de Raoul. — Entreprises ayant pour but de substituer une nouvelle dynastie à celle des Carlovingiens. — Transformation du pouvoir royal. — Règnes de Hugues Capet et de ses trois premiers successeurs (888-1108) ; leur alliance intime avec l'Église. — Établissement des Northmans en France.	71, 80
28. Exposition du système féodal. — Asservissement de la plus grande partie des anciens hommes libres ; mais le servage est substitué à l'esclavage. — Description féodale de la France. — Géographie sommaire de l'Europe féodale.	93, 111
29. Ferveur ardente et union de toute l'Europe chrétienne dans une même foi et une même pensée. — La première croisade et le royaume chrétien de Jérusalem (1058-1147).	125
30. Les dernières croisades (1247-1270). — Résultats de ces expéditions. — Part que la France y prit.	163, 168, 172, 190
31. La royauté commence la guerre contre la féodalité avec l'appui des communes, des villes et des églises. — Progrès de l'autorité royale sous Louis VI, Louis VII, Philippe-Auguste et Louis VIII. — Extension du domaine de la couronne. — Conquête de plusieurs provinces de l'ouest sur Jean Sans-terre. — Bataille de Bouvines ; affermissement	

Pages.

de l'autorité royale au nord. — Conquête de plusieurs provinces du midi par suite de la croisade contre les Albigeois (1108-1226).   145, 161, 166, 178

32. Saint Louis; ses guerres contre les barons et contre les Anglais. — Ses deux croisades. — Ses travaux législatifs; coups portés par saint Louis à la féodalité. — Progrès de la littérature et des arts. — Premiers grands monuments de la prose française; Villehardouin et Joinville. — Troubadours et trouvères. — Universités. — Architecture ogivale (1226-1270). — Les ordres mendiants.   181, 191, 198

33. Philippe III et Philippe IV. Guerres avec l'Aragon, la Flandre et l'Angleterre. Lutte avec Boniface VIII. — Commencements d'une administration régulière. — Pénurie du trésor; exactions pour le remplir. — Condamnation des Templiers. — Premiers États généraux. — Le parlement. — Fin de la descendance directe de Hugues Capet. — La loi salique (1270-1328).   204

34. Première partie de la guerre de Cent ans entre l'Angleterre et la France. Édouard III et le prince Noir; Philippe VI et Jean. Guerre de Flandre et de Bretagne. Batailles de Crécy et de Poitiers (1328-1356).   231, 235

35. États généraux. — Jacquerie. — Charles V et du Guesclin. La France une première fois recouvrée sur les Anglais (1356-1380).   242, 245, 249

36. Catastrophes en France. — Folie de Charles VI. — Les Armagnacs et les Bourguignons (1380-1414).   259

37. Henri V d'Angleterre. — Bataille d'Azincourt. — Traité de Troyes. — Charles VII et Henri VI. — Jeanne d'Arc. — Expulsion des Anglais (1415-1453).   265, 271

38. Durant cette guerre de Cent ans, progrès de l'autorité royale. Résumé de l'administration des Valois jusqu'à Charles VII. — Formation d'une nouvelle féodalité princière par les apanages. — Progrès du tiers état. — Importance du Parlement et de l'Université. — Réformes de Charles VII. — Pragmatique sanction de Bourges. — Taille perpétuelle. — Armée permanente.   222, 281

39. Nouveaux progrès de l'autorité royale dans les dernières années de Charles VII et sous Louis XI. — Puissance des maisons féodales. — Opposition et mort du duc de Bourgogne. Résultats du règne de Louis XI. — Anne de Beaujeu et Charles VIII. — États généraux de 1484. — Acquisition de la Bretagne (1453-1494).   284, 298, 309

40. Commencement des guerres d'Italie. — Expéditions de Charles VIII et de Louis XII. — Gouvernement de ce dernier prince (1494-1515).   320, 328, 348

HISTOIRE DE FRANCE

DEPUIS

L'AVÉNEMENT DE LA SECONDE RACE

JUSQU'A FRANÇOIS Iᵉʳ.

CHAPITRE PREMIER.

GUERRES DE PÉPIN ET DE CHARLEMAGNE.

SOMMAIRE.

§ I. 1. Pépin de Landen a exercé l'autorité et sauvé la France de l'anarchie. Pépin d'Héristal a organisé un gouvernement régulier. Charles Martel a reconstitué l'unité nationale. Les grands services rendus par les chefs de l'Austrasie ont assuré son triomphe sur la Neustrie.

2. L'avénement de Pépin est la consécration d'un pouvoir depuis longtemps acquis. Pépin, après avoir consulté le pape Zacharie, est élu par l'assemblée de Soissons (752); il est sacré par l'évêque de Mayence, puis par le pape Étienne II. Il avait la bravoure et la prudence nécessaires au fondateur d'une dynastie; on cite une anecdote suspecte sur son audace et sa vigueur.

3. Pépin entreprend pour la défense du pape la guerre contre les Lombards, peuple germain établi depuis deux siècles en Italie. Les Francs avaient de la répugnance pour cette guerre; mais deux campagnes heureuses (754 et 755) ont pour conséquences la fondation du pouvoir temporel des papes. Deux autres campagnes contre les Saxons (753 et 757) produisent des résultats peu importants.

4. Dans la Gaule méridionale l'Aquitaine est indépendante; la Septimanie appartient aux musulmans; Charles Martel les en chasse. L'inimitié entre les Aquitains et les Francs produit une guerre d'extermination (760-768). Les assemblées nationales, devenues plus fréquentes prennent le nom de *champ de mai* (755); le clergé reçoit définitivement le droit d'y siéger; il y obtient une grande influence.

§ II. 5. Les deux fils de Pépin (768-771) partagent l'empire franc Charles a l'Austrasie et Carloman la Neustrie; l'Aquitaine est partagée. Hunold soulève l'Aquitaine (769). Charles, ne pouvant s'entendre avec son frère, combat seul et réduit les révoltés. A la mort de Carloman (771), Charles (Charlemagne) est proclamé seul à l'exclusion de ses neveux.

6. Des injures mutuelles font éclater la guerre contre les Lombards. Charles pénètre facilement en Italie et s'empare de Pavie et de Vé-

rone (774) après un long siége; il est proclamé roi de la Lombardie. Le duc de Bénévent lui prête serment (787).

7. Charles commence en 772 la terrible guerre contre les Saxons qui devait durer 33 ans jusqu'en 804. Les incursions des Saxons, leurs violences contre les missionnaires provoquent la première campagne qui se termine par la prise d'Ehresburg et la destruction de l'*Hermann-Saüle* (772). Une seconde (775), puis une troisième campagne (776) forcent beaucoup de Saxons à se faire baptiser à la diète de Paderborn; mais le brave Wittikind renouvelle la guerre, ce qui occasionne une quatrième campagne (779). Le pays est divisé entre les abbés et les évêques; telle est l'origine des grandes prélatures allemandes. Après une victoire au Sunthal (702) dont Charles se venge cruellement, Wittikind, vaincu malgré d'incroyables efforts, consent enfin à recevoir le baptême (785). La guerre dura encore quelques années, elle fut terminée par la diète de Saltz (803) et l'expatriation d'un grand nombre de Saxons (804).

8. Le duc de Bavière Tassillon, s'étant révolté (787), est jugé à Ingelheim et dégradé (788). Charles fait une guerre heureuse contre les Huns (788) et contre les Avares, dont il prend le Rhing (796).

9. Une guerre contre les Arabes d'Espagne est entreprise sur la demande d'un gouverneur révolté (777); elle amène la conquête des Marches Espagnoles; mais est signalée par la déroute de Roncevaux.

10. Charlemagne est couronné par le pape Léon III (800); ce fait augmente considérablement l'ascendant qu'il possède sur ses peuples.

11. Le nouvel empire d'Occident est vraiment digne de ce titre; il va de l'Oder à l'Èbre et aux extrémités de l'Italie; son étendue est comparable à celle de l'ancien empire romain. Les conquêtes de Charlemagne mettent fin à la première période de l'invasion barbare et préparent la constitution des nations de l'Europe moderne en réunissant leurs éléments.

12. Les premières incursions des pirates northmans et sarrasins causent une profonde douleur à Charlemagne.

§ Ier. RÈGNE DE PÉPIN LE BREF.

1. ORIGINE, PUISSANCE ET SERVICES DES PREMIERS CARLOVINGIENS. — L'avénement de Pépin le Bref au trône n'est que la consécration solennelle d'un pouvoir depuis longtemps acquis par le génie, affermi par la gloire, appuyé sur le vœu de la nation. Le digne chef de l'illustre famille qui allait devenir une seconde dynastie, l'Austrasien Pépin de Landen, soutenant et exerçant de fait l'autorité défaillante aux mains du fils de Dagobert, sauvait une partie de la France d'une anarchie imminente et donnait un exemple salutaire suivi avec éclat par ses vaillants et habiles descendants. L'Austrasie, qui n'avait jamais renoncé au principe germanique de l'élection populaire, exerçait sa souveraineté en ne reconnaissant pour chefs que ses ducs Pépin d'Héristal et Charles Martel, qui s'emparèrent du gouvernement de la Neustrie par une véritable conquête de la race germaine sur les Gallo-Romains. Le contraste, si frappant aux yeux de peuples à demi barbares, de l'activité, de l'énergie, de la valeur de ces deux grands hommes avec la faiblesse et l'incapacité des successeurs dégénérés de Clovis, s'augmentait de jour en jour par l'éclat des glorieuses expéditions qui élevaient si haut dans tout l'Occident la renommée des Francs.

Pépin d'Héristal avait fait oublier à la Neustrie sa défaite, en lui assurant le bienfait d'un gouvernement régulier après tant d'années de déchirements et de discordes. Charles Martel, ralliant autour de lui les guerriers de la Gaule tout entière pour les mener ensemble à la victoire, reconstitua l'unité nationale par le prestige d'une gloire commune. Ses luttes victorieuses contre l'invasion musulmane, et contre les premiers efforts d'une nouvelle invasion germanique, en firent le héros de l'Occident en même temps que le chef incontesté de toute la race franque. La nation avait grandi par lui et avec lui ; en saluant la royauté de Pépin le Bref, elle proclama l'avènement de cette politique vraiment européenne qui devait recevoir de l'empereur Charlemagne sa plus haute expression.

La famille d'Héristal remplaça facilement sur le trône les Mérovingiens dégénérés, car l'ambition de ses chefs se trouva secondée par un mouvement national. « Il y eut comme une seconde invasion de la Gaule par les Germains ; et un événement où l'on ne voit d'ordinaire qu'un changement de dynastie fut, au fait, la victoire d'un peuple sur un peuple, la fondation d'un nouveau royaume par des conquérants nouveaux.

» Pépin, sauf la différence des temps, se trouve dans une situation analogue à celle où avait été Clovis. Comme lui, il est le chef des guerriers et le premier des grands propriétaires. Mais le pouvoir qu'il possède n'est encore qu'un pouvoir de fait ; il sent le besoin de le faire reconnaître par ses principaux compagnons et sanctionner par la religion, qui est devenue celle du peuple (1). »

2. Pépin le Bref fonde la seconde race. Consécration de Pépin par le Pape. — Avant de s'emparer du trône, Pépin avait envoyé consulter le pape *Zacharie*, qui avait répondu que celui-là pouvait prendre le titre de roi qui en possédait le pouvoir. Elu par l'assemblée nationale

---

(1) M. Guizot, *Histoire de la Civilisation en France*.

convoquée à *Soissons* (752), Pépin se fit conférer l'onction sacrée par Boniface, archevêque de Mayence (t. I, n° 346). Cette imposante cérémonie, dont il est alors pour la première fois question dans notre histoire, fit une vive impression sur l'esprit du peuple. Son nouveau souverain devenait pour lui l'*oint du Seigneur*. Deux ans après, le pape *Etienne II*, successeur de Zacharie, étant venu en France solliciter le secours de Pépin le Bref contre les Lombards, qui menaçaient la ville de Rome, sacra de nouveau ce prince, sa femme *Bertrade* et ses deux fils, *Charles* et *Carloman*, et défendit aux Francs, sous peine d'excommunication, d'élire jamais un roi issu d'une autre famille.

Pépin réunissait toutes les qualités indispensables au fondateur d'une dynastie nouvelle : bravoure, habileté, prudence et modération ; mais il lui en manquait une qui n'est pas d'une moindre importance aux yeux d'une nation barbare, comme l'étaient encore les Francs à cette époque : il était petit de taille, et ce défaut, qui l'avait fait surnommer *le Bref*, excitait les railleries de ses officiers. Il en fut instruit, et résolut de leur prouver que la petitesse de sa taille n'ôtait rien ni à sa vigueur ni à son courage. Un jour, s'il faut en croire un historien d'ailleurs un peu suspect, il donnait au peuple le spectacle, alors fort usité, d'un combat d'animaux. Un taureau venait d'être terrassé par un lion. « Qui de vous, s'écrie le roi en s'adressant à ceux qui l'entouraient, se sent le courage d'aller séparer ces animaux furieux ? » Cette proposition les glace de terreur. « Il n'est point d'homme sous le ciel, répondent-ils, qui ose tenter une pareille entreprise. » Le roi, plus hardi, s'élance aussitôt dans l'arène, tire son épée, abat la tête du lion et celle du taureau ; puis il remet son glaive dans le fourreau et se rassied en disant : « Vous semble-t-il que je puisse être votre seigneur ? » Tous tombent à ses pieds comme frappés de la foudre, en s'écriant : « Qui, à moins d'être fou, refuserait de reconnaître que vous êtes fait pour commander aux mortels ? »

3. EXPÉDITION DE PÉPIN EN ITALIE. — Pépin n'ignorait pas que le moyen le plus sûr d'affermir sur sa tête la couronne, qu'il devait surtout aux triomphes guerriers de Charles Martel, était de conduire les Francs à de nouvelles conquêtes. Aussi s'empressa-t-il d'accéder aux prières du pape Etienne II, qui le suppliait de porter ses armes contre les Lombards. Ce peuple, originaire de la Germanie comme les Francs, s'était, depuis près de deux cents ans (en 568), établi dans la partie de l'Italie qui a conservé le nom de Lombardie (voir notre *Histoire du Moyen Age*, t. V, n° 41). Leur roi *Astolphe*, ayant peu à peu augmenté ses possessions, voulait aussi s'emparer de Rome. Pépin proposa à ses guerriers de marcher contre lui; mais le souvenir des dernières expéditions d'Italie, si désastreuses pour la nation (voir t. I, n° 318), n'était pas encore effacé, et ce ne fut pas sans peine que les comtes francs se décidèrent à suivre Pépin. Son activité et sa valeur assurèrent le succès. Les Lombards furent vaincus dans deux campagnes (754 et 755), et leur roi Astolphe, assiégé deux fois dans Pavie, sa capitale, se vit contraint d'abandonner au vainqueur la Pentapole, Ravenne, et tout l'exarchat (1), dont Pépin fit présent au saint-siége. C'est depuis cette époque que le chef de l'Eglise est devenu un souverain temporel (voir notre *Histoire du Moyen Age*, t. V, n° 118).

Pépin avait eu, comme son père (voir plus haut, t. I, n° 342), à combattre les Saxons, qui continuaient à dévaster les frontières du royaume d'Austrasie au lieu de lui payer tribut. Deux fois (753 et 757) il porta ses armes dans leur pays; mais bien qu'un historien prétende qu'il leur imposa un tribut de trois cents chevaux et l'obligation de recevoir des missionnaires chrétiens, il paraît qu'en réalité il ne remporta que d'insignifiants avantages sur cette belliqueuse nation, dont la soumission définitive devait être l'œuvre laborieuse de son fils (voir n° 7).

4. Conquête de l'Aquitaine et de la Septimanie. — Assemblées du champ de mai. — Une conquête plus importante appelait l'attention des Francs. Toute la Gaule méridionale de la Loire aux Pyrénées, tant de fois parcourue et ravagée par les Francs et par Charles Martel lui-même, n'avait jamais été complètement et définitivement conquise. — L'*Aquitaine*, où Clovis et ses successeurs n'avaient réellement possédé que des établissements passagers et précaires, avait recouvré sa prospérité avec son indépendance sous le gouvernement de ses ducs nationaux et héréditaires (t. I, n° 335), dont les domaines s'étaient encore accrus par l'expulsion des Sarrasins, contre lesquels ils n'avaient pas combattu sans gloire. — La *Septimanie* était, comme nous

---

(1) Voir dans le volume consacré à l'histoire et à la géographie du moyen âge la description de ces contrées.

l'avons dit (t. I, n° 343), restée au pouvoir des infidèles, en dépit des efforts réitérés du brillant vainqueur de Tours, qui échoua sous les murs de *Narbonne*.

Son fils fut plus heureux : profitant des révolutions qui avaient affaibli le khalifat, et secondé par les chrétiens de la Septimanie, il chassa les musulmans de Narbonne et de toutes les places qu'ils occupaient dans le Midi (759).

Restait l'Aquitaine, qui, toute romaine encore par sa civilisation, ses lois, son langage et ses mœurs, repoussait toujours avec la même haine et le même mépris la domination des Barbares de la Germanie. Le duc *Waïfre*, fier de son origine mérovingienne, ne voyait pas avec une moindre aversion la famille nouvelle qui avait détrôné sa race. De plus, il avait donné asile à Griffon, ce fils déshérité de Charles Martel, qui, sorti de son couvent, avait levé contre son frère l'étendard de la révolte. Waïfre acheva d'iriter son ennemi en envoyant le comte d'Auvergne porter le ravage sur les terres des Francs établis dans la Bourgogne. Ce fut le signal d'une guerre d'extermination, guerre d'antipathies nationales bien plus encore que d'ambitions personnelles, une de ces guerres de peuple à peuple qui ne se terminent que par l'anéantissement des vaincus. Telle fut la guerre d'Aquitaine, qui dura neuf années (760-768), et fut accompagnée des plus épouvantables dévastations : villes, villages, monastères, églises même, tout, jusqu'aux arbres, fut livré aux flammes ; et quand la mort de ses derniers défenseurs et de son duc, assassiné par un traître, la livra au vainqueur, cette vaste province, naguère la plus fertile et la plus riche de toute la Gaule, n'était plus qu'un désert couvert de ruines fumantes.

Les fatigues de cette longue et terrible guerre avaient épuisé les forces de Pépin. Attaqué d'une hydropisie près de Saintes, il se fit transporter au tombeau de Saint-Martin de Tours, et de là à Saint-Denis. Sentant que sa fin était prochaine, il partagea ses Etats entre ses deux fils, Charles et Carloman, et mourut (768), après avoir gouverné l'empire des Francs pendant vingt-sept ans, dont onze comme maire du palais, et seize comme roi.

Les assemblées de la nation, tombées presque en désuétude sous les Mérovingiens, étaient redevenues fréquentes sous le règne de ce prince. Pour faciliter ces réunions, qui semblent avoir été fort négligées au milieu des guerres civiles qui amenèrent l'extinction de la race de Clovis, Pépin en transporta l'époque (755) du mois de mars au mois de mai, pendant lequel les fourrages couvrent partout la terre. De là le nom de *champs de mai*, que ces grandes assemblées ont longtemps conservé. Pépin confirma aux prélats le droit de séance dont ils avaient déjà joui en plus d'une occasion sous les Mérovingiens, comme le prouve la composition des conciles ou assemblées de 511 et de 614. Ils y introduisirent l'usage de la langue latine, inconnue aux guerriers francs, et y exercèrent bientôt par leurs lumières une influence qu'il est facile de reconnaître en lisant les actes rédigés dans ces comices de la nation. On y trouve la preuve que ces réunions continuèrent à participer, comme celles que nous venons de rappeler, de la nature d'un concile autant au moins que d'une assemblée politique. Il en fut encore ainsi sous Charlemagne et sous plusieurs de ses successeurs.

§ II. GUERRES DE CHARLEMAGNE.

5. CHARLEMAGNE ET CARLOMAN. — Charles et Carloman avaient été sacrés rois quatorze ans avant la mort de leur père, ils lui succédèrent donc sans opposition, et ils respectèrent le partage que ce prince avait lui-même pris soin de faire entre eux à ses derniers moments. Charles eut l'Austrasie avec toutes les provinces orientales, et Carloman la Neustrie avec la Bourgogne et les provinces de l'occident et du midi; quant à l'Aquitaine, qui lui avait coûté tant de travaux, Pépin n'ignorait pas qu'elle était mal soumise encore, et pour intéresser ses deux fils à y maintenir leur domination, il la partagea entre eux. Ses prévisions ne furent pas trompées. A peine Charles et Carloman avaient-ils eu le temps de se faire proclamer, l'un à *Noyon*, et le second à *Soissons*, qu'il leur fallut marcher contre les Aquitains révoltés.

Le vieux duc *Hunold*, père de Waïfre, à qui il avait abandonné le gouvernement de l'Aquitaine pour se retirer dans un couvent (voir t. I, n° 345), en était sorti pour venger la dévastation de son pays et l'assassinat de son fils. Sa voix trouva encore des échos sur cette terre désolée, et tout ce qui y restait d'hommes capables de porter les armes se rassembla autour de lui. Les deux frères réunirent leurs guerriers pour marcher contre lui (769); mais la discorde se mit entre eux avant même qu'ils n'eussent vu l'ennemi, et Carloman se retira avec ses troupes, laissant à son frère le soin de continuer cette guerre avec ses propres forces. C'en était trop encore pour que le malheureux Hunold pût espérer de résister avec le peu de guerriers échappés à tant de massacres; forcé de fuir, il alla demander un asile à son neveu *Loup*, duc des Gascons ; mais celui-ci le livra à Charles, et le château de *Fronsac*, sur les bords de la Garonne, au cœur de l'Aquitaine, reçut une forte garnison pour assurer désormais la soumission de cette vaste province.

Deux ans après (771), Carloman, qui s'était réconcilié avec son frère, grâce à l'intervention de leur mère, Bertrade, mourut, laissant deux fils trop jeunes pour défendre leur héritage contre leur oncle. Charles se fit donc reconnaître à la diète de *Carbonac* chef unique de la monarchie des Francs ; et, désormais seul maître de cet immense empire, il put concevoir et réaliser les vastes projets qui ont rendu son règne l'un des plus illustres entre tous ceux des monarques de l'Occident.

6. Guerre de Charlemagne contre les Lombards. — Conquête de la moitié de l'Italie. — Parmi les nombreuses guerres entreprises par Charlemagne, celle contre les Lombards d'Italie est surtout remarquable par ses résultats. *Didier*, leur roi, avait à se plaindre de Charles, qui, après lui avoir demandé sa fille en mariage, venait de la renvoyer pour prendre une autre femme. Afin de se venger de cet outrage, Didier voulut faire sacrer et couronner par le pape *Adrien I*er les enfants de Carloman dépouillés par leur oncle (voir t. I, n° 345), et qui étaient venus avec leur mère chercher un asile à la cour du prince lombard. Mais le pape s'y refusa, et prévint Charles, qui tint à *Genève* le champ de mai de l'an 773, y fit décider la guerre et entra aussitôt en campagne. A son approche, les Lombards abandonnèrent, sans tenter de les défendre, les *cluses* ou défilés de la chaîne des Alpes qui donnent entrée en Italie, et laissèrent les Francs pénétrer sans résistance jusqu'à *Pavie*, leur capitale. Didier s'y enferma, tandis que son fils Adalgise allait se jeter dans *Vérone*. Peu expérimentés dans l'art d'assiéger des places aussi fortes, les Francs se bornèrent à en former le blocus ; et, en attendant que la famine lui livrât ses ennemis, Charles se rendit à Rome, où il fut reçu avec de grands honneurs par le pape, auquel il confirma la donation faite au saint-siège par Pépin. Au printemps suivant (774), il revint sous les murs de la capitale de la Lombardie, qui se rendit à lui ; Vérone suivit bientôt cet exemple. Didier, envoyé en France, y finit ses jours dans un monastère. Il paraît qu'il en fut de même des fils de Carloman, sur le sort desquels l'histoire garde un profond silence. Maître de toute l'Italie septentrionale, Charles se fit couronner roi de Lombardie, et fut reconnu en cette qualité par tous les ducs lombards, à l'exception de celui de *Bénévent*, le plus puissant d'entre eux, qui gouvernait la plus grande partie de l'Italie méridionale. Ce ne fut que treize ans après (787) qu'il consentit à prêter serment de fidélité et à payer tribut.

7. GUERRE DE SAXE. — Dès l'année suivante (772), Charlemagne avait commencé une lutte terrible contre les Saxons. Nous avons dit combien de fois déjà cette belliqueuse nation, qui s'étendait des rives de l'Ems à l'entrée de la péninsule du Jutland (1), avait exercé les armées des Francs ; mais la guerre que lui fit Charlemagne fut, dit Eginhard, l'historien de ce prince, « la plus longue, la plus cruelle de celles qu'il entreprit, et celle qui fatigua le plus son peuple. Elle se prolongea à diverses reprises pendant trente-trois années (772-804), cette indomptable nation reprenant les armes aussitôt que les troupes qui avaient envahi le pays s'étaient éloignées. Nos frontières rencontraient les leurs presque toujours dans des plaines ouvertes, à la réserve d'un petit nombre d'endroits où d'épaisses forêts et des montagnes séparaient nos limites. Ces plaines étaient sans cesse exposées aux ravages, aux rapines, aux incendies des Saxons. Aussi les Francs en étaient tellement irrités, que non-seulement ils leur rendaient la pareille, mais qu'ils crurent de leur dignité d'entreprendre contre eux une guerre de conquête. »

Ce fut toutefois un autre motif qui fit éclater la guerre. Nous avons dit que les prédécesseurs de Charlemagne avaient remis aux missionnaires chrétiens le soin de conquérir les Saxons à la civilisation en même temps qu'à la foi catholique. Un de ces missionnaires, le prêtre *saint Libuin*, s'étant présenté (772) à l'assemblée nationale que toutes les tribus saxonnes tenaient chaque année sur les bords du Wéser, eut l'imprudence d'appuyer ses prédications de menaces faites au nom du roi des Francs. Les Saxons irrités

---

(1) Voir dans l'*Atlas à l'usage des Collèges*, par M. Ansart (caré de l'*Empire de Charlemagne*), la position de tous les lieux devenus célèbres dans cette guerre.

faillirent massacrer le saint et provoquèrent la vengeance dont on les menaçait en brûlant l'église de Deventer, dans la Frise, et en massacrant les chrétiens qui s'y trouvaient rassemblés. Les Francs, réunis en ce moment à la diète de Worms, prennent aussitôt les armes et entrent dans le pays des Saxons, où ils emportent d'assaut la forteresse d'*Ehresburg*, que Charlemagne fait occuper par une garnison franque ; puis pénétrant jusqu'au milieu des forêts de *Merseburg*, dans le sanctuaire même de la nation saxonne, ils y renversent la fameuse idole d'*Hermann-Saüle*, représentant, à ce que l'on suppose, l'antique héros Hermann ou Arminius, défenseur de l'indépendance germanique contre les armes des Romains (voir t. 1, n° 232). Atterrés par cette défaite, les Saxons demandent la paix, livrent des otages; mais à peine Charles s'est-il éloigné pour aller combattre les Lombards (voir n° 6), qu'ils reprennent la forteresse d'Ehresburg, et massacrent une partie des garnisons laissées dans leur pays. Charles, de retour d'Italie, tient à Duren (près d'Aix-la-Chapelle) une diète où les Francs jurent de poursuivre la guerre jusqu'à ce que tous les Saxons aient consenti à recevoir le baptême. Il passe aussitôt le Rhin, (775) prend sur les Saxons la forteresse de *Sigeburg*, leur enlève de nouveau celle d'Ehresburg, franchit le Wéser malgré leur résistance, et contraint toutes leurs tribus à demander la paix.

Cependant, une expédition contre les ducs lombards l'ayant rappelé en Italie, les indomptables Saxons reprirent aussitôt les armes (776), et surprirent encore une fois le château d'Ehresburg. Charles accourt aussitôt à Worms et fond à l'improviste sur les Saxons, qui jurent de se faire chrétiens et le laissent relever les fortifications d'Ehresburg et construire un nouveau fort aux sources de la Lippe. Au printemps de l'année suivante (777), Charles convoqua le champ de mai au milieu même de leur pays, à *Paderborn*, où des milliers de Saxons vinrent avec leurs chefs recevoir le baptême.

Mais le plus renommé de ces chefs refusa d'y comparaître. C'était le brave *Wittikind,* le seul adversaire digne de lui qu'ait rencontré Charlemagne, héros dont le souvenir est resté si populaire en Allemagne, que c'est à lui que les plus illustres maisons veulent faire remonter leur origine. Forcé par les conquêtes des Francs d'abandonner sa patrie et d'aller chercher un asile dans la Scandinavie, il en sortit dès qu'il sut que Charles s'était éloigné pour aller porter la guerre en Espagne (voir n° 9), et s'avança jusqu'aux bords du Rhin, ravageant tout sur son passage. L'arrivée de Charles rendit le courage à ses soldats dispersés ; il vainquit les Saxons à *Buckholz*, reçut de nouveau leurs serments, et s'avança jusque sur les bords de l'Elbe, où il éleva des forts pour protéger la frontière de la vaste province qu'il venait d'ajouter à ses Etats (779). Il s'en fallait toutefois qu'elle fût complétement soumise ; mais Charles, donnant un nouveau développement au principe déjà précédemment adopté à l'égard des Saxons, d'appeler la conquête religieuse au secours de la conquête guerrière, divisa, dit un annaliste, la patrie des Saxons entre les abbés et les évêques, pour qu'ils pussent y prêcher et y baptiser. C'est ainsi que furent fondées la célèbre abbaye de Fulde et une foule d'autres, et que furent successivement créés les huit grands évêchés de Minden, Halberstadt, Verden, Brême, Munster, Hildesheim, Osnabruck et Paderborn (780-802) ; tels furent les berceaux de ces riches et puissantes prélatures germaniques, investies de presque tous les droits de la souveraineté, qui ont tenu, pendant près de dix siècles, une grande partie de l'Allemagne sous les lois ecclésiastiques.

Pendant que cette nouvelle domination s'organisait lentement, Wittikind, saisissant toutes les occasions favorables que lui offraient les absences imposées à Charlemagne par les soins à donner aux autres parties de son empire, recommençait sans cesse ses brusques attaques. Réuni aux Sorabes, peuple slave qui habitait au pied des montagnes de la Bohême, il attaqua et tailla en pièces sur le mont *Sunthal*, entre l'Elbe et le Wéser, une armée franque avec tous ses chefs et ses officiers (782). Charles arriva trop tard pour joindre des ennemis, auxquels leur chef, trop habile pour ne pas reconnaître la supériorité que la discipline assurait aux Francs, ne permettait pas de les attendre en bataille rangée ; il ne put venger la mort de ses fidèles qu'en faisant massacrer quatre mille cinq cents Saxons qu'il s'était fait livrer comme complices de la révolte. Cet acte de cruauté inspira à ce peuple une nouvelle fureur ; plusieurs victoires furent disputées avec acharnement. Wittikind, trouvant sans cesse de nouvelles ressources dans son habileté et dans sa bravoure, ramena ses compatriotes au combat tant que lui resta l'espoir de conserver leur indépendance ; mais lorsque enfin il vit son pays entièrement dévasté, tous ses compagnons d'armes morts sur les champs de bataille, quand il vit ses dieux eux-mêmes convaincus d'impuissance, il consentit à se rendre à l'assemblée des Francs réunie par Charles dans son palais d'*Attigny* sur l'Aisne, pour y recevoir le baptême (785). Plus loyal que ses compatriotes, il tint des serments dont ceux-ci s'étaient joués tant de fois, et refusa de s'associer de nouveau à des efforts dont il avait désormais reconnu l'impuissance.

Cette guerre se renouvela à diverses reprises, pendant près de vingt années encore, les tribus les plus reculées de la Saxe trouvant des auxiliaires naturels dans les populations placées le long des nouvelles frontières de l'empire, qui ne pouvaient s'étendre sans rencontrer ainsi de nouveaux ennemis. Aucun événement intéressant ne signale cette dernière période d'une lutte désespérée, à laquelle mit fin (803) la diète de *Salz,* où les derniers chefs saxons renouvelèrent des serments si souvent violés, et auxquels ils devaient cette fois demeurer fidèles. Cependant Charles, afin de mieux assurer la soumission des Saxons, en enleva dix mille des plus turbulents, qu'il fit transporter avec leurs femmes et leurs enfants dans la Belgique et dans l'Helvétie (804), et acheva l'organisation politique du pays par des lois qui, en garantissant la liberté individuelle et les privilèges des diverses tribus, les amenèrent par degrés à supporter un joug qu'elles repoussaient depuis plus d'un siècle.

8. Guerre entre l'Elbe et l'Oder ; contre les Avares. — Dans les intervalles des campagnes contre les Saxons, Charlemagne fit au nord et au midi plusieurs rapides expéditions qui portèrent ses armes d'un côté jusqu'aux frontières du Danemark, de l'autre jusqu'aux rives de l'Èbre. En 787, le duc de Bavière, *Tassillon,* de l'illustre maison des Agilolfinges, le plus puissant des princes qui relevaient de l'empire des Francs, avait formé contre Charlemagne une ligue formidable à laquelle devaient s'unir, avec les Huns et les Avares, les Grecs d'Orient et d'Italie. Charlemagne fondit sur la Bavière, vainquit Tassillon, le força de se rendre, et le traduisit devant l'assemblée des Francs, convoquée à *Ingelheim* près de Mayence (788). Tassillon y fut déclaré coupable de haute trahison pour avoir entretenu des relations avec les ennemis de l'empire, et condamné à mort. Charles adoucit toutefois la rigueur de cette sentence, en envoyant Tassillon, sa femme et ses enfants finir leurs jours dans des couvents, où s'éteignit ainsi cette antique famille.

La même année, Charles fit une première expédition contre les Huns, qui envahissaient le Frioul. Ce peuple et les Avares, leurs voisins, avec lesquels on les confond quelquefois, occupaient une grande partie des contrées qui forment aujourd'hui l'empire d'Autriche. Charles les refoula en Pannonie; mais la plus remarquable des expéditions dirigées de ce côté, sous le règne qui nous occupe, fut celle qui eut lieu contre les Avares (796), sous la conduite de Pépin, fils de Charlemagne. Ce prince franchit le Danube et la Theiss, et s'empara du camp retranché nommé *Rhing*, que ces barbares, toujours campés sous la tente, regardaient comme leur capitale. Ils y avaient réuni les riches dépouilles de toutes les contrées dévastées par eux depuis près de trois siècles. Charlemagne, après en avoir envoyé les prémices au pape, partagea le reste entre ses guerriers, qui, « pauvres jusqu'alors, purent se dire riches après cette guerre. » (ÉGINHARD.)

9. GUERRE CONTRE LES ARABES D'ESPAGNE. — Tandis que Charles était au milieu du pays des Saxons occupé à leur faire la guerre, on vit arriver au champ de mai, tenu à *Paderborn* (n° 7), le gouverneur musulman de Saragosse, révolté contre son souverain, l'émir de Cordoue (777). Il venait avec plusieurs seigneurs de sa nation implorer la protection de Charles. Celui-ci saisit avec empressement cette occasion d'étendre sa domination en Espagne. Au champ de mai, convoqué l'année suivante (778) à *Chasseneuil*, dans l'Agénois, la guerre d'Espagne fut résolue. Elle eut pour résultat d'ajouter à l'empire, sous le nom de *Marches Espagnoles*, tout le pays compris entre les Pyrénées et le cours de l'Ebre; mais l'événement le plus célèbre auquel elle donna lieu fut la mort du fameux paladin *Roland*, neveu de Charlemagne, tué par les Basques dans une embuscade, au milieu des défilés des Pyrénées, pendant que l'armée, dont il commandait l'arrière-garde, rentrait en France par la vallée de *Roncevaux*.

Plusieurs autres expéditions, dirigées pendant le cours du règne de Charlemagne par ses fils (jusqu'en 812), affermirent la domination des Francs au delà des Pyrénées.

10. CHARLEMAGNE, EMPEREUR D'OCCIDENT. — Un nouvel empire était créé de fait par Charlemagne, il ne lui manquait plus qu'un titre et une consécration solennelle ; il ne devait pas les attendre longtemps. Le pape Léon III, successeur d'Adrien (795), avait de nombreux ennemis, suscités probablement par l'empire grec, et dont les plus ardents étaient le primicier *Pascal* et le sacellaire *Campulus*. Le 25 avril 799, au milieu d'une procession, des assassins s'élancent sur le pontife, lui crèvent un œil, cherchent à lui arracher la langue, et l'entraînent tout sanglant dans un monastère, où il est retenu prisonnier. Le pape s'échappa, pendant la nuit, au moyen d'une échelle, et s'enfuit auprès du duc de Spolète, Vinigise, qui lui donna asile. Charlemagne fut bientôt instruit de cet attentat, et lorsque le pape se mit en marche pour aller lui demander justice, il fut reçu au passage des Alpes par le roi d'Italie, Pépin, qui le conduisit jusqu'à Paderborn, où Charles tenait le champ de mai (n° 7), entouré d'évêques, de guerriers francs, de Saxons, de Bavarois et de députés tartares, grecs, visigoths et sarrasins. Charles promit secours au pape, et le fit reconduire par une nombreuse escorte.

L'année suivante, il se rendit lui-même à Rome, où il convoqua une assemblée de prélats et de nobles, se portant juge entre le pape et ses assassins ; mais comprenant combien un pareil jugement était peu compatible avec la dignité pontificale, il se contenta du serment du pape, qui, montant en chaire dans la basilique de Saint-Pierre, jura sur les Évangiles qu'il n'était pas coupable des crimes dont l'accusaient ses ennemis. Les meurtriers furent condamnés à mort par Charles, qui, sur la demande du saint père, commua leur peine en un exil perpétuel.

Quelques jours après, à la fête de Noël (25 décembre 800), « le roi Karle étant entré dans l'église avec tout
» le peuple pour la messe solennelle de ce jour, et se te-
» nant incliné devant l'autel pour prier, le pape Léon lui
» posa une couronne sur la tête, et tous les Romains criè-
» rent par trois fois : *A Karle, très-pieux, auguste, cou-
» ronné par la main de Dieu, grand et pacifique empe-
» reur, vie et victoire!* Après cette proclamation, le pape
» se prosterna devant lui et *l'adora* suivant la coutume éta-
» blie du temps des anciens empereurs. » Karle fut constitué empereur des Romains par les acclamations de tous, et le pontife l'oignit de l'huile sainte, ainsi que son très-excellent fils (le roi d'Italie Pépin)...

Eginhard prétend que Charlemagne accepta avec répugnance le titre d'empereur, et qu'il déclara même que, bien que ce fût si grande fête, s'il eût connu à l'avance le dessein du pontife, il ne fût pas entré dans l'église ce jour-là. Mais cette répugnance n'était certainement pas sérieuse, et tout devait avoir été concerté entre le roi et le pape lors du voyage de Léon à Paderborn (Henri Martin). — Ainsi fut rétabli l'empire d'Occident, qui, depuis trois cent vingt-quatre ans, avait été détruit par les barbares. Cette nouvelle dignité, en égalant Charlemagne aux empereurs d'Orient ou de Constantinople, ajouta encore au respect que lui portaient tous les peuples contenus dans ses vastes domaines. A leurs yeux, en effet, le titre d'empereur conservait toujours le prestige qui le faisait considérer comme bien supérieur à celui de roi ; aussi les successeurs de Charlemagne se le disputèrent-ils comme la plus précieuse partie de son héritage.

Pendant son séjour à Rome, Charlemagne reçut le prêtre Zacharie, qu'il avait envoyé à Jérusalem, lequel ramenait deux envoyés du patriarche de Jérusalem, chargés de porter au roi la bénédiction du patriarche, les clefs du Saint-Sépulcre, celles du Calvaire, et un étendard. Il les reçut gracieusement, et put leur promettre, pour les chrétiens orientaux, une protection que ses rapports avec le sultan Haroun-al-Raschid (n° 24) devaient rendre efficace.

11. Résultats des guerres de Charlemagne. — Si le nouvel empereur d'Occident était digne par sa valeur, son génie et toutes ses grandes qualités, d'occuper la place des plus célèbres empereurs romains, l'étendue du nouvel empire n'était guère inférieure à celle de l'ancien. En effet, les possessions des Francs comprenaient un espace immense des rives de l'Ebre jusqu'à celles de l'Oder et de la Theiss, et des rivages de la mer du Nord presque jusqu'aux extrémités de l'Italie. La Corse, la Sardaigne, les Baléares, en faisaient également partie. De sorte que, si l'empire nouveau avait de moins que l'ancien la portion méridionale de la Grande-Bretagne, une très-grande partie de l'Espagne, quelques contrées de l'Italie méridionale, et la Sicile, on pouvait regarder comme formant une compensation suffisante les vastes contrées de la Germanie, dont les belliqueuses populations, restées indépendantes des Romains, en dépit de tous leurs efforts, avaient été contraintes de subir la domination de Charlemagne.

De toutes ces conquêtes, plusieurs n'eurent qu'une durée éphémère. Les Marches d'Espagne d'abord, puis bientôt l'Italie, allaient échapper aux successeurs de Charlemagne, dans les limites mêmes que la nature a données à notre patrie, des provinces mal soumises devaient promptement reprendre une existence indépendante. Mais les victoires de Charlemagne avaient produit l'impérissable et glorieux résultat de faire rentrer dans l'Europe chrétienne et de fondre en un corps toute cette antique Germanie, jusque-là morcelée en une foule de nations, la plupart idolâtres, toutes sauvages, toutes ennemies héréditaires des anciennes provinces de l'empire romain.

Rassemblant sous les mêmes étendards et dans un même intérêt toutes les populations jusque-là si divisées entre elles de l'empire franc, Charlemagne tourna leurs forces réunies contre la double invasion qui menaçait de bouleverser encore l'Europe : celle des populations barbares de l'Orient, et celle des musulmans du Midi. Combattues et refoulées l'une et l'autre jusque dans leur propre foyer, elles sont définitivement arrêtées, et l'Europe prend la forme qu'elle doit conserver.

12. APPARITION DES NORTHMANS. — Toutefois, si Charlemagne avait fermé les routes de terre aux invasions barbares, elles devaient s'ouvrir par mer une autre voie du vivant même de l'illustre conquérant. Les pirates norvégiens et danois, alors désignés sous le nom de *Northmans,* ou hommes du Nord, et les corsaires sarrasins, commencèrent à porter la dévastation sur toutes les côtes de l'empire. En vain Charles fit élever des tours pour les défendre ; en vain les flottes construites par ses ordres, et qui avaient affranchi les îles Baléares du joug des musulmans d'Espagne (799), combattirent-elles ces pirates avec succès ; il put lui-même contempler, des fenêtres de l'un de ses palais, l'audace avec laquelle ils venaient jusque sur les rivages de la Méditerranée braver sa puissance. Les pillards avaient été repoussés. « Mais, s'étant levé de table, dit le chroniqueur, il se mit à la fenêtre qui regardait l'Orient, et demeura très-longtemps le visage inondé de larmes. » Comme personne n'osait l'interroger, il dit aux grands qui l'entouraient : « Savez-vous, mes fidèles, pourquoi je pleure amèrement ? Certes, je ne crains pas qu'ils me nuisent par ces misérables pirateries ; mais je m'afflige profondément de ce que, moi vivant, ils ont été près de toucher ce rivage, et je suis tourmenté d'une violente douleur quand je prévois tout ce qu'ils feront de maux à mes neveux et à leurs peuples. »

Cette sinistre prédiction ne devait être que trop cruellement justifiée.

QUESTIONNAIRE.—§ I. 1. Par quelles causes s'étaient fondée la puissance et préparé l'avénement des Carlovingiens ? — 2. Quel fut le caractère de l'avénement de Pépin ? — Qui Pépin avait-il consulté avant de s'emparer du trône ? — Que fit Pépin pour ajouter à l'autorité royale ? — Racontez le trait de courage qui contribua à assurer à Pépin le Bref le respect de ses peuples et de ses officiers. — 3. Par quel moyen Pépin s'affermit-il sur le trône ? — Quelle guerre entreprit Pépin à la prière du pape Étienne II ? — Comment Pépin s'opposa-t-il aux projets d'Astolphe et que fit-il de ses conquêtes ? — Quels furent les rapports de Pépin avec les Saxons de la Germanie ? — 4. Quelle conquête fit Pépin sur les musulmans ? — Comment l'Aquitaine fut-elle conquise par Pépin ? — Comment mourut Pépin et qu'avait-il fait lorsqu'il avait senti sa fin prochaine ? — Quel changement fit Pépin dans les assemblées de la nation ? — Quelle influence y exercèrent les prélats ? — § II. 5. Comment le royaume fut-il partagé à la mort de Pépin ? — Charles et Carloman restèrent-ils unis ? Quelle guerre eurent-ils à soutenir ? — Comment fut terminée la guerre d'Aquitaine ? — Comment Charles devint-il seul possesseur de la monarchie franque, et quelle fut sa conduite à l'égard de ses neveux ? — 6. Quels furent les principaux événements de la guerre contre les Lombards ? — Comment finit-elle ? — Quel fut le sort de Didier ? — 7. Quelle fut la plus sanglante des guerres que fit Charlemagne ? — Combien de temps dura cette guerre et comment finit-elle ? — Quelle fut la conduite du plus vaillant des chefs Saxons ? — Quels moyens autres que les armes Charles employa-t-il pour achever la soumission des Saxons ? — 8. Parlez des expéditions de Charlemagne contre les Bavarois et les Avares. — 9. Quel résultat eut la guerre entreprise contre les Sarrasins d'Espagne ? — Quel est l'événement le plus célèbre de cette guerre ? — 10. Comment fut rétabli l'empire d'Occident ? — Ce nouvel empire et son souverain étaient-ils dignes de leur titre ? — Quels avantages ce titre assura-t-il à Charlemagne ? — 11. Quels furent les résultats passagers et les résultats durables des guerres de Charlemagne ? — 12. Quels furent les derniers ennemis que Charlemagne eut à combattre ?

CHAPITRE DEUXIÈME.

GOUVERNEMENT DE CHARLEMAGNE.

SOMMAIRE.

13. Charlemagne donne à la royauté une puissance absolue ; il ménage toutefois les traditions nationales et gouverne avec le concours des grands, du clergé et des hommes libres. Il organise une cour sur le modèle de celle de l'empire romain.

14. L'empire franc comprend cinq royaumes : il se divise en légations, puis en comtés. Le comté est la base des divisions administratives. Le comte remplit des fonctions civiles, judiciaires et militaires ; les centeniers ou vicaires administrent une subdivision du comté. Les fonctions judiciaires sont partagées par les scabins.

15. Les fonctionnaires locaux sont surveillés par un corps d'inspecteurs, les *missi dominici*, qui visitent régulièrement les comtés soumis à leur contrôle et font leur rapport à l'empereur.

16. Les grandes assemblées de la nation, tombées en désuétude sous les derniers Mérovingiens, deviennent fréquentes sous Charlemagne. Les membres de l'assemblée communiquent librement avec l'empereur, et délibèrent sur les affaires de l'État ; ils éclairent l'empereur sur la situation des diverses parties de l'empire. Les mesures importantes sont communiquées à des assemblées provinciales avant d'être mises en vigueur.

17. La législation de Charlemagne est comprise dans les Capitulaires, qui renferment les actes d'administration de toute nature et des dispositions en matière de législation canonique, civile, pénale et même domestique et morale. Les pénalités sont généralement adoucies ; le jugement de Dieu est maintenu. Charlemagne s'efforce d'appuyer les lois sur les mœurs.

18. Charlemagne s'occupe des travaux publics. Des routes sont établies et entretenues ; un pont est construit sur le Rhin et un canal est commencé pour relier ce fleuve au Danube. Le commerce est favorisé. Des foires célèbres ont lieu à Aix-la-Chapelle et à Saint-Denis. Des soins sont donnés à l'agriculture dans les domaines royaux. Des palais s'élèvent à Aix-la-Chapelle, Ingelheim, Nimègue, une basilique à Aix-la-Chapelle. Les débris des monuments de Ravenne et de Verdun sont employés à ces constructions.

19. L'instruction était tombée en décadence sous les Mérovingiens. Il ne restait d'écoles que près des églises et des monastères. On y enseignait les sept arts libéraux. Charlemagne apprend lui-même à lire à trente-deux ans ; il fonde l'école palatine qu'il surveille et stimule ; il acquiert une instruction étendue. Un grand nombre d'écoles sont rouvertes par le clergé.

20. Le mouvement intellectuel se propage sous l'impulsion des hommes instruits et éminents que Charlemagne réunit à sa cour. L'Anglais Alcuin, favori et conseiller de Charlemagne, rétablit les études dans les monastères, dirige l'école palatine, écrit de nombreux traités de littérature et d'histoire. Angelbert, Leidrade, Théodulf, Anségise, etc., secondent le progrès intellectuel. Eginhard, secrétaire de l'empereur, est l'auteur de la Vie de Charlemagne. La théologie, cultivée à la cour même par les femmes, est la principale étude du temps. Charlemagne stimule les études théologiques. Alcuin, ennemi des auteurs classiques païens, compose des écrits pour les remplacer. La littérature légère produit quelques poèmes et chansons en langue vulgaire. L'astronomie est étudiée avec ardeur et fournit quelques observations utiles, mais cette science est altérée par l'astrologie. Théodulf fait construire un globe géographique. Le droit canon est étudié ainsi que les lois civiles. La médecine est en honneur. Charlemagne possède une pharmacie. Ce prince cultive avec soin la musique religieuse au milieu de la décadence générale des arts.

21. Les travaux et les exploits de Charlemagne étendent sa renommée

jusqu'aux extrémités du monde. Des ambassades viennent du Maroc et de Syrie. Haroun-al-Raschid fait un traité avec Charlemagne et lui offre une horloge sonnante. Le kakhan des Avares, converti, demande la protection de l'empereur. Il reçoit la députation des ducs de Venise et de Zara. Ses relations avec Irène font naître un projet de réunion des deux empires et des deux Églises par un mariage. Charlemagne fait un traité avec l'empereur Nicéphore pour la délimitation des deux empires. Le règne de Charlemagne marque la dissolution du monde ancien et l'avènement de la société nouvelle.

13. GOUVERNEMENT DE CHARLEMAGNE. — Les progrès de l'autorité royale furent considérables sous le règne de Charlemagne. En effet, cette autorité remise entre les mains d'un prince d'une volonté aussi énergique, d'une aussi prodigieuse activité que Charlemagne, d'un chef militaire dont la famille avait été élevée sur le trône à cause de ses vertus guerrières, et qui fut lui-même presque continuellement à la tête de ses armées, dut évidemment être, sinon totalement, du moins à peu près absolue. Remarquons cependant que l'orgueil du pouvoir n'aveugla pas Charlemagne au point de lui faire oublier la jalouse susceptibilité de ses Austrasiens : aussi lisons-nous toujours à la tête de tous ses actes législatifs ou administratifs, qu'ils ont été fait *avec le consentement et par le conseil des évêques, des abbés, des comtes, des ducs et de tous les fidèles.* — Il s'était d'ailleurs assuré l'affection des Francs orientaux en se montrant avant tout un des leurs. Né dans la France orientale ou germanique, il s'honorait d'être Germain ; il conserva toujours l'habit de ses pères, même lorsqu'il eut été revêtu de la pourpre impériale, qu'il ne porta que deux fois, à la sollicitation du pape ; à la guerre, dans les assemblées nationales, dans l'intérieur de sa famille, il agissait en Germain ; il avait entrepris la fusion de toutes les races germaniques pour en faire l'appui le plus ferme de son vaste empire : il résida presque continuellement dans les provinces orientales ; chez lui enfin, nature personnelle, langage, mœurs, formes extérieures, façon de vivre, tout était germain, et jamais il n'en voulut changer. On conçoit donc que Charlemagne ait dû s'entourer à peu près exclusivement de Francs austrasiens : aussi, parmi les noms de tous les fonctionnaires qu'il employa, n'en découvre-t-on plus un seul qui ait une physionomie gallo-romaine. Et cependant, avec des Barbares pour instruments, c'était en réalité l'empire romain, la civilisation romaine qu'il voulait rétablir.

L'organisation du palais impérial semblait toute romaine. On y voit, en effet, figurer une double hiérarchie de fonctionnaires ecclésiastiques et civils, à la tête desquels figurent : un *apocrisiaire*, ou grand aumônier, chef de tous les *clercs* attachés au service du palais, et directeur suprême de toutes les affaires religieuses ; un *comte du palais*, chef de la hiérarchie civile et ministre de la justice ; un *chancelier*, chargé de la garde et de l'apposition du sceau impérial ; un *chambellan*, grand maître des cérémonies et de la garderobe du prince ; un *sénéchal*, ou grand maître de l'hôtel, ayant sous lui le *bouteiller*, le *connétable* et le *mansionnaire*, espèce de maréchal des logis du roi ; un *préfet des chasses*, ayant sous ses ordres des *veneurs*, un *fauconnier*, etc. Sous cette forme extérieure de l'empire, et en lui rendant son éclat apparent et son nom, Charles essaya de rétablir l'unité de son administration.

14. Le comte et les centeniers ou vicaires. — L'empire franc comprenait cinq royaumes : l'*Austrasie*, qu'on appelait aussi la *vieille* ou la *grande France*, le *royaume des royaumes*, comme le nomme un contemporain ; la *Neustrie*, la *Bourgogne*, l'*Aquitaine* et l'*Italie*. Chacun de ces royaumes, avec la partie des nouvelles conquêtes qu'on y avait rattachées, se partageait en plusieurs *légations* ou *missatica*, appelées quelquefois du nom de *duchés*, et divisées elles-mêmes en *comtés*. Le comté était alors la division administrative fondamentale, comme le département de nos jours. Son étendue était à peu près celle des anciennes cités romaines, et dans cette circonscription le comte exerçait des fonctions à la fois administratives, judiciaires et militaires. Il représentait l'autorité centrale à ce triple point de vue, et était chargé spécialement d'assurer l'exacte rentrée des impôts. Il prêtait serment de garder fidélité à la couronne, de rendre la justice avec intégrité, de réprimer les malfaiteurs, de veiller à la prospérité et à la tranquillité de ses administrés.

Les *centeniers* ou *vicaires* des comtes, ainsi appelés parce qu'originairement ils commandaient à cent familles, administraient une subdivision du comté. Ils partageaient les fonctions judiciaires avec les *scabins*, juges permanents, dont la magistrature paraît avoir été organisée pour enlever aux assemblées leur droit originaire de prononcer les jugements. On peut encore noter une petite subdivision territoriale connue sous le nom de *mansa* ou *manoir*, qui était d'une contenance de douze bonies (équivalant, à ce que l'on suppose, à douze arpents de Paris, ou quatre hectares environ).

15. LES ENVOYÉS ROYAUX. — Tels étaient les agents locaux et permanents de l'administration organisée par Charlemagne. Mais elle avait en même temps d'autres agents chargés spécialement de la surveillance des premiers ; c'étaient les *missi dominici*, envoyés pour inspecter, au nom de l'empereur, l'état des provinces, autorisés à pénétrer dans l'intérieur des domaines de leudes, comme dans les autres terres, investis du droit de réformer les abus, et appelés à rendre compte de tout à leur maître. Ces envoyés royaux devaient parcourir quatre fois chaque année les comtés soumis à leur surveillance.

L'institution des *missi dominici* fut pour Charlemagne, dans les provinces, le principal moyen d'ordre et d'administration ; et pourtant, malgré cette active surveillance, l'ordre était loin d'être partout régulièrement observé : le plus souvent, dans la plupart des lieux, ces magistratures étaient impuissantes ou désordonnées elles-mêmes. Les efforts continuels de Charlemagne pour les régulariser et assurer leurs moyens d'action échouaient sans cesse contre l'immensité du désordre et la résistance intéressée de l'aristocratie.

16. LES ASSEMBLÉES GÉNÉRALES. — Nous avons déjà dit que les grandes assemblées de la nation, tombées en désuétude sous les derniers Mérovingiens, redevinrent plus fréquentes sous les Carlovingiens. Elles se réunirent trente-cinq fois sous le règne de Charlemagne, et devaient même se tenir deux fois chaque année, si nous nous en rapportons à un historien qui nous donne des détails curieux sur ce qui se passait dans ces assemblées, dont les membres, peu soucieux de partager le pouvoir législatif, regardaient, à ce qu'il paraît, comme un fardeau l'obligation de s'y rendre, surtout lorsqu'elles se tenaient pays en ennemi, comme cela eut principalement lieu sous le règne de Charlemagne, qui en convoqua un grand nombre au milieu de la Saxe.

« Pour qu'elles ne parussent pas convoquées sans motif, dit cet historien, on soumettait à l'examen et à la délibération des grands, en vertu des ordres du roi, les articles de loi nommés *capitula,* que le roi lui-même avait rédigés par l'inspiration de Dieu, ou dont la nécessité lui avait été manifestée dans l'intervalle des réunions. Après avoir reçu ces communications, ils en délibéraient, un, deux ou trois jours au plus, selon l'importance des affaires. Des messagers du palais, allant et venant, recevaient leurs questions et leur rapportaient les réponses ; et aucun étranger n'approchait du lieu de leur réunion jusqu'à ce que le résultat de leurs délibérations pût être mis sous les yeux du grand prince, qui alors, avec la sagesse qu'il avait reçue de Dieu, adoptait une résolution à laquelle tous obéissaient.

» Pendant que ces affaires se tenaient ainsi hors de la présence du roi, le prince lui-même, au milieu de la multitude venue à l'assemblée générale, était occupé *à recevoir les présents,* saluant les hommes les plus considérables, s'entretenant avec ceux qu'il voyait rarement, etc.

» Cependant, si ceux qui délibéraient sur les matières soumises à leur examen en manifestaient le désir, le roi se rendait auprès d'eux, y restait aussi longtemps qu'ils le voulaient, et là, ils lui rapportaient avec une entière familiarité ce qu'ils pensaient de toutes choses, et quelles discussions amicales s'étaient élevées entre eux.

» Si le temps était beau, tout cela se passait en plein air ; sinon, dans plusieurs bâtiments distincts, où ceux qui avaient à délibérer sur les propositions du roi étaient séparés de la multitude des personnes venues à l'assemblée, et où les hommes les moins considérables ne pouvaient entrer....... Lorsque les seigneurs *laïques* et *ecclésiastiques* étaient ainsi séparés de la multitude, il demeurait en leur pouvoir de siéger ensemble ou séparément, selon la nature des affaires qu'ils avaient à traiter, ecclésiastiques, séculières ou mixtes...

» La seconde occupation du roi était de demander à chacun ce qu'il avait à lui rapporter ou à lui apprendre sur la partie du royaume d'où il venait... Le roi voulait savoir si dans quelque coin du royaume le peuple murmurait ou était agité, et quelle était la cause de son agitation... Il cherchait aussi à connaître si quelqu'une des nations soumises songeait à se révolter, quelles attaques pouvaient menacer le royaume, etc.. Sur toutes ces matières, partout où il se manifestait un désordre, un péril, il s'enquérait avec soin quels en étaient les motifs ou l'occasion. » (Hincmar.)

Dans certains cas importants, les décisions de l'espèce d'assemblée législative dont il est question dans cet exposé étaient soumises à l'assemblée générale de la nation, qui exprimait son approbation par la formule *placet,* trois fois répétée en acclamation. C'est ainsi que les ecclésiastiques furent dispensés du service militaire par l'assemblée générale de l'an 803. — Il faut remarquer encore que lorsqu'il s'agissait d'actes législatifs d'une haute importance, et surtout de modifications à apporter aux lois existantes, les nouvelles dispositions ne devenaient en quelque sorte obligatoires qu'après avoir été promulguées dans les assemblées provinciales par les commissaires royaux et par les archevêques, auxquels le chancelier en envoyait des copies qui étaient lues en présence des scabins, des évêques, des abbés et des comtes, et sur lesquelles ceux-ci apposaient leur signature en s'engageant à les observer à toujours (1).

A voir le tableau de l'administration de l'empire carlovingien, on reconnaît qu'il est rempli tout entier par le monarque ; qu'à lui seul appartient l'initiative des lois et de toutes les mesures ; qu'il est l'âme de ces assemblées où la nation semble n'être représentée que pour la forme ; que c'est de lui que tout émane pour revenir à lui ; et l'on comprend dès lors qu'il n'y a point là de libertés nationales, mais seulement une vaste machine gouvernementale destinée à disparaître avec celui qui l'a construite.

Son action toutefois ne fut point stérile : indépendamment de la force que Charlemagne puisait dans ces grandes assemblées nationales pour les affaires courantes, c'est dans leur sein qu'étaient en général rédigés et arrêtés, comme nous venons de le voir, ces *Capitulaires* qui doivent maintenant fixer notre attention.

17. LES CAPITULAIRES. — Il résulte évidemment de ce qu'on vient de lire que les Capitulaires de Charlemagne, rédigés successivement, à mesure que le besoin s'en révélait, ne pouvaient former ce qu'on appelle proprement un code de lois. Ce n'est pas même, à vrai dire, une législation : car, outre les articles de lois proprement dits, on y remarque : une nouvelle publication de la loi salique, des extraits d'anciennes lois nationales des Francs, des Bavarois, des Lombards, avec des additions à ces lois, de nombreux extraits des actes des conciles, des instructions pour les *missi dominici,* des questions adressées par Charlemagne aux évêques et aux comtes, et des réponses données par lui à leurs propres questions ; des notes sur les mesures qu'il comptait proposer à une assemblée prochaine, des jugements, d'anciens arrêts et d'autres monuments de jurispru-

---

(1) Serait-ce donc à une époque si reculée qu'il faudrait faire remonter l'origine de cette formalité de l'enregistrement, devenue, plusieurs siècles après, le sujet de tant de remontrances entre le pouvoir royal et les parlements.

dence, des nominations de fonctionnaires, et une foule d'actes d'administration financière, gouvernementale ou domestique de toute nature. Sur 1151 articles qui sont parvenus jusqu'à nous des Capitulaires de Charlemagne, dont un grand nombre nous manquent à ce qu'il paraît, 390, c'est-à-dire plus du tiers, se rapportent à la législation canonique ou religieuse ; 293 autres forment ce que l'on pourrait appeler la législation politique, et se composent de dispositions de tout genre propres à pourvoir aux besoins de l'administration, tels que nominations de fonctionnaires, instructions relatives à leurs fonctions et à l'exécution des ordres du roi, dispositions de police qu'il fallait renouveler fréquemment dans ces temps de désordre et de violence. Les prescriptions indispensables pour régler l'importante distinction et les nombreux rapports des deux pouvoirs laïque et ecclésiastique, et l'administration des bénéfices, y tiennent aussi une grande place. Le surplus des Capitulaires a rapport à la législation civile, morale, domestique et pénale.

Leurs dispositions en ce qui concerne les crimes et les délits ont en général pour objet l'adoucissement des peines autrefois en usage, si l'on en excepte un Capitulaire destiné à conquérir et à convertir les Saxons, où la peine de mort revient presque à chaque article. Dans tous les autres cas, le wehrgeld (t. Ier, n° 330) reste la seule compensation de tous les crimes, et le soin de décider la culpabilité ou l'innocence d'un accusé est encore laissé, comme dans les siècles les plus barbares, au prétendu *jugement de Dieu*, c'est-à-dire à ces épreuves judiciaires qui consistaient à tenir dans les mains une barre de fer rouge, à marcher sur des socs de charrue rougis au feu, à se laisser jeter, pieds et poings liés, dans un bassin d'eau froide, à plonger le bras dans un vase rempli d'eau bouillante, à combattre en duel contre son accusateur. Celui qui sortait sain et sauf de ces épreuves, que la supercherie ou la corruption des juges dénaturait souvent à leur gré, était déclaré innocent. Charlemagne ne put ou ne voulut pas changer une pareille législation : tant il est vrai que les plus grands hommes ne réussissent jamais entièrement à s'élever au-dessus des préjugés de leur temps ! Ajoutons cependant, pour être juste, que la postérité ne saurait refuser un éclatant hommage à un prince « qui, au milieu des violences encore flagrantes d'une invasion récemment renouvelée, imposait à des maîtres féroces le respect de l'humanité dans la personne même de leurs esclaves, et proclamait cette sainte maxime : « Nul » homme ne doit périr que par le glaive de la loi. » (Desmichels.)

En étudiant les Capitulaires, on y retrouve souvent l'influence de cette haute et salutaire pensée que les lois ont peu d'efficacité si elles ne sont appuyées sur les mœurs. Dans son ardent désir de régénérer son peuple, Charlemagne s'occupa avec zèle des moyens de réprimer les passions brutales qui portaient le désordre dans la moralité individuelle et dans l'état des familles. Nous insisterons peu toutefois sur les nombreux Capitulaires destinés à régler les conditions des mariages, les obligations des époux, le sort des veuves, et à rétablir la morale publique ; mais nous remarquerons que ce fut bien moins par ses lois qu'il s'efforça de réformer les mœurs que par la persuasion, par l'autorité de ses paroles, par un appel aux instincts les plus élevés, au sentiment du devoir, aux principes de la religion. On trouve même dans les Capitulaires de simples préceptes de morale, tels que ceux-ci : « Interdisez-vous avec soin les larcins, les » mariages illégitimes et les faux témoignages, comme nous » vous y avons souvent exhortés, et comme les interdit la » loi de Dieu. — Il faut pratiquer l'hospitalité. — L'avarice » consiste à désirer ce que possèdent les autres et à ne rien » donner à personne de ce qu'on possède, et, selon l'Apôtre, » elle est la racine de tous les maux. » Ainsi la législation était entre les mains de Charlemagne un moyen d'enseignement, une sorte de prédication : aussi ne doit-on pas s'étonner de l'étroite alliance qu'il contracta avec l'Eglise, véritable gardienne de la morale.

18. Travaux publics. — Embrassant à la fois dans son vaste génie tous les intérêts moraux et matériels de ses peuples, Charlemagne s'efforçait d'assurer la prospérité des diverses provinces de l'empire par ses soins vigilants, en même temps que de développer la civilisation en répandant le bienfait de l'instruction. Plein de sollicitude pour le commerce, il chercha à le favoriser en facilitant de tout son pouvoir la sûreté des communications et la libre circulation sur les routes, qu'il faisait entretenir avec soin. Il construisit à Mayence un pont sur le Rhin. La grande entreprise qu'il tenta, de joindre le Rhin au Danube par un canal destiné surtout à servir au transport des approvisionnements nécessaires pour porter la guerre contre les Avares, avait sans doute aussi pour but d'ouvrir une grande voie commerciale entre l'Océan et la mer Noire. La création de foires ou marchés considérables, et les facilités accordées à ceux qui s'y rendaient, et particulièrement aux marchands et aux acheteurs fort nombreux qu'attiraient la grande foire d'Aix-la-Chapelle et celle de l'*Indict,* établie à Saint-Denis en faveur de l'abbaye, prouvent encore la sollicitude de Charlemagne pour le commerce ; mais ses lois prohibitives contre les objets de luxe, contre le commerce des grains, le prêt à intérêt, et celle par laquelle il voulut assigner un maximum au prix des céréales, montrent qu'il était peu éclairé sur les moyens efficaces de protection qu'il aurait pu lui accorder.

Quant à l'agriculture, l'exemple que le grand roi donna lui-même à ses sujets, par le soin qu'il fit apporter à l'exploitation des fermes royales et à l'entretien de tous ses domaines, qu'on suppose avoir compris la dixième partie du territoire, dut avoir plus d'influence que toutes les mesures qu'il eût pu prescrire à cet égard.

Sans négliger ces objets utiles, Charlemagne entreprit de vastes travaux pour rehausser l'éclat de sa dignité suprême et rendre quelque essor aux beaux-arts. Il bâtit des palais dans les résidences royales d'Aix-la-Chapelle, d'Ingelheim, de Nimègue, etc. Ce fut l'architecte ou intendant des bâtiments de Charlemagne, nommé *Hiram* par Théodulf, qui construisit la belle église d'Aix-la-Chapelle, qui était, dit Eginhard, en forme de couronne à plusieurs étages de colonnes. Mais telle était alors la disette de l'art et le manque de bons ouvriers, que les colonnes de marbre destinées à soutenir et à orner l'édifice, et la mosaïque qui en formait le parvis, étaient des débris de l'ancien palais impérial de Ravenne, et furent apportées de cette ville ; de même, les blocs de pierre carrés employés à la construction de l'église et du palais, qui y était joint par une galerie, provenaient des démolitions des murs et des tours de la cité de Verdun, que Charlemagne avait fait détruire pour punir l'infidélité de l'évêque. On peut juger, du reste, par les plans de quelques édifices du même temps, dont les dessins ont été conservés, que l'architecture dite *carlovingiaque* différait essentiellement de celle qu'on a longtemps désignée à tort sous le nom de gothique, et dont l'introduction en France est postérieure de plusieurs siècles (voir n° 108).

19. Écoles. — Presque toutes les écoles gallo-romaines avaient été détruites ou fermées au milieu des désastres de l'invasion barbare. A peine en cite-t-on encore, au sixième siècle, trois ou quatre dans le midi de la France : à Arles, à Lyon, à Clermont, à Bordeaux peut-être. Elles furent remplacées par celles que les évêques avaient pris soin de former dans leurs églises cathédrales et par celles qui furent créées dans les monastères. Auprès de ces dernières se trouvaient même des bibliothèques dont les livres étaient soigneusement recopiés par les moines, lorsqu'ils venaient à se détériorer, et l'on sait que c'est ainsi que nous ont été conservés presque tous les ouvrages de l'antiquité qui sont parvenus jusqu'à nous.

Quoique les écoles épiscopales, comme celles des monastères, eussent surtout pour but de donner l'instruction nécessaire aux jeunes clercs destinés à recruter le clergé, et qu'elles fussent ainsi de véritables séminaires, elles s'ouvraient pourtant aussi aux jeunes laïques désireux d'acquérir de l'instruction. — Celle qu'on leur donnait comprenait d'abord ce qu'on nommait *les sept arts libéraux*, espèce de cours d'humanité extrait par un professeur de l'école de Clermont, nommé *Félix Memor*, d'une encyclopédie publiée en latin vers la fin du cinquième siècle, sous le nom de *Satyricon*. Ce cours d'étude était divisé en sept livres, dont les trois premiers, qui en formaient la première partie, nommée le *trivium*, comprenaient la *grammaire*, la *dialectique* et la *rhétorique*; les quatre derniers, désignés sous le nom de *quatrivium*, traitaient de la *géométrie*, de l'*astrologie*, de l'*arithmétique* et de la *musique*.

Mais à mesure que l'on s'éloignait de l'époque de la domination romaine, l'amour des lettres se refroidissait ; il s'était presque entièrement éteint au milieu des scènes de violence qui accompagnèrent les guerres civiles. L'intrusion sur les siéges épiscopaux de prélats ignorants avait dû avoir la plus funeste influence sur les écoles diocésaines. Charlemagne, en introduisant dans les mœurs ecclésiastiques de salutaires réformes, rendit l'activité aux études qu'il stimulait par son propre exemple. Ce zélé restaurateur des lettres ne savait pas lire à trente-deux ans, et éprouva toujours une si grande difficulté à écrire, que, pour s'éviter la peine de signer son nom, il avait fait graver son monogramme (1) sur le pommeau de son épée, avec lequel il scellait ainsi les actes qu'il

---

(1) Ce monogramme présentait le nom KAROLUS, écrit en forme de croix et réduit dans le petit espace de la lettre K, dans laquelle les six autres se trouvent comme enchâssées.

promettait de soutenir avec la pointe. C'est en Italie, et à l'époque de sa première expédition dans ce pays, qu'il conçut l'amour des lettres et de l'instruction. *Pierre de Pise* fut son premier maître, et lui enseigna, outre la lecture et l'écriture, la grammaire et la langue latine ; mais son principal instituteur fut Alcuin, dont nous essayerons bientôt (n° 20) de caractériser l'influence sur son siècle. Charlemagne apprit de lui la rhétorique, la dialectique et l'astronomie ; puis il se perfectionna dans la connaissance de la langue latine, qu'il parlait, disait-on, avec autant de facilité que le tudesque, sa langue maternelle ; il paraît qu'il sut assez bien le grec et peut-être même un peu de slave, d'hébreu et de syriaque. La principale science du temps, la théologie, fut aussi non-seulement son étude de prédilection, mais encore une de ses principales occupations. Outre un grand nombre de lettres sur les matières théologiques adressées par lui aux papes Adrien I et Léon III, ainsi qu'aux prélats de ses États, il corrigea le texte de plusieurs livres de la Bible, revit la traduction des saints Évangiles d'après les textes grec et syriaque, et commenta l'Épître aux Romains qu'on croit émanée d'Origène. On lui attribue aussi plusieurs pièces de vers latins, et en particulier l'épitaphe du pape Adrien. On conçoit qu'animé d'un pareil amour des lettres, Charlemagne ait dû s'entourer des hommes les plus éclairés de son temps, et qu'il n'ait rien négligé pour attirer à sa cour les savants et les littérateurs qu'il allait chercher jusque dans les pays étrangers.

Ce fut avec leur concours qu'il établit au sein de son palais l'école appelée pour cette raison *palatine*, à laquelle il assistait lui-même au milieu des grands de sa cour et de leurs fils qu'il excitait à l'étude par ses récompenses comme par ses admonitions. Stimulés par un si haut exemple, les membres du clergé rouvrirent un grand nombre d'écoles dans les évêchés et les monastères pour répandre l'instruction dans toutes les classes, tandis que le trône, environné des hommes les plus instruits et les plus éminents, brillait, au milieu des ténèbres de cette époque, d'un véritable éclat littéraire.

20. Première renaissance littéraire. — Alcuin et Eginhard. — Si l'un des plus beaux titres de gloire de Charlemagne est d'avoir arrêté la décadence intellectuelle qui fut le caractère de la période qui le précéda, l'honneur doit en être partagé par les illustres coopérateurs dont il sut discerner et mettre à profit les connaissances et le génie. Le plus remarquable de tous fut l'Anglais *Alcuin,* né (vers 735) à York, où existait à cette époque une célèbre et riche bibliothèque. Ce fut pendant une mission en Italie, dont était chargé ce savant, que Charlemagne le connut, réussit à se l'attacher et l'emmena à sa cour, où il le combla de faveurs et lui donna trois des plus riches abbayes du royaume (782). Dès ce moment Alcuin fut le confident, le conseiller, le docteur, et pour ainsi dire le premier ministre intellectuel de Charlemagne. Auteur actif et intelligent, il fit une révision complète des textes des livres sacrés, qui furent recopiés avec soin et en beaux caractères dans les principaux monastères, sur cette édition bien plus correcte que celles dont on y faisait usage auparavant ; ministre de l'instruction publique, si l'on peut lui donner ce titre, il inspira à Charlemagne l'ordonnance célèbre qui eut pour résultat le rétablissement des études dans les cités épiscopales, dans les monastères, et particulièrement dans ceux de *Ferrières* (près Montargis), de *Fulde,* au diocèse de Mayence, de *Reichenau,* dans celui de Constance, d'*Aniane* (près Montpellier), de *Fontenelle* ou *Saint-Wandrille,* en Normandie, d'où sont sortis une foule d'hommes illustres ; comme professeur enfin, Alcuin fut placé à la tête de l'école palatine, et il y enseigna pendant quatorze ans (782 à 796), ayant pour auditeurs le roi lui-même, les princes ses fils, et tout ce qu'il y avait à la cour de plus illustre. Les ouvrages d'Alcuin, au nombre de plus de trente, sont des commentaires sur les saintes Ecritures, des écrits de polémique, des traités de morale, d'autres sur la grammaire, l'orthographe, la rhétorique et la dialectique, les vies de saint Waast, de saint Martin, de saint Ricquier et de saint Willibrod, une histoire, malheureusement perdue, des guerres de Charlemagne contre les Saxons, et deux cent quatre-vingts pièces de vers.

Après Alcuin, les auteurs qui ont le plus contribué à la renaissance littéraire sous Charlemagne sont : *Angilbert,* son secrétaire, abbé du monastère de Saint-Ricquier, dont il écrivit l'histoire, et auteur de poésies assez nombreuses ; l'Allemand *Leidrade,* archevêque de Lyon, l'un des principaux *missi dominici* de Charlemagne, qui a laissé des lettres et des écrits théologiques ; *Smaragde,* abbé de Saint-Mihiel, auteur d'un traité de morale à l'usage des rois, intitulé *Via Regia; saint Benoît,* fondateur du monastère d'Aniane, dont il écrivit la règle ainsi que plusieurs traités théologiques ; le Goth *Théodulf,* évêque d'Orléans, qui composa des instructions pour les écoles; *Adalhard,* abbé du monastère de Corbie, auquel il donna des statuts; *Anségise,* abbé de Fontenelle, intendant des bâtiments de Charlemagne et éditeur du premier recueil des Capitulaires de ce prince et de son fils Louis le Débonnaire; l'Italien *Paul Warnefride,* ou *Paul Diacre,* qui passa de la cour de Didier dans celle de Charlemagne, et qui a écrit une *Histoire des Lombards.*

Au-dessus de tous ces hommes d'élite il faut placer un écrivain qui partage avec Alcuin la plus grande gloire littéraire de cette époque, le Franc *Eginhard.* Instruit par Alcuin lui-même à l'école palatine avec les princes de la famille royale, il répondit aux soins d'un tel maître et fut distingué par Charlemagne, qui en fit son secrétaire. Chargé de la direction de l'abbaye de Seligenstadt, où il se retira après la mort de l'empereur, il a laissé deux ouvrages précieux : une *Vie de Charlemagne,* véritable composition littéraire, et des *Annales* moins remarquables par leur style, mais importantes par les documents historiques qu'elles renferment.

Les œuvres de ces différents auteurs indiquent assez quelles étaient les études en vogue au temps de Charlemagne. On voit que la *théologie* tenait toujours le premier rang. Les belles éditions des livres saints et des homélies des Pères de l'Eglise données par Alcuin, qui apporta un soin particulier à la ponctuation, très-négligée auparavant, répandirent tellement le goût de cette science, que non-seulement les clercs, mais les officiers du prince eux-mêmes, et jusqu'aux femmes de la cour, s'occupaient de questions théologiques et demandaient à Alcuin la solution des difficultés qu'offraient à leur intelligence les passages obscurs des saintes Ecritures. Stimulé par le mouvement général des esprits, le clergé rougit de son ignorance et de l'indifférence qu'il apportait depuis longtemps à la prédication; bientôt, au lieu de ces prêtres auxquels le concile de Francfort (794) reprochait d'ignorer jusqu'au sens des prières de la messe et de l'Oraison dominicale, on eut, comme s'en félicitait l'archevêque de Lyon, Leidrade, dans une lettre à Charlemagne, des lecteurs capables, non-seulement de lire correctement, mais encore d'expliquer l'Evangile, les Psaumes, les prophéties, etc. Charlemagne lui-même, afin de ranimer l'ardeur du haut clergé pour la composition des ouvrages dogmatiques, proposait aux évêques des questions théologiques, à la solution desquelles il exigeait qu'ils exerçassent leur plume.

Ces études nécessitaient, on le comprend, des connaissances littéraires. Nous avons dit ce qu'Alcuin fit pour la grammaire et la rhétorique ; mais il n'approuvait point l'étude des auteurs anciens, et flétrissait du titre de *Virgiliens* ceux qui lisaient, malgré ses défenses, le plus grand des poëtes latins. Quoique Théodulf ne partageât point ses répugnances, on conçoit que cette proscription presque générale des auteurs profanes, c'est-à-dire des modèles du style et du langage, ne put qu'accélérer la décadence de la langue latine, dont on cherchait à réhabiliter l'usage. Nous ne pouvons, du reste, suivre ici les rapides progrès de cette décadence, attestée par les lettres de Charlemagne et par les ouvrages d'Alcuin lui-même, quoiqu'ils passassent de son temps pour être écrits en *style d'or*, et qu'il ait composé la plupart de ses poëmes pour tenir lieu de ceux des auteurs païens dont il interdisait l'usage. Ce sont pour la plupart des épigrammes et des sentences destinées à être placées dans les communautés ou à être retenues de mémoire, mais dans lesquelles la métrique est encore moins respectée que la langue.

Quant au genre de littérature le plus goûté à cette époque, on pourrait se faire une idée de sa frivolité en lisant les énigmes et les logogriphes qui remplissent les ouvrages de ce temps, et particulièrement un dialogue entre Alcuin et le jeune roi Pépin. Ce genre d'exercice était alors jugé éminemment propre à aiguiser l'esprit. Tels étaient encore ces *Livres de la croix*, composés sous l'inspiration d'Alcuin, par *Raban*, son disciple, et dont tout le mérite consistait dans l'arrangement des mots en forme de croix. Ces tours de force littéraires furent l'unique occupation des beaux esprits pendant plusieurs siècles.

Il faut toutefois mentionner, comme un fait curieux de l'histoire littéraire du temps de Charlemagne, l'existence à cette époque d'une espèce de poésie différente de la poésie latine. Tel était, par exemple, un poëme en *langue barbare* dans lequel étaient célébrés les actions et les combats des anciens rois, que Charlemagne estimait assez pour le copier de sa propre main et l'apprendre par cœur. A ce genre appartenaient encore ces chansons en langue vulgaire destinées à transmettre à la postérité les exploits des héros, et appelées *Cantilenæ joculares*, par opposition aux chants de l'Église, qui avaient pour objet de célébrer les vertus des saints. Il paraît même que quelques-unes de ces compositions furent mises en scène par Angilbert, au grand scandale d'Alcuin, de Théodulf et d'Adalhard, qui parvinrent, non sans peine, à l'en détourner, en lui rappelant les sentiments des Pères contre les spectacles.

Après la théologie, l'*astronomie* fut la science à laquelle Charlemagne donna le plus de temps et de soin, et son exemple sur ce point fut encore assez généralement imité pour qu'il se soit trouvé à sa cour une dame qui se mêla d'observer les étoiles. Les éclipses étaient également observées avec soin, et il y eut même des discussions astronomiques sur l'époque où devait être fixé le commencement de l'année, sur celle où avait lieu ce qu'on nommait alors le *saut de la lune*, sur la disparition de la planète de Mars arrivée au printemps de l'an 799, sur un obscurcissement du soleil pendant dix-sept jours (en 768), sur la conjonction de Mercure avec le soleil (en 807), et sur les *aurores boréales*, qu'on désignait alors sous le nom d'armées en bataille, *acies*. L'étude de l'astronomie était d'ailleurs devenue nécessaire depuis que le concile de Nicée avait fixé, d'après le cours de la lune, le jour de la célébration de la fête de Pâques, et par conséquent le *comput ecclésiastique* ou l'ordre dans lequel devaient se succéder toutes les fêtes mobiles de l'année. — On sait du reste que la superstition et la crédulité dénaturèrent bientôt l'astronomie comme les autres sciences, et que les mêmes hommes qui prétendaient trouver dans les connaissances théologiques et dans les versets de l'Ecriture sainte, tirés au hasard, la révélation de l'avenir, cherchèrent aussi à le découvrir à l'aide des vaines supputations et des rêveries de l'*astroloie judiciaire*.

La *géographie* avait fait moins de progrès encore que l'astronomie. Cependant, à l'imitation peut-être d'une machine astronomique offerte en présent à Alcuin par Charlemagne et qui paraît avoir été fort curieuse, Théodulf avait fait exécuter dans une des salles de son palais, un globe ou un cercle mobile avec une espèce de zodiaque pour figurer la machine du monde, et il en a laissé une description en vers, fort obscure, il est vrai. Il est même difficile de comprendre s'il adoptait le système de Ptolémée sur l'immobilité de la terre, ou l'opinion opposée. Le monde, auquel un poëte du même temps donne la bizarre épithète de *qua-*

dratus, carré, était partagé par Alcuin en trois parties : l'Europe, l'Afrique et l'Inde, nom sous lequel il désignait toutes les contrées orientales.

Nous avons dit, en nommant les hommes célèbres du règne de Charlemagne, ce que fut l'*histoire* à cette époque. Il faut toutefois signaler à ce propos un Capitulaire de l'an 789, provoqué sans doute par l'abus qu'on avait fait du merveilleux dans la composition des légendes, et qui, pour remédier à ce mal, proscrit expressément toutes les narrations fausses ou douteuses.

Les soins apportés par Charlemagne au perfectionnement de la législation de ses Etats (voir n° 17) ne permettent pas de supposer que la science du *droit* et de la *jurisprudence* ait été négligée sous son règne. Il avait reçu du pape Adrien un exemplaire des règlements relatifs au *droit canon* adoptés par les conciles les plus célèbres; il en fit faire des extraits compris, comme nous l'avons indiqué, dans ses Capitulaires, et sur le modèle desquels plusieurs évêques en firent pour leurs diocèses. L'étude et l'application des *lois civiles* furent également facilitées par les nouvelles éditions données des anciennes lois nationales, et par le soin qu'il prit de réunir sous un même titre les divers articles épars dans celles qui avaient rapport à une même matière.

La *médecine* ne fut pas oubliée non plus, bien qu'il n'existe sur cette science aucun ouvrage d'Alcuin, qui cependant cite plusieurs fois Hippocrate et Pline le naturaliste. Quelques règlements furent publiés après sa mort contre les charlatans et en faveur de la médecine, dont un Capitulaire prescrivit l'étude aux jeunes gens. Il y avait même, à ce qu'il paraît, dans le palais du roi, un bâtiment appelé par Alcuin *hippocratica tecta*, c'est-à-dire, à ce qu'on suppose, une infirmerie avec une *pharmacie*, qui fut enrichie d'une quantité de drogues, d'onguents, de médicaments et de parfums précieux, apportés par les ambassadeurs qu'envoya le souverain de la Perse à Charlemagne.

Les arts étaient tombés avant le règne de Charlemagne dans un discrédit encore plus grand que les lettres, et, d'ailleurs, les artistes sont peut-être aussi plus longs et plus difficiles à former que les littérateurs : telles furent sans doute les causes de la pauvreté des arts en ce siècle. La *musique*, réclamée par les besoins du culte, fut celui qui obtint le plus de vogue. On chantait régulièrement l'office dans la chapelle du château de Charlemagne, et nul clerc n'eût osé se présenter devant lui sans savoir chanter. Il obtint même du pape Adrien deux chantres habiles pour rétablir dans sa pureté le chant romain qu'avait graduellement altéré l'organe un peu barbare des chantres gallo-francs. On sait du reste que la manière de noter les tons et les demi-tons étant encore fort imparfaite alors, le chant ne s'apprenait en quelque façon que par routine ou de mémoire. On sait également que le contre-point ou l'art d'exécuter plusieurs parties à la fois, n'était pas encore connu à cette époque ; mais on possédait déjà plusieurs instruments à cordes et à vent, et si l'on en croit Théodulf, Charlemagne se plaisait à entendre les dames de sa cour jouer de trois ou quatre sortes d'instruments.

Après la musique, l'*architecture* fut à peu près le seul des beaux-arts qui ait été cultivé sous Charlemagne. On en a cité les principaux monuments (n° 18), qui attestent du moins les efforts faits par Charlemagne pour ranimer à la fois toutes les branches de la civilisation.

21. Grandeur et renommée de Charlemagne. — Ses relations avec Haroun-al-Raschid et avec l'Empire grec. — Un tel mouvement donné aux esprits en même temps qu'une telle influence exercée sur le monde par le génie d'un seul homme offrait un magnifique spectacle. C'était dans son palais d'*Aix-la-Chapelle*, où Charlemagne avait établi sa résidence depuis le commencement de la guerre contre les Saxons, afin d'être plus à portée de surveiller leurs mouvements, qu'il fallait voir ce grand prince s'occupant des soins qu'exigeait la régénération de son vaste empire, et jouissant, de son vivant même, de la gloire qu'il avait acquise à tant de titres. Héros de son époque, il était l'objet d'une admiration universelle, et des hommages éclatants venaient des régions les plus éloignées attester son immense renommée. Les ambassadeurs du sultan de Fez en Afrique rencontraient à Aix-la-Chapelle ceux de l'illustre khalife de Bagdad, Haroun-al-Raschid, dont Charlemagne avait lui-même, quelques années auparavant (797), fait réclamer la protection pour les chrétiens qui allaient en Orient visiter les saints lieux. Le khalife y répondit (801 et 807) en envoyant à l'empereur les clefs du tombeau de Jésus-Christ avec un étendard de Jérusalem, un éléphant, et la première horloge sonnant les heures que l'on ait vue en France. — Un autre prince souverain vint en personne implorer la protection de Charlemagne (805) : c'était le kakhan des Avares, converti l'année précédente à la religion chrétienne. Il demanda et il obtint pour son peuple, vivement pressé par les Slaves de la Bohême, la permission de s'établir dans de vastes déserts que l'empire possédait entre le Danube et la Save. L'année suivante (806), les ducs de Venise et de Zara en Dalmatie vinrent à leur tour rendre hommage à Charlemagne.

Ces princes étaient limitrophes de l'empire d'Orient, avec lequel Charlemagne entretint des relations amicales. A la suite d'un traité d'alliance, des négociations s'ouvrirent par l'intermédiaire du pape dans le but d'arriver, par le mariage de l'empereur d'Occident avec l'impératrice Irène, à la réunion des deux empires, et par suite à la réunion de l'Eglise grecque à l'Eglise romaine. Ce grand projet n'eut point de suite, mais il révèle quelles hautes pensées occupaient l'esprit de Charlemagne. Peu après, ce prince fit un traité pour la délimitation des deux empires avec le successeur d'Irène, Nicéphore, dont il reçut les ambassadeurs en grande pompe à la diète de Saltzbourg (n° 27).

Malgré le peu de durée de l'empire si merveilleusement rétabli, malgré les ténèbres qui allaient promptement remplacer cette brillante époque, il n'est pas vrai de dire, comme on l'a répété trop souvent, qu'un si vaste génie ait apparu en vain sur la terre, et que son œuvre ait péri tout entière avec lui. On a vu quels furent les remarquables résultats des guerres et des conquêtes de Charlemagne (n° 11). Par son gouvernement, par son action sur les esprits, il a laissé des traces non moins profondes. Concluons « que si beaucoup des choses qu'il a faites ont disparu avec lui, beaucoup d'autres lui ont survécu... Sous les rois mérovingiens l'histoire montre une décadence constante, universelle. Institutions et idées, ce qui restait du monde romain et ce que les Germains avaient apporté, tout s'énerve et se dissout... A partir de Charlemagne, la face des choses change: la décadence s'arrête, et le progrès recommence... Charlemagne marque la limite à laquelle est consommée la dissolution de l'ancien monde, romain et barbare, et où commence réellement la formation de l'Europe moderne, du monde nouveau (1). »

Questionnaire. — 13. Quelle fut la puissance de la royauté sous Charlemagne? — Quels ménagements conserva-t-il pour les traditions

---

(1) M. Guizot, *Histoire de la Civilisation en France*.

nationales ? — 14. Quelle était la principale division administrative de l'empire ? — Quelles étaient les attributions des comtes, des centeniers ? — Par qui étaient partagées les fonctions judiciaires ? — 15. Faites connaître les fonctions des *missi dominici*. — 16. *Donnez quelques détails sur la tenue et la composition des assemblées nationales.* — 17. Quels étaient les principaux objets des dispositions des Capitulaires ? — 18. Quels travaux d'intérêt public furent entrepris par Charlemagne ? — Citez quelques monuments construits sous son règne ? — Que fit-il pour le commerce ? — 19. Quelle était la situation des écoles sous les Mérovingiens ? — Que fit Charlemagne pour ranimer les études ? — 20. *Faites connaître la part que prit Alcuin au mouvement intellectuel.* — Quels furent ses principaux coopérateurs littéraires ? — Qui était Eginhard ? — Quel était l'état des diverses études ? — 21. Donnez une idée de la grandeur de Charlemagne en indiquant ses relations politiques. — Quels furent ses rapports avec Haroun-al-Raschid ; avec Irène et avec Nicéphore ? — Quelle influence le règne de Charlemagne a-t-il exercée sur la civilisation ?

CHAPITRE TROISIÈME.

GÉOGRAPHIE POLITIQUE DE L'EMPIRE DE CHARLEMAGNE.

SOMMAIRE.

22. L'empire d'Occident comprend des peuples soumis et des peuples tributaires. L'empire proprement dit est limité par l'Océan Atlantique, l'Èbre, les Pyrénées, la Méditerranée, le Liris, l'Alternus, les environs de Raguse, les montagnes de Dalmatie, la Bosna, la Save, la Theiss et l'Elbe.

23. Les peuples tributaires sont : — les Bretons, qui conservent leurs souverains nationaux, et dont les villes frontières seulement sont conquises ; les Basques, dans les Pyrénées, payent à peine le tribut ; — le puissant duché de Bénévent s'étend du Liris et de la Pescara jusqu'au delà de Tarente : il comprend Bénévent, Capoue, Salerne ; — les Slaves Oboutrites sur les rivages de la Baltique ; les Wiltzes aux bords de l'Oder ; les Sorabes, au S. ; les Czèches ou Bohémiens ; les Moraves et les Esclavons à l'extrémité orientale de l'empire.

24. Les divisions administratives sont les comtés, circonscriptions permanentes répondant aux cités ; les légations, divisions temporaires, déterminées par les missions des envoyés royaux ; les marches ou margraviats, gouvernements sur les frontières. — Les divisions politiques en royaumes, tous gouvernés cependant par Charlemagne, comprennent le royaume des Francs, celui d'Aquitaine et celui d'Italie.

25. Le royaume d'Italie ou de Lombardie, constitué pour Pépin (781),

renferme le patrimoine de Saint-Pierre, composé du duché de Rome, de la Tuscie, de la Sabine, de l'exarchat de Ravenne, avec les villes de Rome, Ravenne, Pavie, Vérone, Trévise. Venise est indépendante. Le royaume d'Italie comprend la marche de Carinthie à laquelle se rattachent : le Frioul, au N.-E. de l'Italie ; l'Istrie, en partie à l'empire d'Orient; la Croatie ; la Dalmatie reste partagée entre les deux empires.

26. Le duché d'Aquitaine, érigé en royaume pour Louis (781), a quinze comtés, savoir : Poitou (Poitiers), Berri (Bourges), Saintonge (Saintes), Angoumois (Angoulême), Limosin (Limoges), Velai (le Puy), Périgord (Périgueux), Bordelais (Bordeaux), Agenois (Agen, Chasseneuil), Querci (Cahors), Rouergue (Rodez), Gévaudan (Javols), Albigeois (Alby), Toulousain (Toulouse). — Au royaume d'Aquitaine se rattachent la Septimanie (Narbonne) ; le duché de Gascogne ; la marche d'Espagne (Barcelone, Tarragone, Girone, Pampelune); les Baléares, la Corse et la Sardaigne.

27. Les évêchés et les *villæ* royales devinrent les berceaux de nouvelles cités en Austrasie et en Germanie. En Austrasie, on distingue : Aix-la-Chapelle ; Metz ; Nimègue; Mayence; Ingelheim, palais de Charlemagne ; Thionville ; Worms ; Francfort ; Wurtzbourg. Dans la Frise païenne, l'église de Deventer. Dans la Saxe : les Westphaliens, Ostphaliens, Angariens, Nordalbingiens et Cisalbins, avec les villes d'Ehresburg ; Merseburg, sanctuaire de l'Hermann-Saüle ; Paderborn. En Alsace, Strasbourg. Dans l'Alamannie et la Souabe : Constance. En Bavière : Ratisbonne ; Augsbourg; Salzbourg. L'Avarie ou Hunnie reçoit une tribu de Huns chrétiens et voit s'établir la marche d'Autriche. En Neustrie : on distingue Paris qui n'est plus la capitale de l'empire ; Boulogne, station d'une flotte ; Soissons; Laon ; Tours, Angers. L'importance politique appartient aux châteaux impériaux de Verberie, Quiercy ou Kiersy, Attigny, où Wittikind reçut le baptême (785). La Bourgogne est divisée en Transjurane et Cisjurane.

22. LIMITES DES PAYS RÉGIS DIRECTEMENT PAR DES COMTES FRANCS. — L'empire d'Occident relevé par le génie organisateur plus encore que par les conquêtes de Charlemagne, et qui n'avait guère moins d'étendue que l'ancien empire dont il avait pris le nom, comprenait deux parties bien distinctes : les provinces de l'Empire proprement dit, régulièrement administrées par les comtes francs sous le contrôle des *missi dominici* (n° 15), et les contrées habitées par des peuples tributaires dont plusieurs même n'obéissaient que lorsque le voisinage des armées franques les maintenait dans la soumission. L'ensemble de toutes ces contrées avait, dit Eginhard, du N. au S., plus de mille fois mille pas (environ 1,500 kilomètres). Mais la différence que nous avons signalée entre la nature de ces possessions exige que leurs limites soient indiquées séparément.

Le territoire de l'*empire proprement dit* comprenait

l'Austrasie, l'Alsace, l'Alamannie, la Bavière, la Carinthie et l'Avarie au N. ; la Neustrie, la Bourgogne et l'Aquitaine au centre et à l'O. ; l'Italie et diverses contrées sur le rivage oriental de l'Adriatique au S. et à l'E. Les limites entre lesquelles se trouvaient renfermées ces diverses contrées étaient : au N. et à l'O., les frontières du Jutland, et l'Océan Atlantique depuis l'embouchure de l'Elbe jusqu'aux Pyrénées en ne comprenant pas la Bretagne, qui n'était que tributaire ; au S., du côté de l'Espagne, les Pyrénées et le cours inférieur de l'Ebre ; du côté de l'Italie, la Méditerranée, le fleuve Liris ou Garigliano, et l'Alternus ou Pescara, qui le séparaient du duché tributaire de Bénévent, en exceptant Gaëte, qui appartenait à l'empire grec, et Venise, qui en reconnaissait nominalement la souveraineté ; au S.-E. en Illyrie, les environs de Raguse, qui, ainsi que quelques autres ports de cette côte, était restée à l'empire d'Orient ; à l'E., les montagnes de la Dalmatie, qui ferment le bassin de l'Adriatique, la Bosna, affluent de la Save, cette rivière elle-même jusqu'à son confluent avec le Danube, la Theiss dans la partie inférieure de son cours, une ligne qui, partant de cette rivière, allait rejoindre la partie méridionale des montagnes de la Bohême, et le cours de l'Elbe, défendu par plusieurs places fortes.

23. Zone des peuples tributaires : Bretons, Basques, Bénéventins, Slaves entre l'Elbe et l'Oder. — Divers peuples avaient été soumis au tribut en dehors des limites qui viennent d'être indiquées.

I. Les Bretons, qui, bien que dépendant nominalement des Francs, conservaient leurs mœurs, leurs lois particulières et leurs souverains nationaux, avaient essayé à la mort de Pépin le Bref de recouvrer une complète indépendance. Dans une première campagne, le sénéchal Audulf (786) prit de nombreuses forteresses au milieu des marais, et, douze ans après, Guy, comte de la Marche Angevine, conquit pour la première fois toute la contrée ; toutefois, sauf les villes frontières de Rennes, Nantes et quelques autres, la Bretagne ne put être entièrement incorporée à l'empire.

II. Les Basques dans les Pyrénées Occidentales, en dehors de la province appelée les Marches Espagnoles (n° 26), s'étaient soumis au tribut, mais ne le payaient que quand ils y étaient contraints par la présence d'une armée.

III. En Italie, le duché de Bénévent, que nous pourrions comprendre dans le royaume d'Italie, puisque le duc lombard qui le gouvernait avait été forcé (en 787) de se reconnaître vassal de Charlemagne, et (en 812) de se soumettre à un tribut de 25,000 sous d'or, était, par le fait, presque complétement indépendant. Ce puissant et vaste duché (dont le territoire comprenait la plus grande partie de ce qui forme aujourd'hui le royaume de Naples) s'étendait depuis les rives du *Liris* et celles de la *Pescara*, près de laquelle sont situées les villes de *Chieti* et d'*Ortona*, prises en 801 et 803 par Charlemagne, et depuis les limites de l'État de l'Église, jusqu'au delà de *Tarente*, au S. E., depuis que le duc Romuald avait conquis sur l'empire Grec au delà de l'*Ofanto* un vaste territoire (auj. Terre de Bari et le N. de celle d'Otrente), auquel il donna le nom de *Langobardia Minor*. Au S. O. les limites du duché de Bénévent et de l'empire Grec se trouvaient dans la *Calabre inférieure*, vraisemblablement vers les deux petits fleuves Savuto et Neto (qui séparent aujourd'hui la Calabre Ultérieure de la Citérieure). — Outre la ville de *Bénévent*, résidence de ses ducs, on peut citer dans ce duché : — *Capoue*, jusqu'où Charlemagne s'avança dans son expédition de 787 ; — *Salerne*, dont Charlemagne avait imposé au duc Grimoald l'obligation de démolir les murailles, ainsi que celles de quelques autres places fortes, quand il consentit à lui donner l'investiture du duché de Bénévent.

IV. Sur les limites orientales de l'empire de Charlemagne se trouvaient plusieurs peuples Slaves qui s'étaient, soit volontairement, soit par force, résignés à reconnaître les lois de l'empereur. Ces peuples étaient : — Les OBOTRITES placés sur la frontière de l'Empire vers le N. E., entre la partie inférieure du cours de l'Elbe et la mer Baltique ; ils aidèrent Charlemagne dans une guerre contre les Saxons. — Les WILTZES, nommés aussi *Wélatabes* et *Lutizes*, à l'E. des Obotrites, avec lesquels ils étaient en guerre continuelle. Ils furent soumis (en 789) par Charlemagne, qui recula ainsi des rives de l'Elbe à celles de l'Oder les limites de l'empire des Francs. — Les SORABES, ou *Serbes*, au S. des deux peuples précédents. Cette nation, dont plusieurs tribus s'étaient établies dans la Dalmatie, subit aussi le joug des Francs (vers l'an 784). — Les CZÈCHES, qui habitaient la Bohême sous le gouvernement de ducs souverains, et qui sont aussi désignés dans les auteurs du temps sous le nom de *Bohémiens* ou *Bohêmes*, reconnaissaient également les lois de Charlemagne. — Les MORAVES, du moins ceux qui habitaient la Moravie méridionale, vers les bords du Danube, furent aussi soumis, vers la fin du huitième siècle, aux Francs qui les avaient soustraits au joug des Avares. — Les Slaves de la *Slavonie* ou *Esclavons,* entre la Save et la Drave, étaient le plus oriental des peuples tributaires de l'empire franc, auquel ils avaient été soumis par Pépin, qui pénétra jusqu'à la Theiss.

24. Divisions : comtés, légations, royaumes. — L'empire proprement dit était partagé pour l'administration civile et militaire en circonscriptions dont nous avons fait connaître plus haut (n° 14) le nom et la nature. Les *comtés,* dont le nombre variait fréquemment suivant les circonstances et les volontés de l'empereur, correspondaient à peu près aux anciennes cités, et les *légations,* qui renfermaient plusieurs comtés, et dont chacune était sous la surveillance d'un envoyé royal, offraient quelque analogie avec les anciennes provinces. Toutefois, à la différence des comtés qui formaient des circonscriptions permanentes, les légations paraissent n'avoir constitué que des circonscriptions irrégulières et temporaires changeant comme les fonctionnaires eux-mêmes qui étaient chargés d'en faire l'inspection. Plusieurs provinces situées sur les frontières prenaient le nom spécial de *marches* ou *margraviats;* telles étaient les marches espagnoles, la marche de Carinthie, etc., sur lesquelles on reviendra ci-après.

Ces divisions purement administratives rentraient elles-mêmes dans des divisions politiques plus générales qui avaient pour but, sous Charlemagne du moins, non de partager réellement le pouvoir qui demeurait tout entier entre ses mains, mais de former ses fils à la pratique du gouvernement. Cette grande division est celle de l'empire en *royaumes,* qui, à côté du *royaume des Francs* proprement dit (comprenant les royaumes d'Austrasie, de Neustrie et de Bourgogne, voir n° 14), reconstitua le *royaume d'Aquitaine* et le *royaume d'Italie.* Cette séparation, alors purement nominale, et qui n'était peut-être qu'une satisfaction donnée aux traditions nationales des peuples méridionaux, allait devenir une scission réelle après Charlemagne, et produire le démembrement de l'empire.

Nous décrirons d'abord les deux royaumes rétablis par Charlemagne, et nous terminerons par l'indication des contrées qui conservaient plus particulièrement le nom primitif de royaume des Francs.

25. Royaume d'Italie avec la Marche de Ca-

RINTHIE ET LE PATRIMOINE DE SAINT-PIERRE. — L'ITALIE ou LOMBARDIE, érigée en royaume par Charlemagne, en faveur de Pépin, son second fils (l'an 781), comprenait toute la partie de la péninsule Italique qui s'étend depuis le pied des Alpes, au N., jusqu'au territoire de Gaëte, au S. O., et jusqu'au *Garigliano* et à la *Pescara*, limite du duché tributaire de Bénévent, au S. E. (n° 23). Dans ce territoire était renfermé le PATRIMOINE DE L'ÉGLISE OU DE SAINT-PIERRE, composé des donations de Pépin et de Charlemagne demeurées sous la suprématie de l'empereur, et comprenant : — 1° le *duché de Rome*, qui s'étendait lui-même sur les deux rives du Tibre, depuis le petit fleuve de la *Marta* jusqu'au *Garigliano*; — 2° la *Tuscie*, au N. du petit fleuve de la *Marta*, et comprenant le *duché de Pérouse*; — 3° la *Sabine*, au N. E. du duché de Rome jusqu'au *duché de Spolète*, qui en était indépendant; — 4° enfin l'*Exarchat de Ravenne*, à l'E., avec la *Pentapole*, qui s'étendait le long de la mer Adriatique. — La ville de *Venise*, sujet de longues contestations entre les deux empires d'Occident et d'Orient, semble être restée de fait, au milieu de ses lagunes, à peu près indépendante de l'un et de l'autre. — Outre les villes de *Rome*, témoin (en l'an 800) du couronnement de Charlemagne (n° 10), de *Ravenne*, qui conservait encore une partie de sa splendeur, on peut encore citer dans l'Italie à cette époque : — *Pavie*, où le dernier roi des Lombards, Didier, s'était renfermé et fut pris, après un long siége, avec le plus grand nombre des ducs lombards (n° 6); — *Vérone*, à l'E. de Pavie, qu'Adalgise, fils de Didier, essaya aussi vainement de défendre contre Charlemagne; — *Trévise*, au N. E. de l'Italie, capitale de la *Marche Trévisane*, qui terminait l'Empire de ce côté, avant la conquête des contrées que nous nommerons ci-après. Au N. E. de l'Italie Charlemagne avait organisé la MARCHE DE CARINTHIE (partie de l'Autriche actuelle), à laquelle se rattachaient les contrées voisines de l'Adriatique, savoir :

Le FRIOUL, au N. E. de l'Italie, administré par des comtes Francs depuis la révolte et la mort (en 777) de son dernier duc Lombard, qui fut remplacé par un seigneur franc ayant le titre de duc ou de marquis et spécialement chargé de la défense de cette frontière. Lorsque Charlemagne érigea l'Italie en royaume en faveur de Pépin, le Frioul fut, comme tout ce qui avait dépendu autrefois des provinces lombardes, réuni au royaume d'Italie, et formait une marche fort importante par sa position aux abords de l'Italie : — *Frioul,* au N. d'Aquilée, en était la capitale.

L'ISTRIE, dans la presqu'île au S. du Frioul, conquise, ainsi que la province suivante, par Pépin, roi d'Italie, et fils de Charlemagne (vers l'an 789). — Sa capitale *Justinopolis* (auj. Capo d'Istria), au fond du golfe de Trieste, dépendait des empereurs de Constantinople. — La LIBURNIE ou CROATIE (nom qu'elle conserve encore), au S. O. de l'Istrie, était soumise à l'autorité des margraves ou marquis de Frioul.

La DALMATIE, au S. E. de la Liburnie. Il faut en excepter toutefois les villes maritimes, telles que *Spalatro* et *Zara,* dont le duc vint cependant, avec celui de Venise, en 806, rendre hommage à Charlemagne, qui céda ces villes à l'empereur de Constantinople. — La province elle-même était partagée entre les deux empires d'Occident et d'Orient, sans que l'on y puisse fixer d'une manière bien précise leurs limites respectives, qui furent souvent un sujet de contestation entre les deux souverains. — Les Croates ou Chrobates, qui en occupaient le N., jusqu'à la *Cettina,* étaient sujets de l'empire d'Occident, et les Sorabes ou *Serbes,* qui ont donné leur nom à la *Servie,* composée de toute la partie S. E. de la province depuis le Danube et la Save jusqu'à la côte aux environs de Raguse, relevaient de l'empire d'Orient. La *Bosna* séparait les deux empires.

26. ROYAUME D'AQUITAINE AVEC LE DUCHÉ DE GASCOGNE ET LA MARCHE D'ESPAGNE. — L'AQUITAINE, qui comprenait tout le S. O. de l'empire de Charlemagne, était bornée par la Loire au N. et au N. E., par le Rhône inférieur et la Méditerranée à l'E., par l'Océan Atlantique à l'O., et s'étendait au S. jusqu'au cours de l'Ebre en Espagne. Ce duché, dont Charlemagne ne put se mettre en possession qu'après en avoir fait la conquête (en 769) sur le duc Hunold, fut (vers l'an 781) érigé en royaume par le conquérant en faveur de son jeune fils Louis. L'historien de ce prince nous donne les noms de neuf comtés établis à cette époque par Charlemagne dans le royaume d'Aquitaine ; mais nous savons par d'autres auteurs qu'il y avait alors en Aquitaine quinze comtés que nous nommerons ci-après. De plus trois autres grandes provinces relevaient encore de la couronne d'Aquitaine ; c'étaient : la *Septimanie* au S. E., la *Gascogne* au S. O., et les *Marches Espagnoles* au S. — Les îles *Baléares,* dont Charlemagne anéantit les pirates en 799, et celles de *Corse* et de *Sardaigne,* qu'il protégea efficacement contre les Sarrasins pendant la plus grande partie de son règne, pouvaient aussi être considérées comme des dépendances du royaume d'Aquitaine.

L'Aquitaine proprement dite se composait, comme on l'a dit, de quinze comtés, qui étaient : 1° le Poitou, capitale *Poitiers*, au N. O.; — 2° le Berri, cap. *Bourges*, au N. E.; — 3° la Saintonge, cap. *Saintes*, au S. O. du Poitou; — 4° l'Angoumois, cap. *Angoulême*, à l'E. de la Saintonge; — 5° le Limosin, cap. *Limoges*, à l'E. de l'Angoumois; — 6° l'Auvergne, cap. *Clermont*, à l'E. du Limousin; — 7° le Velay, cap. *le Puy*, au S. E. de l'Auvergne; — 8° le Périgord, cap. *Périgueux*, au S. de l'Angoumois et du Limousin; — 9° le Bordelais, cap. *Bordeaux*, au S. O. du Périgord; *Fronsac*, remarquable par un château fort bâti en 770 par Charlemagne pour contenir les Aquitains; — 10° l'Agénois, cap. *Agen*, au S. E. du Bordelais : dans ce comté se trouvait la maison royale de *Chasseneuil*, sur la rive droite du Lot, où Charlemagne tint le champ de mai de 778, à la suite duquel il partit pour son expédition d'Espagne; — 11° le Quercy, cap. *Cahors*, au N. E. de l'Agénois; — 12° le Rouergue, cap. *Rodez*, à l'E. du Quercy; — 13° le Gévaudan, cap. *Javols*, au N. E. du Rouergue; — 14° l'Albigeois, cap. *Albi*, au S. O. du Rouergue; —15° enfin le Toulousain, cap. *Toulouse*, au S. O. de l'Albigeois. Cette dernière ville était la capitale du royaume.

Les provinces que l'on peut considérer comme relevant de la couronne d'Aquitaine étaient, outre la Septimanie ou Gothie (capitale Narbonne), tombée au pouvoir des musulmans, et bientôt, en haine de cette domination, livrée à Pépin par ses habitants, qui massacrèrent les garnisons musulmanes :

1. Le duché de Gascogne, situé au pied des Pyrénées, au S. O. de l'Aquitaine, dont la soumission à Charlemagne entraîna celle de cette petite province; mais son duc ayant profité de l'expédition de Charlemagne en Espagne (en 778) pour se joindre à ses ennemis, et ayant pris une grande part à la défaite qu'éprouva l'armée des Francs à *Roncevaux*, dans les gorges des Pyrénées, au S. O. de la Gascogne (n° 9), le roi se rendit maître de sa personne, le fit pendre en punition de sa trahison, et confisqua son duché. Il consentit toutefois à rendre à son fils, à titre de fief, la partie la plus voisine des Pyrénées, c'est-à-dire le *Bigorre*, le *Béarn* et la *Basse-Navarre*; le reste fut placé sous le gouvernement des comtes francs.

II. Les MARCHES ESPAGNOLES, dont il est difficile de déterminer l'étendue d'une manière précise, mais dont on peut considérer l'Ebre comme ayant été la limite au S., se divisaient en *Marche de Gascogne*, à l'O., et *Marche de Gothie* ou de *Septimanie*, à l'E. Les peuples de la Navarre, placés à l'O. de la première, furent les alliés tantôt de Charlemagne et tantôt des Sarrasins ; cependant la partie française de cette province était, ainsi que l'*Aragon*, comprise dans la Marche de Gascogne. — *Barcelone*, prise par Louis, fils de Charlemagne (en 801), et devenue la capitale de la Marche de Gothie, était la ville la plus importante de ces provinces, où l'on peut citer encore : *Tarragone*, sur la Méditerranée ; — *Girone*, plus à l'O. ; — *Urgel*, au pied des Pyrénées ; — *Tortose*, ville forte située près de l'embouchure de l'Ebre, et prise par Charlemagne en 811, mais retombée l'année suivante au pouvoir des musulmans. — La forte ville de *Pampelune*, située beaucoup plus au N. O., dans la Marche de Gascogne, en était la capitale.

27. NOUVELLES CITÉS EN AUSTRASIE ET EN ALLEMAGNE. — Les autres parties de l'empire de Charlemagne constituaient le royaume franc proprement dit, comprenant des contrées déjà décrites (t. I, nos 350, 351), et que nous énumérerons rapidement en insistant seulement sur les cités qui devaient à Charlemagne ou leur fondation ou une importance nouvelle. Un grand nombre de ces villes récentes devaient leur origine soit à des évêchés établis par Charlemagne dans diverses contrées de la Germanie pour y introduire ou y affermir la foi chrétienne, soit à des résidences ou *villa* royales où l'empereur avait coutume de tenir les assemblées ou diètes nationales, et qui ne tardèrent pas à s'entourer d'habitations nombreuses. Nous avons vu que c'est ainsi que furent fondés et l'abbaye de Fulde et les évêchés de Minden, Halberstadt, Verden, Brême, Munster, Hildesheim, Osnabruck et Paderborn (n° 7).

L'AUSTRASIE proprement dite s'étendait sur les deux rives du Rhin, depuis la Meuse, qui la séparait de la Neustrie proprement dite, à l'O., jusqu'au Wéser, qui formait sa limite du côté de la Thuringe, à l'E. Cette province se trouva longtemps, par sa position géographique, la plus exposée aux incursions des nations barbares répandues tout le long de sa limite septentrionale ; mais à la fin du règne de Charlemagne, la conquête de la Saxe avait assuré la tranquillité de cette frontière. Du côté de l'E., elle se trouvait couverte par la Thuringe, située entre le Wéser, qui la sépare à l'O. de l'Austrasie, à laquelle on la rattache ordinairement, et la *Saala*, rivière qui formait la limite orientale de l'empire des Francs. — Depuis longtemps déjà, l'Austrasie renfermait un grand nombre de villes remarquables répandues sur l'une et l'autre rive du Rhin, et parmi lesquelles il faut citer : — Sur la rive gauche du fleuve : *Aix-la-Chapelle*, vers le N., fondée, dit-on, sous le règne d'Adrien, et choisie par Charlemagne pour sa résidence ; il y fit bâtir la basilique de Sainte-Marie, dans laquelle il fut enterré, et d'où cette ville a pris le nom d'Aix-*la-Chapelle;* elle lui doit aussi un palais qui communiquait avec l'église par une galerie de bois, des ponts et des édifices somptueux qu'il orna de marbres et de sculptures que la pauvreté de l'art à cette époque le força de faire venir à grands frais de l'Italie. — *Metz*, l'ancienne capitale de l'Austrasie, qui voyait sa splendeur éclipsée par la ville de Charlemagne. — *Nimègue*, au N. O. du royaume, sur le *Wahal*, décorée par ce prince d'un superbe palais. — *Duren*, à l'E. d'Aix-la-Chapelle, fut plusieurs fois choisie par Charlemagne pour le lieu de réunion des armées à la tête desquelles il marcha contre les Saxons. — *Héristal*, berceau des Carlovingiens. — *Trèves*, l'ancienne ville romaine. — *Mayence*, vis-à-vis du confluent du Main avec le Rhin, sur lequel Charlemagne fit construire un pont dont les piles étaient en pierres et les arches en bois. C'est par l'archevêque de cette ville, saint Boniface, que s'était fait sacrer d'abord le roi Pépin le Bref (n° 2). — *Ingelheim*, à l'O. de Mayence, remarquable par le magnifique palais qu'y fit bâtir Charlemagne, et par la diète de 788, où fut condamné Tassillon, duc de Bavière (n° 8). — *Thionville*, sur la rive gauche de la Moselle, et l'une des résidences des premiers Carlovingiens, célèbre par le partage que Charlemagne y fit, en 806, de ses États entre ses trois fils (voir ci-après n° 29). — *Worms*, plus à l'E. sur le Rhin, qui avait aussi son château royal, et fut souvent, sous Charlemagne, le lieu de réunion de l'assemblée nationale du Champ de Mai.

Les villes les plus remarquables de l'Austrasie situées à l'E. du Rhin étaient : — *Francfort-sur-le-Main*, rivière qui va se jeter dans le Rhin après avoir traversé toute cette province. — *Wurzbourg*, sur la même rivière, ville au S. E. de laquelle Charlemagne fit commencer les travaux du canal qui devait réunir le Rhin au Danube en joignant le cours du *Rednitz*, affluent du Main, avec celui de l'*Altmühl*, qui se jette dans le Danube. Les difficultés que lui opposa un sol marécageux et les occupations que lui donna la guerre contre les Saxons firent abandonner cette utile entreprise.

La Frise, au N. O. de l'Austrasie, entre le Rhin et le Wéser, renfermait un peuple belliqueux et féroce, dont la soumission aux Francs avait été toujours fort incomplète et les révoltes très-fréquentes. Sous le règne de Pépin le Bref, ils avaient massacré saint Boniface, archevêque de Mayence, qui voulait porter dans leur pays sauvage les lumières de la foi (voir t. I, n° 346). Cependant une église avait été construite dans la ville de *Deventer*, située sur les bords de l'*Yssel*, au sein même de leur pays; car l'histoire nous apprend que ce fut l'incendie de cette église par les Saxons, en 772, qui devint le signal de la longue guerre de Charlemagne contre ce peuple (n° 7).

La Saxe, soumise par Charlemagne après une lutte acharnée de trente-trois ans qui lui coûta une grande partie de sa population, comprenait toutes les contrées comprises entre l'Ems, à l'O., et l'Elbe, à l'E., et s'étendait même au N. de ce fleuve, à l'entrée de l'ancienne Chersonèse Cimbrique ou Jutland, dans la contrée abandonnée par les *Angles*, jusqu'aux rives de l'Eyder (voir *Histoire du Moyen Age*, chap. xxv). Le peuple belliqueux qui l'habitait, et dans lequel étaient venues se fondre celles des anciennes nations germaniques de ces contrées qui n'avaient pas suivi les Francs au delà du Rhin, se divisait en trois grandes tribus, savoir : les *Westphaliens* ou *Westphales*, ou Saxons occidentaux, entre l'Ems, et même entre le Rhin et le Wéser: les *Ostphaliens* ou *Ostphales*, ou Saxons orientaux, entre le Wéser et l'Elbe, et les *Angariens*, anciens *Angrivariens*, au S. O. Ceux qui habitaient dans la contrée comprise entre l'Elbe et l'Eyder sont désignés par les auteurs sous le nom de *Nordalbingiens*, par opposition à ceux de la rive méridionale du fleuve, qui sont nommés *Cisalbins*.

Parmi un grand nombre de lieux illustrés par les victoires de Charlemagne pendant la longue guerre qu'il fit aux Saxons, au sein même de leur pays, nous nous bornerons à citer les plus célèbres. — *Eresbourg* ou *Ehresburg* (auj. Stadtbergen), fut la première forteresse saxonne dont s'empara Charlemagne, qui en releva les fortifications pour y mettre une garnison destinée à assurer la soumission du pays (n° 7). — *Merseburg*, situé un peu plus à l'E., est célèbre par le culte national que les Saxons y rendaient à l'idole d'*Irmensul* ou *Hermann-Saüle*, qui fut renversée par Charlemagne, et remplacée par une chapelle chrétienne, *Capella*. — *Paderborn*, au N. d'Ehresburg, au centre de la Saxe, dont elle devint la ville la plus importante; elle est remarquable par la diète qu'y tint, en 777, Charlemagne, qui y reçut le serment de fidélité des Saxons et y eut une entrevue avec le pape Léon III. Cette ville était peu éloignée de celle de *Leppspring*, aux sources de la *Lippe*, où Charles, qui avait achevé de mettre les Saxons en déroute en 776, tint les champs de mai de 782 et 804. — *Brême*, plus au N. O., était la capitale d'un canton nommé *Wigmodie*. — *Hobhuoki*, château bâti par Charlemagne vers les bouches de l'Elbe, ruiné en 810 par les *Wiltzes*, et relevé par l'empereur l'année suivante, semble avoir donné naissance à la ville de *Hambourg*.

L'ALSACE, au S. E. de l'Austrasie, avait pour capitale *Strasbourg*, à peu de distance du Rhin, au point où se réunissaient les principales routes qui établissaient les communications de la Gaule avec la Germanie.

L'ALAMANNIE, située au S. E. de l'Alsace, sur la rive droite du Rhin, s'étendait avec la SOUABE, qui en formait la partie méridionale, jusqu'aux montagnes des Alpes. Depuis la défaite de leur duc Leutfried (en 748), les Alamans avaient été privés de leurs ducs nationaux et gouvernés par des comtes Francs, sous la surveillance des *missi dominici*. Leurs villes principales étaient : — *Constance*, sur le lac auquel elle a donné son nom; — *Coire*, plus au S., sur le Rhin supérieur.

La BAVIÈRE, située à l'E. de l'Alamannie, déclarée partie intégrante de l'Empire depuis la révolte de son duc Tassillon contre Charlemagne (en 788), était gouvernée par des comtes Francs. Ses villes les plus remarquables étaient : — *Ratisbonne* ou *Regensburg*, au N., sur le Danube, la plus ancienne capitale de la Bavière, où Charlemagne tint, en 792, une assemblée nationale dans laquelle il régla tout ce qui avait rapport au gouvernement nouveau qu'il établissait dans cette contrée. — *Augsbourg*, à l'O. sur la limite de l'Alamannie et de la Bavière. — *Salzbourg*, au S., remarquable par la magnifique réception qu'y fit Charlemagne aux ambassadeurs de Nicéphore, envoyés pour fixer les limites des deux empires d'Orient et d'Occident.

L'AVARIE ou HUNNIE, au N. E. de la Carinthie, entre l'Ems, qui la séparait à l'O. de la Bavière, et la Theiss, affluent du

Danube, à l'E., embrassait ainsi l'une et l'autre *Pannonie,* comme le dit Eginhard, et, de plus, la vaste contrée occupée autrefois par les *Sarmates Jazyges,* entre le Danube et la Theiss. C'est dans la partie de ce pays désignée plus spécialement sous le nom de *Hunnie,* et comprise entre l'*Ems,* le *Raab,* affluent du Danube par sa rive droite, et le *Kamp,* autre affluent du même fleuve sur sa rive gauche, que l'on doit, suivant quelques auteurs, reconnaître le pays concédé par Charlemagne à une tribu de Huns qui avaient embrassé le christianisme, à la suite des expéditions dirigées contre les Avares, maîtres du pays voisin jusqu'au Raab. Ces derniers furent exterminés ou expulsés, et Charlemagne créa, dans une portion de la contrée qu'ils avaient occupée, la *Marche d'Autriche, Oster-Reich,* dont ce pays conserve encore aujourd'hui le nom.

La Neustrie, renfermée entre l'Océan, la Meuse et la Loire, s'étendait au S. E. jusqu'un peu au delà de Troyes et d'Auxerre. Les villes les plus remarquables de cette contrée étaient à cette époque : — *Paris,* abandonnée par les rois, qui ne conservait plus le titre de capitale qu'elle avait porté sous les Mérovingiens ; — *Boulogne,* au N. O., qui renfermait un arsenal important établi par Charlemagne pour l'armement des forts élevés, sur les rivages voisins, contre les incursions des Northmans, et était le lieu de station de l'une des flottes destinées à les poursuivre ; — une autre flotte ayant la même destination était rassemblée à *Gand,* au N. E., au confluent de l'Escaut et de la Lys. — *Soissons,* plus au S. E., où Carloman se fit couronner, tandis que Charles, son frère, choisissait pour la même cérémonie la ville de *Laon.* — *Tours,* sur la Loire, plus au S. O. — *Angers,* résidence d'un margrave. — Le principal rôle politique appartenait alors aux résidences royales où se tenaient les assemblées de la nation et dont le nom revient souvent dans l'histoire : — *Verberie,* au N. O. de Paris, près de l'Oise, où Charlemagne bâtit un beau palais ; — *Quierzy* ou *Kierzy,* au N. E. de Verberie, sur la même rivière, qui fut souvent la résidence de l'empereur ; — *Attigny,* au S. E. des précédentes, sur l'Aisne, où Wittikind, le plus illustre des chefs saxons, se rendit, pour y recevoir le baptême (n° 7) à l'assemblée de 785.

La Bourgogne comprenait toutes les contrées qui avaient formé le royaume des Burgondes, c'est-à-dire toute la partie S. E. de l'ancienne Gaule. Elle fut, postérieurement à l'époque qui nous occupe, divisée en *Bourgogne Transjurane* ou *Supérieure*, et *Cisjurane* ou *Inférieure*, dans laquelle fut comprise la *Provence*. — *Lyon* en était toujours la ville la plus importante.

QUESTIONNAIRE. — 22. Quelles étaient les différentes possessions de Charlemagne? — Indiquez les limites de l'Empire proprement dit. — 23. Énumérez les provinces tributaires. — 24. Quelles étaient les divisions administratives de l'empire de Charlemagne? — Quels royaumes y furent reconstitués? — 25. Que renfermait le royaume d'Italie? — En quoi consistait le patrimoine de Saint-Pierre? — Quels pays étaient annexés à la marche de Carinthie? — 26. Comment était composé le royaume d'Aquitaine? — Énumérez les comtés et leurs villes principales. — Faites connaître les possessions espagnoles et les îles voisines. — 27. Indiquez les principales villes de l'Austrasie, des diverses contrées de la Germanie et de l'ancienne Gaule qui durent à Charlemagne ou leur origine ou une importance politique nouvelle. — Rappelez de quelles contrées se composait le royaume des Francs proprement dit.

CHAPITRE QUATRIÈME.

DÉMEMBREMENT DE L'EMPIRE DE CHARLEMAGNE PAR LE SOULÈVEMENT DES PEUPLES.

(814-843.)

SOMMAIRE.

28. Diverses périodes se font remarquer dans la dissolution de l'empire de Charlemagne : 1° Division en trois royaumes d'abord (843), puis en sept (888) ; 2° Dissolution intérieure par le démembrement du pays en grands fiefs, puis par le morcellement en une foule de seigneuries. — Charlemagne avait fait deux partages (806 et 813) de ses États avant sa mort. — Son successeur, Louis le Pieux ou le Débonnaire, prince bien intentionné, mais faible, commence son règne par d'utiles réformes. Il fait un premier partage de ses États entre ses trois fils : Lothaire reçoit l'Italie et l'empire, Pépin l'Aquitaine, Louis la Bavière.

29. Bernard, roi d'Italie, se révolte (818) ; il est mis à mort. — La pénitence publique à laquelle se soumet Louis le Débonnaire (822) a pour conséquences l'avilissement de l'empereur et l'anéantissement de son autorité.

30. Une première révolte des fils de Louis amène le renversement de ce prince qui est détrôné (830), rétabli (832), dégradé de nouveau (833) et réhabilité (835). Pépin, roi d'Aquitaine, meurt (838), et Louis opère un dernier partage de ses États entre ses quatre fils (839) ;

SECONDE RACE.

il favorise Charles, le plus jeune, aux dépens de ses frères et lui donne presque toute la France actuelle. Louis de Bavière et les Aquitains se révoltent. Louis le Débonnaire meurt (840). — **Les ravages des pirates northmans et sarrasins commencent pendant ce règne.**

31. Charles le Chauve et Louis le Germanique, unis contre Lothaire et Pépin II, sont vainqueurs à la sanglante bataille de Fontanet ou Fontenay, qui a pour conséquences le partage définitif de l'empire et la création de la nation française. Charles et Louis renouvellent à Strasbourg leur traité d'alliance (842).

32. Le traité de Verdun entre Charles, Louis et Lothaire consacre les résultats de la bataille de Fontenay par le démembrement de l'empire en trois royaumes. Le royaume de France est situé à l'ouest de la Meuse, de la Saône et du Rhône ; le royaume de Lotharingie, entre la Meuse et le Rhin, s'étend jusqu'en Italie ; le royaume de Germanie ou d'Allemagne comprend le reste de l'empire.

28. Démembrement de l'empire de Charlemagne. — Faiblesse de Louis Iᵉʳ dit le Débonnaire (814-840). Partage de l'empire entre ses fils. — Il ne fallait rien moins que le puissant génie de Charlemagne pour maintenir son œuvre. « Dès que l'âme eut quitté ce corps gigantesque, il tomba en dissolution, et, pendant des siècles, il ne fut plus qu'un informe cadavre. » (HERDER.) — Cette dissolution de l'empire carlovingien offre diverses périodes, qui ont chacune leur caractère particulier : la première présente le morcellement de l'empire d'abord en trois royaumes indépendants, au traité de Verdun (843), et définitivement en sept royaumes, à la déposition de Charles le Gros (888). Dans la seconde période, le travail de dissolution se continue à l'intérieur des divers États, d'abord par la formation de grands fiefs à peu près indépendants, puis par le morcellement du pays en une foule de seigneuries. Ce morcellement donne naissance à la féodalité, dont les rapides progrès et le triomphe sur la royauté amèneront bientôt la chute de la dynastie carlovingienne (987). Nous allons étudier successivement ces différentes périodes.

Dans une assemblée tenue à *Thionville* (806), Charlemagne avait fait un premier partage de ses États entre ses trois fils, Charles, Pépin et Louis, donnant au premier l'Allemagne, au second l'Italie, au troisième l'Aquitaine. La mort des deux aînés rendit nécessaires de nouvelles dispositions, qui furent arrêtées au Champ de mai d'*Aix-la-Chapelle* (813), l'année qui précéda la mort de Charlemagne lui-même. Louis, le seul fils qui lui restât, y fut associé à l'empire, et Bernard, fils de Pépin, reconnu roi d'Italie et de Bavière. — *Louis*, auquel ses contemporains donnèrent le surnom de *Pieux,* qu'il mérita par ses vertus, a reçu de l'histoire le surnom de *Débonnaire,* qui, dit un de nos vieux auteurs, *implique en soi je ne sais quoi du sot.* Et cependant, ce prince « n'a pas mérité tout le mépris qu'on a versé sur lui ; mais les historiens ont en général plus d'indulgence pour les crimes brillants que pour les faiblesses de la vertu. Louis ne manquait ni d'intelligence ni de courage ; il était accompli dans les exercices militaires et versé dans toutes les connaissances qu'une éducation excellente pour le temps pouvait procurer. Personne n'eut jamais un plus vif désir de réformer les abus de l'administration, et quiconque comparera ses capitulaires à ceux de Charlemagne verra qu'il était, comme législateur, supérieur à son père même (1). » Mais l'exemple de Louis prouve que les meilleures qualités et les intentions les plus pures ne préservent pas un souverain des fautes les plus fatales à son peuple et à lui-même, s'il est dépourvu d'une volonté ferme et de la force de caractère nécessaire pour faire respecter la dignité dont il est revêtu. Louis manquait entièrement de ces dernières qualités ; ce fut la cause de tous les chagrins qui empoisonnèrent sa vie et des malheurs qui en furent la suite.

Il avait commencé son règne par des réformes entreprises avec plus de zèle que de prudence. Couronné à Reims par le pape *Etienne IV* (816), il fit, dès l'année suivante, le partage de ses Etats entre ses trois fils, *Lothaire, Pépin* et *Louis.* Lothaire eut l'Italie, Pépin l'Aquitaine, Louis la Bavière. Le roi d'Italie, qui était l'aîné, fut en même temps associé à l'empire et reçut une autorité supérieure à celle de ses frères. Cette prééminence réservée à Lothaire fut la première cause des guerres qui amenèrent le démembrement de l'empire carlovingien.

29. Révolte et mort de Bernard. — Pénitence publique de Louis. — Bernard, roi d'Italie leva le premier l'étendard de la révolte. En sa qualité d'héritier du fils aîné de Charlemagne, il prétendait, non sans raison peut-être, qu'à lui seul devait, après la mort de son oncle, revenir la couronne impériale ; mais, abandonné de son armée, il se vit bientôt réduit à venir se jeter aux pieds de Louis, implorant son pardon. Sourd à ses prières, l'empereur le laissa condamner à mort par l'assemblée d'*Aix-la-Cha-*

---

(1) Hallam.

pelle, et crut lui accorder une grâce en se bornant à lui faire arracher les yeux ; mais ce supplice fut accompagné de traitements si barbares, que Bernard en mourut quelques jours après (818).

Cette sanglante exécution inspira au faible Louis de violents remords. Il résolut, à l'exemple de Théodose (voir t. I, n° 261) de se soumettre à une pénitence publique. Mais l'empereur franc n'avait pas les nobles qualités de l'empereur romain, et le clergé des Gaules n'avait alors ni les lumières ni les intentions pures et désintéressées de saint Ambroise. Théodose s'était relevé plus grand de l'acte d'humiliation par lequel il avait dignement expié son crime, tandis que la pénitence subie par Louis, dans son palais d'*Attigny,* devant toute l'assemblée des Francs (822), fut entourée de circonstances tellement avilissantes pour la dignité impériale, qu'elle lui fit perdre toute espèce de considération aux yeux de ses sujets. Ils ne virent dans cette dégradation volontaire du pouvoir souverain qu'un acte de faiblesse dont le clergé sut habilement profiter pour accroître considérablement son influence.

30. Première et seconde déposition. — Les fils de l'empereur, partageant l'opinion commune, perdirent tout respect pour un père et un souverain qui ne s'était pas respecté lui-même. Leur ambition conçut dès lors les projets de révolte qui éclatèrent quelques années plus tard (830), quand Louis voulut rétracter le partage que, depuis treize ans déjà, il leur avait fait de ses Etats, pour assurer aussi un royaume à un quatrième fils, nommé *Charles,* que lui avait donné *Judith,* sa seconde épouse. Abandonné de son armée et détrôné une première fois par ses fils (830), le faible empereur fut enfermé dans un couvent ; mais, à l'instigation de Louis et de Pépin, la diète de Nimègue lui rendit son autorité (832). Il ne tarda pas à retomber dans les mêmes fautes, et l'Aquitaine fut enlevée à Pépin pour être donnée à Charles. Aussitôt Pépin, Louis et Lothaire se soulevèrent ; leur père marcha contre eux avec une puissante armée, mais les siens le trahirent au *Champ du mensonge* (près de Colmar). Tombé au pouvoir de ses fils, il fut ignominieusement dégradé et dépouillé de ses ornements impériaux à la diète de *Compiègne* (833). Cependant, la suprématie que Lothaire affectait sur ses frères les souleva bientôt contre lui, et dans la diète solennelle de *Thionville* (835) ils firent réhabiliter Louis.

De nouvelles fautes attirèrent bientôt à l'empereur de nouveaux chagrins : Pépin, le second et le plus soumis de ses fils, qu'il avait fait roi d'Aquitaine, mourut (838), laissant plusieurs enfants. Louis les dépouilla de l'héritage de leur père pour augmenter le lot de Charles, son fils préféré, et procéda (839) à un dernier partage, dans lequel Lothaire, son fils aîné, reçut l'Allemagne et l'Italie ; Charles, presque toute la France à l'occident de la Meuse et du Rhône ; Louis, la Bavière, la Provence et quelques provinces entre le Rhin et la Meuse. Ce dernier, mécontent de son lot, prit de nouveau les armes, tandis que les Aquitains, se révoltant en faveur des enfants de Pépin, proclamaient roi son fils aîné sous le nom de *Pépin II*. Louis le Débonnaire avait donc à combattre à la fois son fils et son petit-fils. C'en était trop pour lui : il mourut de chagrin l'an 840, se plaignant surtout de Louis, qui, disait-il, *envoyait ses cheveux blancs avec douleur dans le sépulcre*. Il lui pardonna cependant ; mais il lui laissait, ainsi qu'à ses frères, un héritage incertain, qui allait devenir la source des plus sanglantes querelles.

Pendant les commencements de ce règne si orageux à l'intérieur, la gloire de Charlemagne et l'opinion qu'on avait conçue au dehors de sa puissance protégèrent l'empire, qui s'accrut même encore de quelques conquêtes faites sur les peuples répandus le long de ses frontières orientales ; mais on peut se faire une idée de la faiblesse réelle de cette vaste monarchie quand on voit (dès l'année 820) treize barques normandes porter impunément le ravage sur trois cents lieues de côtes. Les querelles et les divisions des princes accrurent encore l'audace de ces aventuriers, qui pillèrent, sans trouver de résistance, toutes les côtes de l'océan Atlantique. En même temps, les pirates sarrasins de la Méditerranée surprenaient (838) l'opulente ville de *Marseille*, et enlevaient les richesses qu'y accumulait incessamment le florissant commerce de l'Orient.

31. Bataille de Fontanet ou Fontenay (841). — Pépin le Bref, Charlemagne et Louis le Débonnaire avaient conservé la division de l'empire des Francs en plusieurs royaumes, alors même que ces divers royaumes n'avaient qu'un seul souverain ; mais, en même temps, dans les partages opérés par eux, ils avaient toujours pris soin de maintenir l'unité de l'empire. Cette unité va disparaître sous le règne des fils de Louis le Débonnaire, et ce sont des torrents de sang qui marqueront les limites des divers Etats qui se formeront enfin des débris de l'empire carlovingien.

Dans la France occidentale, celle qui devait conserver le nom de France, *Charles,* surnommé *le Chauve,* parce qu'il le fut de bonne heure, avait à continuer la guerre contre son neveu, Pépin II, roi d'Aquitaine, dont son père lui avait donné les domaines; dans la France orientale, c'est-à-dire du côté de l'Allemagne ou Germanie, Louis de Bavière, appelé aussi *le Germanique,* à cause de l'affection que lui portaient tous les peuples de ces provinces, contestait à Lothaire une partie des Etats que Louis le Débonnaire avait assignés à celui-ci. Lothaire voulait les garder, et de plus, en sa qualité d'aîné des petits-fils de Charlemagne, et se fondant sur le titre d'empereur, qu'il partageait déjà avec son père depuis vingt-trois ans, il prétendait à la suprématie sur tous les rois carlovingiens. Ses prétentions réunirent contre lui ses deux frères, Louis le Germanique et Charles le Chauve; mais il trouva un allié dans son neveu, Pépin d'Aquitaine, qui avait besoin de sa protection. Enfin, après d'inutiles négociations, se livra (le 25 juin 841), aux environs d'Auxerre, la sanglante bataille de *Fontanet, Fontenay* ou Fontenailles, où l'on se battit avec un acharnement tel, que « tant y eut d'occis de chacune partie, que mémoire d'homme ne recorde mie qu'il y eût oncques en France si grande occision de chrétiens. » (*Chroniques de Saint-Denis.*) Ce fut en quelque sorte le dernier acte de la longue lutte des Francs de l'Occident contre les Francs orientaux. La perte la plus considérable tomba sur ces derniers, qui y furent vaincus avec Lothaire et Pépin, et laissèrent, dit-on, plus de quarante mille des leurs sur le champ de bataille. La prépondérance dans les Gaules resta désormais assurée aux Francs occidentaux, qui purent dès lors y faire prévaloir les mœurs et la langue romaine : aussi est-ce de cette journée qu'un de nos plus habiles historiens (M. Aug. Thierry) fait dater la transformation du peuple franc en nation française.

Quelques mois après la bataille (842), les deux princes vainqueurs, Charles le Chauve et Louis le Germanique, s'étant donné rendez-vous à *Strasbourg,* y renouvelèrent leur traité d'alliance en prononçant à haute voix, au milieu même de leurs armées, le serment par lequel ils le confirmaient. Charles s'exprima en langue teutche ou germanique, afin d'être compris par les soldats de son frère; Louis, pour être entendu des Français occidentaux, répéta le même serment dans leur langage, appelé, la langue *romane*. Ce serment de Louis est le plus ancien monument encore subsistant de ce langage, qui, perfectionné peu à peu, est devenu la langue française (1).

32. Traité de Verdun (843) qui partage l'empire en trois royaumes et limite celui de France à l'ouest de la Meuse, de la Saône et du Rhône. — Lothaire, après avoir essayé de continuer la guerre, se trouvant décidément trop faible pour se maintenir contre ses deux frères ainsi réunis, consentit à signer avec eux (843) le *traité de Verdun*, qui marque l'époque définitive de la division de l'empire de Charlemagne. En effet, quoique les divers pays dont s'était formé cet empire se soient encore trouvés momentanément soumis depuis au même souverain, il est certain que la séparation en fut définitivement arrêtée par le traité dont nous parlons. Il donna pour limites orientales au royaume qui a conservé le nom de *France* la Meuse, la Saône et le Rhône. Au delà s'étendait, entre la Meuse et le Rhin, un autre royaume qui, du nom de son roi Lothaire, fut appelé *Lotharingie* (d'où l'on a fait Lorraine), et qui se prolongeait, par la Bourgogne et la Provence, jusque dans l'Italie. L'*Allemagne*, ou le *royaume de Germanie*, fut le

---

(1) Voici la formule de ce serment en langue romane, telle que nous l'a conservée l'historien Nithard, t. VII, p. 27 du *Recueil des historiens de France* : « Pro Deo amur et pro christian poblo et nostro commun salvament, d'ist di en avant, in quant Deus savir et podir me dunat, si salvarai eo, cist meon fradre Karlo, et in adjuda et in cadhuna cosa, si cum om per dreit son fradra salvar dist, in o quid il mi altrezi fazet; et ab Ludher nul plaid nunquam prindrai, qui meon vol, cist meon fradre Karle, in damno sit. » *Ce qui signifie* : « Pour l'amour de Dieu et pour le peuple chrétien, et notre commun salut, de ce jour en avant, et tant que Dieu me donnera de savoir et de pouvoir, je soutiendrai mon frère Charles ici présent, par aide et en toute chose, ainsi que par droit on doit soutenir son frère, en tant qu'il en fera de même pour moi ; et jamais avec Lothaire je ne ferai aucun accord qui, de ma volonté, soit au détriment de mon frère. »

A ce serment l'armée des Francs occidentaux répondit par la bouche de l'un de ses principaux chefs : « Si Lodhuwigs sagrament que son fradre Karlo jurat, conservat ; et Karlus, meus sendra, de suo part non lo stanit ; si io returnar non l'int pois, ne io, ne neuls cui eo returnar int pois, in nulla adjuha contra Lodhuwig nun li iver. » *C'est-à-dire* : Si Lodwig garde le serment qu'à son frère Charles il jure, et si Charles, mon seigneur de son côté, ne le tient pas, si je ne puis l'y ramener, ni moi ni aucun autre, je ne lui donnerai nulle aide contre Lodwig. — Voir sur ce serment M. Thierry, *Lettres sur l'histoire de France*, p. 204 et suiv., et M. Villemain, *Tableau de la littérature au moyen âge*, t. I, p. 78.

partage de Louis le Germanique. C'est à cette époque que se rattache véritablement l'origine des États modernes qui se sont constitués sur les ruines de l'empire carlovingien.

QUESTIONNAIRE. — 28. Comment Charlemagne régla-t-il définitivement sa succession ? — Pourquoi Louis Ier fut-il appelé *le Débonnaire* ? — Que fit-il l'année qui suivit son couronnement ? — Quels chagrins lui suscita ce partage ? — 29. Quelles prétentions éleva Bernard et comment en fut-il puni ? — Que fit Louis en vue d'expier sa rigueur envers son neveu ? — Quelles conséquences eut pour Louis l'humiliation à laquelle il s'était soumis ? — 30. Quel fut le motif de la première révolte des fils de Louis le Débonnaire ? — Comment Louis fut-il traité par ses fils ? — Quelle circonstance amena sa réhabilitation ? — Quelle fut la conduite de Louis à l'égard des fils de Pépin ? — Comment fit-il le partage définitif de ses États ? — Quelles révoltes nouvelles firent éclater ces dispositions ? — Quels peuples se signalèrent par leurs dévastations en France sous le règne de Louis le Débonnaire ? — En quoi les guerres de ce règne différent-elles de celles du règne précédent ? — 31. Comment Charles le Chauve commença-t-il son règne ? — Quelles causes diverses mirent les armes aux mains de tous les successeurs de Louis le Débonnaire ? — Quelles prétentions élevait Lothaire ? — Qui Lothaire eut-il pour adversaires et pour allié ? — *Quel fut le résultat de la bataille de Fontanet ?* — Que firent Louis le Germanique et Charles le Chauve après la bataille de Fontanet ? — Dans quelle langue chacun des deux frères prononça-t-il son serment ? — A quelle remarque peut donner lieu le serment de Louis ? — 32. *Quel traité Lothaire signa-t-il avec ses frères ? Quel grand résultat amena le traité de Verdun ?* — Quelles limites donna-t-il aux divers États carlovingiens ?

CHAPITRE CINQUIÈME.

DÉMEMBREMENT DU ROYAUME DE FRANCE
PAR LES USURPATIONS DES LEUDES.

SOMMAIRE.

33. Les querelles des rois ont de funestes conséquences pour la sécurité de leurs royaumes. La Bretagne, la Navarre, se rendent indépendantes. Charles le Chauve lutte contre l'Aquitaine (843-863) et triomphe avec peine de nouvelles invasions barbares.
34. Les Northmans, originaires de Scandinavie, reconnaissent Odin pour législateur et divinité suprême. Ils lui joignent Frigga, Thor, les Ases, les Walkyries. Ils croient à la vie future. Tous leurs exercices sont guerriers, pour les préparer à de lointaines expéditions maritimes dont les chefs sont appelés rois de la mer. Ils vont sur toutes les côtes porter leur audace et leurs sanglantes pirateries.
35. Les divisions des rois favorisent les incursions des Northmans. Lo-

thaire leur cède l'île de Walcheren. Ils entrent pour la première fois dans la Seine, brûlent Rouen, etc. (841). Conduits par le fameux Hastings, ils remontent la Loire jusqu'à Nantes. Ils pénètrent pour la première fois jusqu'à Paris (845) ; Charles le Chauve les éloigne à prix d'argent. Ils reparaissent (852) et sont éloignés par les mêmes moyens. Les évêques d'Orléans et de Chartres les repoussent (854). Ils prennent Bordeaux (855). Paris est pris et brûlé deux fois par eux (856 et 861). Leurs ravages s'étendent sur toute la France. Robert le Fort, duc de France, se signale par ses exploits contre ces pirates ; il périt à Brissarthe en combattant Hastings (866). Charles le Chauve fait des efforts quelquefois heureux pour en délivrer ses États.

36. Charles le Chauve s'efforce d'acquérir de nouveaux États ; il s'empare de la Lorraine (869) ; se fait couronner empereur (875). Il ambitionne la succession de Louis le Germanique (876), mais il meurt empoisonné (877). Des duchés ou comtés héréditaires s'établissent à Toulouse, Angoulême, en Gascogne, Auvergne, Poitou, Septimanie, en France, Flandre, Bourgogne, etc. L'assemblée de Kiersy-sur-Oise (877) reconnaît l'hérédité des fiefs et confirme le principe posé par l'édit de Mersen en 847.

37. Louis le Bègue (877-879) achève la ruine de la royauté par ses prodigalités insensées. Les Northmans et les Sarrasins continuent leurs ravages. Les provinces deviennent de plus en plus indépendantes de la royauté.

38. Louis III et Carloman héritent d'un titre presque vide. La Lorraine et la Bourgogne sont perdues pour la France. Vainqueurs des Northmans à Fontevrault (879), les deux frères se partagent le royaume et restent en parfaite concorde. Ils se rencontrent au congrès de Gondreville avec Louis de Saxe et Charles le Gros. La guerre contre Boson, usurpateur de la Bourgogne, est résolue ; Vienne est assiégée. Louis est obligé d'aller combattre les Northmans à Saucourt (881) ; il est vainqueur et meurt (882). Carloman meurt en 884 après d'inutiles efforts contre les Northmans. — Boson rentre en possession du nouveau royaume de Bourgogne.

39. Des motifs mal fondés font choisir Charles le Gros pour roi (885-887). Les Northmans reparaissent devant Paris (885) : cette ville est héroïquement défendue par l'évêque Goslin et les comtes Eudes et Robert ; Charles le Gros achète honteusement la levée du siège ; il est déposé à Tribur, ce qui amène la dissolution définitive de l'empire carlovingien.

40. En 887 l'absence de toute autorité souveraine fait qu'il existe en France autant de souverainetés indépendantes que de seigneurs. Le régime féodal s'établit partout. Les assemblées nationales, devenues inutiles à la royauté, se changent peu à peu en cours féodales.

41. Les évêques deviennent les souverains des villes dont les libertés sont altérées par la féodalité sans être entièrement détruites. Le clergé jouit d'une influence politique considérable et se recrute dans l'aristocratie féodale qui exerce sur lui une influence fâcheuse.

33. EMBARRAS DE CHARLES LE CHAUVE. — Les sanglantes querelles des successeurs de Charlemagne les empêchaient de veiller à la sûreté de leur empire dépeuplé par les guerres et les massacres. Des difficultés sans nombre vinrent assaillir le roi de France Charles le Chauve. La Bretagne, sous le duc *Noménoé,* repoussait le joug du roi de France et battait ses généraux ; la Navarre se rendait indépendante avec *Aznar;* Pépin II, abandonné par Lothaire, se maintenait par la force dans la possession de l'*Aquitaine,* et commençait, contre Charles le Chauve, une guerre acharnée. Ranimant les haines nationales, appelant même les Sarrasins à son aide, d'abord vainqueur, puis vaincu, fait prisonnier et jeté dans un couvent, il s'en échappa, et parvint, avec le secours des Sarrasins, à prolonger vingt ans sa résistance. Tombé enfin de nouveau par trahison (863) entre les mains de Charles le Chauve, il fut, à cause de ses relations avec les ennemis de la foi, condamné comme apostat, par l'assemblée de *Pistes* (864), à la peine de mort, qui fut commuée par son oncle en une prison perpétuelle.

A la faveur de ces guerres intérieures, les Sarrasins, maîtres de l'Espagne, ravageaient le Midi. Les Hongrois s'approchaient à l'Est. Plus redoutables encore étaient les Northmans, qui devaient jouer un si grand rôle dans notre histoire et dont nous devons faire connaître l'origine et les mœurs.

36. Les Northmans. — Les Northmans ou hommes du Nord étaient originaires de la Cimbrie et de la Scandinavie, qui forment aujourd'hui les trois royaumes de Danemark, de Suède et de Norwége. Ils descendaient de la même race que les Francs et les Anglo-Saxons, dont ils entendaient la langue ; mais la conversion de ces peuples au christianisme avait rompu tous leurs liens de fraternité avec les tribus scandinaves. Les Northmans, au huitième siècle, demeurés fidèles à leurs traditions antiques, adoraient *Odin,* législateur de ces contrées, dont ils avaient fait leur dieu suprême. Selon la mythologie scandinave, Odin habite avec sa femme *Frigga* dans une citadelle inaccessible à toutes les attaques des mauvais génies. *Thor,* son fils, et après lui le plus fort des dieux et des hommes, est armé de gantelets de fer et d'une massue dont il écrase tous ses ennemis. Thor est le premier des *Ases,* race divine d'Odin, qui président à toutes les destinées des hommes, qui soutiennent le courage des combattants, et qui inspirent aux bardes des chants belliqueux pour réjouir les braves après la victoire. Odin envoie au milieu des batailles les vierges *Walkyries* pour choisir les guerriers qui doivent périr, puis les guider sur le pont étroit qui mène au ciel et dont l'arc-en-ciel est la partie visible. Ce sont elles aussi qui leur versent des flots de bière et d'hydromel, tandis qu'on immole pour eux un sanglier merveilleux qui renaît chaque soir, après avoir nourri le Walhalla. Les lâches au contraire retournent dans l'empire de la Mort, où les attendent le palais de l'Angoisse, la table de la Faim et le lit de la Maigreur.

Cette religion toute guerrière inspirait aux Northmans un suprême dédain de la vie et une indomptable bravoure; aussi les exercices guerriers remplissaient-ils toute leur aventureuse existence. « Rivaliser de force et d'agilité, gravir lestement les rochers escarpés, courir sur le bord étroit d'un esquif, sauter légèrement d'une rame sur l'autre, en suivant le mouvement régulier des rameurs, lancer deux javelots à la fois, se battre des deux mains avec une égale dextérité, traverser un bras de mer à la nage, dompter un coursier rebelle, le monter à toutes les allures, boire de la bière dans le crâne de son ennemi : tels étaient les jeux du pirate, à qui la mort ne pouvait arracher qu'un sourire, *pour qui la bataille sanglante avait tous les charmes d'une jeune épouse* 1. » Théodore Liquet. Disséminés le long des rivages de la Scandinavie, sous un ciel froid et triste, sur une terre aride et ingrate qui nourrissait à peine ses habitants, les Northmans attendaient impatiemment dans leurs cabanes enfumées la fin des longs mois de l'hiver. Dès que le printemps rouvrait la mer à leurs barques, les plus jeunes fils des souverains, exclus par leur aîné de l'héritage paternel, allaient chercher un autre domaine et une autre royauté. Autour d'eux se réunissaient leurs plus hardis compagnons, et tous s'élançaient sur leurs *chevaux à voile*, ainsi qu'ils appelaient leurs navires. « C'était le même chef qui commandait encore lorsque les pirates débarqués marchaient en bataillon. On le saluait du titre de *roi*; mais il n'était roi que sur mer ou dans le combat; car à l'heure du festin, toute la troupe s'asseyait en cercle, et la corne remplie de bière passait de main en main au hasard, sans qu'il y eût ni premier ni dernier. Le *roi de la mer* ou le *roi du combat* était partout suivi avec fidélité et toujours obéi avec zèle, parce que toujours il était renommé comme le plus brave d'entre les braves, comme celui qui n'avait jamais dormi sous un toit de planches, qui n'avait jamais

---

(1) Chant de Ludbrock, strophe 13.

vidé la coupe auprès d'un foyer abrité. » (Aug. Thierry.)
« Peu importait aux hommes du Nord la contrée qu'ils allaient visiter; ils poussaient leurs esquifs à la mer, et en abandonnaient la direction aux vents. Quelquefois ils s'embarquaient pendant l'orage, certains d'arriver à l'improviste, et voguaient joyeusement vers le pillage sous la protection des tempêtes. » (Liquet.)

Tels étaient les redoutables pirates qui, après avoir épouvanté par leurs ravages et leurs effroyables cruautés tous les rivages de l'Europe, y fondèrent plusieurs vastes et puissantes dominations.

35. HASTINGS ET ROBERT LE FORT. — Encouragés par le succès de leurs audacieuses entreprises, les Northmans ne se bornèrent plus à piller les côtes; guidés quelquefois par les habitants mêmes des pays où ils débarquaient et dont ils promettaient d'épargner le bien, leurs barques innombrables, pénétrant dans les embouchures de tous les fleuves et les remontant bien avant dans les terres, jetèrent sur leurs rives des essaims de Barbares qui portèrent le ravage jusque dans les provinces les plus éloignées de la mer. L'année de la désastreuse bataille de Fontanet (n° 31), Lothaire avait renouvelé son alliance avec *Hérold*, l'un des chefs de ces pirates, qui l'avait servi contre son père; et il lui avait cédé l'île de Walacrie ou Walcheren, située entre les embouchures de l'Escaut, avec la liberté de piller les peuples voisins, sujets de ses frères. De ce moment, il ne se passa pas une année qui ne fût marquée par les ravages des Northmans. Entrant alors pour la première fois dans la Seine (841), ils brûlent *Rouen*, et les monastères de *Jumiége* et de *Fontenelle*. Moins de deux ans après, le fameux *Hastings*, Franc d'origine, et devenu pirate après s'être enfui de la maison paternelle, est appelé avec ses bandes dévastatrices par Nomenoé, duc des Bretons (n° 33), qui profita des embarras du roi pour assurer son indépendance. Les Barbares remontent la Loire jusqu'à *Nantes*, pillent cette ville, et y massacrent une foule d'habitants avec leur évêque, qu'ils égorgent au pied même de l'autel; puis ils retournent se cantonner dans les îles voisines de l'embouchure de la Loire, pour ravager de là toute l'Aquitaine pendant dix ans. Nous verrons reparaître Hastings sur les bords de la Loire, après qu'il eut été, dit-on, piller en Italie la petite ville de Luna qu'il prit pour Rome. (Voir notre *Histoire du Moyen Age*, chap. XIII.)

En 845, une autre troupe de pirates, arrivée directement

des contrées du Nord, sous la conduite de *Ragenaire* ou *Regnard Lodbrock*, pénètre dans la Seine avec cent vingt vaisseaux, remonte jusqu'à *Paris*, que ses habitants avaient abandonné, y brûle le monastère de *Saint-Germain des Prés*, et fait acheter sa retraite par le roi Charles le Chauve au prix de 7,000 livres d'argent. Le marché était trop avantageux pour que les Northmans n'essayassent pas de le renouveler : à la fin de l'année 852, ils reparurent sur les rives de la Seine. Cette fois, Charles le Chauve voulut les combattre ; mais telle était la terreur qu'ils inspiraient, que ses soldats refusèrent de marcher contre eux. De nouvelles concessions les déterminèrent à redescendre la Seine ; mais ce fut pour remonter dans la Loire et aller brûler *Nantes, Angers, Tours* avec *l'abbaye de Saint-Martin* et *Blois*. Les évêques d'*Orléans* et de *Chartres*, ayant réuni contre eux une armée et une flotte, les forcèrent à la retraite (854). Nous verrons désormais les évêques au premier rang des défenseurs de la patrie contre ces hommes qui semblaient avoir déclaré au christianisme surtout une guerre d'extermination.

L'année suivante (855), *Bordeaux* est pris de nouveau par les Northmans de la Loire, qui tentent inutilement de s'emparer de *Poitiers*, et qui sont battus par Charles le Chauve en essayant de pénétrer plus avant. Mais ces revers ne font qu'exciter leur fureur ; ils inondent de nouveau et tout à la fois les rives de la Seine et de la Loire (856). Paris est encore pris et brûlé deux fois (856 et 861), avec les basiliques de Saint-Pierre et de Sainte-Geneviève, et toutes les autres églises qui ne sont pas assez riches pour se racheter de l'incendie. Établis à poste fixe (858) dans l'île d'*Oissel*, formée au midi de Rouen par les détours de la Seine, et d'où Charles le Chauve s'efforça vainement de les chasser, les Northmans s'élancent de ce repaire sur toutes les contrées voisines, tandis que ceux de la Loire pénètrent jusqu'à Clermont en Auvergne, et que d'autres, tournant l'Espagne, entrent dans le Rhône, qu'ils remontent jusqu'à *Valence*. Leurs dévastations étaient suivies de famines qui occasionnèrent des pestes épouvantables. — Enfin le peuple, que ses rois étaient impuissants à protéger, apprit à se défendre lui-même. Toute la France se hérissa de châteaux forts ; les abbayes, les églises mêmes devinrent autant de forteresses. Quelques seigneurs armèrent leurs vassaux, et appelèrent à se joindre à eux tous ceux qui se sentaient le courage de combattre pour délivrer leur patrie des ravages des Northmans. *Robert le Fort*, duc de *France*, c'est-à-dire des pays compris entre la Seine et la Loire, guerrier célèbre par ses exploits contre les Bretons, fut leur plus vaillant adversaire. Après avoir plus d'une fois vaincu ces brigands, devenus des ennemis redoutables, il rencontra, près de *Brissarthe* (pont sur la Sarthe dans l'Anjou), le terrible Hastings qui revenait d'Italie. Le combat fut tellement acharné que les deux chefs y périrent (866). La mort de Robert le Fort fut une calamité publique; les peuples, qui attendaient de son bras leur délivrance, crurent avoir perdu un nouveau Machabée; mais leur reconnaissance demeura acquise à sa race. Ce fut en effet le souvenir du dévouement héroïque du brave duc de France qui, vingt ans après, fit confier à son fils Eudes (n° 42) le sceptre échappé à la main débile des descendants de Charlemagne, et qui l'assura définitivement, un siècle plus tard, à l'arrière-petit fils du roi Eudes.

Cependant Charles le Chauve, à qui la postérité n'a peut-être pas assez tenu compte des efforts qu'il fit, selon ses moyens, pour délivrer la France des Northmans, et qui les combattit tantôt par les armes, tantôt avec de l'or, tantôt en opposant les unes aux autres leurs diverses bandes, réussit enfin (873), de concert avec le duc de Bretagne *Salomon*, petit-fils de Nominoé, à chasser d'Angers les pirates de la Loire. L'année même de la mort du duc Robert, il avait acheté, au prix de 4,000 livres d'argent, la retraite de ceux de la Seine; de sorte que la France commençait à respirer, lorsque l'ambition démesurée de son roi la livra de nouveau à la merci de ces insatiables ennemis.

36. DÉMEMBREMENT DE LA FRANCE EN GRANDS FIEFS. — EDITS DE MERSEN ET DE KIERSY-SUR-OISE. — Charles le Chauve, dont tous les efforts ne suffisaient pas à la défense de ses propres États, ne cessait cependant de travailler à en acquérir de nouveaux. L'empereur Lothaire Ier était mort (855), laissant trois fils, dont l'aîné, nommé *Louis II*, fut empereur et roi d'Italie; *Charles*, le second, fut roi de Bourgogne et de Provence, et *Lothaire II*, le plus jeune des trois, fut roi de Lorraine. Ce dernier étant mort (869), Charles le Chauve s'empara de ses Etats; mais l'année suivante, Louis le Germanique le força à les partager avec lui. Le nouvel empereur, Louis II, mourut à son tour en 875. Charles courut aussitôt en Italie et se fit couronner empereur par le pape ; il voulait aussi dépouiller les enfants de son frère Louis le Germanique, mort en 876, lorsqu'il périt lui-même (877), empoisonné, dit-on, au retour d'une expédition en Italie, par un juif qu'il avait pris pour médecin.

Charles avait vu s'accomplir à l'intérieur le démembrement de son royaume, pendant qu'il cherchait à l'étendre démesurément au dehors. Malgré la soumission de l'Aquitaine, ce pays tout entier appartenait aux ducs ou comtes, désormais héréditaires, de Toulouse, d'Angoulême, de Gascogne, d'Auvergne, de Poitou, de Septimanie. En Bretagne, le duc Noménoé avait transmis à ses fils un sceptre indépendant. Au centre même, Robert le Fort avait fondé une dynastie véritable dans son grand duché de France ; le comté de Flandre au nord, le duché de Bourgogne à l'ouest se constituaient à la faveur des embarras du souverain. La législation allait seconder encore la formation et le développement des grands fiefs.

Quelques mois avant la mort de Charles le Chauve, avait eu lieu l'assemblée de *Kiersy-sur-Oise*, où fut publié un édit ou capitulaire qui reconnut l'hérédité des fiefs et même des fonctions publiques. Nous aurons à signaler plus bas cet édit (n° 52) comme l'un des triomphes les plus décisifs remportés par la féodalité sur la puissance royale. C'était le développement et la consécration du principe posé trente ans auparavant à l'assemblée de *Mersen* (847), par un édit portant que tout homme libre pourrait se choisir pour seigneur le roi ou un de ses vassaux, et que les vassaux du roi ne seraient obligés de le suivre à la guerre que contre les ennemis du dehors. Cet acte contenait en germe et la hiérarchie féodale et l'insubordination des grands à l'égard du pouvoir royal.

37. LOUIS LE BÈGUE (877-879). — Proclamé roi à cette même assemblée de Kiersy, le fils de Charles le Chauve, *Louis le Bègue*, ainsi nommé de la difficulté qu'il avait à s'exprimer, consomma dans un règne de moins de dix-huit mois la ruine de l'autorité royale, par la prodigalité insensée avec laquelle il distribua à ses courtisans les trésors amassés par son père et la plus grande partie des biens de la couronne, qu'il leur concéda à titre héréditaire. En appauvrissant ainsi le trésor royal, dont le principal revenu consistait alors dans le produit des terres du domaine de la couronne, Louis dépouilla le trône de l'éclat qui lui était nécessaire pour attirer le respect des peuples, et il acheva de priver ses successeurs des moyens de récompenser les services qu'on aurait pu leur rendre. En même temps, les provinces, qui continuaient d'être ravagées à l'ouest par les Northmans, au midi par les Sarrasins, et auxquelles une triste expérience avait appris à ne plus attendre leur salut que d'elles-mêmes, devenaient de plus en plus étrangères à l'action du pouvoir central, incapable de les défendre contre leurs ennemis. A la mort de Louis le Bègue, elles étaient presque toutes devenues, par le fait, indépendantes de la royauté.

38. Louis III et Carloman (879-884). — Louis le Bègue ne laissait donc à ses deux jeunes fils, *Louis* et *Carloman*, et à *Charles le Simple,* qui naquit quelques mois après sa mort, qu'un vain titre et quelques provinces ruinées par les invasions barbares. Ce déplorable héritage leur fut pourtant encore disputé par les factions; il leur fallut abandonner définitivement la Lorraine à leur cousin, Louis le Saxon, appelé au trône par une partie des seigneurs, et tenter une lutte inutile contre le duc de Provence, *Boson,* qui, poussé par sa femme, l'ambitieuse *Hermengarde,* petite-fille de Lothaire Ier, s'était fait proclamer roi de *Bourgogne* à *Mantaille* (entre Vienne et Valence) par une assemblée d'archevêques et d'évêques de la Provence, du Dauphiné, de la Savoie et de la Bourgogne. C'est ainsi que le royaume de France se trouva dépouillé de toutes ses provinces orientales, qui finirent par devenir des dépendances de l'empire d'Allemagne.

Louis et Carloman inaugurèrent leur règne par une victoire remportée sur les Northmans à *Fontevrault* (près de Saumur). Le courage que les deux jeunes rois montrèrent dans cette journée affermit la couronne sur leur tête. Sûrs dès lors de la possession de leurs domaines, ils purent songer à en faire le partage. Le traité d'*Amiens* (880), où le jeune Charles le Simple, âgé de quelques mois à peine, resta oublié, assigna à Louis la Neustrie avec la partie de l'Austrasie située à l'occident de la Meuse, et à Carloman l'Aquitaine avec les marches espagnoles et la Bourgogne; mais, à la parfaite concorde dont les deux rois donnèrent pendant toute leur vie un bien rare exemple, on eût pu croire que le royaume était resté indivis. On vit même réunis dans une pensée commune, au congrès de *Gondreville* (près de Toul), les quatre princes qui se partageaient alors l'empire carlovingien, c'est-à-dire, avec Louis et Carloman, leurs cousins, *Louis de Saxe* et *Charles le Gros* ou de

Souabe, tous deux fils de Louis le Germanique, dont ils s'étaient partagé les États. Les quatre rois se jurèrent un mutuel appui contre tous les ennemis de la légitimité carlovingienne. — Une attaque dirigée de concert contre l'usurpateur Boson, devait être la conséquence de cette ligue; mais Louis de Saxe fut retenu par une invasion de Northmans, qui ne put empêcher de transformer en écurie la basilique d'Aix-la-Chapelle. Les deux frères commencèrent l'attaque contre Boson par la prise de Mâcon, et bientôt après, de concert avec Charles le Gros, ils allèrent mettre le siége devant la ville de Vienne, que la reine Hermengarde défendit avec intrépidité pendant plus de deux ans. Mais à peine les jeunes rois s'étaient-ils éloignés, que les Northmans commandés par un chef qui poussait l'insolence jusqu'à prendre aussi le titre de roi de France, portèrent de nouveau le ravage dans toute la Neustrie. Louis, quittant précipitamment le siége de Vienne, accourut au secours de ses provinces, et remporta, à *Saucourt* en Vimeu près d'Abbeville, une victoire signalée qui coûta aux Northmans neuf mille hommes, et qui fut célébrée dans une chanson tudesque qui s'est conservée jusqu'à nous (881).

Malheureusement, le jeune roi ne vécut pas assez longtemps pour profiter de sa victoire. Mort d'accident l'année suivante (882), il laissa ses États à son frère, qui, pour en venir prendre possession, dut quitter à son tour le siége de Vienne, abandonnant l'honneur de l'achever au propre frère de Boson, *Richard*, comte d'Autun, tandis que ce fidèle vassal s'emparait de Vienne, Carloman signalait son courage contre les Northmans, qu'il eût peut-être réussi à chasser de ses États s'il eût été secondé par ses sujets; mais ceux-ci aimaient mieux acheter leur retraite à prix d'argent que de les combattre, et le roi fut lui-même enlevé, comme son frère, par une mort prématurée (884). Atteint mortellement, à la chasse, d'une flèche tirée contre un sanglier, et craignant qu'on n'inquiétât après sa mort le chasseur maladroit, il fit courir le bruit qu'il avait été blessé par l'animal furieux, trait de bonté qui honore ce jeune prince, remarquable d'ailleurs par sa bravoure, son activité et son zèle consciencieux à remplir les devoirs si difficiles imposés alors à la royauté.

Cette mort inattendue et quelques succès obtenus par Boson permirent à cet heureux usurpateur de reconquérir Vienne, et même le duché de Lyon. Il s'en assura la possession en prêtant serment, comme vassal, à Charles le Gros, qui avait été couronné empereur en 881.

39. Charles le Gros (885). Sa déposition (887). — La mort de Carloman devait faire passer la couronne de France sur la tête de son jeune frère, Charles le Simple, resté jusque-là exclu de la succession de leur père. Mais ce troisième fils de Louis le Bègue avait cinq ans à peine; la France, plus que jamais exposée aux ravages des Northmans, qui commençaient même à y former des établissements, avait besoin d'un prince qui fût en état de leur tenir tête et de gouverner par lui-même : tels furent les motifs qui décidèrent les grands du royaume à offrir le trône à l'empereur Charles le Gros. Le prince qui portait la couronne impériale était toujours considéré par les descendants de Charlemagne comme le chef de la maison carlovingienne : à cette couronne et à celle d'Allemagne ou de Souabe, qui avait été son partage, Charles avait réuni, par la mort de ses deux frères, celles de Lombardie, de Saxe, de Bavière et de Lorraine : la puissance dont il semblait disposer fit sans doute supposer aux grands du royaume que la France trouverait en lui le protecteur dont elle avait besoin. Ils ne pouvaient cependant ignorer que, deux ans auparavant, ce prince, à la tête d'une puissante armée, avec laquelle il lui était facile d'exterminer les Northmans de la Meuse, avait honteusement acheté leur retraite en dépouillant les églises pour enrichir les ennemis de la religion et de l'empire, en livrant pour épouse à un de ces pirates une princesse du sang de Charlemagne, et en les autorisant à porter leurs ravages dans cette même France qui le choisissait maintenant pour son souverain. Si les seigneurs français avaient oublié cette lâche conduite, ils eurent bientôt lieu de se la rappeler.

L'année même où Charles le Gros venait d'être appelé au trône de France, les Northmans, réunis sous la conduite de plusieurs chefs dont le plus célèbre se nommait *Sigefred*, se rassemblent à *Rouen*, et s'y fortifient; puis, après avoir pris et brûlé *Pontoise* (juillet 885) et mis en fuite une armée française, ils viennent (octobre) mettre le siège devant *Paris*. Ce n'était plus cette cité romaine, fière de posséder sur sa colline méridionale un palais impérial, un camp, un cirque et de riches églises, monuments des Romains ou des premiers rois leurs successeurs, ni cette ville franque projetant au nord un vaste faubourg qui devint bientôt la *ville*, laissant à l'île le nom spécial de *cité*; l'ancienne capitale de la Neustrie, délaissée depuis plus d'un siècle par les rois et les empereurs austrasiens ses vainqueurs, insultée, envahie, ravagée par les Barbares trois fois en moins de quarante ans, n'occupait plus, vers la fin du neuvième siècle, comme au temps des vieux Gaulois, qu'une île au milieu de la Seine. Cependant, après l'invasion de 861, Charles le Chauve avait ordonné la construction d'un grand pont, muni de forts à ses extrémités, et destiné à intercepter le fleuve aux barques des Northmans; mais la tour du nord n'était pas encore terminée lorsqu'ils se présentèrent, et ce fut autour d'elle que se livrèrent les plus furieux combats (1). Les Northmans ne demandaient que le passage vers la haute Seine, mais les vaillants défenseurs de Paris le refusèrent. Ces braves étaient surtout : l'évêque *Gozlin*, prêtre guerrier comme tant d'autres à cette époque, qui avait fait entourer l'île de la Cité d'un mur garni de tourelles, et qui perdit la vie dans ce siége; son neveu, *Ebles*, abbé de Saint-Germain, ce *martial abbé*, ainsi que l'appelle Abbon, qui le représente comme triplement célèbre par sa valeur guerrière, sa force de corps incomparable et sa supériorité dans les études littéraires; enfin le vaillant comte *Eudes*, fils de Robert le Fort (n° 35), avec son frère *Robert* et quelques autres chevaliers. Ce petit nombre de guerriers défendit Paris avec un courage indomptable pendant treize mois entiers, sans que l'empereur ni le reste de la France s'intéressassent à leur héroïque résistance. Enfin Charles le Gros, appelé à grands cris au secours des braves défenseurs de Paris, arrive avec son armée au pied de *Montmartre*. Mais il n'ose risquer une bataille contre les Northmans réunis sur l'autre rive de la Seine, et, après avoir honteusement acheté la levée du siége au prix d'une grosse somme d'argent (30 novembre 886), il permet aux Barbares de passer outre pour aller ravager la Bourgogne; puis il reprend lui-même le chemin de l'Allemagne, harcelé par eux dans sa retraite.

---

(1) On lira avec intérêt les détails curieux de ce siége dans le poëme d'*Abbon*, dont notre savant collègue, M. Taranne, a donné récemment une édition accompagnée d'une excellente traduction, et précédée d'une introduction à laquelle nous avons emprunté une partie des détails ci-dessus. Ce poëme d'Abbon, auquel on ne saurait assurément reconnaître une grande valeur littéraire, a du moins l'incontestable mérite d'être une œuvre tout à fait nationale.

Une aussi lâche conduite révolta contre Charles le Gros ses sujets allemands eux-mêmes, qui le déposèrent à la diète de *Tribur* (887); et l'on vit, l'année suivante, mourir dans un état voisin de la misère ce prince qui avait une dernière fois réuni presque tous les États de Charlemagne. Définitivement dissous après la déposition de Charles le Gros, cet immense empire se partagea dès lors en sept royaumes, qui devaient se subdiviser encore (voir le chap. XIII de notre *Histoire du moyen âge*). La couronne impériale resta aux rois de Germanie.

40. COMMENCEMENT DU RÉGIME FÉODAL. — Le déplorable tableau que nous venons de tracer des ravages des Northmans démontre assez qu'il n'existait plus d'unité dans le royaume. Nous avons vu en effet les princes qui montrèrent le plus d'énergie pour combattre ces pirates arrêtés sans cesse par l'impuissance où ils étaient de rassembler les forces nécessaires. Renfermés dans leurs châteaux forts, trouvant dans le malheur même de leur pays une garantie de cette indépendance qu'ils affectaient vis-à-vis de la royauté, tous les seigneurs s'habituèrent à ne plus voir la patrie que dans l'étendue des domaines qu'ils considéraient comme leur principauté souveraine. C'est ce morcellement intérieur de la France comme de tous les autres États carlovingiens, principe de la *féodalité* (voir chapitre VIII), que nous allons voir se consommer pendant l'espace d'un siècle qui nous sépare encore de la chute définitive de la seconde dynastie.

La royauté franque, tombée si bas sous les derniers Mérovingiens, relevée par Charlemagne, qui avait su faire prévaloir le système des institutions monarchiques en arrêtant les empiétements de l'aristocratie, la royauté avait de nouveau perdu sa force et son prestige. Sous l'influence des événements qu'on vient de retracer, la souveraineté s'éparpilla, se localisa, acheva de se fondre avec la propriété, et dès lors, ce système d'unité, de royauté souveraine et administrative qu'avait rêvé Charlemagne, fut ruiné pour longtemps. « Les ecclésiastiques firent comme les laïques, les évêques comme les comtes; et la royauté, délaissée à la fois par le clergé et par ses fidèles, qui ne s'inquiétaient plus guère que de régner dans leurs propres domaines, ne fut bientôt plus qu'un nom auquel il fallut près de deux siècles pour commencer à redevenir un pouvoir. » (M. GUIZOT.)

Les assemblées nationales qui avaient repris sous Charlemagne leur rôle d'auxiliaires de la royauté, ne sont déjà plus, sous le règne de son fils, que des instruments de révolte contre l'unité de gouvernement établie par le grand empereur. Le mal ne fait qu'empirer sous Charles le Chauve : les chroniques du temps signalent bien encore vingt-cinq placites généraux qui auraient été convoqués et présidés par ce prince ; mais leur nom n'est plus qu'un mensonge. Il n'y avait plus d'intérêts généraux, partant plus de gouvernement général et national. La plupart de ces assemblées ne sont que des conférences, des congrès, où le roi et quelques hommes puissants, ducs, comtes et vassaux, débattent leurs affaires personnelles. A partir du règne de Charles le Chauve, et pendant le siècle qui vit la lente agonie de cette race carlovingienne, sitôt frappée d'impuissance, après avoir déployé tant d'énergie et brillé d'un si vif éclat, il n'est plus même question de ces congrès, de sorte que les assemblées nationales ont cessé d'être, plus complètement encore que la royauté elle-même. Tout pouvoir central a disparu : il n'y a plus dans la société que des souverainetés locales ; le moment est venu où les assemblées nationales, même réduites, comme nous venons de le voir, à un vain nom, vont s'effacer entièrement pour faire place aux cours féodales, à la réunion des vassaux autour du souverain.

41. Puissance du clergé. — En même temps, les libertés municipales sont profondément atteintes par les premiers développements du système féodal, dont l'invasion se fit sentir aussi dans les villes, quoique moins complètement que dans les campagnes. A partir de la seconde moitié du neuvième siècle, et par suite de l'affaiblissement continu du gouvernement central, les comtes dans quelques cités, et les évêques dans presque toutes les villes épiscopales, commencèrent à exercer la souveraineté, non plus comme défenseurs des franchises municipales, mais à titre de grands feudataires. Nous avons vu, au milieu des désastres de l'invasion normande, plusieurs prélats s'acquitter avec courage et dévouement des pénibles devoirs que leur imposaient cette situation nouvelle et l'isolement où les laissait l'absence de toute direction centrale. Mais cette révolution n'en altéra pas moins profondément l'organisation intérieure des cités, et elle porta un coup terrible aux libertés communales, qui, toutefois, devaient subsister malgré le joug féodal et parvenir à le briser un jour.

Les malheurs des temps donnèrent ainsi en France aux hauts dignitaires ecclésiastiques un rôle tout nouveau.

Leur importance politique, augmentée par Charlemagne lui-même, s'était manifestée plus d'une fois par leur résistance hardie aux mesures des rois, qu'ils se réservaient le droit de juger : elle grandit tout à coup à la faveur des premiers développements de la féodalité. Les abbés, dans leurs monastères et dans l'étendue de leurs vastes domaines, devinrent, comme les évêques dans leurs cités épiscopales, de puissants seigneurs ; et, comme eux, ils prirent place dans la féodalité, dont ils adoptèrent l'esprit et les habitudes; mais cet accroissement de la puissance temporelle du clergé fut tristement compensé par l'affaiblissement de la discipline et le désordre des mœurs qui furent les conséquences du nouvel ordre de choses. Le haut clergé ne se recruta plus que dans l'aristocratie, dont il prit les coutumes. On vit la plupart du temps, à la tête des diocèses et des abbayes, des barons avides et belliqueux, et l'Eglise de France, devenue toute féodale, sembla transformée en une sorte de théocratie militaire. Une réforme plus profonde encore que celles de Charlemagne était urgente, mais elle devait, cette fois, partir du saint-siége. Ce fut la papauté qui eut la gloire d'arracher l'Eglise aux dangers qui la menaçaient (n° 59).

QUESTIONNAIRE. — 33. De quels ennemis principaux était entouré Charles le Chauve ? — Parlez de sa lutte avec l'Aquitaine. — 34. Faites connaître l'origine, la religion et les mœurs des Northmans. — 35. Quels ravages rendent tristement célèbre le règne de Charles le Chauve? — Quelles villes eurent surtout à souffrir des dévastations des Northmans ? — Quels autres maux suivaient ces ravages ? — Quel est le plus célèbre chef des Northmans à cette époque? — Comment s'illustra Robert le Fort ? — Quelle était à cette époque la conduite de Charles ? — Comment furent partagés les États de Lothaire Ier ? — Comment Charles devint-il empereur? — Quel projet avait-il conçu un peu avant sa mort ? — 36. L'autorité royale ne reçut-elle pas un coup terrible sous Charles le Chauve? — Faites connaître les principautés héréditaires qui se fondaient en France. — Quel fut le principe admis par les édits de Mersen et de Kiersy? — 37. Quel fut le successeur de Charles le Chauve ? — Quels reproches mérite Louis le Bègue dans un règne de moins de deux ans ? — 38. Que présente de remarquable le règne des fils de Louis le Bègue? — Comment se partagèrent-ils la France? — Quels prétendants eurent-ils encore à combattre? — Furent-ils heureux dans leurs expéditions contre les Northmans? — Comment moururent ces deux rois? — Ne cite-t-on pas de Carloman un trait qui prouve sa bonté? — 39. Par quels motifs Charles le Gros fut-il appelé au trône? — *Racontez le siége de Paris par les Northmans.* — Quelle fut la conduite et quel fut le sort de Charles le Gros? — 40. Quels rapports nouveaux s'établirent entre la propriété des terres et la condition des personnes, et quelles en furent les conséquences politiques? — Indiquez l'origine et les premiers développements du régime féodal. — Que devinrent la royauté et les assemblées nationales? — 41. Signalez les circonstances qui favorisaient le développement de la puissance politique du clergé.

CHAPITRE SIXIÈME.

LES DERNIERS ROIS CARLOVINGIENS ET LES DUCS DE FRANCE.

SOMMAIRE.

42. Charles le Simple est encore une fois écarté du trône; Eudes, comte de Paris, est élu roi (887). Cette élection, ainsi que celle de Raoul, duc de Bourgogne, trente-six ans plus tard, montre la décadence des Carlovingiens. Les Northmans continuent leurs ravages. Le comte d'Aquitaine prend la couronne. Charles le Simple, sacré en 893, partage la France avec Eudes, et devient seul roi (898).

43. Rollon s'établit à Rouen avec les Normands. Le traité de Saint-Clair-sur-Epte lui donne la province de Normandie et la fille du roi en mariage (911). La Lorraine est réunie imparfaitement à la France par la mort de Louis l'Enfant (911) et le traité de Bonn (923).

44. Les Sarrasins établis à Fraxinet en Provence ravagent le midi de la France. Les Hongrois, arrivés d'Asie, en dévastent le centre. Charles est déposé (920). Il négocie avec ses sujets; il combat et tue Robert (923) qui avait été proclamé roi; mais Hugues le Grand, duc de France, vainqueur de Charles, fait proclamer roi son beau-frère Raoul, duc de Bourgogne (923). Charles est retenu captif et Raoul, pour se faire reconnaître des seigneurs, laisse envahir le domaine royal. Délivré un instant, Charles meurt (929). Raoul bat les Normands et les Hongrois.

45. Le trône reste vacant (936). La puissance appartient à Hugues le Grand qui proclame Louis d'Outremer (936-954); celui-ci essaye inutilement de résister aux prétentions de Hugues. Laon, dernière ville du domaine royal, est enlevée, puis restituée au roi qui meurt (954). — Lothaire succède à son père (954-986); il lutte avantageusement contre l'empereur Otton II; il recommande en mourant son fils au puissant Hugues Capet, comte de Paris et duc de France. — Louis V, dit le Fainéant, ne règne que quatorze mois (986-987). Avec lui s'éteint la dynastie carlovingienne.

46. Généalogie des rois carlovingiens qui ont occupé le trône de l'an 752 à l'an 987.

42. OPPOSITION CONTRE LES CARLOVINGIENS.—ÉLECTION D'EUDES, DUC DE FRANCE, ET DE RAOUL, DUC DE BOURGOGNE. — Ce ne fut pas un prince de la famille de Charlemagne qui succéda en France à Charles le Gros. Ce dernier n'avait été reconnu roi, ou pour mieux dire, régent du royaume (1) qu'en sa qualité d'empereur et de chef de la maison carlovingienne; sa déposition laissait donc aussi sans souverain la France, dont la situation n'avait fait qu'empirer sous son gouvernement. Les mêmes raisons qui avaient déjà décidé les seigneurs à écarter du trône le jeune Charles le Simple les déterminèrent à rejeter encore un roi de huit ans (887) : ils donnèrent donc la couronne au brave comte de Paris, à ce même Eudes ou Odon, fils du fameux Robert le Fort, que nous avons nommé parmi les défenseurs de Paris (n° 39). Sa race s'essaya ainsi sur le trône de France, un siècle avant l'époque où elle devait définitivement s'y asseoir, et nous verrons bientôt un seigneur allié à la même famille, *Raoul*, duc de Bourgogne (voir n° 43), appelé aussi à la royauté. Le rapprochement de ces deux élections, séparées historiquement par un intervalle de trente-six ans, montre tout l'affaiblissement de la dynastie carlovingienne et les progrès de la puissance des grandes maisons féodales.

La belle défense de Paris par le comte Eudes promettait à la France un vengeur qui saurait la délivrer du fléau des invasions normandes; mais le peuple, sans énergie, se bornait à ajouter aux litanies des saints le verset : *Seigneur, délivrez-nous de la fureur des Northmans*. Quand aux seigneurs, la plupart voyaient avec jalousie, et peut-être avec inquiétude, l'élévation du vaillant comte de Paris; aussi plusieurs d'entre eux lui disputèrent-ils le trône, et le forcèrent-ils ainsi à tourner contre eux les forces qu'il aurait voulu employer contre les Northmans. La France resta donc en proie aux incursions dévastatrices de ces pirates, que les efforts d'Eudes parvinrent seulement à tenir éloignés de Paris.

Bientôt un rival plus redoutable qu'aucun de ceux qui s'étaient encore élevés contre lui vint revendiquer la couronne. Tandis qu'il combattait dans l'Aquitaine, dont le comte avait aussi pris le titre de roi, *Foulques*, archevêque de Reims, sacra et couronna roi (893) *Charles le Simple*, soutenu par une partie des seigneurs mécontents du roi Eudes, qui leur commandait, disaient-ils, des choses insupportables. Il s'ensuivit une guerre civile de trois ans. Elle se

---

(1) C'est par la raison qu'il fut seulement considéré comme régent que Charles le Gros ne reçoit pas dans la série chronologique des rois de France le nom de Charles III, qui lui appartiendrait comme ayant été le troisième roi du nom de Charles.

termina par l'abandon que fit Eudes à Charles le Simple de la plus grande partie des provinces comprises entre la Seine et la Meuse, limite du royaume de Lorraine ou Lotharingie. Dix-huit mois après, la mort d'Eudes mit Charles en possession de tout l'héritage paternel (898).

43. CHARLES III, LE SIMPLE (893-923). — ÉTABLISSEMENT DES NORTHMANS EN FRANCE. — Le règne de ce prince, qui, par la faiblesse de son caractère, mérita des contemporains l'injurieux surnom de *simple* ou de *sot*, est surtout remarquable par l'établissement définitif des Northmans dans la Neustrie. Ce peuple, qui, depuis la mort de Charlemagne, s'était acharné sur la France comme sur sa proie, avait trouvé enfin dans *Roll* ou *Rollon* le chef habile qui devait changer en une possession définitive le butin précaire que lui procuraient ses courses et ses pillages. Après avoir établi à *Rouen* le siége de sa puissance, et déclaré aux habitants qu'il en voulait faire sa *maistre ville*, comme dit une chronique du temps, il porta le ravage jusque dans l'Auvergne; mais, battu à son retour aux environs de Chartres (dans le pré de la *Reculée*), il écouta les propositions de Charles le Simple, qui, pour acheter la tranquillité de ses autres provinces, lui abandonna, comme fief de la couronne, par le traité de *Saint-Clair-sur-Epte* (911), la partie de l'ancienne Neustrie qui, depuis cette époque, a pris le nom de *Normandie*, avec la suzeraineté de la *Bretagne*, qui n'avait jamais reconnu que fort imparfaitement l'autorité des rois de France. Ce traité, blâmé par la plupart des historiens, qui le regardent comme un déshonneur, a été considéré par d'autres comme l'acte d'une politique éclairée. On ne peut disconvenir, en effet, que Charles le Simple ne se soit montré sage et habile en s'assurant, dans le duc de Normandie, un appui contre ses ennemis intérieurs. Rollon, devenu chrétien, épousa *Gisèle*, fille du roi de France, et donna à son peuple de sages lois, qui rendirent bientôt sa province la plus florissante de tout le royaume.

Si Charles le Simple avait possédé les vertus guerrières de quelques-uns de ses aïeux, on eût pu voir encore réunies sur sa tête toutes les couronnes de Charlemagne. Le dernier héritier de ce grand roi dans la branche germanique, *Louis l'Enfant*, mourut 911, laissant vacante une vaste succession; mais la France et la Germanie ne devaient plus se trouver sous le même sceptre; la *Lorraine* seule revint à Charles III, qui chercha néanmoins à étendre sa domination du côté de la Germanie, en s'avançant entre le Rhin et l'Elbe, pour y combattre les Saxons, sur lesquels il obtint quelques succès (911-915). Les contestations que cette invasion et la possession de la Lorraine firent naître entre Charles et Henri Ier, roi de Germanie, ne se terminèrent que plusieurs années après (923), par le traité de *Bonn*, qui laissait à chacun des seigneurs lorrains le droit de s'attacher à celui des deux rois qu'il préférerait.

44. Ravages des Sarrasins et des Hongrois. — Des ennemis redoutables menaçaient alors la France au midi : c'étaient les *Sarrasins* (n° 33). Dès l'an 889, vingt pirates arabes, débarqués au fond du golfe de Saint-Tropez en Provence, avaient massacré les habitants du village voisin, et s'étaient établis sur un rocher qui dominait l'entrée du golfe. Telle fut l'origine du redoutable poste de *Fraxinet*, qui, bientôt agrandi et fortifié, devint une sorte de république militaire (889-975). De là, les Arabes multiplièrent, dans la Provence et dans le Dauphiné, leurs courses dévastatrices, qui ne furent interrompues que par l'apparition plus désastreuse encore des *Hongrois*, peuple sauvage et féroce, arrivé des extrémités orientales de l'Europe à travers l'Allemagne désolée. Les Sarrasins, en possession de tous les passages des Alpes, s'unirent bientôt aux nouveaux envahisseurs pour ravager l'Helvétie et le Valais, dont ils furent maîtres pendant près de vingt années.

Charles le Simple, qui ne régnait plus que de nom, était impuissant à défendre la France contre ses ennemis. En 919, les seigneurs, irrités de l'arrogance de son ministre favori *Haganon*, avaient refusé de se réunir à lui pour repousser l'invasion des Hongrois. Aux invasions des Northmans à l'occident succédaient d'autres attaques au midi et à l'est. Lâches devant cet ennemi, qu'ils laissèrent impunément ravager les provinces, les grands retrouvèrent leur audace pour déposer, dans une assemblée tenue à *Soissons* (920), le faible Charles le Simple, qui négocia pendant deux ans avec ses sujets révoltés. Enfin, ceux-ci ayant proclamé roi (922) le duc de France, *Robert*, frère du roi Eudes, Charles prit les armes contre l'usurpateur et le tua dans une bataille; il se croyait victorieux, lorsque *Hugues le Grand*, fils de Robert, rassemblant ses soldats un moment dispersés, les ramena à la charge, et remporta une victoire complète (923).

Tandis que Charles le Simple fuyait devant son ennemi

triomphant, celui-ci, ne croyant pas devoir garder pour lui-même la couronne que son père venait de perdre avec la vie, fit proclamer roi son beau-frère *Raoul* ou *Rodolphe*, duc de Bourgogne. Charles, trahi dans sa fuite par *Herbert*, comte de Vermandois, qui lui avait offert un asile, fut arrêté par ce vassal félon, qui le retint prisonnier à *Château-Thierry*. Sa femme *Odgive*, sœur du roi d'Angleterre, étant parvenue à s'échapper, alla demander asile à son frère pour elle-même et pour son jeune fils, nommé *Louis*, qui devait un jour être rappelé au trône de son père (voir n° 45).

Malgré la captivité de Charles, ce ne fut pas sans peine que Raoul se fit reconnaître comme roi par les seigneurs, qui prétendaient tous à l'indépendance. Il n'y parvint même, après plusieurs années de résistance de leur part, qu'en leur abandonnant presque tout ce qui restait encore de terres appartenant au domaine royal, qui se trouva par là réduit à rien. Ce fut ainsi que l'on vit ce même Herbert, comte de Vermandois, dont la trahison avait favorisé l'élévation de Raoul, se faire céder par la force (928) la ville et le territoire de *Laon*. Charles le Simple, qu'il avait, à cette occasion, tiré de sa prison (927), afin de susciter des embarras à Raoul, mourut bientôt après (929) dans le château de *Péronne*, où il avait été de nouveau renfermé. Cet événement facilita à son rival la soumission du reste du royaume, et particulièrement de l'*Aquitaine*, où il fut reconnu, trois ans plus tard (932), par les puissants comtes de Toulouse et de Rouergue. Pendant ce temps, une autre guerre civile éclatait entre le comte de Paris, Hugues le Grand, et celui de Vermandois; car, depuis longtemps déjà, les seigneurs s'étaient attribué le droit de guerre privée. Celle-ci se continua avec acharnement pendant cinq années de 931 à 935; Raoul lui-même y intervint comme allié de Hugues, et en profita pour reprendre à Herbert la ville de Laon, mais en même temps, il s'occupa de protéger la France contre les ennemis extérieurs, et se montra digne du trône par le courage avec lequel il combattit les Northmans établis sur les bords de la Loire, qu'il vainquit près de *Limoges*, et les Hongrois, qui, après douze invasions successives en France, en avaient tenté une dernière dans la Bourgogne (935). Ce fut aussi le dernier exploit de Raoul, qui mourut sans enfants l'année suivante (936).

45. LOUIS IV D'OUTRE-MER. — LOTHAIRE ET LOUIS V. — MISÈRE DES DERNIERS CARLOVINGIENS. — A la mort de Raoul, nul ne se présenta pour recueillir un titre qui pouvait susciter de dangereuses rivalités sans rien ajouter à la puissance de celui qui s'en chargerait; aussi le trône resta-t-il plusieurs mois vacant, et pendant ce temps, les actes qui furent publiés portèrent cette date singulière : *Depuis la mort de Raoul, Jésus-Christ régnant, en attendant un roi.* Ce roi semblait devoir être Hugues le Grand, duc de France et de Neustrie, comte de Paris et d'Orléans, et qu'on appelait aussi Hugues l'Abbé, parce qu'il possédait les abbayes de Saint-Martin de Tours, de Saint-Denis et de Saint-Germain des Prés. Ce seigneur, le plus puissant du royaume, pouvait s'emparer du trône aussi facilement que le fit plus tard son fils Hugues Capet; mais il ne le voulut pas, et, d'accord avec les principaux seigneurs, il rappela d'Angleterre Louis, fils de Charles le Simple et d'Odgive, qui de là fut surnommé d'*Outre-Mer*. Sous un souverain âgé de seize ans, et qui se trouva, presque aussitôt après son avénement, jeté au milieu des guerres civiles, Hugues avait compté conserver toute sa puissance. Quand il vit Louis décidé à s'affranchir de sa tutelle, et cherchant toutes les occasions de relever l'autorité royale, il se déclara contre lui. Malgré l'activité et les talents que le roi déploya dans cette lutte, Hugues était trop puissant pour que l'issue en pût être douteuse, et Louis étant tombé en son pouvoir, il le retint prisonnier jusqu'à ce qu'il eût consenti à lui abandonner (946) la forteresse de Laon, la dernière que possédassent encore les rois de France, dont elle était ainsi devenue la capitale. Cependant Louis, rendu à la liberté, en appela au jugement des comtes et des évêques, réclama l'appui de l'empereur d'Allemagne, Otton Ier, et implora la protection du pape, dont les menaces contraignirent enfin Hugues à restituer au roi le comté de Laon (950). — Louis mourut quatre ans après (954) d'une chute de cheval, laissant la couronne à son fils aîné, *Lothaire,* qu'il s'était associé depuis deux ans (952), mais emportant avec lui, sinon la dernière étincelle du génie de Charlemagne, comme le dit un historien, au moins la dernière espérance que pouvait encore conserver sa race de se relever jamais de son abaissement.

Lothaire fut reconnu roi, grâce à l'appui que lui prêtèrent *saint Bruno,* archevêque de Cologne, son oncle maternel, et Hugues le Grand, qui reçut pour récompense l'investiture du duché d'*Aquitaine,* dont il ne parvint toutefois pas à s'emparer, et qui, durant les deux siècles qui suivirent, resta à peu près indépendant des rois de France. Hugues se préparait à venger l'échec qu'il avait éprouvé de ce côté, lorsqu'il mourut (956), au faîte de la grandeur et de la puissance, et laissant plusieurs fils, dont l'aîné lui succéda dans le duché de Bourgogne, et le second, nommé Hugues Capet, dans le comté de Paris et le duché de France; ce dernier n'était alors âgé que de dix ans.

Le long règne de Lothaire, commencé sous la tutelle de sa mère, n'offre d'autre événement remarquable que la guerre qui éclata entre lui et son cousin Otton II, roi de Germanie, par suite des troubles qui s'élevèrent à l'époque de l'avénement de ce dernier prince dans la Lorraine, sur laquelle les souverains des deux royaumes conservaient toujours des prétentions rivales. Otton II, pour tout concilier, donna l'investiture du duché de la basse Lorraine à *Charles*, frère cadet du roi Lothaire, et qui, contre la coutume jusqu'alors suivie en France, était resté exclu de toute participation à la succession de son père; mais Lothaire, irrité de voir son frère devenir le vassal du roi de Germanie, marcha contre Otton II, qui prit la fuite sans oser même défendre *Aix-la-Chapelle*, que pillèrent les troupes du roi de France (978). La même année cependant, Otton essaya de prendre sa revanche en amenant son armée jusque sur les hauteurs de Montmartre; mais il fut battu de nouveau aux environs de *Soissons* par Lothaire, et signa avec lui, deux ans après (980), un traité qui régla leurs droits respectifs sur la Lorraine. Cette province devint néanmoins encore, quatre ans plus tard (984), la cause d'une nouvelle guerre qui n'eut aucun résultat remarquable. Lothaire mourut deux ans après 986, empoisonné, dit-on, par la reine son épouse. Dans ses derniers moments, il recommanda à Hugues Capet, le plus puissant de ses vassaux, son fils *Louis* qu'il avait depuis sept ans associé à sa couronne.

La brièveté du règne de Louis V, qui porta la couronne quatorze mois à peine, et le courage qu'il montra, si l'on en croit quelques historiens, au siége de Reims, dont il se rendit maître, prouvent qu'il n'a point mérité le surnom de *Fainéant,* dont on a flétri sa mémoire. S'il ne fit rien, c'est qu'il n'eut le temps de rien faire, et comme son père, ce fut, à ce qu'il paraît, par le crime de sa femme qu'il perdit la vie. Avec lui s'éteignit la dynastie carlovingienne, qui, dans un espace de deux cent trente-cinq ans (752-987), avait donné treize rois à la France.

46. Tableau généalogique des Rois de la seconde race.

Pépin le Bref, fils de Charles-Martel et petit-fils de Pépin d'Héristal, maire du palais en 741, roi de 752 à 768.

Charlemagne et Carloman, 768-771.
Charlemagne, seul roi, 771-814, empereur d'Occident, 800.

Louis le Débonnaire, associé à l'empire en 813. 814-840

- **Lothaire**, associé à l'empire, 817-855, règne sur la Lotharingie, 843.
- **Pépin I**, roi d'Aquitaine, 817-838, Pépin II, 838-848.
- **Louis le Germanique**, roi de Bavière, 817-876, règne sur la Lorraine, 870.
- **Charles le Chauve**, roi de France, 840-877, empereur d'Occident 875.
  - Louis II le Bègue, 877-879.
    - Louis III et Carloman 879-882.
    - Carloman, seul roi, 882-884.
    - Charles le Gros, empereur, 881; régent de France, 884-887.
    - Eudes, duc de France, roi 887-898.
    - Robert, frère d'Eudes, roi 922-923.
    - Raoul, duc de Bourgogne, roi 923-936.
    - Charles III le Simple, sacré en 893, m. 929.
      - Louis IV d'Outre-mer, 936-954.
        - Lothaire, 954-986.
          - Louis V le Fainéant, 986-987.

QUESTIONNAIRE. — 42. Quel fut en France le successeur de Charles le Gros ? — Ce choix fut-il ratifié par toute la France ? — Que prouve cette élection, ainsi que celle qui devait avoir lieu trente-six ans plus tard ? — Qui Eudes eut-il à combattre ? — Quelle concession fit-il à Charles le Simple et comment celui-ci devint-il seul roi ? — 43. Quel est l'événement le plus remarquable du règne de Charles le Simple ? — Qui était alors le chef des Northmans ? — Quel siége entreprit-il ? — Par quelles concessions Charles le Simple acheta-t-il la paix ? — Quels jugements divers a-t-on portés sur le traité de Saint-Clair-sur-Epte ? — Quelle princesse épousa Rollon et comment gouverna-t-il sa province ? — Charles le Simple n'aurait-il pas pu recueillir toute la succession de Charlemagne ? — A quelle occasion lui en revint-il une partie ? — Sa puissance en fut-elle augmentée ? — 44. Faites connaître les peuples barbares qui ravagèrent la France à cette époque ? — Pourquoi et à quelle occasion les seigneurs se révoltèrent-ils contre Charles le Simple ? — Qui choisirent-ils pour roi ? — Que devint le roi Robert ? — Qui Hugues le Grand fit-il proclamer roi et quel fut le sort de Charles le Simple ? — Raoul succéda-t-il sans opposition à Charles le Simple ? — Comment se concilia-t-il les seigneurs ? — Par quels exploits Raoul s'est-il montré digne du trône ? — 45. Qu'arriva-t-il à la mort de Raoul et quelle date singulière portèrent alors les actes publics ? — Qui semblait devoir être le successeur de Raoul ? — Quelle avait été l'espérance de Hugues le Grand, et que fit-il lorsqu'il vit ses prévisions trompées ? — Combien de temps dura et comment se termina la guerre entre Hugues et le roi ? — Donnez une idée de la situation misérable où était réduite la royauté carlovingienne ? — De quelle manière mourut Louis d'Outre-Mer ? — Comment Lothaire succéda-t-il à son père ? — Quelle récompense donna-t-il à Hugues le Grand ? — Comment mourut ce puissant feudataire ? — Quel fut l'événement le plus remarquable du long règne de Lothaire ? — Quelle fut la conduite du roi de France ? — Comment mourut Lothaire et à qui recommanda-t-il son fils ? — Quel fut le dernier roi de la race carlovingienne ? — Ce prince a-t-il réellement mérité le nom de fainéant ? — 46. Énumérez les rois de la dynastie carlovingienne. — Combien de temps avait-elle occupé le trône ?

CHAPITRE SEPTIÈME.

LES QUATRE PREMIERS CAPÉTIENS.

(987 — 1108).

SOMMAIRE.

47. A l'avénement des Capétiens, la France est partagée entre soixante seigneurs environ dont les six plus puissants portent le titre de pairs. Hugues Capet montant sur le trône (987) ne fait que réunir la couronne au plus puissant des fiefs de France ; il trouve un obstacle dans le principe de la légitimité soutenu par le clergé.
48. Hugues Capet se concilie le clergé. Après une lutte acharnée, il triomphe des prétentions de Charles de Lorraine (988). La France

est déchirée par les luttes des principaux seigneurs contre le roi, ou par les guerres qu'ils se font entre eux; la bataille de Conquereux (992) est la plus remarquable de ce règne. Le nom le plus saillant de cette époque est celui du moine Gerbert, célèbre par sa science, qui se chargea de l'éducation de Robert, fils du roi. Hugues Capet meurt en 996 à Paris, redevenu capitale du royaume.

49. Robert associé au trône en 988, est roi (996). Son règne offre peu d'intérêt; il est agité par les terreurs de l'an mil et par les guerres privées. Robert fait la guerre à Otte Guillaume (1002-1015) pour reconquérir la Bourgogne. Il épouse Berthe, sa cousine (995); il est excommunié, et obligé de la quitter alors, il se marie (998) avec Constance, femme impérieuse et méchante. Robert fait couronner Henri; ses fils se révoltent; il leur pardonne et meurt (1031). Les villes forment leurs premières associations pour se préserver contre les guerres des seigneurs entre eux.

50. Le trône est contesté à Henri par son frère Robert (1031); ce dernier, battu à Villeneuve-Saint-Georges, devient le fondateur de la première maison ducale de Bourgogne. La famine, la peste et les guerres des seigneurs désolent la France. Robert combat contre Eudes II, comte de Champagne et de Blois, et contre ses successeurs. Il s'empare du comté de Sens (1053), mais est battu à Mortemer (1054) par le duc de Normandie avec lequel il conclut le traité de Rouen (1055). Pour réprimer le fléau des guerres particulières, le clergé établit la *paix de Dieu* (1035), puis la *trêve de Dieu* (1041).

51. Philippe Ier (1060-1108), est sacré (1059). Il reste étranger aux grands événements qui signalent son règne. Ayant fait la guerre contre Robert le Frison (1071); il est battu au Mont-Cassel; il épouse la belle-fille du Frison; il bat le duc de Normandie, Guillaume le Conquérant (1075), auquel il s'efforce de susciter des embarras. La guerre continue avec Guillaume le Roux, lequel s'empare de Gisors et la fortifie. Philippe est excommunié à cause de son mariage avec Bertrade de Montfort; il la répudie. — Sous ce roi, le domaine royal a acquis le Gâtinais (1069), le Vexin français (1082) et Bourges (1100).

48. HUGUES CAPET FONDE LA TROISIÈME RACE (987). — LA COURONNE EST RÉUNIE A UN GRAND FIEF. — A la mort de Louis le Fainéant, Hugues Capet accomplit sans difficulté ce que son père avait dédaigné de faire. En s'emparant de la couronne il ne fit que la réunir à ses vastes domaines. A l'avènement de la troisième race, les souverainetés féodales entre lesquelles la France se trouvait divisée dépassaient le nombre de soixante (n° 53), et formaient, comme nous l'avons expliqué, autant de petits Etats tout à fait indépendants. Parmi ceux qui les possédaient, on distinguait, outre le duc de France, Hugues Capet; son frère, le duc de Bourgogne, le comte de Flandre, le comte de Vermandois, devenu par la suite comte de Champagne, les ducs de Normandie et d'Aquitaine, et le comte de Toulouse. Après ces six grands feudataires, auxquels fut par la suite attribué le titre de *pairs* du royaume, parce qu'ils avaient été, disait-on, les pairs ou les égaux de Hugues Capet, on peut nommer, comme ne leur cédant guère en puissance, les comtes d'Anjou, du Maine, de Bretagne, de Nevers, d'Auvergne, d'Angoulême, de la Marche, du Périgord, du Rouergue, le duc de Gascogne, les comtes de Béarn, de Foix, etc.; sans parler des comtes de Provence, de Bourgogne (Franche-Comté), les ducs de Lorraine, etc., qui relevaient de la couronne de Germanie.

Hugues Capet, duc de France, comte de Paris et d'Orléans, et possesseur d'immenses domaines, l'égal de tous ces princes en dignité, et supérieur en puissance à la plupart d'entre eux, avait encore l'avantage d'appartenir à cette famille de Robert le Fort qui avait déjà donné à la France deux rois : Eudes et Robert. Après s'être assuré l'appui de son frère le duc de Bourgogne et du duc de Normandie, son beau-frère, il assembla à Noyon ses vassaux, auxquels se joignirent sans doute tous les petits feudataires voisins, et s'y fit proclamer roi (mai 987). Les vassaux de Hugues n'avaient qu'à gagner à l'élévation de leur suzerain; quant aux autres seigneurs du royaume, ils ne s'en inquiétèrent pas d'abord; depuis longtemps, ainsi que nous l'avons expliqué, ils n'avaient à peu près rien à démêler avec la royauté. Cette révolution s'accomplit donc sans rencontrer aucun obstacle matériel; mais elle faillit se heurter contre un obstacle moral qui mérite notre attention. — Dans l'opinion de ce qu'il y avait alors en France d'hommes importants, la couronne était considérée comme la propriété héréditaire des descendants de Charlemagne; ils étaient les seuls rois légitimes aux yeux même de ceux qu'importunait cette légitimité (n° 45). L'aristocratie, devenue presque indépendante, montra peu d'empressement à défendre ce principe; mais le clergé paraît y avoir attaché plus d'importance, comme le prouve une lettre adressée, deux ans après l'avénement de Hugues Capet (en 989), à l'évêque de Laon, *Adalbéron*, par le moine *Gerbert* (voir n° 48). « Le propre frère du divin Auguste
» Lothaire, écrivait-il, l'héritier du royaume, en a été ex-
» pulsé; ses rivaux ont été placés au rang des rois; beau-
» coup de gens du moins les tiennent pour tels. Mais, de
» quel droit l'héritier légitime a-t-il été dépossédé? De quel
» droit a-t-il été dépouillé du royaume? »

48. ALLIANCE DES PREMIERS CAPÉTIENS AVEC L'É-GLISE. — Mais, dès le moment où il avait usurpé le trône,

Hugues, qui n'ignorait pas la puissance qu'avait acquise l'opinion de la légitimité carlovingienne, avait pris le moyen le plus efficace pour la combattre. Il s'était empressé de couvrir son usurpation de la sanction ecclésiastique, en allant à Reims recevoir l'onction sacrée des mains de l'archevêque Adalbéron. Il s'efforça de s'attacher le clergé régulier et séculier en le comblant de ses libéralités, en rendant aux ecclésiastiques les priviléges qui leur avaient été enlevés au milieu du désordre et en leur en concédant de nouveaux, en rétablissant dans les monastères de ses domaines la liberté des élections depuis longtemps anéantie, en abdiquant lui-même la dignité d'abbé de Saint-Germain et de Saint-Denis, dont il avait été revêtu, comme il arrivait souvent alors à des laïques puissants, et en faisant élire régulièrement à sa place des abbés ecclésiastiques. Ce fut ainsi qu'il réussit à se concilier le clergé, dont l'influence était toujours puissante sur l'esprit du peuple, et qui lui prêta son appui contre les prétentions qu'il eut à combattre.

Elles ne tardèrent pas à se réveiller. A peine le nouveau roi venait-il de consolider l'élévation de sa famille sur le trône de France, en associant son fils *Robert* à la couronne (988), que Charles de Lorraine n° 45., oncle et légitime héritier de Louis V, se présenta, les armes à la main, pour faire valoir ses droits. Les comtes de Flandre et de Vermandois, celui de Tours et de Blois, le duc d'Aquitaine et le comte de Toulouse, s'étaient déclarés pour sa cause, sans vouloir toutefois s'armer pour elle. Réduit à ses seules forces, Charles parvint à s'emparer de *Laon* et de *Reims*, dont il resta trois ans en possession ; mais, livré par trahison à son rival (991), il finit ses jours en captivité à Orléans (992).

Le reste du règne de Hugues Capet nous est peu connu. Il paraît qu'il fut troublé par les révoltes de quelques-uns de ceux mêmes qui l'avaient porté au trône ; mais il les fit rentrer sous son obéissance. — La France eut encore plus à souffrir des guerres continuelles que tous les grands vassaux ne cessaient de se faire entre eux, au mépris de l'autorité royale. On pourra juger par la réponse hautaine de l'un d'eux de quel œil ils considéraient la royauté nouvelle. Le comte de Périgueux usurpait les titres de comte de Poitiers et de Tours. *Qui t'a fait comte ?* lui demanda Hugues Capet. — *Qui t'a fait roi ?* répondit l'orgueilleux vassal.

L'histoire de ces puissants seigneurs (n°s 64 et 65) et de leurs débats forme à cette époque toute celle de la France.

Nous nous bornerons toutefois à nommer ici les plus célèbres d'entre eux : c'était *Richard Sans-peur*, duc de Normandie, qui avait épousé une sœur de Hugues Capet, et qui fit pour lui avec succès la guerre contre *Arnoul*, comte de Flandre ; c'était le comte de Blois, bientôt comte de Champagne ; c'était encore le duc de Bretagne, *Conan le Tort*, et le comte d'Anjou, *Foulques Nerra*, qui se livrèrent (992), dans la lande de *Conquereux* ou *Conquereuil* (entre Rennes et Nantes), la bataille la plus sanglante du règne de Hugues Capet ; elle coûta la vie à Conan et à mille de ses guerriers. Il eût fallu nommer avant tous les autres *Guillaume Fier-à-bras*, comte de Poitou et duc d'Aquitaine, considéré comme le plus puissant des seigneurs français. En effet, ses Etats, qui furent cruellement ravagés par la peste (994), s'étendaient des bords de l'Océan aux rives du Rhône, frontières des royaumes réunis d'Arles et de Bourgogne, regardés comme étrangers à la France. Hugues ne put le contraindre à lui rendre hommage.

Au-dessus des noms de ces grands feudataires, il faut placer celui d'un pauvre moine du couvent d'Aurillac, de ce même Gerbert dont nous avons cité plus haut une lettre à l'évêque de Laon (n° 47), et que son goût pour les sciences avait conduit à l'université arabe de Cordoue, la plus célèbre du monde à cette époque. A son retour, il introduisit en France l'usage des chiffres arabes et la première horloge à balancier, dont il fut, dit-on, l'inventeur. Les vastes connaissances qu'il avait rapportées d'Espagne le firent soupçonner de magie par ses ignorants compatriotes, mais elles lui valurent l'honneur d'être choisi par deux souverains pour faire l'éducation de leurs fils. Ces deux princes étaient Otton II, empereur d'Allemagne, et ce même Hugues Capet, dont l'usurpation avait sans doute cessé, depuis qu'il possédait l'affection du clergé, d'inspirer les mêmes scrupules au savant moine, puisqu'il consentit à se charger de l'éducation du jeune roi Robert, pendant le règne duquel il devint pape sous le nom de *Sylvestre II*.

Hugues Capet mourut (996) à *Paris*, capitale du comté de ce nom et du duché de France, et qui redevint, par suite de l'avénement de son seigneur au trône, la capitale du royaume, titre qu'elle avait perdu sous la seconde race ; Hugues fut enterré à Saint-Denis.

49. ROBERT II (996-1031). — *Robert II*, fils unique de Hugues Capet, associé au trône par son père et couronné roi dès l'année 988, lui succéda sans opposition. L'époque de son règne est une des plus dépourvues d'intérêt de toute notre histoire. Le fractionnement des provinces et l'isolement des individus créé par la féodalité avaient rendu impossible toute entreprise nationale et paralysaient toutes les relations sociales. Cette atonie universelle était encore augmentée par les terreurs occasionnées par l'approche de l'an *mil*, époque fatale, assignée comme le moment de la fin du monde par une croyance universellement répandue et que semblaient justifier les pestes, les famines et les calamités de tout genre dont l'Europe était désolée. « Tout était glacé d'effroi à l'attente du jour fatal ; toute entreprise avait cessé, tout mouvement était arrêté. Il n'y avait plus d'espoir ni d'avenir. » (M. Lavallée.) On redoublait de ferveur religieuse, on se pressait dans les couvents, et, *la fin du monde approchant,* comme nous pouvons le lire encore sur un grand nombre de chartes de donation, chacun s'empressait d'assurer son salut éternel en donnant aux églises des biens devenus inutiles en ce monde qui allait finir.

Cependant l'an mil passa, et avec lui les terreurs qu'il avait fait naître, mais les calamités ne cessèrent pas. Au nombre des plus désastreuses, il faut mettre les guerres que les seigneurs continuaient à se faire entre eux et dans lesquelles Robert fut plusieurs fois obligé d'intervenir. Ce prince eut d'ailleurs à soutenir pour son propre compte une guerre qui se prolongea pendant quatorze années (1002-1015). Son oncle Henri, duc de Bourgogne, était mort sans postérité ; Robert réclama son héritage, qui lui fut disputé par *Otte Guillaume,* que la femme du duc Henri avait eu d'un premier mariage, et par les seigneurs bourguignons qui voulaient se rendre indépendants. Ils consentirent cependant, après une longue résistance, à reconnaître Henri, second fils du roi, comme duc et comme suzerain ; tandis que Otte Guillaume conservait, avec le titre de comte, les comtés de Dijon, de Mâcon et de Besançon. Ce dernier se dédommagea de ce qu'il perdait de ce côté par l'influence qu'il sut acquérir dans le royaume d'Arles ou de Bourgogne, alors gouverné par *Rodolphe le Fainéant,* et dont il devint bientôt le principal administrateur. Rodolphe avait renouvelé l'hommage rendu aux empereurs d'Allemagne pour ce royaume, sur lequel le puissant comte de Champagne, *Eudes II,* éleva sans succès des prétentions quelques années après (1024).

Les chagrins domestiques les plus cruels remplirent presque tout le règne du bon roi Robert ; il avait épousé en premières noces (995) *Berthe*, qui était sa cousine au quatrième degré. Le pape Grégoire V lui ordonna de rompre cette union, regardée par l'Église comme incestueuse. Robert, quoique religieux et d'ailleurs assez faible de caractère, ne consentit qu'après avoir été excommunié à se séparer d'une épouse qu'il aimait. *Constance*, fille du comte de Toulouse, qu'il prit (998) pour la remplacer, fit le malheur du reste de sa vie par son caractère impérieux, méchant et frivole ; elle corrompit la cour par la licence qu'y introduisirent les Aquitains qu'elle avait amenés avec elle ; enfin, elle contribua à faire condamner au feu des hérétiques. Ce fut le premier exemple donné en France de ces supplices si opposés à l'esprit du christianisme. Cette rigueur n'empêcha pas l'hérésie manichéenne de se propager sourdement dans l'Aquitaine, où nous la retrouverons deux siècles plus tard au milieu des Albigeois (n° 93).

Des quatre fils que Robert eut de Constance, il perdit (1025) l'aîné, nommé *Hugues*, qui s'était déjà fait estimer par ses belles qualités : il désigna alors pour son successeur *Henri*, qu'il fit couronner (1027), au grand déplaisir de Constance, qui préférait le plus jeune de ses enfants, nommé *Robert*. Elle s'en vengea en excitant ses deux autres fils à se révolter contre le roi, qui marcha contre eux, les força à se soumettre, et leur pardonna (1030).

Robert mourut l'année suivante, pleuré de ses sujets, qui disaient en assistant à ses funérailles : « Tandis que Robert a été roi, nous avons vécu en sûreté ; nous n'avons craint personne. » Éloge rarement mérité dans ces temps de troubles et de violences. Ce pieux roi nourrissait souvent jusqu'à mille pauvres chaque jour ; il leur lavait les pieds le jeudi saint et les soignait dans leurs maladies. Il poussait la charité jusqu'à se dépouiller de ses ornements pour soulager leurs infortunes. On raconte même qu'un pauvre étant venu se mettre à ses pieds pendant le repas, Robert lui donnait à manger sous la table ; mais celui-ci coupa un ornement d'or qui pendait à la robe du roi et s'enfuit avec. Après le repas, la reine Constance voyant cela, s'en montrait indignée ; mais Robert répondit : « Cela était sans doute plus néces-
» saire à celui qui l'a pris qu'à moi, et, Dieu aidant, lui pro-
» fitera. » Un autre voleur lui avait coupé la moitié de la frange d'or de son manteau : « Va-t'en, lui dit-il, et laisses-
» en pour un autre. » C'est au roi Robert que remonte

l'usage longtemps pratiqué par nos rois, dans la cérémonie de leur sacre, de toucher les malades atteints de certains maux (les écrouelles), en leur disant : « Le roi te touche, que Dieu te guérisse. » Robert, qui chantait souvent au lutrin avec les clercs, est l'auteur de plusieurs hymnes et chants d'Eglise.

On trouve sous ce règne les premières traces des associations que les villes, avec l'aide de la puissance ecclésiastique, commençaient à former entre elles, pour se préserver des ravages qui accompagnaient les guerres privées.— Parmi ces guerres, outre celles que les fils du roi firent à leur père, nous mentionnerons la longue rivalité de Foulques Nerra, comte d'*Anjou* (n° 48), et du comte de Blois, Eudes II, qui avait pris le titre de comte de *Champagne* depuis qu'il avait réuni ce comté à ceux de Blois et de Chartres (1019). Cette querelle, dont la cause principale était les prétentions opposées des deux rivaux sur le comté de *Tours*, fut celle qui, à cette époque, causa en France le plus de troubles et y fit verser le plus de sang.

59. HENRI Ier (1031-1060). — FONDATION DE LA PREMIÈRE MAISON CAPÉTIENNE DE BOURGOGNE. — L'usage adopté par les rois capétiens d'associer à la couronne leur fils aîné, afin de mieux lui assurer leur succession, n'en garantit pas la paisible possession à Henri Ier, que son père s'était pourtant associé quatre ans avant sa mort. La reine Constance, soutenue par les comtes d'Anjou et de Champagne, et par une partie des feudataires du duché de France, qui aspiraient à l'indépendance, s'efforça de faire monter sur le trône Robert, son fils préféré ; mais Henri Ier, avec le secours de *Robert le Magnifique*, nommé aussi *Robert le Diable*, duc de Normandie, remporta sur ses ennemis la victoire de *Villeneuve-Saint-Georges*, qui ruina les espérances du jeune Robert. Sa mère entra en accommodement : outre quelques avantages pour elle-même, elle obtint pour son fils la cession du duché de Bourgogne (1032). Robert devint ainsi la tige de la première maison capétienne de Bourgogne, qui subsista jusqu'en 1361.

Tous les fléaux semblèrent se réunir pour accabler la France pendant ce règne. Une première famine, qui dura deux ans (1032-1033), fut suivie (1045) d'une peste effroyable, désignée sous le nom de *mal des ardents*, qui pendant les deux siècles suivants, fit, à plusieurs reprises, de grands ravages dans tout le royaume ; à ce fléau se joignit

(1059) une nouvelle disette qui dura sept ans. Ces famines furent si horribles, qu'il fallut réprimer par le supplice du feu le fréquent usage de la chair humaine, qu'on vit exposée en vente pour servir de nourriture. — Au commencement du règne de Henri (1034), la ville de Paris avait été presque entièrement consumée par un incendie. — A tous ces maux il fallait encore ajouter ceux des guerres civiles que les seigneurs continuaient toujours à se faire entre eux, et même à soutenir contre le roi.

Eudes II, comte de Champagne et de Blois, le plus puissant de tous les grands vassaux à cette époque, fut le premier qui prit les armes contre Henri, auquel il contesta, mais sans succès (1032), le droit de nommer un archevêque de Sens. Il périt, quelques années après (1037), en combattant pour ravir la couronne de Lombardie à l'empereur Conrad le Salique, auquel il avait déjà disputé (1032-1034) celle du royaume d'Arles, ou de la *Bourgogne Transjurane*. Ce royaume, avec la *Provence*, était resté à l'empereur, qui continuait aussi à posséder en France la *Franche-Comté*, l'*Alsace* et la *Lorraine*. Par la suite, les seigneurs de cette dernière province, révoltés contre le successeur de Conrad, appelèrent Henri Ier à leur secours (1046) ; mais celui-ci, craignant de s'engager dans une guerre dangereuse contre le plus redoutable souverain de l'Europe à cette époque, refusa les offres séduisantes qui lui étaient faites.

Il avait besoin en effet de toutes ses forces pour surveiller et pour réprimer les tentatives ambitieuses de ses propres vassaux. Quelques années auparavant, les comtes de Champagne et de Blois, fils et héritiers du comte Eudes II (voir n° 49), dont ils s'étaient partagé les Etats, avaient levé l'étendard de la révolte contre le roi ; ils voulaient même le détrôner pour lui substituer son frère aîné, Eudes, écarté du trône par son père à cause de la faiblesse de son intelligence. Vivement pressé par ces vassaux, dont les Etats resserraient les siens au nord et au midi, le roi Henri implora l'assistance de *Geoffroy Martel*, fils de l'illustre Foulques Nerra, comte d'Anjou. Celui-ci, après avoir vainement tenté de dépouiller son père (1036), lui avait succédé (1040), et avait vaincu et pris l'un après l'autre les comtes de Poitiers et du Maine. Il répondit à l'appel du roi, qui lui promettait pour récompense la ville de *Tours*, battit ses ennemis, et fit prisonnier le comte de Blois ainsi que le prince Eudes, qu'il livra au roi. Henri, après avoir tenu son frère quelque temps enfermé dans la tour d'Orléans, lui pardonna, et lui confia même, quelques années après, le commandement d'une armée qu'il envoyait contre un autre puissant vassal, le duc de Normandie, *Guillaume le Bâtard*.

Ce dernier, fils du duc Robert le Magnifique, avait succédé (1035) à son père, mort dans le cours d'un pèlerinage à la Terre-Sainte (n° 58). Henri, en reconnaissance des services qu'il avait lui-même reçus de Robert, avait aidé Guillaume à se mettre en possession du duché de Normandie, que lui disputait un de ses parents. Toutefois, cette bonne intelligence s'était refroidie, et la guerre ayant éclaté entre le duc et le comte d'*Arques*, son voisin, Henri prit parti pour ce dernier ; mais les troupes qu'il lui envoya furent battues. Ce fut alors que le roi donna à son frère Eudes le commandement d'un corps d'armée, qui fut également mis en déroute et presque entièrement détruit par les Normands auprès de *Mortemer* (1054). Le traité de *Rouen* termina, l'année suivante (1055), cette guerre, dans laquelle tout l'avantage et toute la gloire étaient restés au duc de Normandie. Les pertes qu'y éprouva Henri étaient loin d'être compensées par l'acquisition qu'il avait faite, deux ans auparavant (1053), du comté de *Sens*. — De cette même province de Normandie étaient partis, depuis quelques années, de braves aventuriers qui s'illustrèrent par leurs exploits dans l'Italie méridionale, où ils jetèrent par leurs conquêtes les fondements du royaume des Deux-Siciles (voir n° 60). Le duc Guillaume allait lui-même entreprendre, quelques années plus tard, une conquête plus brillante encore, celle de l'Angleterre (voir n° 62).

Du règne de Henri date un des grands bienfaits dont la société fut redevable à la religion, l'institution célèbre sous le nom de *Trêve de Dieu*. Déjà l'Eglise avait plus d'une fois essayé de s'opposer aux guerres privées que les seigneurs se faisaient avec une fureur toujours croissante. Ce droit, que les plus puissants s'étaient d'abord arrogé, avait été successivement usurpé par tous les autres, de sorte qu'il n'était si faible châtelain qui ne guerroyât contre son voisin dès qu'il s'imaginait avoir contre lui quelque grief. Les violences, les meurtres, les pillages, les incendies, les sacrilèges, désolaient donc à la fois, et dans toutes leurs parties, les diverses provinces de la France. C'est à cet épouvantable fléau que les conciles provinciaux cherchèrent à opposer une digue en déterminant quelques seigneurs (1035) à jurer la *Paix de Dieu*, qui mettait sous la sauvegarde de la religion les personnes et les biens, et interdisait même l'usage de sortir armé. C'était imposer aux passions violentes des hommes de cette époque un joug qu'elles ne pouvaient supporter longtemps. Il fallut que de nouveaux conciles, tenus d'abord en Aquitaine (1041), et bientôt après dans toutes les autres provinces, substituassent à la paix de Dieu la *Trêve de Dieu*, qui défendait, sous peine d'excommunication, de se livrer à aucune hostilité depuis le mercredi soir jusqu'au lundi matin, et pendant les jours de fête, l'Avent et le Carême. Tous les lieux consacrés par la religion, et même le voisinage des charrues, furent déclarés des asiles inviolables; les femmes, les pèlerins, les voyageurs, les laboureurs furent mis sous la sauvegarde perpétuelle de la trêve de Dieu. Ce fut ainsi que l'Eglise, qui seule conservait quelque autorité à cette époque, s'en servit pour diminuer un mal que nul pouvoir humain n'avait alors la force de réprimer.

51. Philippe Ier (1060-1108). — Les premiers Capétiens bien qu'entravés par les circonstances et par l'état de la France, n'en cherchèrent pas moins cependant à rétablir l'ascendant de la royauté. Nous les avons vus intervenir sans cesse, soit à main armée, soit par des négociations, dans les affaires de leurs vassaux les plus puissants, souvent même fort loin de leurs domaines ; et quant à la royauté elle-même, ce qui prouve qu'elle tendait à se relever de son abaissement, c'est la pompe avec laquelle fut célébré à Reims (1059) le sacre de *Philippe Ier*, l'aîné des deux fils que Henri Ier avait eus de son mariage avec la princesse *Anne* de Russie. La présence de seize des principaux feudataires et d'un grand nombre de seigneurs à cette imposante solennité rehaussa l'éclat de la couronne, dont Philippe hérita sans opposition. Mais comme il avait sept ans à peine, et que sa mère était étrangère, *Baudoin V*, comte de Flandre, et beau-frère de Henri Ier, qui l'avait chargé par son testament de la tutelle de son fils, gouverna au nom du jeune roi. Alors commença ce long règne de quarante-huit ans, « dans lequel il faut bien distinguer, dit un historien moderne, les actions personnelles du roi, qui furent presque toutes honteuses ou criminelles, et les entreprises de la chevalerie française, qui rendirent à la nation le lustre de gloire qu'elle avait perdu.

» Philippe resta étranger et même indifférent à tous les

grands événements de son règne : à la conquête de l'Angleterre (1), que sa jeunesse ne lui permit ni d'empêcher ni de rendre profitable à sa puissance ; à la conquête de l'Italie méridionale, qui fut l'ouvrage de quelques aventuriers normands (2) ; à l'établissement du royaume de Portugal, qu'un prince de son sang fondait à son insu (3) ; enfin, à la première croisade (4) qui mit toute l'Europe en mouvement et fit éclater tant de beaux faits d'armes. » (M. DESMICHELS.)

Cette bouillante valeur, qui se signalait au dehors par de merveilleux exploits, continuait trop souvent, malgré la trêve de Dieu, à se manifester au dedans du royaume par les guerres privées. Le jeune roi Philippe Ier n'avait encore que quatorze ans lorsque son tuteur Baudoin V, comte de Flandre, mourut (1067), laissant ses Etats à son second fils *Baudoin VI*, qui se les vit bientôt disputer par son frère aîné, *Robert le Frison*. Baudoin VI ayant suivi de près (1071) son père au tombeau, le Frison dépouilla sa veuve et ses fils, qui vinrent réclamer la protection et les secours du roi leur suzerain. Philippe marcha contre Robert ; mais s'étant imprudemment engagé dans un pays qu'il ne connaissait pas, il fut battu près du *Mont-Cassel* (1071), et regagna précipitamment ses Etats, tandis que le vainqueur restait maître de la Flandre, malgré tous les efforts tentés encore par *Richilde*, veuve de Baudoin VI. Le roi oublia la honte de sa défaite en voyant celui par qui il avait été battu se reconnaître son vassal, et scella cette réconciliation par son mariage avec *Berthe* de Hollande, belle-fille du Frison (1072).

Philippe fut plus heureux dans l'expédition qu'il entreprit (1075), à la prière du duc de Bretagne, contre Guillaume le Conquérant, duc de Normandie et roi d'Angleterre, qu'il contraignit à lever le siége de la ville de *Dol*, et qu'il battit encore dans sa retraite. En partant pour l'expédition qui devait lui donner le royaume d'Angleterre (1066), Guillaume le Bâtard avait acheté l'appui de Baudoin, régent du royaume de France, au prix d'une grosse somme d'argent, et s'était de plus engagé à céder la Normandie à son fils Robert. Mais le Conquérant eut bientôt oublié cette promesse, et Philippe

---

(1) Voir notre *Histoire du moyen âge*, et ci-après, n° 62. — (2) Voir la même *Histoire*, et ci-après n° 60. — (3) Même *Histoire*, n° 61. — (4) Voir ci-après, chap. XI.

ne vit pas sans inquiétude le redoutable accroissement de puissance de son vassal. Aussi toute sa politique eut-elle désormais pour objet de lui susciter des ennemis ou de secourir ceux qui se déclaraient contre lui. Tel était le motif qui lui avait fait prendre les armes en faveur du duc de Bretagne ; tel fut aussi celui qui le détermina à appuyer les prétentions de *Robert Courte-Heuse,* fils de Guillaume, révolté contre son père.

Un contestation survenue entre les deux rois, au sujet de la possession du *Vexin français*, rendit bientôt imminente une nouvelle guerre, qu'une mauvaise plaisanterie du roi de France fit enfin éclater (1087) : « Quand donc ce gros garçon accouchera-t-il ? » avait dit Philippe en parlant de Guillaume, que son excessif embonpoint forçait sans cesse à garder le lit. — Répondez-lui, dit le roi d'Angleterre, que j'irai faire mes relevailles à Sainte-Geneviève de Paris avec dix mille lances en guise de cierges. » Entrant aussitôt dans le Vexin, il y mit tout à feu et à sang, prit et brûla la ville de *Mantes*, où il fit un carnage horrible, il allait marcher sur Paris, mais étant tombé de cheval, il se blessa sur une poutre pointue et en mourut. Cette expédition fut pour la France le premier signal d'une guerre dont les désastres lui firent cruellement expier la coupable condescendance du régent Baudoin. Philippe, en avançant en âge, s'était abandonné aux passions les plus honteuses : il ne sut pas profiter, pour réparer la faute de son tuteur, des querelles des trois fils de Guillaume, qui couvrirent la Normandie de meurtres et de ruines (1088-1096). Le départ du duc Robert pour la croisade rendit la paix à cette province. Son frère, *Guillaume le Roux*, roi d'Angleterre auquel il avait laissé l'administration de son duché, profita de la lâche apathie de Philippe pour renouveler les prétentions de son père sur le Vexin. Déjà même, il en avait occupé la plus grande partie, lorsque quelques seigneurs en prirent la défense. Forcé de se retirer, Guillaume fortifia, pour servir de point d'appui aux partisans qu'il laissait dans cette province, la place de *Gisors*, située à quinze lieues seulement de la capitale du roi de France, jusque sous les murs de laquelle il pouvait ainsi à tout instant porter impunément le ravage.

Le reste de la vie et des actions de Philippe mérite peu de détails : nous n'insisterons donc pas sur les trop justes anathèmes que le pape lança contre lui à cause de l'indigne trafic qu'il faisait des dignités et des biens de l'Eglise, et au sujet de son union adultère avec *Bertrade de Montfort,* qu'il avait enlevée au comte d'Anjou, son mari, pour la mettre sur le trône à la place de Berthe, qu'il répudia (1092). Ce prince, flétri par les censures ecclésiastiques, déclaré indigne de porter la couronne et se soumettant sans murmure à cette honteuse dégradation, mourut en se reconnaissant trop grand pécheur pour mériter d'être enterré à Saint-Denis.

Pendant ce règne, le *domaine royal,* qui ne comprenait guère auparavant que les cinq villes de *Paris, Orléans, Etampes, Melun* et *Compiègne,* s'était accru du *Gâtinais,* cédé (1069) à Philippe Ier par *Foulque le Réchin,* comte d'Anjou; du *Vexin français,* réuni à la couronne par la mort de son dernier comte (1082); et enfin de la vicomté de *Bourges,* achetée par le roi (1100) pour soixante mille sous d'or, du vicomte *Eudes Arpin,* partant pour la croisade (voir n° 63).

QUESTIONNAIRE. — 47. Qui fut le fondateur de la troisième race? — Pourquoi Hugues Capet fut-il préféré par les grands à Charles de Lorraine, héritier légitime du trône? — Quels étaient les plus puissants seigneurs féodaux? — Où et par qui Hugues Capet fut-il sacré roi? — 48. Quels furent ses rapports avec le clergé? — Comment Hugues Capet consolida-t-il l'élévation de sa famille? — Son règne ne fut-il pas troublé par des révoltes? — Où mourut-il? — Quel savant moine vécut sous son règne? — 49. Qui succéda à Hugues Capet? — Quelle est l'entreprise la plus remarquable du règne de Robert II? — Comment fut-il contraint à répudier Berthe, sa première femme? — Fut-il heureux avec Constance, sa seconde femme? — Qui Robert choisit-il pour son successeur? — Comment Constance se vengea-t-elle de ce choix? — Robert fut-il regretté de ses sujets? — Quel usage prit naissance sous son règne? — Quel sorte d'ouvrages Robert a-t-il composés? — Quelle organisation date de ce règne? — Racontez la rivalité de Foulques Nerra et du comte de Blois. — 50. Henri Ier prit-il sans obstacle possession de la couronne? — Comment se conduisit-il à l'égard de son frère Robert? — De quelle maison célèbre Robert est-il le chef? — Quels fléaux désolèrent la France sous ce règne? — Racontez les guerres de Henri contre ses vassaux? — Quels furent les premiers rapports de Henri avec le duc de Normandie, Guillaume le Bâtard, et comment la guerre éclata-t-elle entre eux? — Qui sortit vainqueur de cette guerre? — Par quel traité fut-elle terminée? — 51. Quel fut le successeur d'Henri Ier? — Qui gouverna pendant la minorité de Philippe Ier? — Quelles entreprises furent accomplies pendant le règne de Philippe Ier? — Racontez la guerre que fit éclater la succession de Baudoin V, comte de Flandre, et la part que Philippe Ier prit à cette guerre. — Quelles furent les causes des guerres de Philippe Ier et de Guillaume de Normandie? — Quelle fut la politique de Philippe à l'égard de Guillaume? — Qu'est-ce qui fit éclater la guerre? — Quelles suites eut cette expédition? — Philippe sut-il profiter des troubles qui suivirent en Normandie la mort de Guillaume ? — Comment le Vexin fut-il défendu contre les Normands ? — Les actions personnelles de Philippe Ier offrent-elles beaucoup d'intérêt ? — Indiquez-en quelques-unes. — Comment mourut-il ? — Quelles acquisitions fit le domaine royal pendant ce règne ?

CHAPITRE HUITIÈME.

EXPOSITION DU SYSTÈME FÉODAL AU XIe SIÈCLE.

SOMMAIRE.

52. Les bénéfices ont donné naissance à la féodalité; le principe de l'hérédité, formulé par le traité d'Andelot, fut développé par le capitulaire de Kiersy (877); les charges mêmes deviennent héréditaires, et, comme les propriétés territoriales, elles deviennent des fiefs; le mouvement féodal se généralise. L'Église elle-même entre aussi dans la féodalité. L'état des terres devient le signe caractéristique de celui des personnes; tout se rapporte à la propriété foncière.

53. Les fiefs, en très-grand nombre, sont soumis à diverses conditions et se partagent en cinq principales espèces. La situation des possesseurs des fiefs est complexe. La fusion de la souveraineté et de la propriété donne naissance à la suzeraineté, ainsi qu'aux vassaux et vavasseurs. L'organisation de la société féodale est régulière et forte en apparence mais elle manque de garanties réelles. La royauté carlovingienne affaiblie ne fut plus considérée; elle devait disparaître facilement, et il fut facile à Hugues Capet d'usurper la couronne; mais la difficulté réelle pour la royauté nouvelle était de prendre son rang en tête de la hiérarchie féodale.

54. Les obligations féodales sont réciproques. La recommandation est l'origine des relations et des cérémonies féodales. Le lien féodal se forme par l'hommage, foi de la part du vassal, et par l'investiture de la part du suzerain.

55. Les obligations du vassal consistent dans la fidélité, les redevances, les aides dues au suzerain, qui devait en échange secours, justice et protection. Tous les possesseurs de fiefs se doivent assistance réciproque. Les contestations féodales se jugent en première instance et en appel. La force des armes est la seule et souvent impuissante sanction du droit. De là naissent les guerres privées qui désolent le pays.

56. Le résultat de ces violences est l'anarchie sociale et l'ignorance universelle. La situation du peuple est de jour en jour plus misérable. Les anciens colons deviennent des vilains taillables et corvéables à merci; les esclaves deviennent des serfs attachés à la glèbe, ce qui

constitue un progrès social. Le droit de chasse donne une idée saisissante de la misère du peuple.

57. Les avantages de la féodalité sont la conservation du principe d'autorité, le culte de l'honneur, la vie de famille et l'hospitalité qui s'exerça dans tous les châteaux.

52. HÉRÉDITÉ DES BÉNÉFICES ET DES FONCTIONS PUBLIQUES. — L'origine de la *féodalité* remonte, ainsi que nous l'avons déjà indiqué (t. 1, n° 330), à la création même des bénéfices. Nous avons vu aussi par quelles causes la condition bénéficiaire tendit de bonne heure à devenir la condition générale des terres, et comment l'hérédité des bénéfices, qui était peut-être une conséquence de leur nature même, quoique cependant un grand nombre eussent d'abord été concédés à vie et à titre révocable, tendit rapidement à devenir la loi commune de tous. Dès la fin du sixième siècle, ce principe se trouve mentionné expressément dans le traité d'Andelot (t. 1, n° 326). L'usage de la *recommandation,* né dans les forêts de la Germanie (voir t. 1, n° 330, et ci-après n° 54), appliqué dans la Gaule à la fois aux personnes et aux terres, contribua à accroître le nombre des terres bénéficiaires en même temps qu'à former des liens de dépendance personnelle. Dans le cours des trois siècles suivants, le mouvement se développe avec tant d'énergie malgré les puissants efforts de Charlemagne lui-même, que l'édit de Mersen, dès l'an 847 (voir n° 36), consacre légalement la faculté pour chacun de se choisir un seigneur, et que le petit-fils du grand empereur se voit contraint non-seulement à donner au nouvel ordre de choses, par le capitulaire de Kiersy-sur-Oise (877), la sanction légale qui lui manquait encore, mais à étendre même le principe de la transmission héréditaire aux offices ou charges publiques. Par là fut effacée l'ancienne et naturelle distinction entre le magistrat délégué du roi et le seigneur propriétaire. Profitant de l'affaiblissement du pouvoir royal, les ducs, les comtes et même les officiers d'un ordre inférieur, rendirent ainsi héréditaires dans leurs maisons des titres, des honneurs, des dignités qui jusque-là n'avaient été possédés qu'à vie et qui se transformèrent ainsi en propriétés héréditaires.
— Un nom nouveau, substitué à celui de bénéfices, désigne, à partir de la fin du neuvième siècle, ces divers genres de possessions : c'est celui de *fief* (*feodum*), qui, dans sa signification primitive, indiquait une propriété donnée à titre de récompense ou de salaire.

Le mouvement féodal ne s'arrêta par là. Tout devint bientôt matière à fief : le droit de chasse, d'escorte, le péage des ponts, des bacs et des barrières, les baraques des foires, les fours banaux des villes et des villages, et jusqu'à des essaims d'abeilles furent donnés en fiefs, comme les terres elles-mêmes. La forme féodale finit par dominer toute espèce de contrats, et la féodalité absorba la société entière.

Nous avons déjà montré que l'Église elle-même ne put se soustraire à cette loi commune de la société d'alors ; cependant ce ne fut pas comme corps, mais individuellement et à titre de propriétaire, que le clergé entra dans le système féodal. Les évêchés et les abbayes furent des seigneuries féodales jouissant de tous les priviléges, mais en même temps soumis à tous les devoirs féodaux (n° 66). Nous avons dit les déplorables résultats de cette étrange confusion du spirituel et du temporel (voir ci-dessus, n° 41).

Dès que le système féodal fut définitivement établi, l'état des terres redevint, plus complétement encore qu'au sixième siècle, le signe caractéristique de l'état des personnes, et l'on put présumer d'une manière certaine la condition politique de chaque homme d'après la nature de ses rapports avec la terre sur laquelle il vivait. Le régime féodal compléta l'intime combinaison de l'état des personnes avec l'état des terres. « En résumé, la terre fut tout, elle donna valeur à l'homme, qui, sans elle, ne fut rien et n'eut pas même de nom ; elle constitua la condition civile et politique. » (LAVALLÉE.)

53. VASSAL ET SUZERAIN. — Dès la fin du neuvième siècle, on comptait en France 29 fiefs importants : à la fin du dixième, ils dépassaient peut-être 60 ; bientôt le nombre s'en accrut à tel point qu'on le porte à 70,000 dont 3,000 titrés, et parmi ceux-ci, près de 100 États souverains grands ou petits (1). La nature et les conditions de ces fiefs n'étaient pas moins diverses que compliquées. On donnait d'une manière générale le nom de *suzerain* à celui qui exerçait sur un ou plusieurs fiefs son autorité, et le nom de *vassaux*, à ceux qui étaient sous la dépendance du suzerain. Mais la signification de ces termes variait à l'infini comme la

---

(1) Voir ci-après le chapitre X, où l'on trouvera l'époque de l'érection de tous les grands fiefs et les détails à l'aide desquels on pourra juger de leur importance relative. Voir aussi dans l'Atlas de M. Ansart *à l'usage des colléges*, la carte de la *France féodale*.

nature même des fiefs; on a compté jusqu'à quatre-vingts espèces de fiefs, qui peuvent être réduits à cinq principaux, savoir : 1° ceux des *vassaux souverains*, dont les principaux reçurent, comme nous le dirons plus loin, le nom de *pairs du royaume*; 2° les fiefs à *grande mouvance*, dont les possesseurs composaient la haute noblesse; 3° les fiefs de *bannière*, possédés par des *bannerets*, qui devaient de dix à vingt-cinq hommes; 4° les fiefs de *haubert*, possédés par des *chevaliers* (n° 73), qui devaient un cavalier armé avec deux ou trois varlets; 5° les fiefs d'*écuyers*, dont les possesseurs ne devaient qu'un homme d'armes.

La situation des possesseurs de fiefs était d'ailleurs très-complexe. La plupart d'entre eux étaient tout à la fois suzerains et vassaux, et la vassalité n'étant pas considérée comme ayant en soi rien d'humiliant, nul ne rougissait de tenir un fief d'un moins puissant que soi : ainsi les rois de France ont été vassaux de l'abbaye de Saint-Denis pour le Vexin, et l'*oriflamme* n'était que la bannière de ce fief.

Un des caractères propres du système féodal, c'est la confusion intime et complète de la souveraineté ou suzeraineté avec la propriété. Les premiers germes de cette souveraineté féodale peuvent se distinguer dans les temps mêmes qui suivirent immédiatement la conquête; mais elle n'acquit tous ses développements que vers la fin du dixième siècle, époque où elle devint comme la base fondamentale de la féodalité. Dès lors, tous les droits de la souveraineté, vinrent se fondre dans ceux de la propriété. Chaque seigneur, devenu entièrement indépendant du pouvoir royal et usurpant tous les droits que sa faiblesse laissait échapper, s'arrogea aussi ceux de faire des lois, d'établir des impôts, de rendre la justice, même de battre monnaie, et devint ainsi dans l'étendue de son fief un véritable souverain. La féodalité ne s'arrêta pas à la distinction première entre les suzerains et les vassaux. En isolant les uns des autres tous les possesseurs de fiefs, elle les avait tous rendus si faibles, que les moins puissants se trouvèrent bientôt à la merci des plus forts. Dépouillés par eux ou forcés de rechercher leur protection, ils consentirent à les reconnaître pour suzerains. Par suite aussi, tous les petits seigneurs placés dans l'étendue des grandes suzerainetés, tout en reconnaissant la suprématie du seigneur suzerain, eurent eux-mêmes des vassaux, appelés *arrière-vassaux* de leur propre suzerain ou *vavasseurs*. Il arriva même que ces seigneurs d'un ordre inférieur en eurent eux-mêmes sous leur propre suzeraineté d'autres qui avaient aussi leurs vassaux, de sorte que la féodalité formait une espèce de chaîne qui descendait du souverain jusqu'au dernier de ses sujets.

Il semblerait que de cette association générale des possesseurs de fiefs entre eux ait dû naître une société trouvant dans cette organisation si forte, si régulière en apparence, des chances à peu près assurées d'une paisible et longue existence; et cependant, rien de plus misérable et de plus troublé que la vie de la France féodale. C'est qu'en réalité l'organisation hiérarchique des possesseurs de fiefs, et la gradation des liens qui devaient les unir les uns aux autres, depuis le plus faible jusqu'au plus puissant, ne furent jamais ni réelles ni efficaces. Jamais la société féodale n'a été régulièrement constituée; cette prétendue organisation sociale ne présente en fait qu'incohérence et faiblesse, que manque absolu d'ordre et d'unité. Ce désordre, cette faiblesse et ce défaut d'ensemble de la société féodale tinrent surtout à deux causes, savoir : le défaut de garanties assurées pour les droits de chacun, comme nous le montrerons bientôt (n° 56), et l'état d'infériorité relative où resta longtemps la royauté.

Il s'écoula en effet bien du temps avant que la royauté, qui devait former la clef de voûte de ce singulier édifice, parvînt à y occuper cette place, et surtout avant qu'elle réussît à acquérir la puissance nécessaire pour maintenir les rapports de protection et de dépendance qui devaient unir entre eux tous les membres du corps social. La royauté féodale, en effet, ne pouvait plus être ni la royauté militaire des premiers rois francs, ni la royauté impériale des Carlovingiens : ces deux royautés avaient vécu leur temps. La dernière, dépossédée par la féodalité, qui avait usurpé tout à la fois ses biens et sa puissance, était, par son origine, par sa nature, par les souvenirs qu'elle rappelait, importune et suspecte à tous ces usurpateurs féodaux, anciens bénéficiers ou anciens officiers de la couronne. Vaincue et dépouillée par le régime féodal, la royauté carlovingienne l'inquiétait encore par sa présence : elle devait disparaître. Cela explique que la facilité que trouva Hugues Capet à s'emparer du trône. Le titre de roi perdit, en passant sur sa tête, ce qu'il avait encore pour les anciens sujets de la couronne d'hostile et de suspect. « Hugues, le comte de Paris, était l'un d'entre eux, sorti de leurs rangs, jusque-là leur égal : ce titre de *roi* qu'il s'appropriait pouvait leur déplaire, mais non les inquiéter sérieusement. Ce qui portait ombrage dans la royauté carlovingienne, c'étaient ses souvenirs, son passé. Hugues Capet n'avait point de souvenirs, point de passé : c'était un roi parvenu, en harmonie avec une société renouvelée. Ce fut là ce qui rendit sa position plus facile que celle de la race qu'il écartait. » (M. GUIZOT.)

54. RECOMMANDATION, FOI, HOMMAGE, INVESTITURE. — La première et la plus ancienne des relations féodales avait été la recommandation germanique, qui est comme le type et le modèle de celles qui s'établirent par la suite. Le petit propriétaire venait livrer son domaine à un plus puissant que lui, en lui remettant en signe de cet abandon une motte de terre. Il reprenait son bien comme un don, et de là son infériorité ; mais il avait acquis le droit d'être protégé par celui qui était devenu son suzerain. Là sont en germe toutes les cérémonies féodales. Nous avons dit plus haut que la vassalité n'avait rien d'humiliant ; la raison en est simple : c'est que, dans le lien féodal, les devoirs et les engagements étaient mutuels. Voyons d'abord comment se formait ce lien.

La prise de possession d'un fief était accompagnée de trois cérémonies essentielles : *l'hommage,* la *foi* et *l'investiture.* A la mort d'un vassal, quoique le principe de l'hérédité des fiefs fût, depuis le neuvième siècle, complétement établi, son fils était tenu de faire *hommage* du fief à son suzerain, en se présentant devant lui, tête nue, la ceinture desserrée, sans épée ; puis, mettant un genou en terre, il lui disait : « *Je de-* » *viens votre homme de ce jour en avant, de vie et de mem-* » *bres, et foi vous porterai des tènements* (fiefs) *que je de-* » *mande à tenir de vous.* » — Après l'hommage venait la *foi* ou le serment de fidélité, que le vassal, quittant toute posture humiliante, prêtait debout, la main sur le livre des Evangiles, promettant à son seigneur de lui être *féal et loyal,* et de remplir toutes les obligations attachées aux fiefs : « *Ainsi me soient en aide Dieu et ses saints,* » ajoutait-il en baisant le livre sacré. — Le serment de fidélité une fois prêté, le suzerain donnait au vassal *l'investiture* du fief, en lui remettant une motte de gazon, ou une branche d'arbre, ou une poignée de terre, ou tel autre symbole. Alors seulement le vassal était en pleine possession de son fief, alors seulement il était devenu l'homme de son seigneur.

De cette triple cérémonie de l'hommage, de la foi et de l'investiture dérivaient les obligations réciproques entre le suzerain et le vassal ; car, disent encore les coutumes féodales : « Autant l'homme doit de foi et de loyauté pour la raison de son hommage, autant le sire en doit à son homme. » Nous dirons bientôt ce qui arrivait dans le cas où ces obligations mutuelles étaient mal observées ; voyons d'abord en quoi elles consistaient.

55. Droits du suzerain : obligations des vassaux et des sujets. — Droit de guerre privée. — Les obligations que le vassal contractait envers son suzerain étaient d'une double nature, morales et matérielles tout à la fois. Ainsi, ce n'était point assez pour lui d'observer fidèlement toutes les conditions auxquelles le fief lui avait été concédé, il devait encore montrer à son suzerain une fidélité, un dévouement, une loyauté à toute épreuve et une constante assistance, ne jamais attenter à sa liberté ni souffrir qu'elle fût compromise, ne rien faire qui pût porter atteinte à ses intérêts, à sa considération ou à l'honneur de sa maison ; le suivre à la guerre, lui céder son cheval sur le champ de bataille s'il venait à perdre le sien ; le défendre au péril de sa propre vie, et même se constituer prisonnier à sa place lorsqu'il tombait au pouvoir de l'ennemi. — De plus, il devait se rendre à l'appel de son suzerain, lorsque celui-ci convoquait ses vassaux à sa cour pour prendre leurs conseils, ou à ses plaids pour y rendre la justice avec lui : il était lui-même obligé de reconnaître la juridiction du suzerain. — Le vassal devait encore à son suzerain des *aides* ou subventions en argent ou en nature, lorsqu'il avait à payer une rançon pour se racheter de la captivité, lorsqu'il armait chevalier son fils aîné, ou qu'il mariait l'aînée de ses filles. — Enfin, le seigneur jouissait encore de certains droits, parmi lesquels il faut citer ceux de *relief*, qui se payaient toutes les fois que le fief changeait de main par héritage ; d'*aliénation*, quand on le vendait ; de *réversion*, ou de retour au seigneur, qui avait lieu soit par suite de *déshérence* ou défaut d'héritier, soit par *rachat*, soit par suite de *confiscation* encourue pour quelque *forfaiture*, c'est-à-dire pour quelque crime ou délit du vassal. On y ajoutait dans certaines provinces le droit de *garde noble*, qui donnait au suzerain la tutelle et en même temps la jouissance des biens de ses vassaux orphelins et mineurs, et celui de *mariage*, qui lui réservait la faculté de présenter aux filles mineures, dont il avait la garde, un mari qu'elles ne pouvaient refuser sans payer au seigneur une somme égale à celle qu'il aurait reçue du prétendant en échange de son consentement. Ce dernier devait d'ailleurs être du même rang que celle dont il demandait la main.

Ces devoirs une fois remplis, non-seulement le vassal ne devait plus rien à son suzerain et jouissait dans son fief d'une entière indépendance, mais, de plus, en échange de toutes ces obligations, il avait droit de la part de son seigneur à une justice, à une protection constante. « Le sire se doit garder qu'il ne fasse tort à son homme, dit la coutume de Beauvaisis ; il le doit mener débonnairement et par droit, et aussi lui doit garder et garantir ce qu'il tient de lui, en telle manière que nul ne lui en fasse tort. »

Il s'établit même entre les propriétaires de fiefs une sorte d'assurance mutuelle qui leur imposait des obligations les uns envers les autres : « En cette manière, disent les Assises de Jérusalem, que si le seigneur met main au corps ou au fief de l'un d'eux, sans égard et sans connaissance de leur cour, tous les autres doivent venir devant le seigneur, et lui faire remontrance par la voix et par les armes. »

On comprend le prix de pareils avantages dans des temps de troubles et de violences continuelles ; mais les derniers mots que nous venons de citer indiquent déjà, et nous allons faire voir en effet qu'à cet égard encore la féodalité promettait plus qu'elle ne pouvait tenir.

Pour qu'il y ait sûreté dans les relations entre individus et exécution assurée d'obligations réciproquement contractées, il faut qu'il existe des garanties mutuelles : examinons celles que pouvait offrir la féodalité.

Lorsqu'une contestation s'élevait entre deux vassaux d'un même suzerain, ou entre un vassal et son suzerain, celui-ci devait, dans les quarante jours qui suivaient la plainte, assembler les *pairs* du plaignant, c'est-à-dire les possesseurs de fiefs de même rang que lui, et ceux-ci, réunis en cour de justice, décidaient la contestation. Le suzerain proclamait leur jugement. S'il y avait *déni* (refus) *de justice* de la part du seigneur, ou que le plaignant se trouvât mal jugé, celui-ci formait devant la cour du seigneur supérieur une plainte en *défaut de droit* dans le premier cas, ou en *faux jugement* dans le second, et obtenait dans cette nouvelle cour un jugement définitif. Mais quand tous les degrés de la juridiction féodale avaient ainsi été parcourus et que le condamné, refusant d'acquiescer au jugement, se retirait dans son château au milieu de ses hommes d'armes, il n'y avait plus que la force des armes qui pût l'y contraindre. Or, bien souvent, ceux dont le devoir eût été de faire exécuter le jugement se souciaient peu d'en prendre la charge. Dans ce cas, il est vrai, le vassal était en droit de s'affranchir des obligations contractées par lui, et même de déclarer la guerre à son seigneur; mais il est facile de comprendre combien d'abus devait engendrer un système dont la sanction reposait ainsi en définitive sur la force matérielle, qui créait un véritable *droit de guerre privée*, et faisait une institution du *duel judiciaire*.

56. Violences universelles. — Ignorance. — Misère du peuple. — Le vassal, trop faible pour obtenir justice, gémissait sous la plus dure tyrannie et était réduit à subir toutes les vexations et toutes les humiliations que peuvent inventer l'avarice et les passions les plus désordonnées. De leur côté, les seigneurs féodaux, méprisant l'autorité du roi dépouillé de tous les moyens de la faire respecter, retirés dans les châteaux forts qu'ils élevèrent sur tous les points de la France, se faisaient continuellement la guerre les uns aux autres, quand ils n'étaient pas assez forts pour la faire au roi lui-même, obligeant leurs vassaux à les suivre dans ces luttes criminelles, sources pour eux de nouvelles calamités; ils devinrent ainsi autant de petits tyrans qui couvrirent la France de crimes et de rapines.

La misère du peuple et les violences des grands avaient pour conséquence nécessaire une profonde et universelle ignorance. Le peuple, pourvoyant à peine au payement de ses redevances, était étranger à toute instruction. Le seigneur qui se vantait de ne reconnaître d'autre droit que la force, se faisait honneur de son ignorance, et uniquement occupé de la guerre et de la chasse, il regardait comme indigne de lui toute étude et toute culture de l'esprit. Les habitudes féodales, s'introduisant dans le clergé lui-même, comme on l'a vu plus haut, y amenèrent avec elles l'oubli de toute studieuse occupation. Des évêques et des abbés, armés en guerre, s'inquiétaient peu des règles de la discipline, et c'était seulement au fond de quelques monastères que se conservait la tradition des paisibles études et des graves enseignements.

Au-dessous de la hiérarchie féodale était une classe nombreuse qui, n'ayant point de rang dans les divers degrés de l'échelle sociale, ne retirait du nouveau régime aucun avantage et subissait une oppression qu'aucune garantie réelle ne venait adoucir. C'était le peuple proprement dit, composé à la fois de l'ancienne classe des colons et de celle des *serfs*, qui n'étant plus des esclaves, n'étaient cependant pas encore des hommes libres.

La condition des colons, appelés, au temps qui nous occupe, *villains* (*villanus*, de *villa,* ferme, maison de campagne), n'avait d'abord éprouvé que peu de changements dans les premiers temps qui suivirent l'invasion germanique ; mais quand la fusion de la souveraineté et de la propriété fut opérée au sein du fief, l'état politique des colons en reçut une grave atteinte. En effet, auparavant ils dépendaient du propriétaire en tant que cultivateurs et attachés au sol, du gouvernement central en tant que citoyens et incorporés dans l'Etat ; quand il n'y eut plus d'Etat, plus de gouvernement central, ils dépendirent des propriétaires sous tous les rapports, pour leur existence tout entière. Voici quelles en furent les conséquences. Sous l'empire, la rente due au propriétaire était fixe, il ne dépendait pas du propriétaire de l'élever à son gré ; mais l'impôt personnel ou capitation payée par le colon non plus à son propriétaire, mais au gouvernement, variait et s'aggravait sans cesse, sans autre règle que la volonté de l'empereur. La *taille*, qui sous la féodalité remplaça la capitation et la *corvée* ou obligation d'un travail personnel au profit du seigneur, restèrent complétement arbitraires, et dès lors, le malheureux villain devint *corvéable et taillable à merci ;* une foule de *redevances* en nature vinrent augmenter ses charges ; parfois le seigneur pouvait lui imposer des sujétions de la nature la plus humiliante et même la plus honteuse. Néanmoins, la redevance due au seigneur comme propriétaire restant fixe et par conséquent assujettie à des règles, ces règles constituèrent en faveur des villains des droits qu'ils défendirent avec une persévérance qui assura le succès de leurs efforts, et qui, en élevant graduellement leur condition, finit par les faire participer au bienfait de l'affranchissement des communes.

Depuis que l'influence bienfaisante du christianisme avait achevé, vers le temps même où s'organisait la féodalité, de faire disparaître l'esclavage ou la servitude domestique, les *serfs attachés à la glèbe* étaient devenus la dernière classe de la société ; mais leur condition, essentiellement différente de celle des esclaves, avait aussi été considérablement améliorée par la religion, qui proclamait le seigneur et le serf égaux devant Dieu, et qui bien souvent choisissait parmi les serfs des ministres, devant le caractère sacré desquels elle forçait le fier baron à humilier son orgueil. D'ailleurs, le serf n'était en quelque sorte l'esclave que de la terre à laquelle il était attaché, et non du maître qui la possédait; il avait un nom, une famille, une existence civile et religieuse; sa vie était sacrée, son éducation morale, la même que celle de son seigneur qui devait le nourrir et le défendre. « Ainsi, malgré les misères de la vie des serfs, malgré quelques droits humiliants et infâmes, restes de l'ancien esclavage domestique, l'esclavage de la glèbe fut un progrès : la servitude romaine, absolue et illimitée, avait détruit la population; la servitude féodale la fit renaître, nombreuse, forte, ayant même le sentiment de la dignité humaine ; et l'on peut dire que de l'esclavage des anciens à la liberté des modernes le servage du moyen âge est la moitié du chemin. » (LAVALLÉE.)

Rien ne saurait, au reste, donner une plus juste idée de la misère du peuple sous le régime féodal que l'exercice d'un des droits les plus chers aux seigneurs, celui de chasse. Rappelons, dit à ce sujet M. Michelet, le principe de la seigneurie, ses formules sacramentelles : *Le seigneur enferme ses manants, comme sous portes et gonds... Du ciel à la terre tout est à lui, forêt chenue, oiseau dans l'air, poisson dans l'eau, bête au buisson...* Si le seigneur a droit, l'oiseau, la bête ont droit, puisqu'ils sont du seigneur. Aussi, était-ce un usage antique et respecté que le gibier seigneurial mangeât le paysan. Le laboureur semait; la semence levée, le lièvre, le lapin des garennes, le cerf féodal venaient lever dîme et censive. Un matin, pour chasser le cerf, à grands renforts de cors et de cris, fondait sur la contrée une tempête de chasseurs, de chevaux et de chiens; la terre était rasée. On comprend qu'à la vue de tels abus, tant d'auteurs aient répété ces paroles sévères d'un docteur de l'Église : *Venatio ars nequissima, et venatores nefarium genus.*

57. QUELQUES RÉSULTATS HEUREUX DU SYSTÈME FÉODAL. — Il serait toutefois injuste de ne pas reconnaître, au milieu des désordres de cette époque désastreuse, quelques résultats utiles produits par le système féodal. Au milieu de l'anarchie qui semblait faire tomber en dissolution la société entière, en présence de la défaillance de la puissance souveraine, la féodalité seule maintenait dans l'État le principe d'autorité et les liens de la hiérarchie. Les guerres continuelles donnaient aux caractères une vigueur, une énergie qui s'élevaient parfois jusqu'à l'héroïsme et rendirent possible le merveilleux élan des croisades. L'honneur devint l'objet d'un culte véritable : la société tant de fois baignée dans le sang se purifia au moins de cette dégradation, de cet avilissement, qui étaient à la fois la faiblesse et la honte des Romains de la décadence, et dont l'empire d'Orient donnait alors le déplorable spectacle.

La nécessité pour chaque famille de se protéger elle-même resserrait les rapports de ses membres, et l'isolement auquel étaient condamnés les seigneurs au fond de leurs châteaux y donnait aux soins domestiques et à la douce influence de la mère de famille une place considérable et nouvelle. L'éducation des enfants profita peu à peu des longs loisirs que les expéditions continuelles du baron féodal laissaient à la châtelaine ; et les hommages dont la chevalerie allait entourer la femme montrent quel rang elle avait repris et quelle action elle allait exercer pour l'adoucissement des mœurs. L'hospitalité, si précieuse dans des temps où la sûreté n'existait que derrière les hautes murailles, était une vertu chère aux seigneurs féodaux. Ils mettaient leur honneur, leur vanité souvent à s'en acquitter avec noblesse : c'était un premier pas vers la civilisation.

Mais c'est à la chevalerie que sont dus les développements de ces heureux résultats. (Voir ci-après, n° 72.)

QUESTIONNAIRE. — 52. Expliquez comment les bénéfices d'abord, puis les charges et les fonctions publiques sont devenus héréditaires. — Donnez une idée de l'extension que prit le système féodal. — Quel rapport s'établit entre l'état des personnes et celui des terres ? — 53. *Qu'entend-on par les dénominations de suzerains, vassaux et arrière-vassaux ?* — Que devint la royauté en présence de la société féodale ? — 54. Dans quel usage germanique voyez-vous le type des cérémonies féodales ? — Quelles étaient ces cérémonies ? — 55. *Faites connaître les principales obligations que les vassaux contractaient envers leurs suzerains. — Quels étaient les devoirs de ceux-ci ?* — Quelles garanties et quelles sanctions offrait le système féodal ? — Indiquez l'origine des guerres privées. — 56. Que devinrent les études sous le régime féodal ? — *Dépeignez la situation des deux classes qui composaient le peuple proprement dit.* — Donnez une idée des abus produits par le droit de chasse. — 57. Quels avantages résultèrent du système féodal pour la société et la civilisation ?

CHAPITRE NEUVIÈME.

ENTREPRISES EXTÉRIEURES.

SOMMAIRE.

58. L'activité et le mouvement renaissent partout au onzième siècle. Les pèlerins vont à Jérusalem, isolément d'abord, puis en expéditions véritables, sous la conduite des princes ou des évêques.
59. Grégoire VII (1077-1085) trouve la société ecclésiastique livrée aux désordres par l'influence du régime féodal. Il rétablit la discipline, les bonnes mœurs, et ranime dans le monde entier l'enthousiasme religieux.
60. Les Normands apparaissent en Italie, où ils ne tardent pas à s'établir. Les exploits des fils de Tancrède de Hauteville les rendent maîtres du pays dont le pape Léon IX leur donne l'investiture. — Robert Guiscard et Roger s'emparent de la Sicile, qui reste à Roger avec le titre de grand comte (1080). Robert chasse complétement les Grecs de l'Italie, envahit l'Épire et protége le pape Grégoire VII contre l'empereur; il meurt (1085).— Robert II réunit les deux États sous le titre de royaume des Deux-Siciles (1130).
61. Henri de Bourgogne entre au service du roi de Castille Alphonse VI; il épouse sa fille; il établit une principauté sur des contrées enlevées aux Maures (1095). Son fils, Alphonse le Conquérant, fonde le royaume de Portugal (1139).
62. Guillaume de Normandie, appuyé par le pape, dispute à Harold l'héritage d'Édouard le Confesseur; il débarque en Angleterre et est vainqueur à Hastings (1066). Il est couronné à Londres, et l'Angleterre conquise est soumise au régime féodal.

58. NOMBREUX PÈLERINAGES. — Au milieu de l'oppression des peuples, de l'anarchie qui désolait la société entière, déjà se révélaient au onzième siècle les premiers symptômes de cette activité, de cette énergie, de cet élan qui allaient entraîner l'Europe aux plus grandes entreprises. «Le onzième siècle, dit Sismondi, fut une période de vie et de création : tout ce qu'il y eut de noble, d'héroïque, de vigoureux dans le moyen âge commença à cette époque. » Ce mouvement qui devait se communiquer aux nations entières se manifestait chez les individus par les pieux et périlleux voyages des pèlerins.

Chaque année, surtout à l'époque des fêtes de Pâques, on voyait partir une foule de voyageurs avec une robe d'étoffe grossière, un sac pour porter quelques provisions, un chapeau à larges bords, garni souvent de coquilles, enfin un bâton creux, appelé *bourdon,* qui servait à la fois d'appui pour la marche et de flûte pour se distraire sur la route des ennuis du voyage. Partout on accueillait les pèlerins avec respect et on leur donnait l'hospitalité sans leur demander autre chose que leurs prières; les patrons des barques et des navires leur offraient le passage, et les seigneurs leur ouvraient les portes de leurs châteaux. Arrivés en Terre-Sainte, ils visitaient pieds nus tous les lieux que Notre-Seigneur avait parcourus; ils priaient à Bethléem et au Calvaire ; ils faisaient bénir dans l'église du Saint-Sépulcre un linceul pour leur sépulture, se baignaient dans les eaux du Jourdain, et se remettaient en route avec des palmes cueillies à Jéricho. Quand ils revenaient, exténués de fatigues, brûlés par le soleil de la Syrie, épuisés de mortifications et d'austérités, ils étaient l'objet de la vénération de tous leurs compatriotes.

Ces pèlerinages, d'abord isolés, prirent peu à peu le caractère de véritables expéditions. On vit le comte d'Anjou, Foulque Nerra, accomplir trois fois la sainte entreprise; le duc de Normandie, Robert le Diable (n° 50), quitter ses riches domaines pour aller expier en Orient les fautes de sa jeunesse et mourir à Nicée (1035); l'évêque de Cambrai conduire à Jérusalem trois mille fidèles, et offrir un exemple bientôt suivi par le clergé d'Allemagne.

59. Réforme dans l'Église par Grégoire VII, qui ranime l'enthousiasme religieux. — L'impulsion donnée ne devait plus que grandir, après surtout que la discipline ecclésiastique eut été régénérée par une main ferme et puissante. Les désordres de tout genre qui s'étaient introduits dans une partie du sacerdoce, le relâchement des mœurs, l'oisiveté opulente et l'humeur belliqueuse des évêques et des abbés, l'abandon du sanctuaire pour des entreprises ambitieuses et des plaisirs profanes, la vente scandaleuse des dignités ecclésiastiques à des personnages indignes du saint ministère, avaient partout compromis le légitime ascendant du clergé en déshonorant ses membres. Une réforme générale était nécessaire pour rendre à l'Église sa force et sa pureté primitives (voir *Histoire du moyen âge*, chap. xvii); elle fut entreprise par un homme de génie, qui sut ranimer l'enthousiasme religieux dans tous les cœurs. Hildebrand, fils d'un charpentier, moine au monastère de Cluny, s'éleva par ses vertus de sa condition obscure jusqu'au siége de saint Pierre, qu'il occupa sous le nom de Grégoire VII (1077-1085). L'illustre et courageux pontife ne s'arrêta devant aucun obstacle; bravant toutes les passions soulevées, affrontant le ressentiment et la puissance de l'empereur, il ramena le clergé à l'esprit d'abnégation et de dévouement; défendit, conformément aux anciens canons, le trafic des choses saintes et le mariage des prêtres; affranchit le saint-siége de la dépendance où le tenait la puissance temporelle; et fit déclarer par un concile que le droit de donner l'investiture des biens et des dignités ecclésiastiques cesserait d'appartenir aux laïques. Il rendit ainsi à l'Église son influence sur tous les fidèles, au souverain pontificat sa prépondérance suprême, à toute la chrétienté cet élan religieux qui allait se manifester d'une manière éclatante par les entreprises les plus glorieuses du moyen âge.

60. FONDATION PAR LES NORMANDS DU ROYAUME DES DEUX-SICILES. — Nous avons indiqué les trois grandes expéditions purement politiques qui signalèrent l'ardente activité de la nation française pendant le règne de Philippe Ier et précédèrent la première croisade (n° 54).

Quelques guerriers normands, au retour d'un pèlerinage à Jérusalem, avaient entrevu le climat heureux de l'Italie et mis en fuite une troupe de Sarrasins qu'ils rencontrèrent près de Salerne. Bientôt trois cents chevaliers, revenus sur les mêmes rivages, avaient gagné au service du duc de Naples le comté d'Aversa (vers 1029). Les récits des belliqueux voyageurs enflammèrent les désirs de nouveaux guerriers, avides d'entreprises hardies. Un simple gentilhomme des environs de Coutances *Tancrède de Hauteville*, avait douze fils dont trois *Guillaume*, *Drogon* et *Homfroy*, vinrent en Italie offrir leurs services, d'abord au prince de Salerne, puis au patrice grec Maniacès, qui les mena à la conquête de la Sicile. Après s'être illustrés dans une foule de combats contre les Sarrasins Aglabites, ils abandonnèrent les Grecs, qui leur refusaient leur part de butin, et repassèrent en Italie, résolus de faire la guerre désormais pour leur propre compte, et de fonder sur ces bords étrangers une principauté normande. Les Grecs furent battus près de Cannes, dans les champs où Annibal avait vaincu les Romains; et bientôt Guillaume, que sa valeur avait fait surnommer *Bras-de-fer*, se fit donner par ses compatriotes le titre de *comte de Pouille*, titre que portèrent après lui Drogon, puis Homfroy. Les deux plus jeunes fils de Tancrède de Hauteville, *Robert*

Guiscard (l'Avisé) et *Roger*, étaient venus se joindre à leurs frères en Italie, et s'étaient cantonnés dans la Lombardie méridionale d'où leurs expéditions jetaient l'effroi dans toute l Italie. L'empereur grec Constantin IX, l emperereur d'Allemagne Henri III et le pape Léon IX, s'associèrent pour repousser les envahisseurs qui menaçaient leur puissance; mais ils furent battus et le pape tomba aux mains de ses ennemis. On vit alors un touchant et singulier spectacle : les Normands, pénétrés de respect pour le chef de la chrétienté qu'ils venaient de combattre, ne l'aperçurent pas plus tôt errant dans la campagne, qu'ils se précipitèrent à ses pieds, implorant leur pardon, et lui faisant hommage de toutes leurs conquêtes, à condition d'en recevoir l'investiture. Exem, le frappant de la puissance de la religion sur des hommes farouches qui ne craignaient aucune puissance humaine, et qui s'humiliaient devant un pontife désarmé! — Ainsi s'établit la suzeraineté du saint-siége sur l'Italie méridionale, du consentement des Normands eux-mêmes, qui s'engagèrent dès l'origine à reconnaître leur vassalité par le payement d un tribut annuel.

A la mort de Humfroy, Robert était devenu duc de Pouille; jetant les yeux sur la Sicile occupée alors par les Sarrasins, il résolut de la conquérir de concert avec son frère. En effet, après plusieurs invasions qui avaient fait éclater leur valeur téméraire, Robert et Roger attaquèrent les Sarrasins avec toutes leurs forces, et en 1074 la plus grande partie de l'île avait reconnu leurs lois. Roger garda la Sicile avec le titre de *grand comte*. Robert, de retour en Italie, y anéantit la domination byzantine par la prise de Bari, de Tarente, d'Otrante, etc. (1080).

Robert, vainqueur des Grecs en Italie, songeait à attaquer, au delà de l'Adriatique, le trône impérial lui-même. Déjà il avait pénétré en vainqueur jusque dans la Thessalie, quand les querelles du pape et de l'empereur l'obligèrent à repasser la mer (voir *Histoire du Moyen âge*, chap. XVIII). Grégoire VII implora le secours du Normand; Robert, sans s'inquiéter des menaces de l'empereur, délivra le pape et lui donna un asile dans ses États. Il mourut en 1085. Quarante ans après, *Roger II* réunit les héritages des deux frères, en prenant le titre de *roi des Deux-Siciles*, que lui confirma le pape Innocent II.

61. FONDATION PAR HENRI DE BOURGOGNE DU ROYAUME DE PORTUGAL. — Vers la fin du onzième siècle, *Henri de Bourgogne*, arrière-petit-fils du roi Robert et petit-fils de Robert le Vieux, duc de Bourgogne, avait quitté les domaines paternels pour se mettre avec une bande de guerriers français au service du roi de Castille, Alphonse VI. Après avoir combattu vaillamment au siége de Tolède, il se signala contre les Maures du Portugal. Alphonse VI récompensa l'illustre étranger en lui donnant la main de sa fille *Thérésa* et tous les pays qu'il pourrait conquérir avec le titre de comte souverain (1095). Vainqueur dans dix-sept batailles contre les Maures, Henri s'empara du pays situé entre le Minho et le Duero, et laissa à son fils, *Alphonse le Conquérant*, le soin d'achever une tâche si heureusement commencée (1112). Le jeune prince vainqueur des musulmans à Ourique, se fit proclamer roi (1139), et fut le chef de la dynastie, française d'origine, dont une branche tient encore aujourd'hui le sceptre du Portugal.

62. Conquête de l'Angleterre par les soixante mille Français de Guillaume le Conquérant (1066). — Quelques années auparavant, une autre famille française s'établissait sur le trône d'Angleterre.

Édouard le Confesseur, roi d'Angleterre étant mort sans enfants (1066), Guillaume, duc de Normandie, parent éloigné de ce prince, réclama la couronne en vertu d'un prétendu testament. L'Anglais *Harold*, fils du comte *Godwin*, puissant sous les derniers rois, opposa au Normand l'élection des grands de la nation et se prépara à défendre énergiquement sa couronne. (*Histoire du Moyen Age*, chap. xv.)

Cependant Guillaume, fort de la protection du pape, qui s'était déclaré pour lui, débarquait en Angleterre avec soixante mille soldats, portant un drapeau bénit que lui avait envoyé le souverain pontife. Le pied lui manqua, dit-on, comme à César en Afrique, au moment où il touchait la terre : « *Mauvais présage!* crièrent ses compagnons — *Sachez*, dit Guillaume, *que c'est Dieu qui m'investit de cette terre en me la faisant prendre à deux mains. Tant il y en a, elle est à vous. Si on me la dispute, par la splendeur de Dieu, il y aura bataille!* » Le Normand envoya proposer à son rival de s'en remettre à l'arbitrage du pape ou d'accepter les chances d'un combat singulier. Harold refusa, et les deux armées se joignirent près d'*Hastings*. «La mêlée s'était engagée à la troisième heure, dit Guillaume de Jumiéges, et le carnage dura de part et d'autre jusqu'à la nuit. Mais Harold tomba, le cerveau traversé d'une flèche, et les Anglais, après avoir combattu vigoureusement tout le jour, commencèrent à désespérer de leur salut en voyant leur roi mort. À la nuit tombante, ils tournèrent le dos et se mirent en déroute. Les Normands les poursuivirent toute la nuit, et leur fureur s'appesantit sur plusieurs milliers d'Anglais (1066). »

Guillaume triomphant courut à Londres, où un faible compétiteur, *Edgard,* neveu du roi Édouard, se soumit en tremblant. « L'an du Seigneur 1067, le duc de Normandie entra à Londres, au milieu de l'enthousiasme du clergé et du peuple, et des acclamations de la foule qui le saluait roi. Il fut couronné par *Elred,* archevêque d'York ; puis les seigneurs lui prêtèrent hommage, lui jurèrent fidélité ; et après avoir reçu des otages, il se vit bien assuré sur son trône et redouté de tous ceux qui avaient eu des prétentions au souverain pouvoir. » Empressé d'assurer à sa nouvelle souveraineté la sanction pontificale, il envoya à Rome de riches présents pour prix du drapeau consacré qui avait triomphé à Hastings.

On verra dans l'*Histoire du Moyen Age* par quels moyens atroces Guillaume acheva la pacification ou plutôt l'asservissement de l'Angleterre, où il établit les coutumes, la langue, les institutions de la féodalité française, mais qui n'en devait pas moins devenir pour la France la plus irréconciliable ennemie (chapitre XXV).

QUESTIONNAIRE. — 58. Quel symptôme heureux se manifeste dans la société au onzième siècle. — *Faites connaître l'origine et les développements des pèlerinages.* — 59. Dans quelle situation Grégoire VII trouva-t-il le clergé et quelle réforme accomplit-il ? — Quel en fut le résultat ? — 60. Quand les guerriers normands apparurent-ils en Italie ? — Parlez des exploits des fils du seigneur de Hauteville. — Quelles relations eurent-ils avec le pape ? — Que firent spécialement Robert Guiscard et Roger ? — 61. Dans quel but Henri de Bourgogne vint-il en Espagne ? — Quelle fut la double récompense de sa valeur ? — Quel fut le premier roi de Portugal ? — 62. A quelle occasion Guillaume de Normandie entreprit-il son expédition en Angleterre ? — *Quelle grande victoire remporta-t-il ?* — Quelles en furent les conséquences ?

CHAPITRE DIXIÈME.

GÉOGRAPHIE POLITIQUE DE LA FRANCE AVANT LES CROISADES.

SOMMAIRE.

63. La France est bornée par l'Escaut au nord ; la Saône, le Jura et le Rhône à l'est ; la Méditerranée et le Llobrégat au sud ; l'Océan à l'ouest. Le domaine royal proprement dit n'en comprend qu'une très-faible partie ; sous Hugues Capet : Paris, Orléans et son comté, le comté de Senlis, Laon, les abbayes de Saint-Denis, de Saint-Ricquier, etc.; sous les successeurs de Hugues Capet : le comté de Dreux (996), le duché de Bourgogne, réuni en 1002, en est séparé en 1015, puis en 1038, le comté de Blois (1037), le comté de Sens (1055), le comté de Gâtinais (1069), le comté du Vexin français (1082) et la vicomté de Bourges (1100).

64. Les grands vassaux sont presque indépendants de fait. Le duché de Normandie, fondé par Rollon, a pour capitale Rouen, villes princip. : Évreux, Lisieux, Bayeux, Coutances, Avranches : il s'accroît du royaume d'Angleterre sous Guillaume (1066). — La Bretagne a pour villes : Rennes, Nantes, Vannes ; elle est érigée en duché en 992, et reste à peu près indépendante du duc de Normandie, son suzerain. — Le duché de Bourgogne, séparé définitivement du domaine royal, a pour villes : Dijon, Autun, Langres. — Le duché de Guyenne comprend de droit le pays de la Loire à la Garonne ; toutefois plusieurs comtes s'en rendent indépendants. Il appartient aux comtes de Poitiers, qui réunissent le duché de Gascogne, d'où dépendent les vicomtés de Lectoure et de Béarn, et les comtés de Fézenzac, d'Armagnac, de Comminges, de Bigorre. — Le comté de Flandre comprend Bruges, Gand, Courtrai, Tournai, Arras, Thérouanne, Calais et le comté d'Artois. — Le comté de Champagne, possédé par la famille des comtes de Vermandois, comprend Troyes, Amiens, Péronne, Ham ; et en partie Reims, Noyon, Châlons ; il s'accroît des comtés de Chartres, Tours, Beauvais, Meaux, Provins. — Le comté d'Anjou, d'où relèvent Vendôme, Laval, Amboise, acquerra le Maine. — Le comté de Toulouse comprend les comtés de Quercy, d'Albigeois, de Nîmes ; il a la suzeraineté du puissant comté d'Auvergne, de Béziers, de Foix et la possession du marquisat de Provence. — Le comté de Barcelone compose avec les comtés de Cerdagne et d'Urgel l'ancienne marche d'Espagne ; les comtés de Carcassonne et de Roussillon en relèvent.

65. Dans l'ancien duché de France on distingue les seigneuries de Montmorency, de Dammartin, Coucy, Meulan, Montfort-l'Amaury, Corbeil. — Dans le reste de la France, sous la seconde race, on peut noter les comtés et seigneuries de Valois, Soissons, Réthel, Roucy, Sens, Tonnerre, Bar-sur-Seine, Barrois, Dijon, Châlon-sur-Saône, Mâcon, Semurois, Nevers, Bourbon-l'Archambaud, Bourges,

haute et basse Marche, Limoges, Turenne, Angoulême, Périgord, Rouergue, Narbonne. — Ont été créées depuis l'avènement de la troisième race, les seigneuries de Hesdin, Saint-Pol, Clermont en Beauvaisis, Eu, Aumale, Évreux, Laval, Penthièvre, Beaugenci, Étampes, Joinville, Montlhéry, etc.

66. Les évêques et archevêques ont rang dans la hiérarchie féodale. Les uns partagent la seigneurie de leur évêché, tels Reims, Sens, Noyon, etc.; d'autres la possèdent entièrement : Amiens, Arras, etc.; certains évêques, tels ceux de Langres, Rouen, Auxerre, etc., sont suzerains de diverses seigneuries voisine. On compte dès lors six évêques pairs ecclésiastiques. Les abbés, parfois laïques, sont, comme les évêques, vassaux ou seigneurs suzerains.

63. Étendue du domaine royal. — La France, privée par le partage de Verdun (n° 32) des limites que la nature semble lui avoir données, et qui étaient celles de l'ancienne Gaule, éprouva peu de modifications sous ce rapport pendant les années qui séparent ce traité de l'avènement de la troisième race (843-987). Sous les premiers Capétiens, elle avait pour bornes les mers qui l'entourent à l'O. et au N. O. jusqu'à l'embouchure de l'Escaut, fleuve que la limite orientale du royaume remontait ensuite jusque vers sa source, pour aller de là rejoindre la Meuse, qu'elle remontait de même jusqu'au plateau de Langres, d'où elle redescendait avec la Saône jusqu'à peu de distance de Lyon ; là elle s'écartait à l'O. pour laisser au royaume d'Arles le Lyonnais et le Forez, au-dessous desquels elle allait rejoindre le Rhône, qu'elle suivait alors jusqu'à la mer, si ce n'est auprès de Viviers, qui appartenait également avec son territoire au royaume d'Arles. — Au S. E., la France avait pour bornes la Méditerranée ; puis sa frontière, franchissant la limite naturelle de la chaîne des Pyrénées, atteignait l'embouchure du Llobrégat un peu au S. de Barcelone, dont les comtes, toujours menacés par les musulmans, reconnaissaient encore la souveraineté de la France. Après avoir contourné ce comté, la limite méridionale de la France rejoignait les Pyrénées qu'elle suivait jusqu'à l'Océan.

Le démembrement de l'empire carlovingien avait été promptement suivi du démembrement intérieur des divers royaumes formés de ses débris. Cette dissolution intestine, opérée par les efforts et au profit de la féodalité, fut tellement rapide qu'à la fin du neuvième siècle on comptait déjà en France au moins vingt-neuf fiefs souverains, et que le nombre en était plus que doublé au moment de la chute de la dynastie Carlovingienne (n° 53). Mais le démembrement féodal ne s'arrêta pas là : chacun des grands vassaux du royaume avait lui-même des arrière-vassaux qui tous aspiraient à l'indépendance et s'en étaient mis en possession lorsqu'ils en avaient eu la force. Ceux du duché de France et du comté de Paris, déjà affranchis en partie, ne virent pas plus tôt leur suzerain, Hugues Capet, devenu roi, qu'ils prétendirent tous, en leur qualité de vassaux directs du souverain, aux priviléges déjà possédés par les autres grands vassaux de la couronne. Le travail de dissolution se continua ainsi sous les rois Capétiens eux-mêmes, en dépit de leurs efforts pour reconstituer l'unité du royaume. Le nombre des grands fiefs s'augmenta donc encore après l'avénement de Hugues Capet. Pour procéder avec ordre dans la description de la France féodale, nous devrons faire connaître d'abord l'étendue et les possessions du *domaine royal* sous Hugues Capet et ses premiers successeurs, puis nous indiquerons les domaines des grands vassaux, et enfin ceux des vassaux inférieurs.

A l'époque de la chute de la dynastie carlovingienne, le domaine royal, graduellement rétréci par les empiétements successifs de la féodalité, se trouvait réduit à la ville et au territoire de LAON. L'avénement au trône du puissant *duc de France*, possesseur immédiat de plusieurs grands fiefs, d'immenses domaines et des plus riches abbayes du royaume, rendit à la royauté une grande importance territoriale. Le nouveau domaine royal comprenait de droit, outre les possessions personnelles du monarque, celles de ses vassaux, et aurait dû s'étendre jusqu'au N. de la Somme, jusque assez loin au S. de la Loire, et depuis les environs de Laon et les limites du duché de Bourgogne, possédé lui-même par un frère de Hugues Capet, jusqu'aux confins des duchés de Normandie et de Bretagne. Mais les prétentions élevées par les vassaux du duché de France et même du comté de Paris et des autres grandes mouvances, et qui finirent par être réalisées, sinon de droit, au moins de fait, réduisirent le domaine royal aux domaines propres du roi, qui s'étendaient seulement depuis Beauvais et Laon jusqu'à Orléans ; encore ce faible territoire était-il entrecoupé par les possessions de vassaux si peu soumis à l'autorité royale, qu'ainsi que le dit un historien moderne, le voyage de Paris à Orléans fut souvent, pour les premiers rois Capétiens, une véritable expédition militaire.

Les principaux domaines réunis à la royauté par le fondateur de la troisième race étaient : la ville de Paris avec des domaines considérables dans le *comté* dont elle était la capitale, mais dont il est fort difficile de déterminer les limites. Cette ville, illustrée par le siége glorieux qu'elle avait soutenu avec succès contre les Northmans (en 885 et 886), était la résidence habituelle des ducs de France, et redevint, à l'avénement de Hugues Capet, la capitale de la monarchie. Le *Palais de la Cité* (auj. palais de Justice), qui devint la demeure des rois, fut construit ou du moins magnifiquement réparé et décoré sous le roi Robert, successeur de Hugues Capet. — La riche abbaye de *Saint-Germain des Prés*, à l'O. et en dehors des murs de Paris, était une de celles dont Hugues Capet était commendataire (1). Il en était de même de celle de *Saint-Denis en France,* surnom qui indique sa situation dans le duché de France. Cette dernière recouvra sous la troisième race l'honneur qu'elle avait eu sous la première d'être le lieu de la sépulture des rois.

La ville et le comté d'Orléans, au S. de celui de Paris, et compris comme lui dans le duché de France, était le second des grands domaines de Hugues Capet, dont la famille le possédait depuis l'an 861. Plusieurs fois détaché de la couronne pour être donné en apanage, il y fut définitivement réuni en 1498 ; mais le titre de *duc d'Orléans* devait être encore donné à divers princes de la famille royale, et en dernier lieu à Philippe Ier, frère de Louis XIV, tige de la branche des Bourbons qui a gouverné la France depuis 1830 jusqu'en 1848. — La riche abbaye de *Saint-Aignan*, à Orléans, était une de celles dont Hugues Capet était abbé. — Le comté de Senlis, au N. E. de Paris, ayant pour capitale la ville de ce nom, où les rois de la seconde race avaient un palais. — Nommons enfin la ville de Laon, avec son territoire, dernier débris du domaine des Carlovingiens, qui fut réuni par Hugues Capet au nouveau domaine de la couronne, à la réserve des droits de l'évêque-comte de cette ville, qui devint un des six pairs ecclésiastiques du royaume. — Quant aux villes de *Beauvais* et d'*Amiens* et au *Gâtinais,* que l'on met ordinairement au nombre des possessions de Hugues Capet, il est certain qu'ils ne sauraient être rangés parmi les domaines directs du roi, puisqu'ils avaient leurs comtes particuliers ; mais l'abbaye de *Centule* ou de *Saint-Ricquier,*

---

(1) On nommait *commendataire* un individu autre qu'un religieux qui avait reçu un bénéfice ecclésiastique, une abbaye par exemple.

au N. O. d'Amiens, non loin d'*Abbeville,* était encore une de celles dont Hugues Capet était abbé commendataire.

Au moment de la première croisade, le lent travail de la recomposition du domaine royal était commencé, et la couronne avait successivement acquis :

Sous Robert II : — En 996, le comté de Dreux, qui fut encore séparé de la couronne à diverses reprises jusqu'au règne de Louis XV. Le duché de Bourgogne, réuni un instant, en 1002, fut donné, en 1015, par le roi à son fils Henri, puis par Henri I*er* à son frère Robert (n° 64, 3°).

*Sous Henri I*er : — En 1037, le comté de Blois par confiscation ; mais, plusieurs fois détaché et réuni depuis cette époque, il formait encore un apanage en 1789.

En 1055, le comté de Sens, tombé par déshérence ou manque d'héritiers entre les mains du roi, et qui avait déjà été confisqué en 1015 par Robert II pour punir son propriétaire de ses violences.

*Sous Philippe I*er : — En 1069, le comté de Gatinais, comprenant tout le pays entre la Seine aux environs de Moret, et la Loire aux environs de Gien, cédé à Philippe I*er* par son propriétaire Foulques le Réchin, devenu comte d'Anjou. Il avait pour capitale *Château-Landon,* sur une colline au centre du pays, et qui fut postérieurement remplacée par *Montargis.*

En 1082, le comté du Vexin Français, ayant pour capitale *Pontoise,* et séparé par la rivière d'Epte du Vexin normand, après la mort de son dernier comte ; mais la réunion définitive n'eut lieu qu'en 1127.

En 1100, la vicomté de Bourges, achetée du vicomte Eudes Arpin, à son départ pour la croisade.

64. Grands vassaux de la couronne : duchés de Normandie, de Bretagne, de Bourgogne et de Guyenne ; comtés de Flandre, de Champagne, d'Anjou, de Toulouse et de Barcelone. — Nous énumérerons plus loin les fiefs dépendants du duché de France, qui, depuis l'avénement de Hugues Capet, prétendaient, comme vassaux directs du roi, à la même indépendance que les grands vassaux de la couronne. Ceux-ci étaient des princes puissants, ne rendant guère au roi qu'un hommage nominal et entourant de toutes parts ses étroits domaines de leurs riches et vastes seigneuries. Le titre de grands vassaux était spécialement donné aux neuf seigneurs possesseurs des fiefs suivants :

1° Le duché de NORMANDIE, concédé à Rollon (n° 43), chef de ces *Northmans* ou hommes du Nord, qui ravageaient la France depuis un siècle ; il se composait de toute la partie de l'ancienne *Neustrie* qui s'étendait le long des côtes méridionales de la Manche, sur les deux rives de la Seine inférieure, jusqu'à la petite rivière d'*Epte*, sur laquelle se trouvait *Saint-Clair*, où fut conclu le traité entre le roi de France et Rollon (911). Ce vaste duché embrassait ainsi, outre le diocèse de *Rouen*, métropole dont Rollon fit sa capitale, ceux d'*Évreux*, de *Séez*, de *Lisieux*, de *Bayeux*, de *Coutances* et d'*Avranches*, capitales des peuples qui habitaient l'ancienne Lyonnaise seconde. Ce fief, qui devint bientôt un des plus importants de la France, le fut bien plus encore lorsque son duc eut fait (en 1066) la conquête du royaume d'Angleterre.

2° La BRETAGNE, au S. de la Normandie, et dont le traité de Saint-Clair avait aussi abandonné à Rollon la suzeraineté, en l'autorisant à faire la conquête de ce pays, qui n'avait jamais reconnu que fort imparfaitement la souveraineté de la France. La Bretagne fut en effet conquise par le successeur de Rollon ; mais elle recouvra bientôt sa liberté. Dès l'an 992, le comte Geoffroi Ier prit le titre de *duc*, malgré le duc de Normandie, son suzerain ; et ses successeurs avaient recouvré, à l'époque des croisades, une complète indépendance. Ce pays, composé de toute l'ancienne péninsule armoricaine, avait pour villes principales : *Rennes*, *Nantes* et *Vannes*, dont les comtes étaient sans cesse en guerre les uns avec les autres, dans le but de s'assurer la possession de toute la province.

3° Le duché de BOURGOGNE, concédé en toute propriété par Hugues Capet à son frère Henri, qui en était déjà duc bénéficiaire ; rentré, comme on l'a vu (n° 63), dans ce domaine sous Robert (1002), séparé en 1015 (n° 49), il en fut détaché définitivement l'an 1032, en faveur de Robert, frère de Henri Ier, chef de la première maison capétienne de Bourgogne. Ce duché, compris entre la Saône et la Loire, s'étendait presque depuis la source de la première de ces rivières jusqu'aux limites du comté de *Mâcon*, qui en était déjà séparé, et jusqu'à celles du comté de *Nevers*, qui en fut également démembré, vers 987 au plus tard ; mais celui d'*Auxerre* en faisait encore partie sous les premiers Capétiens. — Ce duché avait pour capitale *Dijon*, qui tenait le premier rang dans ces contrées depuis la ruine par les Sarrasins (en 750) d'*Autun*, qui ne s'en est jamais relevée complétement. — La ville de *Langres*, sur une montagne, au N. du duché de Bourgogne, était possédée en partie par son évêque, qui portait aussi le titre de comte, et qui devint, avec l'archevêque de Reims et les évêques-comtes de Laon, de Noyon, de Beauvais et de Châlons, un des six pairs ecclésiastiques du royaume.

4° Le duché de GUYENNE ou duché d'AQUITAINE, au S. E. de la Bretagne. Ce duché, l'un de ceux qui furent formés, en 845, de l'ancien royaume d'Aquitaine, était le plus vaste et le plus important des fiefs de la France, car il comprenait de droit, sinon de fait, la plus grande partie du pays renfermé entre la Loire, l'Océan, la Garonne et le Lot; mais il avait subi, comme le reste de la France, le démembrement féodal, et déjà les comtes d'*Auvergne*, d'*Angoulême*, de *Périgord*, de la *Marche*, et d'autres moins puissants, s'étaient rendus indépendants; le titre de duc de Guyenne était ainsi le titre, plus honorifique que réel, porté par les comtes de *Poitiers*, qui, outre le *Poitou*, possédaient en propre l'*Aunis*, la *Saintonge* et une partie du *Limosin*. Hugues Capet essaya vainement de contraindre le comte-duc Guillaume Fier-à-Bras à lui rendre hommage (n° 48).

Dans la première partie du onzième siècle (1036), ce vaste fief reçut un accroissement considérable par l'adjonction du duché de GASCOGNE, comprenant toute la partie de la France entre la Garonne et les Pyrénées, et qui avait pour capitale la ville d'*Auch*. De ce duché dépendaient les seigneuries suivantes :

La vicomté de LECTOURE et de LOMAGNE, dont *Lectoure* était la capitale, formant la partie N. E. du duché de *Gascogne*, dans lequel se trouvaient également compris les fiefs énumérés ci-après. Les vicomtes de Lectoure avaient été dédommagés de la perte d'une grande partie de leurs possessions, et de la dignité comtale dont ils avaient longtemps joui, par le titre de *vicomtes de Gascogne*, qu'ils portèrent jusqu'au milieu du neuvième siècle.

Le comté de FEZENZAC, au S. du précédent; capitale *Vic-de-Fezenzac*, érigé en comté héréditaire par un duc de Gascogne (en 920), pour former l'apanage de l'un de ses fils.

Le comté d'ARMAGNAC, au S. du Fezenzac, dont il avait été démembré (en 960), pour être le partage d'un fils puîné : il avait pour capitale *Auch*, qui était aussi la capitale de tout le duché, et acquit, postérieurement à l'époque qui nous occupe, une assez grande importance (chap. xxi).

Le comté de COMMINGES, au S. E. des précédents, mais plus étendu qu'eux ; il avait pour capitales : *Comminges*, qui fut rebâtie à la fin du onzième siècle, sous le nom de *Saint-Bertrand*, et *Conserans*, qui eut ses vicomtes particuliers.

Le comté de BIGORRE, à l'O. du précédent, capitale *Tarbes*, située vers le N.

La vicomté de BÉARN, à l'O. en Bigorre, donnée par Louis le Débonnaire au deuxième fils du duc de Gascogne, qu'il avait dépouillé de ses Etats. *Morlaas*, qui avait succédé comme capitale à l'ancienne ville de *Beneharnum*, détruite à une époque inconnue, avait un hôtel des monnaies, où l'on fabriquait non-seulement des espèces de cuivre et d'argent, mais aussi des pièces d'or, comme dans les hôtels du roi.

5° Le comté de FLANDRE, au N. de la France, érigé en 862 par Charles le Chauve en faveur de son gendre Baudouin, auquel il abandonna, outre le territoire de sa ville capitale, nommée dans l'origine *Flandres*, et plus tard *Bruges*, les territoires de *Gand* au S. E., de *Courtrai* au S. O., de *Tournai* plus au S. E., d'*Arras* plus au S. O., et de *Thérouanne* au N. O. — *Calais* est cité comme en étant alors un des ports. — Ces noms suffisent pour indiquer l'étendue du comté de Flandres, auquel celui d'ARTOIS, donné en dot par Charles le Chauve à sa fille Judith lorsqu'elle épousa (en 863) Baudouin, Bras-de-Fer, comte de Flandre, resta uni jusqu'en 1180.

6° Le comté de CHAMPAGNE ou de TROYES, au S. E. de la Flandre, qui appartenait à la famille des puissants comtes de VERMANDOIS (sur la Somme), si célèbres par leurs démêlés avec les derniers Carlovingiens. C'est pour ce motif que les comtes de Champagne prirent rang parmi les pairs du royaume comme successeurs des anciens comtes de Vermandois. Cette seigneurie sous le fameux comte Herbert (n° 44) comprenait, outre les comtés de Troyes ou de Champagne et de Vermandois, celui d'Amiens avec les villes de Péronne et de Ham et une partie de ceux de Reims, de Noyon et de Châlons-sur-Marne, dont la souveraineté était partagée entre le comte et les archevêques et évêques de ces villes. Elle s'accrut au onzième siècle des comtés de CHARTRES, de TOURS, de BEAUVAIS, de MEAUX et de PROVINS, petites et belles provinces dont les abondants revenus firent donner à leur souverain, Eudes II (n° 49), le nom de comte *très-riche*. Ces vastes domaines, divisés après la mort du comte Eudes, devaient être réunis de nouveau en 1125.

7° Le comté d'Anjou, originairement divisé en deux comtés, l'un en deçà de la Maine, et l'autre au delà de cette rivière. Le comté d'*Outre-Maine* était nommé aussi *Marche Angevine*, parce qu'il formait la frontière de la France du côté de la Bretagne. Donné par Charles le Chauve au vaillant Robert le Fort, avec la charge de défendre cette frontière, il fut réuni, en 888, au comté d'en deçà de la Maine, et était possédé, à l'avénement de Hugues Capet, par Foulques III ou Nerra, le prince le plus belliqueux de son temps, et l'un des plus puissants vassaux du royaume (n° 49). Aussi, quoique son comté, dont relevaient les seigneuries de *Vendôme*, de *Laval*, d'*Amboise*, etc., se trouvât compris dans la mouvance du duché de France, il n'en était pas moins de fait complétement indépendant.

Le comté du Maine, sans cesse en lutte avec celui d'Anjou, devait se réunir à lui au commencement du douzième siècle.

8° Le comté de Toulouse, au S. E. du duché de Guyenne. Ce grand fief, qui avait pour capitale la belle ville dont il portait le nom, et dont les seigneurs étaient héréditaires dès la première partie du neuvième siècle, était aussi un des plus puissants de la France. Outre le comté de Quercy, capitale *Cahors*, qui, après avoir eu, pendant près d'un siècle, des comtes héréditaires, était réuni, depuis 960, au comté de Toulouse, le souverain de ce dernier possédait encore le comté d'Albigeois, capitale *Alby*, la moitié de celui de *Nîmes*, appelé aussi comté de *Saint-Gilles*, et la suzeraineté du puissant comté d'Auvergne (capitale *Clermont*), de *Béziers*, de *Foix*. Enfin il avait acquis sous le titre de *marquisat de Provence* le pays compris entre l'Isère et la Durance. Ce vaste et puissant fief était l'une des contrées les plus riches et les plus civilisées de la France.

9° Le comté de Barcelone, entre l'Aude et l'Èbre, composait avec les deux comtés de Cerdagne dans les Pyrénées, et d'Urgel, qui s'y rattachaient, l'ancienne *Marche d'Espagne*, qui était réunie à la France depuis la conquête de Charlemagne ; c'est sans doute pour cette raison que son souverain se qualifiait *duc de la Gothique*. Le comte de Barcelone exerçait sa suzeraineté sur le comté ou marquisat de Carcassonne et sur le comté de Roussillon, capitale *Perpignan*, dont dépendaient les comtés d'*Ampurias* et de *Pierrelatte*.

65. Vassaux inférieurs. — Parmi les domaines des vassaux d'un ordre secondaire, nous nommerons en première ligne ceux qui relevaient directement des duché de France et comté de Paris, et auxquels leur voisinage de la capitale donnait une importance particulière.

I. La baronnie de Montmorency, au N. de Paris, qui existait depuis le milieu du dixième siècle, mais ne devint héréditaire qu'après l'avènement de Hugues Capet (vers 996).

Le comté de Dammartin, plus au N. E., autre petite seigneurie, qui existait aussi, à ce qu'il paraît, dès le milieu du dixième siècle, et qui devait également son nom à un château qui dominait la contrée d'alentour.

La baronnie ou sirerie de Coucy, au S. O. de Laon, avec un château fort, dont les ruines gigantesques offrent un des plus solides et des plus étonnants monuments de la féodalité.

Le comté de Meulant ou Meulan, au N. O. de Paris, sur les deux rives de la Seine, et comprenant ainsi, sur la rive gauche de ce fleuve, une partie du *Pincerais*, pays qui avait *Poissy* pour capitale, et, sur l'autre rive, une partie du *Vexin*, qui fut réunie à la première dans la seconde moitié du dixième siècle.

La baronnie de Montfort l'Amaury, au S. du comté de Meulant.

Le comté de Corbeil, à l'E., sur les deux rives de la Seine, et de Melun, situé aussi sur la Seine, mais plus au S. E.

II. Dans le reste de la France, on remarque, parmi les fiefs secondaires créés sous la seconde race :

Le comté de Valois, voisin du comté de *Senlis*, appartenant au roi (n° 63). Il devait son nom à *Vadum* (Vez), sa première capitale, qui fut remplacée plus tard par *Crespy*, au N. E. de Paris.

Le comté de Soissons, dont l'érection était récente.

Le comté de Réthel, sur la limite N. E. du royaume.

Le comté de Roucy, au S. O. de celui de Réthel et au N. de Reims, qui formait l'une des sept pairies de Champagne.

Le comté de Sens, plus au S., où fut bâti le château de *Joigny*, qui a donné naissance à la ville de ce nom. — Les comtes de Sens partageaient la souveraineté de la ville avec ses archevêques.

Le comté de Tonnerre, ville située sur l'Armançon, affluent de l'Yonne, au S. E. de Sens.

Le comté de Bar-sur-Seine, plus au N. E., composé

d'un territoire peu étendu autour de la ville dont il portait le nom.

Le duché de BAR ou de BARROIS, plus au N. E., sur la limite de la Champagne et de la Lorraine : aussi la suzeraineté de ce duché fut-elle le sujet de fréquentes contestations entre les rois de France et les empereurs d'Allemagne. La ville qui lui donnait son nom doit elle-même celui de *Bar-le-Duc* à son premier duc, Frédéric Ier, qui la fit rebâtir et fortifier (en 964), pour s'opposer aux incursions des Champenois dans la Lorraine, dont il était aussi propriétaire.

Le comté de DIJON et d'AUXOIS, pays à l'O. de Dijon, qui tirait son nom de l'ancienne ville d'*Alesia*.

Le comté de CHALONS ou CHALON, au S. du précédent, sur les bords de la Saône, et réuni à celui de BEAUNE.

Le comté de MACON, au S. du précédent, et qui était devenu héréditaire vers l'an 720.

Le comté de SEMUROIS, plus à l'O., démembré comme les précédents du duché de Bourgogne, et ayant pour chef-lieu *Semur en Brionais*, sur une hauteur près de la Loire.

Le comté de NEVERS, sur les bords de la Loire.

La sirerie ou baronnie de BOURBON, au S. du comté de Nevers, sur les rives de l'Allier. Elle était possédée, à titre héréditaire, depuis le commencement du neuvième siècle, par des seigneurs qui portaient, à l'époque de l'avénement de Hugues Capet, le nom d'*Archambaud*, que prit aussi le château de *Bourbon-l'Archambaud*, qui leur servait de résidence.

La vicomté de BOURGES, au N. O. de la sirerie de Bourbon, avec laquelle elle formait l'ancien comté de BERRY, qui avait été réuni à la couronne en 927 et dont elles étaient l'une et l'autre des arrière-fiefs. Devenus alors des vassaux immédiats, le sire de Bourbon et le vicomte de Bourges tinrent, par l'étendue de leurs possessions, un rang distingué parmi les grands feudataires.

Le comté de la HAUTE-MARCHE, au S. du Berry, et ayant alors pour capitale *le Dorat*, où Aldebert Ier, qui était tout à la fois comte de la Haute-Marche et du *Périgord*, fit bâtir un château qu'il choisit pour sa résidence ordinaire. C'est ce comte qui refusa d'obéir à l'ordre que lui envoya Hugues Capet de cesser ses entreprises sur les terres des comtes de Poitiers et de Tours, et qui osa répondre : *Qui t'a fait roi ?* au fondateur de la dynastie nouvelle qui lui demandait : *Qui t'a fait comte* (voir n° 48) ?

Le comté de la BASSE-MARCHE, à l'O. du précédent.

La vicomté de LIMOGES, au S. de la Marche.

La vicomté de TURENNE, comprenant toute la partie méridionnale du Limosin, où se trouvent situés le château et la ville dont elle portait le nom.

Le comté d'ANGOULÊME, à l'O. du Limosin.

Le comté de PÉRIGORD, au S. du précédent, et dont le seigneur possédait aussi le comté de la Haute-Marche. *Périgueux* était la capitale de ce vaste et puissant comté.

Le comté de ROUERGUE, au S. de l'Auvergne; capitale *Rodez*. Devenu héréditaire en 820, il avait été réuni au comté de Toulouse en 852; mais il en était de nouveau séparé depuis l'an 918, et par suite d'un partage fait en 955 avec le comte de Toulouse, celui de Rouergue eut dans son lot tout le marquisat de *Septimanie* et la moitié du comté de *Nîmes* (voir n° 64, 8°).

Le comté de SUBSTANTION et de MELGUEIL, sur la côte de la Méditerranée. Les deux villes qui lui donnaient leurs noms étaient situées l'une au N., et l'autre au S. O. de *Montpellier*, qui s'est élevée à leurs dépens, mais qui n'était encore, à l'époque qui nous occupe, qu'un petit fief cédé à un pauvre gentilhomme par l'évêque de *Maguelonne*, autre petite ville située plus au S. E., et qui avait eu elle-même pendant quelque temps ses comtes particuliers.

La vicomté de NARBONNE, au S. O. du comté de Melgueil; ses vicomtes partageaient avec les archevêques la propriété des domaines qui formaient cette seigneurie, dont l'étendue était peu considérable.

III. Terminons par l'indication des principaux fiefs dont la création récente était postérieure à l'avénement de la troisième race.

Le comté de HESDIN, dont le possesseur, l'un des douze pairs de France, devint héréditaire vers la fin du onzième siècle.

Le comté de SAINT-POL, à l'E. du précédent et relevant comme lui du comté de Flandre. Il devint héréditaire dans la seconde moitié du onzième siècle.

Le comté de CLERMONT *en Beauvaisis*, au N. de Paris, dont les comtes sont devenus héréditaires avant la fin du onzième siècle.

Le comté d'EU, beaucoup plus au N. O., à l'embouchure de la Bresle dans la Manche, créé en 996.

Le comté, puis duché d'AUMALE, un peu plus au S. E.,

simple seigneurie érigée en comté par le duc de Normandie, Guillaume le Conquérant, à la fin du onzième siècle.

Le comté d'Évreux (430), aussi en Normandie, mais au S. de la Seine, créé en 989.

Le comté de Laval, beaucoup plus au S. O., dans le Bas-Maine.

Le comté, puis duché de Penthièvre, comprenant presque tout le N. de la Bretagne, avec *Guingamp*, *Lamballe* et *Moncontour* pour villes principales. Il dut son origine à un partage fait (en 1008) entre les deux fils de Geoffroy, comte de Rennes, qui avait lui-même pris le premier (en 992) le titre de *duc de Bretagne*.

La sirerie de Beaugency beaucoup plus au S. E., sur la Loire, au S. O. d'Orléans.

La vicomté, devenue comté, et enfin duché d'Étampes, plus au N. E., dans la Beauce.

La sirerie, puis principauté de Joinville dans la Champagne, sur les bords de la Marne.

La sirerie de Montlhéry, au S. de Paris, sur la route de cette ville à Orléans, que domine encore la haute tour, reste de l'imprenable château féodal, d'où les sires de Montlhéry, héréditaires dès le commencement du onzième siècle, s'élançaient pour piller les marchands et les voyageurs, et bravaient la puissance des rois de France (n° 74).

66. Fiefs de l'Église. — Nous avons dit que les évêques et archevêques avaient pris rang dans la hiérarchie féodale. Les domaines ecclésiastiques étaient, comme les autres, compris au nombre des fiefs dont ils partageaient les droits et les obligations. Leurs possesseurs évêques ou abbés se trouvaient ainsi soit suzerains, soit vassaux des seigneurs laïques ou ecclésiastiques eux-mêmes, suivant la situation des domaines. On a vu que la possession d'une seigneurie était parfois partagée entre un baron laïque et un évêque, comme celles de Reims, de Sens, de Noyon, de Châlons-sur-Marne, de Nantes, de Béziers, de Narbonne, etc. Un grand nombre d'évêques étaient les seuls seigneurs de leur ville épiscopale, tels que ceux d'Amiens, d'Arras, de Laon, d'Autun, de Lizieux, de Rodez, d'Agde, etc. L'archevêque de Reims, l'un des plus grands feudataires ecclésiastiques, étendait sa suzeraineté sur les seigneuries de Réthel, de Coucy, de Sédan. L'évêque de Langres, seigneur de tout son diocèse, était suzerain des seigneurs de Bar-sur-Seine et de Dijon; celui de Rouen, du comté d'Aumale; ceux d'Auxerre, d'Orléans, d'Angers, etc...., d'un grand nombre de petits fiefs voisins. Les évêques-comtes de Langres, de Laon, de Noyon, de Beauvais, de Châlons et l'archevêque de Reims eurent le titre de *pairs ecclésiastiques* du royaume (n° 94). Les monastères, dont les domaines étaient formés le plus souvent de quelque ancienne seigneurie donnée à l'Église par ses possesseurs, et dont les abbés étaient quelquefois des laïques, étaient fréquemment, comme les évêchés, des fiefs plus ou moins considérables dont les abbés occupaient parfois une place fort élevée parmi les barons du royaume.

Les domaines de la fameuse abbaye de *Marmoutiers*, près de Tours, fondée par saint Martin, et dont le supérieur était appelé l'*abbé des abbés*, renfermaient, dit-on, vingt mille serfs. De la grande abbaye du *Bec*, en Normandie, dépendaient deux baronnies. Les abbés de Saint-Germain et de Saint-Victor, à Paris, étaient suzerains chacun d'un quartier de la capitale, qui leur payait des redevances féodales. L'abbaye de Saint-Denis, dont Hugues Capet était le titulaire, avait le Vexin français dans sa mouvance (n° 53). L'abbaye de Saint-Riquier, qui avait également appartenu à Hugues Capet, et celle de Saint-Valéry, deux des plus puissantes, possédaient plusieurs villes et domaines sur les bords de la Somme.

On a vu que cette confusion du temporel et du spirituel, en mêlant aux seigneurs laïques les abbés et les évêques, en les appelant même parfois jusque sur les champs de bataille, par suite des obligations féodales, avait exercé sur la discipline ecclésiastique une fâcheuse influence (n° 41).

QUESTIONNAIRE. — 63. Comparez les limites du domaine royal proprement dit à celles du royaume de France sous Hugues Capet. — Quelles acquisitions firent ses successeurs jusqu'aux croisades? — 64. Énumérez les grands fiefs du royaume; citez leurs principales villes et leurs dépendances. — 65. Faites connaître parmi les fiefs secondaires ceux qui appartenaient à l'ancien duché de France. — Nommez les principaux de ceux qui existaient sous la deuxième race et de ceux qui furent fondés au commencement de la troisième. — 66. Quel rang tenait le clergé dans le système féodal? — Qu'avez-vous à dire spécialement de la situation de certains évêques et abbés?

CHAPITRE ONZIÈME.

LA PREMIÈRE CROISADE.

SOMMAIRE.

§ 1ᵉʳ. 67. Les Turcs persécutent les chrétiens d'Orient et les pèlerins qui vont à Jérusalem. Pierre l'Ermite, revenant de Palestine, parcourt l'Europe et vient prêcher la croisade au concile de Clermont avec le pape Urbain II (1095). Une foule immense prend la croix, et les premiers croisés sans discipline, vont, à la suite de Pierre l'Ermite se faire massacrer en Asie-Mineure.

68. Une armée régulière se met ensuite en marche sous les ordres de Godefroy de Bouillon, Raymond de Toulouse, Robert de Normandie, Bohémond, Tancrède, etc. Les croisés réunis à Constantinople passent en Asie au nombre de six cent mille; ils s'emparent de Nicée et battent les Turcs à Dorylée. Beaudoin fonde à Édesse une principauté, et Bohémond en fonde une autre à Antioche. Jérusalem est emportée d'assaut (25 juin 1099).

69. Godefroy est élu roi de Jérusalem. Sa victoire à Ascalon et les exploits de Tancrède assurent la conquête; il donne des lois à ce royaume et les *Assises de Jérusalem* introduisent en Asie le régime féodal. Godefroy est remplacé par son frère Baudoin (1100). Le royaume français de Jérusalem dure jusqu'en 1187. La France prendra une part active aux deuxième, troisième et quatrième croisades, et fera seule les septième et huitième.

70. Parmi les résultats des croisades on remarque que : ébranlant la féodalité, elles favorisèrent l'affranchissement des serfs, l'émancipation des communes, l'extension du pouvoir royal et le rapprochement des nations. La prospérité des villes maritimes d'Italie fut développée et l'impulsion donnée au reste de l'Europe. L'agriculture et la médecine s'enrichirent de nouveaux produits. Des industries nouvelles furent introduites, telles que celles des armes, des soieries, etc. La littérature et les arts y gagnèrent de notables progrès et l'influence de la religion devint considérable.

§ II. 71. La chevalerie se développe à l'époque des croisades. Les chevaliers Hospitaliers ou de Saint-Jean de Jérusalem, établis dès auparavant, sont alors entièrement constitués (1099). L'ordre célèbre des Templiers est fondé en 1118 ; puis plus tard l'ordre des chevaliers Teutoniques s'établit (1190). Les armoiries, d'abord signe distinctif du chevalier, deviennent plus tard un insigne nobiliaire; de cette époque datent le blason et les noms de famille.

72. Le château féodal fut le berceau et l'école de la chevalerie. Les seigneurs féodaux eurent une cour avec des charges domestiques; ils donnèrent à leurs suivants l'investiture des armes.

La religion s'empara de la chevalerie pour la défense des faibles.

73. La chevalerie fut réservée presque exclusivement à la noblesse. Ceux qui y aspiraient remplissaient successivement les fonctions de page, damoiseau, écuyer. Des cérémonies religieuses précédaient, accompagnaient et suivaient la réception. Les chevaliers, divisés en bannerets et bacheliers, formaient une classe distincte dans la noblesse, avec des privilèges divers. La chevalerie eut une influence morale et civilisatrice; elle développa le sentiment de l'honneur et fit naître le respect de la femme. L'époque des croisades fut la période la plus brillante de la chevalerie. Pendant la paix, les chevaliers se livraient à de magnifiques exercices militaires; tels étaient les tournois ou combats à armes courtoises en présence des dames. L'invention de la poudre, les armées régulières et la suppression des tournois amenèrent la décadence de la chevalerie, mais son influence lui a survécu, en France surtout.

§ 1er. LA PREMIÈRE CROISADE.

67. PIERRE L'ERMITE. — CONCILE DE CLERMONT. — Depuis que la Judée était tombée avec la Syrie au pouvoir des musulmans, les fidèles étaient soumis en Orient à des vexations continuelles, souvent à des persécutions odieuses. Traités comme des esclaves, les chrétiens portaient une ceinture de cuir en signe de leur servitude; plus d'une fois, les cérémonies du culte leur furent interdites, et les églises se changèrent en étables. En vain quelques moines (1048) réunis dans un couvent près de l'église du Saint-Sépulcre, offraient leurs pieux secours aux chrétiens d'Occident : le zèle des *Frères hospitaliers de Saint-Jean de Jérusalem* était impuissant contre la haine des infidèles.

Les pèlerins qui osaient affronter la persécution revenaient dépouillés par les Sarrasins et pleurant les malheurs de la ville sainte, auxquels mit le comble la conquête de Jérusalem par les Turcs Seldjoucides. Déjà le pape Grégoire VII (n° 59) avait appelé les fidèles à la délivrance des saints lieux; mais sa voix se perdit au milieu des querelles de l'Occident. Cependant, la tyrannie des Turcs devenait de jour en jour plus intolérable : les chrétiens de Jérusalem étaient jetés dans des cachots avec leurs prêtres et leurs évêques; un grand nombre de pèlerins étaient mis à mort avant d'arriver à Jérusalem.

Enfin, sous le pontificat d'*Urbain II*, l'an 1087, un pauvre ermite, nommé *Pierre*, quitta la ville d'Amiens, où il vivait avec la plus grande austérité, et entreprit le voyage de Palestine. Tandis qu'il était prosterné au pied du sépulcre de Jésus-Christ, il crut entendre une voix qui lui disait :

« *Pierre, lève-toi ; va annoncer à mon peuple la fin de son oppression et de ses malheurs. Que mes serviteurs viennent de toutes parts, et que la Terre-Sainte soit délivrée.* » Animé par cette vision, Pierre revient en Occident, racontant avec une douleur profonde qu'il a vu les lieux saints profanés, et les chrétiens victimes de la fureur des infidèles. Il parcourt l'Europe, nu-tête et nu-pieds, un crucifix à la main, redisant en tous lieux les souffrances de ses frères. Sa parole pénétrante, ses récits touchants, ses traits amaigris, ses austérités et ses larmes, excitent partout une émotion profonde. Chacun veut expier ses péchés en entreprenant à son tour le pieux pèlerinage, et en combattant pour la délivrance des lieux saints. Pierre rencontre des brigands et leur dit : « *Esclaves du démon, devenez les soldats de Jésus-Christ !* » A sa voix, ils quittent les bois et les cavernes pour se préparer à suivre l'homme de Dieu.

En ce même temps, l'empereur d'Orient, Alexis Comnène, pressé par les musulmans, adressait au souverain pontife les prières les plus ardentes pour obtenir les secours des chrétiens d'Occident.

Le pape *Urbain II* convoque aussitôt un concile à *Clermont* (1095). Tous les seigneurs qui, dans ces temps de désordre, étaient sans cesse en guerre les uns contre les autres, suspendent leurs querelles pour ne songer qu'à la sainte entreprise. Une foule immense se réunit à Clermont ; on y compte quatre cents évêques et abbés mitrés, et l'assemblée est si nombreuse, qu'aucun édifice ne peut la contenir : on se tient en plein air, malgré la rigueur du mois de novembre dans les montagnes de l'Auvergne. Pierre, revêtu de son costume de pèlerin, paraît à côté du souverain pontife, et adresse aux assistants un discours mêlé de sanglots. Urbain prend ensuite la parole et exhorte, dans les termes les plus émouvants, tous les fidèles à marcher à la délivrance des lieux saints : « *Dieu comblera de ses grâces tous ceux qui s'enrôleront sous sa bannière*, s'écrie en terminant le pontife ; *ceux qui mourront entreront dans les demeures célestes ; ceux qui survivront auront le bonheur de voir les lieux où le Sauveur a parlé le langage des hommes. Bénis soient tous ceux qui affronteront ces nobles fatigues ! ils en recueilleront sur la terre et au ciel une magnifique récompense.* »

Tous les assistants, transportés d'enthousiasme, s'écrient d'une seule voix : « *Dieu le veut ! Dieu le veut !* » Ils se jettent à genoux, tandis qu'un cardinal prononce, au nom de tous, un acte de contrition, et la foule prosternée reçoit l'absolution du souverain pontife. L'évêque du Puy, Adhémar de Monteil, demande le premier au pape une croix qu'il attache sur ses vêtements ; tous les fidèles suivent son exemple, et prennent à l'envi ce signe sacré, d'où leur vint le nom de *Croisés*.

Le concile renouvela la *trêve de Dieu,* afin que l'on ne songeât plus qu'à la guerre sainte ; il déclara que ceux qui par un motif de dévotion, et non pour acquérir de l'argent ou de l'honneur, partiraient pour Jérusalem, seraient dispensés, par ce voyage, de toute autre pénitence ; il décréta que les biens des croisés seraient mis sous la protection de l'Église, et que leurs dettes seraient suspendues, pendant tout le temps de leur séjour en Terre-Sainte.

Le départ fut fixé à la fête de l'Assomption de l'année suivante. Il s'opéra alors dans tout l'Occident un mouvement prodigieux, et l'Europe présenta le spectacle le plus extraordinaire. On n'entendit plus parler de guerres, de vols, ni de brigandages ; les grands et les vassaux, les guerriers et les commerçants, ne s'occupèrent plus que des préparatifs du voyage. Plusieurs princes vendirent ou engagèrent leurs terres et leurs châteaux pour faire les frais de l'expédition. Le peuple, qui gémissait presque partout dans une dure oppression, se disposait avec transport à quitter ses misérables demeures.

« Dès que le printemps parut, rien ne put contenir l'impatience des croisés ; ils se mirent en marche pour se rendre dans les lieux où ils devaient se rassembler. Le plus grand nombre allaient à pied ; quelques cavaliers paraissaient au milieu de la multitude ; plusieurs voyageaient sur des chariots ; d'autres côtoyaient la mer, descendaient les fleuves dans des barques. Ils étaient vêtus diversement, armés de lances, d'épées, de javelots, de massues de fer, etc., offrant un mélange bizarre et confus de toutes les conditions et de tous les rangs. Près des villes, près des forteresses, dans les plaines, sur les montagnes, s'élevaient des tentes et des pavillons ; partout se déployait un appareil de guerre et de fête. Ici, on entendait le bruit des armes et le son des trompettes ; plus loin, on chantait des psaumes et des cantiques. De toutes parts se faisait entendre le cri de guerre des croisés : « *Dieu le veut ! Dieu le veut !* »

» Les pères conduisaient eux-mêmes leurs enfants, et leur

faisaient jurer de vaincre ou de mourir pour Jésus-Christ. Les guerriers s'arrachaient des bras de leurs épouses et de leurs familles, et promettaient de revenir victorieux. Les femmes, les vieillards, dont la faiblesse restait sans appui, accompagnaient leurs fils ou leurs époux dans la ville la plus voisine, et, ne pouvant se séparer des objets de leur affection, prenaient le parti de les suivre jusqu'à Jérusalem. Ceux qui restaient en Europe enviaient le sort des croisés, et ne pouvaient retenir leurs larmes; ceux qui allaient chercher la mort en Asie étaient pleins d'espérance et de joie. Des familles, des villages entiers partaient pour la Palestine, et entraînaient dans leur marche tous ceux qu'ils rencontraient sur leur passage. Ils marchaient sans prévoyance, et ne pouvaient croire que celui qui nourrit les petits des oiseaux laissât périr de misère des pèlerins revêtus de sa croix. Dans leur ignorance, ils croyaient sans cesse toucher au terme de leur voyage. Les enfants des villageois, lorsqu'une ville ou un château se présentaient à leurs yeux, demandaient *si c'était là Jérusalem.* » (MICHAUD.)

La foule des chrétiens qui avaient pris la croix dans la plupart des contrées de l'Europe aurait suffi pour former plusieurs grandes armées. Mais tandis que les princes et les capitaines s'occupaient à organiser leurs troupes et à faire des préparatifs de tout genre pour une expédition si lointaine, une multitude impatiente, regardant Pierre l'Ermite comme un envoyé du ciel, l'avait choisi pour son général.

Cédant aux instances et aux prières, Pierre s'était mis à la tête d'une troupe immense, couvert d'un manteau de moine, un capuchon sur la tête, des sandales aux pieds, et n'ayant pour monture que la mule avec laquelle il avait parcouru l'Europe. Un grand nombre de pèlerins vinrent de toutes parts se joindre à lui, et il se vit bientôt suivi d'environ cent mille hommes. Dans toute cette foule, il n'y avait que quelques soldats bien armés et huit cavaliers qui marchaient à l'avant-garde, sous les ordres d'un pauvre gentilhomme nommé *Gauthier Sans-avoir*, lieutenant de Pierre l'Ermite. Tout le reste marchait au hasard, demandant l'aumône dans les villes et les villages que l'on traversait. La charité des fidèles leur fournit ce qui leur était nécessaire, jusqu'à ce qu'ils atteignissent les dernières limites de l'Allemagne. Mais là, ils rencontrèrent les Hongrois et les Bulgares. Ces peuples encore sauvages et barbares, quoique convertis, tout récemment il est vrai, au christianisme, refusèrent de leur fournir des vivres et des secours d'aucune espèce. Les croisés, réduits à une horrible disette, se répandirent dans les campagnes pour enlever des aliments de vive force. Des luttes terribles s'engagèrent avec les habitants irrités, et bientôt les malheureux compagnons de Gauthier et de Pierre furent massacrés par milliers.

Ceux qui parvinrent à s'échapper arrivèrent à Constantinople dans un état de misère et de délabrement déplorables, et presque tous furent égorgés par les Turks en Asie-Mineure, où Alexis s'était empressé de les faire transporter pour en débarrasser ses Etats. Leurs ossements couvraient au loin la plaine lorsque passa l'armée de Godefroy de Bouillon.

Plusieurs autres bandes, encore plus indisciplinées, éprouvèrent à peu près le même sort, après avoir porté la désolation dans les pays qu'elles avaient traversés.

68. Godefroy de Bouillon. — Conquête de Jérusalem. — Ces premiers revers ne découragèrent pas les fidèles. Bientôt une armée nombreuse et régulière se mit en marche (1096). *Godefroy de Bouillon* (1), duc de Basse-Lorraine, avec ses frères *Beaudoin* et *Eustache,* menaient quatre-vingt mille Allemands et Français du Nord ; le riche et puissant *Raymond de Saint-Gilles,* comte de Toulouse, conduisait les Français du Midi ; *Robert Courte-Heuse,* duc de Normandie, fils de Guillaume le Conquérant, *Bohémond de Tarente,* fils de Robert Guiscard, accompagné de son neveu, le célèbre paladin *Tancrède,* commandaient les Normands ; puis venaient *Hugues de Vermandois,* frère de Philippe Ier ; *Estienne de Blois,* gendre du roi d'Angleterre ; *Robert,* comte de Flandre ; puis une foule d'autres seigneurs accompagnés de leurs hommes d'armes. L'évêque du Puy, *Adhémar de Monteil,* légat du pape, représentait dans cette sainte expédition la puissance pontificale. Aucun roi ne parut à la tête de ce mouvement de l'Europe. La puissance était tout entière aux mains de l'aristocratie féodale.

Le rendez-vous était à Constantinople, les croisés s'y rendirent par différentes routes : Raymond de Toulouse descendit la vallée du Danube, Godefroy traversa l'Allemagne et la Hongrie ; le reste des Français et les Normands s'embarquèrent à Brindes avec Bohémond. L'empereur Alexis, qui

---

(1) Godefroy de Bouillon avait engagé son duché à l'évêque de Liége pour sept mille marcs d'argent.

avait appelé les secours de l'Occident, trembla lorsqu'il vit quels terribles auxiliaires il avait appelés; aussi essaya-t-il de toutes les ruses pour détruire les corps d'armée qui arrivaient séparément; ces inutiles perfidies soulevèrent contre lui la colère des croisés, et peu s'en fallut qu'ils ne s'emparassent de Constantinople, détruisant ces *Grecs les traîtres et pervers*. Bohémond, entre autres, inspira une telle frayeur aux Grecs, que l'empereur le combla de présents et de caresses (1). Ayant réussi à se faire rendre par Godefroy hommage de toutes les terres que les croisés allaient conquérir, Alexis se hâta de leur fournir des vaisseaux pour passer le Bosphore. Six cent mille hommes passèrent en Asie, où ils retrouvèrent Pierre l'Ermite échappé au désastre des siens.

Le sultan turk *Kilidge Arslan* régnait sur la partie de l'Asie-Mineure appelée alors pays de *Roum*; il avait fortifié Nicée par de larges fossés remplis d'eau et de doubles murs défendus par trois cent soixante-dix tours. La prise de cette ville fut le premier exploit des chrétiens: mais au moment où ils allaient entrer dans la ville, elle fut livrée par trahison à l'empereur Alexis, qui, craignant la puissance des croisés presque autant que celle des Turks, continuait à employer les plus odieux moyens pour perdre ceux qui étaient venus à son secours. Aussi ce fut à travers mille obstacles et mille dangers, fruits de l'alliance d'Alexis, que les chrétiens parvinrent à joindre l'armée du sultan de Roum, près de *Dorylée* (1097). L'armée des croisés marchait en deux corps: le premier, surpris par une attaque imprévue, est ébranlé

---

(1) Anne Comnène, fille de l'empereur Alexis, nous a laissé de lui le portrait suivant : Bohémond passait les plus grands d'une coudée, il était mince de la taille, large des épaules et de la poitrine; il n'était ni maigre ni gras. Il avait les bras vigoureux, les mains charnues et un peu grandes. En y faisant attention, on s'apercevait qu'il était tant soit peu courbé. Il avait la peau très-blanche et ses cheveux tiraient sur le blond, ils ne passaient pas les oreilles au lieu de flotter comme ceux des autres barbares. Je ne puis dire de quelle couleur était sa barbe; ses joues et son menton étaient rasés; je crois pourtant qu'elle était rousse. Son œil, d'un bleu tirant sur le vert de mer, laissait entrevoir sa bravoure et sa violence. Ses larges narines aspiraient l'air librement au gré du cœur ardent qui battait dans cette vaste poitrine. Il y avait de l'agrément dans cette figure, mais l'agrément était détruit par la terreur. Cette taille, ce regard, il y avait en tout cela quelque chose qui n'était point aimable et qui même ne semblait pas de l'homme. Son sourire me paraissait plutôt comme un frémissement de menace. Il n'était qu'artifice et ruse; son langage était précis, ses réponses ne donnaient aucune prise. » (Michelet.)

un instant; mais au moment où le Normand Robert ranimant le courage des siens, les ramène au combat, le second corps d'armée conduit par Godefroy apparaît, et à cette vue, le sultan ordonne la retraite. Les croisés se remettent alors en bataille, et au cri de *Dieu le veut!* répété par les montagnes voisines, ils s'élancent sur les Turks, qui, immobiles d'étonnement et dépourvus de leurs flèches dépensées dans le premier combat, sont enfoncés de toutes parts. Leur camp est pris, et les chevaliers poursuivent le sultan jusqu'au soir.

Des ennemis plus terribles décimaient les chrétiens, c'étaient la faim, la soif, la fatigue, dans un pays dévasté par les Turks, où les chevaux mouraient par centaines, ce qui forçait alors les lourds chevaliers bardés de fer de marcher à pied sous un soleil brûlant. Arrivé à Tarse en Pisidie, Beaudoin, poussé par les conseils d'un prince arménien, s'avance jusqu'à Edesse; le souverain de cette puissante cité l'adopte pour son fils, et le frère de Godefroy, vainqueur des Turks, s'empare des rives de l'Euphrate, d'une partie de la Mésopotamie, et fonde en Orient la première principauté chrétienne. — En même temps, les croisés, maîtres de la ville de Tarse, emportée d'assaut par Tancrède et Bohémond, franchissent le mont Taurus, et vont mettre le siége devant Antioche (1098). Déjà ils étaient réduits à cent mille combattants; sous les murs de la capitale de la Syrie, la peste, la famine, leurs propres dissensions les décimèrent de nouveau. Enfin, un renégat, se repentant de son apostasie, ouvrit à Bohémond les portes de la ville. Mais à peine en avaient-ils pris possession, qu'une immense armée musulmane vient les assiéger dans leur conquête. *Kerboga*, suivi des sultans d'Alep et de Damas et d'une foule de chefs persans et syriens, s'avance avec trois cent mille hommes. Les croisés sont repoussés dans un premier combat; ils sont enfermés dans la ville, et bientôt le découragement se met parmi eux: les uns se sauvent de la ville par des échelles, et sont flétris du nom de *sauteurs de corde;* d'autres s'abandonnent à la mollesse dans de somptueuses demeures, et Bohémond, à qui la ville appartenait, ne trouvait d'autre moyen pour les faire sortir que de mettre le feu aux maisons. Le sultan attendait tranquillement que la faim lui livrât *ces mendiants*, comme il nommait les croisés, lorsqu'un prêtre, Barthélemy, raconta que l'apôtre saint André lui était apparu et lui avait révélé que la lance qui avait percé le flanc du Sauveur était enterrée dans l'église de Saint-Pierre; on chercha, et l'on trouva le fer. Aussitôt le courage revient à tous; les chrétiens sortent de la ville, chargent avec fureur les musulmans, qui ne peuvent leur résister, et Kerboga, qui un instant auparavant jouait aux échecs en riant de la témérité de ses adversaires, s'enfuit laissant cent mille hommes sur le champ de bataille et abandonnant avec toutes ses richesses son camp, où les croisés retrouvèrent l'abondance. Après cette victoire on se remit en marche. Antioche fut laissée à Bohémond, dont la domination s'étendit rapidement sur les contrées voisines. L'armée suivit le bord de la mer, où elle recevait des vivres apportés par les vaisseaux des Génois et des Pisans. Quoique diminués par les combats, par la fatigue et la maladie, par l'absence de ceux qui avaient fui ou qui étaient restés à Antioche, les croisés sentaient cependant se ranimer leur enthousiasme en approchant de la cité sainte.

Enfin, le 10 juin 1099, au lever du soleil, les croisés atteignent les hauteurs d'Emmaüs, et tout à coup la ville apparaît à leurs regards. « Les premiers qui l'aperçoivent répètent ensemble : *Jérusalem! Jérusalem!* Ceux qui marchaient aux derniers rangs accourent pour voir cette ville objet de tant de vœux. Le cri *Dieu le veut! Dieu le veut!* est répété par toute l'armée et retentit sur la montagne de Sion et sur celle des Oliviers qui s'offre à la vue des croisés. Les cavaliers descendent de cheval et marchent pieds nus. Les uns se jettent à genoux à la porte des saints lieux ; les autres baisent avec respect la terre honorée par la présence du Sauveur. Tous renouvellent le serment de délivrer la ville sainte du joug sacrilège des musulmans. »

Le siége commença aussitôt; mais un premier assaut donné sans machines fut repoussé. On s'occupa alors à construire des tours roulantes qui égalaient la hauteur des murs. Puis, après trois jours de jeûne rigoureux, les croisés firent, pieds nus, la tête découverte, une procession solennelle autour des murs de la ville, comme celle de Josué autour de Jéricho. Tancrède et Raymond de Toulouse, en querelle depuis longtemps, se réconcilièrent. « En cet instant, on vit sur les murs des Sarrasins qui élevaient en l'air des croix et les accablaient d'outrages. Aussitôt Pierre l'Ermite s'écrie : « Voilà Jésus-Christ qui expire sur le Calvaire, les infidèles l'ont crucifié une seconde fois. » Toute l'armée chrétienne s'émut à cette voix. » (GAILLARDIN.) Enfin, les tours ayant été approchées des murs, celle de Godefroy y toucha, et lui-même pénétra dans la ville le troisième. Aussitôt ceux qui étaient entrés ainsi brisèrent une porte pour donner accès aux croisés, qui remplirent Jérusalem (25 juin 1099). Le carnage fut horrible, et pendant huit jours on massacra sans pitié les Juifs qui avaient mis à mort le Sauveur et les musulmans qui avaient persécuté les pèlerins : soixante-dix mille personnes, Juifs ou mahométans, furent ainsi égorgées, et le sang coula par torrents dans les rues. Le pieux Godefroy, quittant avec horreur cette scène de carnage, s'en alla, pieds nus et sans armes, prier dans l'église de la Résurrection. Ce touchant exemple désarma enfin la fureur des croisés et les rappela à la sainteté de leur entreprise.

69. Fondation d'un royaume français a Jérusalem. — Part de la France dans ces grandes entreprises. — La conquête faite, lorsqu'il fut question de nommer un roi, on convint que les compagnons de chaque chef seraient interrogés, afin que la vie de chacun fût connue et que l'on pût ainsi élire le plus digne. Les compagnons de Raymond de Toulouse, craignant sans doute de rester en Orient, traitèrent fort mal leur maître ; mais ceux de Godefroy ne lui reprochèrent qu'une chose, c'était, selon eux, de rester trop longtemps dans les églises, même après les offices, arrêté à contempler les images et les peintures, et de les faire ainsi longtemps attendre en laissant refroidir le repas. Godefroy de Bouillon, reconnu le plus digne, fut donc élu et proclamé solennellement roi de Jérusalem ; *mais il refusa de porter une couronne d'or dans la ville où le Sauveur du monde avait été couronné d'épines*, et ne prit que le titre de baron du Saint-Sépulcre. Aussi brave que modeste, Godefroy affermit sa domination naissante par la victoire d'*Ascalon*, où succombèrent les armées de Bagdad, de Damas et d'Egypte. Les exploits de Tancrède, le plus brave des chevalier chrétiens, achevèrent la conquête de la Judée. En même temps, Godefroy s'occupait de constituer le gouvernement. Les *Assises de Jérusalem* introduisirent en Asie le gouvernement féodal ; des cours furent établies pour juger les seigneurs et les bourgeois ; le roi eut ses vassaux et ses arrière-vassaux. Les comtés d'Edesse et de Tripoli, avec les principautés d'Antioche et de Galilée, étaient les grands fiefs du nouveau royaume. La France avait fait presque seule la première croisade ; elle en avait assuré le succès par le talent de ses capitaines, par la valeur de ses soldats : en conséquence, elle fit de sa conquête un royaume français et lui donna ses institutions nationales.

Godefroy mourut un an après la conquête de Jérusalem (1100), et fut remplacé par son frère *Baudoin*. Le royaume français de Jérusalem devait se maintenir jusqu'à la fin du douzième siècle (1187). La France, qui avait fondé la chrétienté d'Orient, devait encore prendre une part active à la seconde, à la troisième, à la quatrième croisade. Les deux dernières, entreprises par saint Louis, lui appartiennent à elle seule : aussi, son nom est-il resté attaché à celui de ces mémorables expéditions, et la dénomination de *Francs* sert-elle encore aujourd'hui à désigner tous les Européens sur les rivages qui en furent le théâtre.

50. RÉSULTATS POUR LE COMMERCE ET L'INDUSTRIE.
— Les diverses nations de la chrétienté, et la France spécialement, ne devaient pas dépenser en vain dans les guerres saintes leurs trésors et leurs hommes. Leurs immenses sacrifices furent payés par d'immenses résultats, et les maux que devaient nécessairement entraîner avec elles ces grandes expéditions furent plus que compensés par les avantages qu'en retira notre patrie avec l'Europe entière.

Les croisades sauvèrent l'Europe de l'invasion musulmane ; ce fut leur bienfait immédiat. Leur influence se fit également sentir d'une manière moins directe, mais non moins utile.

Les idées de courtoisie, d'abnégation, développées dans les cœurs avec l'enthousiasme des croisades, furent les premières à ébranler le dur despotisme de la féodalité : les croisades mêmes y contribuèrent efficacement, car elles affranchissaient les serfs, même sans l'aveu de leurs seigneurs : quiconque prenait la croix était libre, comme aujourd'hui tout esclave est libre en touchant le sol de France. Les communes, nées à peu près en même temps que les croisades (voir ci-après, n° 77), se développèrent par elles : les seigneurs, pour en obtenir des hommes et de l'argent, leur donnaient des chartes et des privilèges.

Avec les communes, avec le peuple, le pouvoir royal grandit en abaissant la noblesse. Le domaine du souverain s'accrut d'un grand nombre de fiefs restés vacants à la mort de leurs seigneurs : le roi protégeait les communes, favorisait leur affranchissement, s'unissait directement à elles contre les vassaux insubordonnés, et l'extension du pouvoir royal tendit promptement à reconstituer la nation elle-même.

En même temps, des rapports de fraternité totalement inconnus auparavant se formèrent entre les différentes nations, l'antipathie des races s'adoucit partout. Les guerriers de tous pays, réunis dans un but commun, exposés ensemble aux mêmes dangers, se quittaient frères d'armes et conservaient des relations d'amitié qui ne se brisaient plus. On vit bientôt s'anéantir ce droit barbare qui autorisait les seigneurs à mettre au nombre de leurs serfs tous les étrangers qui se fixaient dans leurs domaines; on s'habitua à ne plus regarder l'étranger comme un ennemi, et les croisés, selon les chroniques du temps, bien que séparés par la différence des langues, ne paraissaient faire qu'un seul peuple, à cause de leur amour pour Dieu et pour le prochain. La société humaine se fondait et s'unissait; l'Europe moderne commençait à sortir du pénible travail de sa constitution.

L'Europe dut encore aux croisades un grand bien-être par l'impulsion rapide qu'elles donnèrent à l'industrie et au commerce. La puissance maritime de Venise, de Gênes et de Pise se développa au milieu de ces grandes expéditions qui augmentaient leurs richesses. Le reste de l'Europe suivit ce mouvement, et la ligue *Hanséatique* (voir notre *Histoire du Moyen Age,* chap. XXI) se forma entre les villes d'Allemagne pour le commerce du Nord. Dès lors, toute l'Europe put profiter des produits des contrées lointaines; elle recueillit des plantes précieuses pour l'agriculture et la médecine; le maïs, le mûrier, nous furent apportés à cette époque; nos villes manufacturières s'efforcèrent d'imiter le tissu des soieries, des tapis précieux de l'Asie, la trempe excellente de ses armes et ses divers procédés industriels. Les relations ouvertes entre les peuples, l'échange des connaissances contribuèrent puissamment à la propagation des lumières; la poésie se développa dans les essais des troubadours; les sciences médicales et mathématiques profitèrent des découvertes des Arabes, et la géographie recueillit des notions plus exactes sur des régions presque inconnues jusqu'alors. Mais l'Eglise surtout profita de l'ascendant que lui donnaient les croisades, dont le saint-siége était le moteur et le lien. Elle multiplia les monastères, les corporations religieuses, ces refuges volontaires de la faiblesse et de l'infortune, ces précieuses retraites du talent. Un grand nombre de religieux se consacrèrent au soulagement de toutes les misères; les autres, fidèles dépositaires de toutes les connaissances, en transmirent à la postérité le trésor conservé et enrichi par leurs travaux.

§ II. LA CHEVALERIE.

28. CRÉATION DES ORDRES MILITAIRES. LES HOSPI-

TALIERS ET LES TEMPLIERS), DES ARMOIRIES. — Un des plus importants résultats des croisades fut le développement de la chevalerie, cette institution célèbre qui devait exercer sur la société grossière et violente de l'époque féodale une si heureuse et si profonde influence. Tandis qu'elle se livrait en Europe à la défense des faibles et des opprimés, la chevalerie se vouait en Orient à la défense de la foi, à la ruine des infidèles. Les Frères *Hospitaliers* ou de *Saint-Jean de Jérusalem*, dont l'origine était antérieure à la première croisade et qui étaient chargés d'abord de soigner les pèlerins dans un hôpital construit près du saint sépulcre, furent constitués en ordre de chevalerie l'an 1099. L'ordre célèbre des chevaliers du Temple ou *Templiers*, qui s'engageaient à être toujours les premiers au combat et les derniers à la retraite, fut fondé quelque temps après (1118). Un troisième ordre, celui des chevaliers *Teutoniques*, devait être créé à la fin du douzième siècle (1190). Ces guerriers, par leurs exploits, se rendirent bientôt l'effroi des musulmans, et furent les plus fermes soutiens de la puissance des chrétiens en Orient.

Avec les ordres militaires, s'établit l'usage des *armoiries* pour distinguer les chevaliers de tant de nations et d'origines diverses, et reconnaître les guerriers cachés sous leurs armures.

Les armoiries consistaient en divers emblèmes que choisissaient les chevaliers et les guerriers de distinction, et qui devinrent peu à peu héréditaires dans chaque famille. Ces emblèmes prirent une forme déterminée et une signification particulière qui forma la science du *blason*, où la noblesse devait plus tard rechercher ses origines et ses titres; en même temps s'introduisait l'usage des *noms de famille* empruntés ordinairement aux domaines des seigneurs féodaux, et qui devinrent aussi pour les descendants des chevaliers et des barons du moyen âge de véritables signes de noblesse.

32. DÉVELOPPEMENT DE LA CHEVALERIE. — La chevalerie, qui dut aux croisades son entier développement et sa plus vive splendeur, était une des conséquences de ce système féodal sur lequel elle devait exercer une action si salutaire. La féodalité avait donné naissance à cette admirable institution qui a rempli le moyen âge du bruit de ses triomphes et de l'éclat de ses services. C'est le château féodal qui avait été, vers le onzième siècle, le berceau de la chevalerie.

Quand il y eut en France autant de petites souverainetés que de fiefs importants, les châteaux qui servaient de résidence à tous ces petits souverains se remplirent d'officiers de tous rangs, militaires ou civils, qui commandaient leurs hommes d'armes et formaient leur cour. Leurs vassaux, y compris même les possesseurs de fiefs inférieurs placés dans leur dépendance, recherchèrent toutes ces charges pour eux-mêmes ou pour leurs enfants, et se firent un honneur d'envoyer leurs fils à la cour du suzerain pour y achever leur éducation sous ses yeux, et acquérir ainsi dès leur jeune âge des droits aux distinctions qu'ils espéraient de lui.

Ainsi se reforma, en quelque sorte, au sein du château féodal et autour du suzerain, ce cortége nombreux et régulièrement constitué qui entourait l'ancien chef germain (t. I, n° 302); un autre fait, également d'antique origine, s'accomplissait en même temps dans l'intérieur du château : c'était la cérémonie publique qui accompagnait l'admission du jeune homme dans la classe des guerriers. Quand les fils du seigneur ou les jeunes vassaux élevés dans l'intérieur de sa maison arrivaient à l'âge d'homme et avaient terminé l'apprentissage des armes, le suzerain leur ceignait l'épée au milieu de sa cour, avec des cérémonies qui mériteront d'arrêter un moment notre attention. Telle fut en réalité l'origine de la chevalerie. C'est ainsi que tous les châteaux devinrent des écoles où la jeune noblesse venait apprendre, sous la direction d'un seigneur d'un rang plus élevé, tous les devoirs de la chevalerie. Placés ainsi dans une sorte de domesticité, à laquelle ne s'attachait aucune idée humiliante, les jeunes nobles, indépendamment des exercices chevaleresques, apprenaient en même temps auprès des dames châtelaines, au service desquelles ils étaient admis en qualités de *pages*, tous les devoirs et toutes les belles manières de la courtoisie ; de sorte que la chevalerie devint la plus puissante cause de l'adoucissement des mœurs et des progrès rapides que fit la France vers une civilisation toute nouvelle.

Nous venons d'indiquer les deux éléments d'origine germanique auxquels la chevalerie dut sa naissance ; il en est un troisième auquel elle a dû la puissante influence qu'elle a exercée dans le monde, et par conséquent toute sa gloire : c'est l'élément chrétien. La religion, en s'emparant de la chevalerie, l'éleva au rang d'un sacerdoce guerrier, en consacrant d'une manière solennelle les armes des forts à la protection des faibles, et mit ainsi cette grande institution en état de répondre aux besoins moraux de la société de cette époque. On comprendra, en lisant les cérémonies qui accompagnaient au douzième siècle, c'est-à-dire dans les beaux temps de la chevalerie, la réception d'un de ses membres, l'immense et utile action que la religion exerça sur cette institution.

73. Lois de cette institution; tournois. — Nous avons dit de quelle manière commençait, pour les jeunes gentilshommes, l'apprentissage de cette noble profession, dont toute la perfection ne pouvait, dans les idées du temps, être le partage que d'un sang illustre, et à laquelle par conséquent la bourgeoisie ne fut jamais admise que par des exceptions assez rares. Mis *hors de pages* à l'âge de quatorze ans, le jeune noble continuait pendant sept ans encore son service personnel dans la cour de son suzerain, avec les divers grades de *damoiseau*, de *poursuivant*, d'*écuyer* (1), et se livrant toujours, dans les moments de loisir que lui laissaient les devoirs de sa charge, à tous les exercices propres à développer ses forces, son adresse et son agilité. Enfin arrivait l'heureux moment où le jeune écuyer était admis à entrer dans le *temple d'honneur*, c'est-à-dire dans l'ordre des *chevaliers*. Des cérémonies à la fois mystérieuses et touchantes précédaient et accompagnaient l'investiture chevaleresque.

Après avoir pris un bain, symbole de purification pour toutes les souillures de sa vie passée, le récipiendaire revêtait, à l'imitation des néophytes de la primitive Église, une tunique blanche, figurant la pureté de la vie nouvelle dans laquelle il allait entrer, une robe vermeille, qui l'avertissait d'être toujours prêt à verser son sang pour la religion et pour les opprimés, enfin une saie ou tunique noire, en souvenir de la mort qu'il allait affronter sans cesse. Ainsi purifié et vêtu, il observait pendant vingt-quatre heures un jeûne rigoureux. Le soir venu, il entrait dans l'église et y passait la nuit en prières, ordinairement devant une image de la Vierge, quel-

---

(1) Les écuyers prenaient, suivant leurs emplois divers, plusieurs noms différents. Ainsi l'*écuyer de corps* devait, surtout à la guerre et aux jours de bataille, se tenir constamment auprès de son maître, l'aider à s'armer, parer les coups qu'on lui portait; l'*écuyer tranchant* présidait aux soins des festins, découpait les viandes et les faisait distribuer aux convives; l'*écuyer chambellan* avait l'intendance de la chambre du seigneur; l'*écuyer des écuries*, celle des chevaux; un autre, celle de la *vénerie*, etc.

quefois seul, quelquefois accompagné d'un prêtre et de parrains qui priaient avec lui. C'est ce qu'on appelait la *veillée des armes*.

Le lendemain, après s'être confessé et avoir communié, il assistait à une messe du Saint-Esprit et à un sermon sur les devoirs de la chevalerie; puis après que le prêtre avait béni son épée, il venait se mettre à genoux devant le seigneur qui devait l'armer chevalier. Là, il jurait de rester toute sa vie fidèle aux lois de la chevalerie. Ce serment ou vœu prononcé, des chevaliers et quelquefois des dames lui mettaient les diverses pièces de son armure, le haubert ou cotte de mailles, la cuirasse, les brassarts et les gantelets; lui passaient l'écharpe, symbole de chasteté, et lui chaussaient les éperons dorés, signe de la rapidité avec laquelle il devait voler à l'accomplissement des obligations qu'il contractait. Enfin, en lui ceignant l'épée, celui qui l'armait chevalier lui recommandait la droiture et la loyauté, la défense des pauvres contre l'oppression des riches, et la protection des faibles contre le mépris des forts. Puis il lui rappelait encore quatre choses comprises également dans son vœu de chevalerie; savoir : de s'écarter de tout lieu où il y aurait fraude ou trahison qu'il ne serait pas assez fort pour réprimer; d'aider de tout son pouvoir, et d'honorer les dames et demoiselles; de jeûner tous les vendredis; de faire chaque jour une offrande à la messe. Enfin, pour qu'il gardât souvenance de toutes ses promesses, celui qui l'armait lui donnait l'accolade, c'est-à-dire trois coups du plat de son épée sur l'épaule ou sur le cou, en disant : « Au nom de Dieu, de saint Michel et de saint Georges, je te fais chevalier. » Quelquefois il ajoutait : « Sois preux, hardi et loyal. »

Le jeune gentilhomme, ainsi armé chevalier et la tête couverte de son casque, s'élançait alors sur son destrier; puis, passant dans le bras gauche l'*écu* ou petit bouclier, sur lequel étaient gravées ses *armoiries* (voir ci-dessus, n° 71), et saisissant sa lance de la main droite, il sortait de l'église et allait caracoler devant le peuple en brandissant sa lance et faisant flamboyer son épée.

Les chevaliers se divisaient en *bannerets* et en *bacheliers*. Les premiers étaient ceux qui pouvaient équiper et entretenir à leurs frais cinquante hommes d'armes : ils portaient au bout de leur lance une bannière carrée, d'où vint leur nom. Les seconds étaient ceux qui, moins riches et moins puissants, conduisaient à l'armée moins de cinquante hommes d'armes. Au lieu de bannières, ces *bacheliers* ou *bas chevaliers* (chevaliers de rang inférieur) n'avaient que de simples pennons ou banderoles terminées par deux cornettes ou pointes.

Les chevaliers jouissaient de nombreuses prérogatives : ils prenaient les titres de *don*, de *sire*, *messire* ou *monseigneur*; ils pouvaient manger à la table du roi. Eux seuls avaient droit de ceindre l'épée, c'est-à-dire de la porter attachée à la ceinture militaire, tandis que ceux qui n'étaient pas chevaliers la suspendaient à un baudrier qui passait sur l'épaule. Les chevaliers pouvaient seuls porter le haubert, la cotte d'armes, l'or, le vair (fourrure blanche et grise), l'hermine, le petit-gris, le velours, l'écarlate; ils mettaient sur leur donjon une girouette, carrée comme la bannière s'ils étaient chevaliers-bannerets, en pointe comme les pennons s'ils étaient simples chevaliers. Du plus loin qu'on apercevait un chevalier, les barrières des lices, des ponts, des châteaux s'abaissaient devant lui : on lui prodiguait les soins et les prévenances; mais le principal privilége des chevaliers était peut-être de former une classe distincte de noblesse, tout à la fois héréditaire et personnelle, étendant ses ramifications dans l'Europe entière, et presque indépendante, du moins à l'époque de sa plus grande puissance, de tout souverain particulier.

Telles étaient les nobles prérogatives dont jouissait tout bon et loyal chevalier. Mais aussi combien était affreuse la dégradation de celui qui avait trahi ses devoirs par quelque *félonie!* On le faisait monter sur un échafaud; on y brisait à ses yeux les pièces de son armure; son écu, le blason effacé, était attaché et traîné à la queue d'une cavale, monture dérogeante; le héraut d'armes accablait d'injures l'ignoble chevalier. Après avoir récité les vigiles funèbres, le clergé prononçait les malédictions du psaume 108; trois fois on demandait le nom du dégradé, trois fois le héraut d'armes répondait qu'il ignorait ce nom et n'avait devant lui qu'une *foi mentie*. On répandait alors sur la tête du patient un bassin d'eau chaude; on le tirait en bas de l'échafaud par une corde; il était mis sur une civière, transporté à l'église, couvert d'un drap mortuaire, et les prêtres psalmodiaient sur lui les prières des morts. » (CHATEAUBRIAND.)

Telles furent l'origine, l'organisation et la législation traditionnelle de cette chevalerie qui a exercé une si grande influence sur les progrès de la civilisation française. Par elle se développèrent dans les cœurs le désintéressement et l'enthousiasme ; par elle les armes des hommes puissants, devenues la seule force publique, furent consacrées à la défense des opprimés ; par elle encore le dévouement et le respect pour les femmes furent placés à côté du sentiment le plus élevé du cœur de l'homme, le culte de la Divinité. *Dieu et sa dame*, que le chevalier associait dans sa devise, dans son cri de guerre, recevaient ses serments, que nulle crainte, nul danger n'auraient pu lui faire trahir ; et ce culte nouveau vint épurer un monde jusqu'alors en proie aux passions les plus violentes et les plus brutales.

La libéralité, la générosité, la loyauté, la courtoisie, adoucirent et ennoblirent les mœurs. Enfin, l'*honneur*, ce sentiment inconnu de l'antiquité, et qui fut dans les temps modernes le mobile de tant de grandes choses, l'honneur, qui a donné naissance à des lois qui ne sont écrites nulle part, mais que tout *homme d'honneur* porte gravées dans son âme, devint le garant de l'accomplissement de tous les devoirs imposés au chevalier, qu'il emprisonnait dans un cercle dont il ne pouvait sortir sans infamie.

L'époque des croisades est l'apogée de la chevalerie. Alors brille dans tout son éclat cette poésie des troubadours et des trouvères, où nous apparaît pleine de vie la chevalerie du moyen âge, avec son exaltation religieuse, le dévouement sans bornes du chevalier à la *dame de ses pensées*, et sa soif des combats. Alors les exercices guerriers sont devenus les occupations de toute la vie : chaque jour, dans les *tournois* (1), en présence de leurs dames, dont ils portent les

---

(1) Les fêtes militaires qui furent célébrées en 842 par Charles le Chauve après la bataille de Fontanet ou Fontenay, peuvent être regardées comme la première trace que l'on trouve dans l'histoire de l'usage des *tournois*. Geoffroy de Preuilly ne les inventa donc point, comme on l'a souvent répété ; seulement, il détermina l'ordre et les règles de ces combats (vers 1066). Ce fut probablement vers ce temps que les tournois commencèrent à avoir lieu en l'honneur et en présence des dames. Alors seulement ils furent complétement et définitivement organisés.

Les chevaliers, seuls admis dans les tournois, combattaient en champ clos, *à armes courtoises*, c'est-à-dire avec des lances et des épées émoussées. Ils couraient à toute bride l'un contre l'autre, brisaient souvent leur lance dans le choc sans tomber de cheval et luttaient jusqu'à ce que l'un des deux fût renversé sur l'arène. L'armure du vaincu appartenait au vainqueur, qui recevait les plus grands honneurs. Les rois eux-mêmes ne dédaignaient pas de prendre part à ces joutes, où les plus illustres guerriers faisaient briller à l'envi leur force et leur adresse.

couleurs, les chevaliers signalent leur adresse et leur courage, déploient leur luxe et leur galanterie. Alors apparaissent ces ordres militaires de *Saint-Jean de Jérusalem* et du *Temple*, qui rendirent tant et de si éclatants services à la chrétienté dans ses guerres contre les infidèles, et qui portèrent à un si haut point la gloire de la chevalerie, et surtout de la chevalerie française (voir ci-dessus, n° 71).

Le quatorzième siècle vit commencer la décadence de la chevalerie, et dès lors cette décadence ne s'arrêta plus. L'invention de la poudre à canon, et par suite l'usage des armes à feu, qui rendirent inutiles les lourdes armures du moyen âge, et rétablirent l'égalité entre le guerrier combattant à cheval et le simple fantassin; l'organisation des armées régulières, qui soumit au joug de la discipline commune la valeur jusqu'alors si indocile des chevaliers; la facilité avec laquelle on prodiguait, aux quinzième et seizième siècles, l'investiture chevaleresque; enfin, l'abolition des tournois en 1559 : telles devaient être les causes principales qui successivement amenèrent la chute de la chevalerie.

Mais il ne faut pas croire que l'influence de cette belle institution ait entièrement disparu avec elle; cette influence devait survivre au moyen âge. On en retrouve des traces nombreuses au siècle de Louis le Grand, et l'empreinte, quoique bien affaiblie, s'en est conservée jusque dans les mœurs de notre âge.

C'est en effet à l'institution de la chevalerie que la nation française a dû cette élégance et cette distinction des manières, ce bon ton, cette exquise politesse et cette noble courtoisie qui ont toujours été son apanage, et qui lui ont, sous ce rapport aussi, assuré sur tous les autres peuples une supériorité dont un juste sentiment d'orgueil national ne la laissera jamais déchoir.

QUESTIONNAIRE. — § 1ᵉʳ. 67. Pourquoi les croisades furent-elles entreprises? — Quelle fut la cause déterminante des croisades? — Par qui fut prêchée la première *croisade* et d'où vient ce nom? — En quelle année et sous l'impulsion de qui fut entreprise la première croisade? — Quel fut le sort des premiers croisés? — 68. Quel fut le chef de l'expédition régulière? — Quelles villes les croisés prirent-ils et quelles victoires remportèrent-ils? — Quelle fut la conduite d'Alexis envers les croisés? — Quels États chrétiens furent fondés en Orient pendant la croisade? — Racontez la prise de Jérusalem. — 69. Comment Godefroy affermit-il sa domination? — Quel gouvernement donna-t-il au nouvel État? — Faites connaître la part que prit la France aux diverses croisades. — 70. Quels résultats produisirent les croisades à l'égard de la féodalité? — Quels progrès firent-elles faire au commerce, à l'industrie, à la civilisation en général? — § II. 71. Quand et dans quel but furent fondés les principaux ordres militaires? — Qu'entendez-vous par armoiries et blason? — Quelle est l'origine des noms de famille? — 72. Indiquez l'origine et les causes du développement de la chevalerie. — 73. *Faites connaître avec détail les cérémonies qui accompagnaient la réception des chevaliers, leurs prérogatives, leurs exercices militaires. — Dites ce que vous savez sur les tournois en particulier.* — Indiquez quelle a été l'influence et quels ont été les bienfaits de la chevalerie. — A quelles causes doit-on attribuer sa décadence?

CHAPITRE DOUZIÈME.

LOUIS VI DIT LE GROS ET LES COMMUNES.

SOMMAIRE.

74. Louis le Gros restaure, non des communes, mais la royauté. Il la replace au rang qu'elle devait occuper. La royauté, médiatrice entre le peuple et les seigneurs, est devenue une véritable magistrature publique. Les premiers exploits de Louis, surnommé d'abord le *Batailleur*, sont faits contre les seigneurs de Montlhéry, Beaumont, Montmorency, soulevés par la reine Bertrade; mais ses projets et ceux des seigneurs sont déconcertés. Louis protecteur des églises de Saint-Denis, Reims, Orléans, Clermont, étendit considérablement la puissance royale, força le seigneur de Bourbon à s'humilier et fit plusieurs campagnes contre le comte d'Auvergne (1121 à 1126), contre les seigneurs de Flandre (1127), contre Amaury de Montfort (1128), contre les seigneurs de Coucy et le comte de Champagne (1130), et contre le seigneur de Saint-Brisson-sur-Loire (1135).

75. Dans les campagnes, les villains (anciens colons) et les serfs (anciens esclaves élevés à une condition meilleure), dénués de toute garantie contre l'oppression des seigneurs, sont *corvéables et taillables* à merci. Il en est autrement dans les villes qui ne sont soumises qu'incomplétement au régime féodal.

76. Le régime municipal romain avait subsisté en se modifiant; on en voit la preuve dans l'existence des *bons-hommes* devenus sous Charlemagne les *scabins*, puis dans l'échevinage, sorte de modification de la municipalité gallo-romaine; dans la liberté romaine de Seltz, et peut-être dans la constitution libre de Cologne. Le régime municipal paraît devoir son origine aux ghildes germaniques ou associations populaires.

77. La révolution communale commence à Cambrai (1076); puis à Noyon, Saint-Quentin, Laon, Beauvais (1096), etc. Elle est plus facile dans le Midi; Arles, Béziers (1131) et autres villes jouissent d'une complète indépendance. Les priviléges des communes

sont l'abolition de la servitude, les impôts réguliers, etc., la rédaction des coutumes, avec hôtel de ville, cloche et beffroi, en échange elles contractent des charges, telles que redevances pécuniaires, etc. Les manants diffèrent des bourgeois, ne sont pas soumis aux charges et ne jouissent pas des priviléges.

78. La royauté ne comprit pas tout d'abord les avantages qu'elle pouvait tirer de la révolution communale. Les successeurs de Louis le Gros le comprennent et cherchent à en tirer parti. Ils ne favorisent pas le mouvement communal dans leurs domaines et s'attachent exclusivement à y faire régner le bien-être sans en accroître les libertés. La prospérité d'Orléans en est un exemple.

79. La ville de Laon ayant obtenu de l'évêque Gaudry une municipalité élective, le roi sanctionne pour de l'argent cette concession, puis se rétracte pour une somme plus forte. Cela fit éclater une insurrection dans laquelle l'évêque est maltraité. Les bourgeois furent cruellement punis malgré la protection du seigneur de Marle, et la commune ne fut définitivement établie que seize ans après.

80. Le soin que prend le roi de maintenir l'ordre dans tout le royaume accroît rapidement son pouvoir. Il augmentera encore par le rapprochement des vassaux et surtout des communes contre les ennemis extérieurs. — Le roi d'Angleterre Henri Ier s'étant emparé de Gisors, la guerre éclate (1109). Louis propose de la terminer par un combat singulier, mais Henri refuse ; il est vainqueur au combat de Brenneville (1119), où le roi de France manque être pris. La ligue du roi d'Angleterre et de l'empereur rendait cette guerre menaçante ; mais la France court aux armes, et l'empereur se retire honteusement (1124).

81. Cette campagne accroît considérablement la grandeur et l'éclat du pouvoir royal, dont l'influence s'étend jusqu'aux extrémités méridionales de la France. Épuisé de fatigue, le roi revient mourir à Paris (1137), après avoir donné de sages conseils à son fils, qu'il avait eu soin de faire couronner par le pape Innocent II (1131). La seigneurie de Montlhéry fut sous ce règne réunie à la couronne, et le comte de Barcelone se reconnut vassal du roi. — Ce règne est remarquable par le progrès des lettres ; il a vu saint Bernard, Abailard et Suger, célèbre surtout comme ministre du règne suivant.

78. LOUIS VI, DIT LE GROS. ACTIVITÉ DE CE PRINCE. BONNE POLICE DANS SES DOMAINES. — IL PROTÉGE LES ÉGLISES.

— On a donné longtemps à *Louis le Gros* le surnom de *Restaurateur des communes*. Nous verrons qu'il n'a pas mérité ce titre n° 77 ci-après ; mais nous ne l'en dépouillerons que pour y substituer celui de *Restaurateur de la royauté*, auquel il a des droits incontestables, et que l'on ne trouvera guère moins glorieux pour lui quand on reconnaîtra, par l'histoire de son règne, qu'il sut faire tourner à l'avantage de tous l'ascendant rendu par ses efforts à la dignité royale. Depuis le règne des derniers Carlovingiens, le nom de roi n'était plus, aux yeux des seigneurs, qu'un vain titre qu'ils avaient, sans s'en inquiéter beaucoup, laissé usurper par Hugues Capet, un de leurs pairs. Le système féodal lui-même était resté incomplet, puisque celui qui devait maintenir l'ordre et l'harmonie dans toutes les parties, le roi, seigneur suzerain des vassaux placés au plus haut degré de l'échelle féodale, n'avait ni le crédit ni la puissance nécessaires pour les contraindre à la soumission. Ce crédit et cette puissance, la royauté les recouvra sous Louis le Gros. — Replacée désormais à son rang, elle devint la sauvegarde de la sécurité publique et de la liberté, telles du moins qu'elles pouvaient exister à cette époque. Quand le peuple des villes, courbé sous la domination des seigneurs, et pour qui le roi n'avait été jusqu'alors qu'un souvenir, une ombre en quelque sorte, vit en lui un être réel, un protecteur efficace, dont le bras était toujours prêt à le défendre, il s'adressa de toutes parts à lui pour lui porter ses doléances. La royauté intervint d'abord comme médiatrice entre le peuple et les seigneurs, et bientôt la puissance que lui donna dans l'opinion publique ce rôle si nouveau pour la monarchie lui assura la force nécessaire pour contraindre les plus puissants feudataires à se soumettre aux arrêts qu'elle faisait prononcer contre eux. Louis le Gros rendit donc à la royauté le caractère d'une véritable magistrature publique; aussi les communes, qui, sous son règne, obtinrent, comme nous le verrons, de leurs seigneurs des chartes d'affranchissement, attachèrent-elles une grande importance à les faire revêtir du nom du roi, qui leur semblait assurer à leur liberté une garantie nouvelle. C'est là l'origine de l'erreur de ceux qui ont fait honneur de ces chartes à Louis le Gros.

Ce prince commença du vivant même de son père l'exécution de l'entreprise hardie qui devait faire la gloire de son règne. Tandis que Philippe Ier usait au milieu des débauches les restes d'une vie digne tout entière d'un profond mépris, le *gentil damoisel de France*, âgé de vingt et un ans à peine, mais entraîné vers les glorieuses entreprises par l'éducation chevaleresque qu'il avait reçue, travaillait déjà à rehausser l'éclat de cette couronne à laquelle venait de l'associer son père, empressé de se décharger des soins de la royauté. Bientôt, le surnom de Louis *l'Éveillé*, que lui avait fait donner le caractère ardent et impétueux qu'il montra dès ses jeunes années, fut remplacé par celui de *Batailleur*. Sans cesse, en effet, pendant un règne de vingt-neuf ans, il eut les armes à la main, soit pour défendre son héritage, soit pour comprimer les révoltes ou punir les brigandages de ses vassaux. Le voyage de Paris à Orléans, les deux principales villes du domaine des premiers Capétiens, avait été souvent jusque-là une véritable expédition militaire. Les marchands qui se rendaient de l'une à l'autre de ces villes étaient rançonnés ou dépouillés par les petits seigneurs dont il leur fallait traverser les terres (1). Celui de *Montlhéry*, le plus redoutable d'entre eux, renfermé dans une haute tour qui dominait la route, y défiait toutes les forces du roi, son suzerain. « J'ai vieilli de la vexation que m'a donnée cette tour, » disait Philippe Ier à son fils. Celui-ci jura de réprimer tous ces brigandages. Dès qu'il fut associé au trône, on le vit, en véritable chevalier errant, parcourir, à la tête de quelques hommes d'armes, les grands chemins pour assurer le libre passage des voyageurs, voler à la défense des intérêts de l'église de Saint-Denis contre le seigneur de Montmorency, de celle de Reims contre le baron de Roucy, de celle d'Orléans contre le seigneur de Meûn, ou bien encore courir arracher quelque humble châtelain des mains d'un plus puissant vassal. « On rirait fort aujourd'hui d'un prince qui s'en irait à la tête de la gendarmerie faire la police des grandes routes. Ce fut pourtant là le début de la haute fortune de nos rois. Les rebelles seigneurs du *Puiset*, de *Beaumont*, de *Montmorency*, sur lesquels s'exerçait, dans le cercle étroit de quelques lieues, tout l'effort de la puissance royale, commencèrent à entrer en crainte du *seigneur-roi*, qui appuyait son titre de la force de son bras et se faisait le premier chevalier de France... Ce fut ainsi que Louis le Gros se mit à la tête de la confédération féodale, et marqua désormais cette place à la royauté. » M. Aug. Trognon.)

Tel fut le caractère général du règne de Louis le Gros. Parcourons-en rapidement les faits les plus remarquables.

Bertrade, l'épouse adultère de Philippe Ier et la marâtre de Louis le Gros, n'avait vu qu'avec colère ce fils d'une première épouse associé à une couronne qu'elle convoitait pour son propre fils *Philippe*, auquel Louis avait assuré en apanage la ville et le comté de *Mantes*. Persécuté par elle pendant les dernières années de la vie de son père, avec un acharnement qui alla jusqu'à lui faire prendre un poison dont il ne guérit jamais parfaitement, Louis la retrouva à la tête

---

(1) *Pillé comme un marchand*, était à cette époque une expression proverbiale.

de ses ennemis quand il fut monté sur le trône. Tous les petits seigneurs du duché de France, soulevés par ses intrigues et redoutant la bravoure du jeune roi, secondèrent ses projets, que Louis déconcerta par son activité; il ne lui fallut cependant pas moins de huit années pour comprimer ces révoltes. Elles n'amenèrent que des événements de peu d'importance; mais Louis sut les faire tourner à l'accroissement de sa puissance et de sa réputation.

Devenu roi, il ne perdit pas, dit son historien, l'habitude qu'il avait contractée, dans son adolescence, de protéger les églises, de soutenir les pauvres et les malheureux, et de veiller à la défense et à la paix du royaume (Suger). Nous voyons même la puissance royale se faire sentir dès lors bien au delà des limites entre lesquelles elle était renfermée depuis l'avénement de Hugues Capet. Pour qu'il parût clairement, continue le même auteur, qu'en aucune partie de la terre l'efficacité de la vertu royale n'était renfermée dans les étroites limites de certains lieux, Louis cita en justice *Aymon*, seigneur de *Bourbon*, qui avait dépouillé le fils de son frère Archambault (1117). Aymon n'ayant pas comparu, Louis marcha à la tête d'une nombreuse armée contre le vassal rebelle, qui fut bientôt réduit à venir se prosterner aux pieds du seigneur-roi, au grand étonnement de tous ceux qui en furent témoins. C'était en effet un spectacle bien nouveau alors que celui de la féodalité venant s'humilier à ce point devant la royauté, si méprisée peu auparavant, mais qui sait maintenant faire reconnaître le droit et la mission dont elle se croit, avec raison, investie, de faire régner partout l'ordre et la justice. Et cette mission, Louis s'y montra fidèle pendant tout le cours de son règne, qui fut certainement, sous ce rapport, le plus laborieux de notre histoire. — Toujours en campagne, il marcha deux fois (1121-1126) contre le comte d'Auvergne, qui vexait l'évêque de Clermont, auquel il le contraignit à rendre justice. L'année suivante (1127), il alla, à la tête d'une armée, régler les prétentions des rivaux qui se disputaient la succession de *Charles le Bon*, comte de Flandre, assassiné dans une révolte, suite des guerres civiles qui déchiraient le pays depuis la mort de Baudouin VII. — *Amaury de Montfort*, qui prétendait exercer par héritage, la dignité de Sénéchal de France (1128); les seigneurs de *Coucy*, qui retenaient dans leurs cachots les marchands enlevés sur les grandes routes, afin de les contraindre à payer de grosses rançons (1130); le puissant comte de *Cham-*

pagne, instrument de toutes les intrigues par lesquelles son oncle, le roi d'Angleterre, cherchait à troubler la France (1130) ; enfin, le seigneur de *Saint-Brisson-sur-Loire*, qui exerçait autour de son château d'affreux brigandages (1135), attirèrent sur eux tour à tour les armes de Louis, qui les réduisit, par la ruine de leurs forteresses, à rentrer dans le devoir.

75. Condition des serfs et des villains. — Tandis que le roi établissait ainsi l'ordre dans son royaume, le peuple accomplissait une importante révolution, dont l'honneur, comme on l'a dit plus haut, ne saurait revenir à un prince qui, bien loin de la favoriser d'abord, lui fut au contraire hostile tant qu'il n'entrevit pas les moyens de la faire tourner à son avantage ; c'est la grande révolution qui affranchit les communes, mais dont l'origine doit être recherchée plus d'un siècle en arrière, si l'on veut trouver les premiers symptômes des résistances populaires dont elle fut le résultat. Lorsque l'autorité centrale eut été dissoute par la féodalité, que le pouvoir gouvernemental, étant passé entre les mains des seigneurs, se fut ainsi rapproché de ceux sur lesquels il s'exerçait, et que sa tyrannie, en même temps qu'elle devenait plus oppressive, fut aussi devenue plus présente ; lorsque les pouvoirs ecclésiastiques eux-mêmes, l'épiscopat dans les villes, la dignité abbatiale dans les bourgs de formation nouvelle, se furent transformés, comme les pouvoirs laïques, en priviléges seigneuriaux, les résistances s'organisèrent de toutes parts. Elles furent sans succès dans les campagnes où manquaient les moyens de défense, et sur lesquelles l'oppression féodale devait longtemps encore peser dans toute sa rigueur. Les villains et les serfs (n° 57), dont la chaumière était seule en présence du château féodal, étaient dénués de toute espèce de garantie contre les abus de pouvoir dont ils étaient sans cesse victimes. Malgré les différences de leur situation, ils avaient cette destinée commune d'être entièrement à la merci de leur seigneur, qui leur imposait à son gré les tailles et les corvées, et n'avait à rendre compte qu'à Dieu de la manière dont il exerçait une autorité sans contrôle. On comprend à quels excès devaient se porter des nobles qui, souvent opprimés eux-mêmes par des vassaux d'un ordre plus élevé, se dédommageaient aux dépens des gens de *roture* et de *main-morte* des vexations qu'ils avaient parfois à subir.

Il en était autrement dans les villes où la concentration de la population, les ressources que fournissaient les richesses acquises devaient, après avoir protégé les habitants contre les excès du système féodal, les y soustraire entièrement. « Là se fit un grand mouvement qui agita et souleva la classe d'hommes dont les occupations héréditaires étaient le commerce et l'industrie, classe d'hommes anciennement libres et civilement égaux, qui ne pouvaient s'ordonner dans la hiérarchie du vasselage, qui n'avaient rien de ce qu'il fallait pour cela, ni les mœurs toutes guerrières, ni la richesse territoriale, et que la féodalité menaçait de réduire à la condition de demi-esclavage des cultivateurs du sol. » (M. Aug. Thierry.) Ce fut pour se soustraire à ce danger que les habitants des villes s'efforcèrent de retrouver et de faire revivre leur ancienne organisation civile ; ce fut là l'origine de la révolution communale.

Pour la bien comprendre et en apprécier toute l'importance, il faut se rendre compte de l'état de la nation sous la féodalité, et rappeler ce qui pouvait subsister encore dans les villes de l'ancienne organisation romaine.

76. Débris des anciennes institutions urbaines. — La persistance du régime municipal romain, surtout dans le midi de la France, est un fait aujourd'hui établi quoique longtemps contesté ; mais ce régime avait, comme nous l'avons vu, éprouvé de grandes modifications. Nous avons dit ce que devint sous le patronage des évêques, constitués eux-mêmes les *défenseurs* de leur cité (t. I, n° 283), la *curie*, dont les membres n'apparaissent plus dans les derniers temps de la dynastie mérovingienne que sous le nom de *bons hommes*, donné à tous les citoyens actifs, capables de figurer comme juges ou témoins au tribunal du canton. Ce sont ces mêmes hommes qui devinrent, en partie du moins, les *scabins* de Charlemagne (n° 14). Car c'était sans nul doute parmi les membres les plus notables de la curie que le comte et les habitants désignaient les juges dont la loi remettait la nomination à leur choix. Les scabins francs, ceux du comté ou du canton, étaient de simples juges ; mais les scabins romains, ceux de la cité, réunissaient le double caractère de juges et d'administrateurs. C'est de là que provint l'institution de l'*écherinage*, institution qui elle-même n'est qu'un nom nouveau donné à quelque chose d'ancien, à la municipalité gallo-romaine. Deux siècles plus tard, c'est-à-dire au commencement du onzième, on trouve la tradition du gouvernement municipal romain encore toute vivante sur les bords du Rhin, où l'impératrice Adélaïde fonda la ville de *Seltz* sous la *liberté romaine,* dit le biographe de cette princesse ; expression qui étonne peu, du reste, lorsqu'on sait qu'une autre ville assez voisine, celle de Cologne, avait au douzième siècle une constitution libre, dont l'origine passait pour fort ancienne. — Ainsi, à l'époque même où se formèrent les communes, le régime municipal, ou du moins les souvenirs qui s'y rattachaient, n'étaient point encore abolis complétement en France : il n'y eut de nouveau que le nom sous lequel il reparut, et peut-être aussi le principe d'association à l'aide duquel il se développa dans le nord de la France, et qui paraît devoir son origine aux associations populaires connues dans la Germanie sous le nom de *Ghildes*.

27. INSURRECTIONS SUR PLUSIEURS POINTS POUR OBTENIR DES CHARTES DE COMMUNES. — L'initiative de la révolution qui affranchit les communes semble, d'après les témoignages historiques que le temps nous a conservés, appartenir à la ville de *Cambrai*, vieux municipe romain, où la lutte acharnée des citoyens contre la seigneurie de l'évêque avait commencé au dixième siècle. Dès l'année 1076, les citoyens, profitant d'une absence de l'évêque pour faire éclater une conspiration depuis longtemps tramée en secret, *jurèrent la commune* si longtemps désirée, et résolurent de fermer les portes de la ville au prélat, s'il n'approuvait leur *conjuration* (Chronique de Cambrai).

Les bourgeois d'une autre vieille cité romaine, celle du *Mans*, avaient quelques années auparavant (1070) tenté une insurrection dans le but de former une commune ; mais ils avaient succombé dans leur lutte contre leur seigneur. — Ainsi commencèrent les *communes jurées* ou *conjurations*. « Or, voici, dit un auteur contemporain fort peu partisan de cette institution, ce qu'on entendait par ce mot exécrable et nouveau. Tous les habitants, redevables par tête d'un certain cens, devaient acquitter d'une seule fois, dans l'année, envers leur seigneur, les obligations ordinaires de la servitude, et se racheter par une amende légalement fixée, s'ils tombaient dans quelque faute contraire aux lois. A cette condition, ils étaient entièrement exemptés de toutes les autres charges et redevances qu'on a coutume d'imposer aux serfs. Les hommes du peuple, saisissant cette occasion de se racheter d'une foule de vexations, donnèrent des monceaux d'argent à ces avares, dont les mains étaient comme autant de gouffres qu'il fallait combler. » (GUIBERT DE NOGENT.)

Ces *avares*, c'étaient les seigneurs féodaux ; c'était le roi

Louis le Gros lui-même, représenté mal à propos comme le généreux restaurateur des libertés communales; c'était le comte de Vermandois, qui accorda aux villes de *Noyon* et de *Saint-Quentin* les premières chartes dont il soit fait mention dans cette partie de la France; c'était l'évêque de *Laon*, qui consentit (1112) à ce que les bourgeois de cette ville formassent une commune, « s'ils voulaient donner assez d'argent pour obtenir cette licence. » (Voir ci-après, n° 79, l'histoire de la commune de Laon.) — Ce fut à peu près vers le même temps que la ville de *Beauvais*, qui paraît avoir obtenu les libertés communales vers l'an 1096, et celles de *Soissons*, *Amiens*, *Abbeville*, *Saint-Ricquier*, *Sens* et *Reims*, dont les habitants s'étaient aussi formés successivement en communes, se firent confirmer, par des chartes obtenues à prix d'argent du roi Louis le Gros, le droit de vivre sous leur *nouvelle loi*. Une foule d'autres villes en obtinrent, par les mêmes moyens, de Louis le Jeune et de ses successeurs.

Celles qui achetèrent ainsi ce droit de leurs seigneurs, ruinés par les croisades ou par leurs folles dépenses, furent les plus nombreuses; mais quelques-unes aussi, comme on vient de le voir par l'exemple de Cambrai, recouvrèrent leur indépendance les armes à la main. Après avoir fait serment de se soutenir mutuellement et de ne plus souffrir que qui que ce fût les traitât désormais comme serfs, les habitants d'une ville ou d'un bourg nommaient un échevin ou magistrat chargé de veiller aux intérêts de leur *communauté*, de les rassembler au son de la cloche, en cas de besoin, et de marcher à leur tête sous la bannière de la *commune*. Une transaction pécuniaire entre les bourgeois et les seigneurs terminait d'ordinaire la contestation.

Dans le midi de la France, le retour aux anciennes libertés municipales fut d'autant plus facile, que les traditions romaines s'y étaient mieux conservées, et que la féodalité, moins puissante dans cette partie de la France que dans le nord, y avait laissé subsister bien plus de vestiges de l'ancienne organisation communale. Aussi voit-on sans surprise les bourgeois siéger avec les évêques et les seigneurs dans une assemblée tenue en 1080 à *Narbonne*, vieille métropole romaine de cette partie de la Gaule. La révolution communale s'accomplit donc, à partir des premières années du douzième siècle, sans secousse, sans violence, dans les villes d'*Arles*, *Béziers* (1131), *Toulouse*, *Montpellier* (1141),

Nîmes (1144), Narbonne (1148), etc., que l'on voit peu après en possession d'une entière indépendance, faisant la paix ou la guerre de leur propre autorité, et traitant souverainement avec les rois de France et d'Aragon, et avec les républiques d'Italie (1).

Les chartes, soit communales, soit municipales, différaient les unes des autres en beaucoup de points ; mais, uniformes sur les plus importants, toutes abolissaient la servitude personnelle et convertissaient les taxes arbitraires en prestations déterminées. Par l'abolition des servitudes féodales, les pères recouvraient le droit de disposer librement de leurs enfants, d'exprimer dans leur testament des volontés qui seraient respectées après leur mort ; les veuves rentraient en possession du droit de se marier à leur gré sans attendre la permission du seigneur. La substitution d'un impôt fixe et régulier aux contributions longtemps prélevées par les seigneurs, sans autre règle que leur caprice ou leurs besoins, sur les habitants des villes, ne fut pas pour ceux-ci un avantage moins précieux. En même temps, toutes les chartes renfermaient un certain nombre de dispositions législatives

---

(1) De tout ce qui précède, on doit conclure qu'au douzième siècle les villes de France pouvaient se diviser en trois classes : les municipes, les communes et les bourgeoisies. C'est au centre, dans les limites du domaine royal, dont l'Ile-de-France fut le noyau, et qui devait successivement attirer à lui et absorber de proche en proche toutes les provinces qui forment aujourd'hui notre France, que l'on trouve les villes dites de *bourgeoisie*. Les *communes* étaient pour la plupart dans le Nord ; les villes du Midi formaient les *municipes*. Les communes, de tous côtés resserrées par la féodalité et placées sous la surveillance ombrageuse et jalouse de la royauté, qui devait se tourner contre elles du jour où elle n'aurait plus besoin de leurs secours contre les seigneurs féodaux, ne jouirent jamais d'une indépendance aussi complète que les villes municipales du Midi. Les unes et les autres étaient, du reste, dans une situation politique bien supérieure à celle des villes de simple bourgeoisie. Celles-ci étaient régies par les officiers du roi ou prévôts, qui avaient l'administration de la cité, présidaient les tribunaux des bourgeois, lesquels n'étaient que leurs assesseurs, fixaient les rôles des tailles et des différentes impositions, et réglaient les lois et les coutumes de la ville. Les municipes et les communes avaient une magistrature tirée du corps même de leurs habitants et élue par eux : les premiers étaient administrés par des consuls et des syndics ; les secondes, par des maires ou des échevins. Ces magistrats étaient seuls chargés du gouvernement de la cité, de la gestion de ses intérêts, de l'administration de la justice, au civil et au criminel ; seuls, ils arrêtaient les rôles des impositions, faisaient des statuts en matière de police, modifiaient la législation, etc. De plus, les consuls dans le Midi, les maires dans le Nord, commandaient, en cas de guerre, les milices bourgeoises.

7.

qui réglaient les principaux actes civils, et déterminaient les peines et les délits les plus communs, tant au civil qu'au criminel. C'est ce qu'on désignait sous le nom de *rédaction des coutumes*. Ces coutumes étaient soit les lois municipales qu'un long usage avait fait nommer ainsi, soit celles que la commune ou le municipe adoptait en se formant, et auxquelles l'usage à venir allait mériter ce nom. Quelques autres priviléges moins importants, mais à certains égards plus particuliers aux cités du moyen âge, figuraient encore dans les chartes : tel était le droit d'avoir un hôtel commun pour les assemblées des bourgeois, une cloche pour les annoncer, un beffroi où cette cloche était suspendue et qui quelquefois servait de prison, un sceau pour sceller les délibérations, etc.

Ces priviléges étaient compensés par diverses charges. Outre les redevances pécuniaires envers le roi et les seigneurs, redevances auxquelles les villes s'assujettissaient lors de la concession même de la charte, les bourgeois devaient encore contribuer, comme on le voit par plusieurs chartes, entre autres par celles de *Noyon* et de *Pontoise*, à l'entretien et aux réparations des murs, des ponts, des rues, des édifices publics. Ils devaient aussi le guet et la garde, et dans les moments de danger tous étaient tenus de se rassembler en armes pour veiller à la défense de la ville. Mais tout habitant d'une ville n'était pas bourgeois. *Manants sont ceux qui demeurent ès villes et cités, et n'ont point franchise de la bourgeoisie.* Ceux-ci n'étaient tenus qu'à payer les aides de la ville, et non point les redevances particulières aux bourgeois, dont ils ne partageaient point les priviléges.

La révolution qui émancipa les villes est l'un des plus grands événements de l'histoire de France au moyen âge. De là naquit cette *bourgeoisie*, ce *tiers état*, qui devait, à la longue, absorber les autres classes et devenir pour un temps la *nation*. « La bourgeoisie, d'abord faible, obscure, méprisée, n'ayant aucuns droits politiques et à peine des droits civils, n'a cessé de s'élever pendant huit siècles ; elle a tout conquis, richesses, lumières, pouvoir ; c'est elle qui a transformé la société et déterminé notre civilisation ; c'est elle qui a modifié le clergé, détruit la noblesse, changé la royauté, et a fini par se déclarer la puissance suprême, en proclamant la souveraineté du peuple. » (LAVALLÉE.)

Toutefois, la masse du peuple, en dehors des communes

affranchies, restait *corréable et taillable à merci*. C'était l'extinction progressive du servage dans tout le royaume et l'anéantissement des institutions féodales elles-mêmes, qui devait lui donner un rang dans la nation, dont il lui était réservé de régler à son tour les destinées.

28. INTERVENTION DU ROI DANS CETTE RÉVOLUTION. — Nous avons vu à quel titre la royauté intervint d'abord dans les démêlés des communes avec les seigneurs féodaux; mais elle ne tarda pas à comprendre qu'il y avait pour elle un profit bien plus grand à tirer de cette révolution que l'accroissement de revenus qui pouvait résulter pour son fisc des redevances annuelles plus ou moins considérables que les bourgeois lui payaient pour s'assurer sa protection ou pour obtenir une charte revêtue de la signature royale. Louis le Gros, il est vrai, paraît n'avoir entrevu qu'à peine combien l'affranchissement des communes pouvait devenir un moyen efficace d'affaiblir la féodalité et de préparer la ruine de cette redoutable ennemie de la puissance royale: mais l'adroite politique de ses successeurs le comprit parfaitement, et dès lors, on les voit empressés de favoriser une révolution si utile à l'affermissement de leur propre pouvoir, en déclarant que les communes ainsi affranchies relèveraient immédiatement de la couronne, et que, par le fait même de leur affranchissement, elles contractaient immédiatement et directement envers le roi l'obligation du service militaire.

Si la royauté encourageait, provoquait même l'établissement des villes de communes dans les domaines des seigneurs féodaux, elle se conduisit d'après d'autres principes dans ses propres domaines. Là, elle concède bien et même d'assez bonne grâce, aux bourgeois des villes, des priviléges ayant pour objet de protéger leur commerce et leur industrie, de les mettre à l'abri des vexations des officiers royaux, et d'augmenter leur bien-être matériel (1); mais pour ces villes de *bourgeoisie*, comme on les appelait, point de charte de commune, point de véritable constitution municipale, point de ces franchises qui faisaient des cités communales autant de républiques. Et cependant, ces villes ne furent pas celles qui prospérèrent le moins, comme le prouve l'exemple d'*Orléans*, qui, bien que n'ayant jamais

---

(1) Tel est le caractère des franchises accordées par Louis le Gros à la ville de *Lorris en Gâtinais* et aux villes d'*Etampes*, de *Compiègne*, etc.

en de constitution municipale, de magistrature indépendante, de juridiction qui lui fût propre, n'en vit pas moins se développer d'une manière remarquable, sous l'administration des officiers royaux, et à la faveur des priviléges si précieux d'une simple ville de bourgeoisie, sa population, sa richesse et son importance.

79. Histoire de la commune de Laon. — Rien ne saurait donner une plus juste idée du triple rôle joué dans l'affranchissement des communes par le peuple, les seigneurs et le roi, que l'histoire de l'origine et de la formation de la commune de Laon, qui a fourni à un éminent historien le sujet d'un de ses plus remarquables récits. (Aug. Thierry, *Lettres sur l'histoire de France*.)

La riche et puissante cité de Laon, ce dernier domaine des Carlovingiens, était livrée aux querelles des nobles et des bourgeois, quand l'évêché-seigneurie (n° 66) fut acheté à prix d'argent par le Normand *Gaudry*. C'était l'un de ces prélats féodaux qui apportaient dans le sacerdoce leurs mœurs violentes et cupides. Son avènement ne fit qu'accroître le désordre dans la ville. Les bourgeois dans leur détresse lui offrirent une grosse somme pour obtenir la permission d'établir un conseil électif qui serait chargé de l'administration de la cité, et composé d'un maire et de douze jurés, investis du droit de convoquer le peuple au son de la cloche, de juger les délits et de faire exécuter leurs décisions. L'évêque consentit à tout, jura de respecter les attributions de la nouvelle municipalité, et pour plus de sûreté, la commune ainsi réorganisée se fit confirmer la concession de l'évêque par le roi Louis VI, moyennant 400 livres d'argent (1109).

Mais trois ans après, le roi lui-même se rétracta lorsque l'évêque, voulant ressaisir la plénitude de son autorité, lui eut offert une plus forte somme pour prix de son manque de foi. A cette nouvelle, il s'éleva dans la ville un grand tumulte. Tandis que l'évêque, persistant dans ses desseins, se disposait à lever sur les bourgeois les sommes promises au roi, ceux-ci prenaient les armes de toutes parts. La maison de l'évêque fut investie par une foule furieuse, emportée d'assaut, et lui-même fut renversé d'un coup de hache dans un cellier où il s'était réfugié.

L'insurrection était victorieuse. Toutefois, les bourgeois, épouvantés eux-mêmes des excès qu'ils avaient commis, redoutèrent la vengeance d'un roi qui avait coutume d'aller partout réprimer le désordre n° 74). Ils demandèrent la protection du puissant seigneur Thomas de *Marle*, qui, pour une grosse somme, donna asile à ceux qui voulurent dans son château de Crécy. Ceux qui demeurèrent dans la ville se virent aussitôt attaqués par les anciens partisans de l'évêque, les paysans du voisinage opprimés longtemps par la bourgeoisie et les vassaux du seigneur de Marle lui-même, qui profitaient de cette confusion pour piller à leur tour. La ville de Laon fut livrée à toutes les dévastations.

Un sort plus déplorable encore attendait les bourgeois réfugiés auprès du seigneur de Marle. La ville de Crécy fut assaillie par tous les nobles du voisinage qui avaient pris parti pour l'évêque. Ils forcèrent Thomas de Marle à livrer les fugitifs, qui furent pendus autour de son manoir. Le roi lui-même entra dans Laon et abolit la commune. Elle devait toutefois se relever d'un si terrible échec moins de seize ans après. L'évêque Gaudry, qui avait survécu à ses blessures, donna en 1128 une nouvelle charte qui fut cette fois encore ratifiée par le roi.

80. Pouvoir croissant du roi. — Lutte contre Henri Iᵉʳ, roi d'Angleterre. — L'histoire de la commune de Laon nous montre sans doute dans Louis le Gros un protecteur fort peu ardent des libertés communales, puisqu'il consent à les abandonner pour peu qu'il y trouve son profit; mais elle nous révèle en même temps cette action de plus en plus puissante de l'autorité royale venant désormais terminer les querelles particulières et mettre fin au désordre dans toutes les parties du royaume.

C'était un grand progrès pour le pouvoir royal que cette intervention sollicitée par les populations elles-mêmes qui commençaient à reconnaître un souverain au-dessus de leurs seigneurs particuliers. L'unité nationale se préparait à la faveur de ce mouvement général vers la royauté; les événements extérieurs allaient accélérer ce mouvement en rapprochant du roi les vassaux et les communes pour la défense du territoire.

Si ces nombreuses expéditions donnèrent à Louis beaucoup d'occupation, il eut du moins peu de chose à redouter des ennemis extérieurs. Le seul qu'il ait eu à combattre fut Henri Iᵉʳ, roi d'Angleterre et duc de Normandie, que la possession de ce grand fief rendait, comme son prédécesseur, l'ennemi naturel du roi de France. Les deux jeunes rois se regardaient déjà avec défiance, lorsque l'occupation par

Henri de la forteresse de *Gisors* décida la rupture. Situé sur l'Epte, rivière qui formait la limite de la France et de la Normandie, également redoutable pour les deux pays depuis qu'il avait été fortifié par le duc Guillaume le Roux, fils de Guillaume le Conquérant, ce château avait été remis au baron *Pains,* qui avait pris l'engagement de n'y laisser entrer ni Normands ni Français. Henri se l'étant fait livrer par ce seigneur (1109), Louis marcha contre lui. Bientôt les deux armées se rencontrèrent sur les bords de l'Epte. Le roi de France fit alors proposer à celui d'Angleterre de terminer leur querelle par un combat singulier; mais celui-ci rejeta ce défi chevaleresque, et la guerre, interrompue à diverses reprises (1113 et 1119), occupa une grande partie du règne de Louis, au grand dommage de la Normandie, ravagée sans cesse par les bandes pillardes qui suivaient chacun des deux partis. Le plus remarquable des combats qui se livrèrent fut celui de *Brenneville,* près de Louviers (1119), qui ne coûta pourtant la vie qu'à trois de ces chevaliers bardés de fer, qui cherchaient bien moins à se tuer réciproquement qu'à faire des prisonniers, afin d'en tirer de bonnes rançons. Aussi cent quarante chevaliers français tombèrent-ils au pouvoir des Anglais victorieux, qui faillirent même s'emparer du roi de France. Déjà un des leurs, ayant saisi la bride de son cheval, criait : *Le roi est pris!* lorsque Louis déchargea sur lui un grand coup d'épée en s'écriant : *Ne sais-tu pas qu'on ne prend jamais le roi aux échecs!*

Cette guerre parut devenir bien plus menaçante lorsque le roi d'Angleterre eut déterminé l'empereur Henri V, son gendre, à marcher de son côté contre le roi de France. La nouvelle de cette formidable invasion ne servit toutefois qu'à faire éclater la puissance que Louis avait rendue à la royauté et la réalité qu'il avait su donner à la suzeraineté royale, qui, jusque-là, n'avait été qu'un vain nom. Il court prendre à l'abbaye de Saint-Denis l'*oriflamme,* bannière célèbre, qui était de couleur rouge, fendue par le bas et suspendue au bout d'une lance dorée. A ce signal, tous les vassaux du roi et une partie des grands feudataires de la couronne se rassemblent autour du monarque; les églises de Saint-Denis et de Reims y joignent leurs nombreux vassaux; les communes, fières de l'existence politique qui vient de leur être rendue, envoient leurs milices au roi, qui se trouve bientôt à la tête de la plus brillante et de la plus nombreuse armée qu'eût encore commandée un prince de la troisième race. Mais ce fut vainement qu'elle attendit, aux environs de Reims, l'arrivée de l'empereur. Effrayé à la nouvelle d'un si redoutable armement, il opéra précipitamment sa retraite (1124), abandonnant lâchement son allié, qui fut réduit à faire de nouveau la paix.

81. Influence de Louis VI dans le Midi. — La corpulence excessive à laquelle Louis *le Gros* dut ce surnom ne l'empêcha pas de conserver jusque dans ses dernières années toute son activité, dont l'influence se faisait sentir jusqu'aux extrémités du royaume (voir ci-après) ; mais tant de fatigues finirent par épuiser ses forces, et lui occasionnèrent une maladie dont il mourut après avoir langui deux années ; « et comme il s'en retournait lentement de Melun à Paris, pour y prendre lit et mourir, grandes tourbes de gens contre lui venaient des villes et des châteaux et des charrues, et pleuraient tendrement pour l'amour qu'ils avaient en lui et pour la paix qu'il leur avait toujours gardée et tenue (1137). »

Ces simples et touchantes paroles de son historien suffiraient à son éloge. « Souvenez-vous, dit-il en expirant au fils qui allait lui succéder, que la royauté n'est qu'une charge publique dont vous aurez à rendre compte à celui qui dispose des sceptres et des couronnes. » — Ce fils, nommé Louis comme son père et substitué à son frère aîné, qui avait été associé avant lui à la couronne et était mort par suite d'un accident, avait été couronné au concile de Reims (1131) par le pape Innocent II. Chassé de Rome par Anaclet, qui lui disputait le trône pontifical, Innocent avait été reconnu comme pape légitime par le concile d'Étampes, entraîné par l'autorité de Suger, abbé de Saint-Denis, et de saint Bernard, abbé de Clairvaux, et il fut bientôt après rétabli sur son siége.

La réunion de la seigneurie de *Montlhéry* au domaine royal (1118) fut à peu près la seule acquisition directe faite par la couronne sous le règne de Louis le Gros ; mais ce qui importait bien plus à la royauté, c'est le respect pour elle, c'est la confiance en elle qui commençaient à renaître jusque dans les provinces les plus reculées, comme on en eut la preuve lorsque l'on vit dès l'année 1109 l'appui du roi réclamé par le plus éloigné de ses vassaux, le comte de *Barcelone* en Espagne, qui se voyait menacé par une invasion redoutable. Cette reconnaissance d'une suzeraineté qui remontait au temps de Charlemagne n'était pas un fait sans importance, puisque ce même comte de Barcelone acquit, peu de temps après, de nouvelles possessions en France par son mariage avec l'héritière du *Gévaudan* et de la *Provence*. Il y eut ainsi dans le Midi une France espagnole comme il y avait une France allemande à l'orient, et une France anglaise à l'occident.

Le règne de Louis le Gros est encore remarquable par les progrès des lettres et des fortes études en France, progrès attestés alors par des noms illustres : *saint Bernard*, que ses vertus, ses immenses connaissances et son éloquence entraînante, rendirent l'arbitre de son siècle ; *Abailard*, moins célèbre encore par son prodigieux savoir et sa haute réputation comme professeur que par ses malheurs et par la tendre affection d'*Héloïse*, son épouse ; enfin *Suger*, abbé de Saint-Denis, dont la réputation comme historien, malgré son style prétentieux, n'est pas éclipsée complétement par la gloire qu'il s'est acquise comme ministre prudent et habile sous le règne de Louis le Jeune.

QUESTIONNAIRE. — 74. Quel surnom a reçu Louis VI ? — Quel autre serait-il plus juste de lui donner ? — Quel service rendit-il à la royauté, et par suite à la nation, en luttant contre la féodalité ? — Quelle fut la conduite de Louis du vivant de son père ? — Quels surnoms lui furent alors donnés, et comment fut-il associé au trône ? — Quels ennemis lui suscita sa marâtre ? — Parvint-il à en triompher ? — Comment força-t-il à l'obéissance Aymon, seigneur de Bourbon ? — Contre quels autres vassaux eut-il encore à sévir ? — Quelles églises Louis le Gros protégea-t-il spécialement ? — 75. Quelle était la situation des serfs et des villains ? — Celle du peuple des villes était-elle semblable ? — Indiquez les causes et les effets de cette différence. — 76. Faites connaître ce qui avait subsisté de l'ancien régime municipal romain. — 77. De quelle époque date l'affranchissement des communes ? — Où commença cette révolution ? — Comment les communes obtinrent-elles leurs droits ? — Quelles furent les premières communes affranchies ? — 78. Louis le Gros favorisa-t-il ces affranchissements ? — Dans quel but ses successeurs se montrèrent-ils les protecteurs des communes ? — Que firent-ils à l'égard des villes de leurs propres domaines ? — 79. *Racontez avec quelques détails l'histoire de la commune de Laon.* — 80. Comment s'accrut rapidement la puissance du roi Louis le Gros ? Quel ennemi extérieur eut-il encore à combattre ? — Quelle circonstance fit éclater la guerre ? — Quel défi Louis envoya-t-il à Henri Ier ? — Qu'arriva-t-il à Louis au combat de Brenneville ? — Louis le Gros ne se vit-il pas attaqué par un autre ennemi ? — Sous quelle bannière rassembla-t-il son armée ? — Les guerriers qui se réunirent à ce signal étaient-ils fort nombreux ? — Quel parti prit alors Henri V ? — 81. Jusqu'où s'étendait l'influence active de la royauté ? — Quel vassal éloigné implora le secours du roi ? — Comment Louis le Gros termina-t-il son règne ? — Où et par qui avait-il fait couronner son fils ? — Rapportez les dernières paroles qu'il lui adressa ? — Quelle acquisition fit le domaine royal sous ce règne ? — Quels hommes célèbres vécurent sous le règne de Louis le Gros ?

CHAPITRE TREIZIÈME.

LOUIS VII, DIT LE JEUNE, PHILIPPE-AUGUSTE ET LOUIS VIII.

(1137-1226).

SOMMAIRE.

§ Ier. 82. Louis le Jeune devint roi en 1137, il avait été associé au trône six ans auparavant, et avait épousé Éléonore de Guyenne, qui lui apporta le Poitou, le Limousin, la Gascogne, les comtés de Bordeaux et d'Agen.

83. Pour expier le sac de Vitry (1142), Louis, troublé par les remords, se laissa entraîner par saint Bernard à faire la seconde croisade de concert avec l'empereur Conrad. L'administration du royaume fut laissée au ministre Suger, qui s'était vainement opposé au départ du roi (1147). Après deux années de revers, le roi revint (1149).

84. A son retour, Louis commit une grande faute politique en répudiant Éléonore, qui épousa Henri Plantagenet, héritier du trône d'Angleterre, et lui porta ses vastes domaines. La lutte éclata entre le roi et son trop puissant vassal, dont les possessions en France furent encore augmentées par le mariage de son troisième fils Geoffroy Plantagenet avec l'héritière du duché de Bretagne (1166).

85. Les révoltes des fils de Henri soutenus par Louis VII, et surtout le meurtre de Thomas Becket, qui souleva une indignation et une révolte générales compromirent les avantages du roi d'Angleterre ; il triompha cependant après qu'il eut reçu l'absolution du pape.

86. Louis VII était un prince faible et dépourvu de sagacité ; cependant l'impulsion donnée par Louis le Gros continua, et grand nombre de chartes furent octroyées, grâce à la sagesse, à la fermeté et aux talents de l'abbé Suger, qui gouverna le royaume avec une grande habileté en l'absence du roi ; il se retira peu de temps après son retour, prépara une croisade, et mourut en 1151. Louis VII épouse Constance de Castille (1154), puis Alix de Champagne (1160), et meurt (1180).

§ II. 87. Philippe-Auguste (1180-1223) était d'un caractère ferme et élevé. Les seigneurs furent réduits à l'impuissance, et le comte de Flandre vaincu (1185) lui abandonna le Vermandois. Il résolut d'achever de replacer la royauté à son rang ; pour y parvenir, il régularisa la juridiction de la cour des pairs.

88. La prise de Jérusalem (1187) donne lieu à la troisième croisade. Les rois de France et d'Angleterre prennent la croix ; ils lèvent la dîme saladine. Philippe s'embarque à Gênes et Richard à Marseille ;

ils passent l'hiver en Sicile, où éclate leur rivalité ; arrivés en terre sainte (avril et juin 1191), ils s'emparent de Saint-Jean-d'Acre; après de nouvelles discussions, Philippe repart pour la France (1191) et Richard pour l'Angleterre (1192). La lutte qui avait commencé entre Philippe-Auguste et Henri II d'Angleterre continue plus vive avec Richard Cœur-de-lion.

89. Jean Sans-terre, prince d'un caractère odieux, succède à Richard ; la lutte continue avec Philippe, qui s'empare d'un grand nombre de provinces. Jean ayant fait assassiner Arthur de Bretagne (1203), Philippe le fait condamner par la cour des pairs, et la confiscation prononcée est sanctionnée par la conquête du Vexin, de la Normandie, du Maine, de l'Anjou, de la Touraine, du Poitou et de l'Auvergne ; il en résulte un énorme accroissement du domaine royal.

90. Jean organise une ligue contre Philippe-Auguste, appuyée par des soulèvements dans les provinces et les conspirations des seigneurs. Une grande bataille se livre à Bouvines (1214) ; l'armée du roi de France renfermait les milices de seize communes; le combat fut acharné et l'empereur Otton vaincu battit en retraite.

91. Philippe-Auguste ne prend pas part à la quatrième croisade prêchée par Foulques de Neuilly, et dirigée par Baudoin de Flandre ; elle aboutit à la prise de Constantinople (1204) et à la fondation d'un empire français sur les ruines de l'empire d'Orient. La féodalité fut introduite en Grèce. Une croisade d'enfants a lieu en (1213).

92. L'ignorance de ces temps fit éclater des persécutions d'abord contre les Juifs, puis contre les Albigeois dont les pernicieuses doctrines infestaient le Midi. Les persécutions avaient été inutiles pour les ramener, l'inquisition fut établie. Le légat Pierre de Castelnau ayant été tué, une croisade fut prêchée contre les hérétiques. Cette guerre, dirigée par Simon, puis Amaury de Montfort, dura de 1207 à 1222 ; les antipathies de races devaient lui donner un caractère de guerre nationale ; aussi fut-elle signalée par des atrocités, telles que le massacre de Béziers (1209). Philippe-Auguste s'honora en refusant les dépouilles du comte de Toulouse.

93. Jean Sans-terre a été réduit à une impuissance complète par la bataille de Bouvines. Ses barons lui ont imposé la Grande Charte (1215), mais sa mauvaise foi occasionne une révolte. Louis de France descend en Angleterre et reçoit la couronne ; il la perd (1216) à la mort de Jean.

94. Philippe-Auguste fut un habile administrateur ; il organisa la cour des pairs et la composa de six grands feudataires et de six pairs ecclésiastiques, auxquels furent adjoints divers seigneurs. Il accorda sa protection aux lettres, au commerce, embellit Paris et les autres villes du domaine royal. Il montra du respect pour les droits des particuliers. Le corps des Ribauds fut établi sous ce règne.

95. Louis VIII, dit le Lion (1223-1226) monte sans opposition sur le trône. Il continue la guerre contre les Albigeois et les Anglais. Il prend à ceux-ci le bas Poitou, l'Aunis, le Périgord ; envahit les États du comte de Toulouse condamné au concile de Bourges (1225) et au parlement de Paris (1226) ; prend Avignon et Nîmes et meurt en Languedoc (1226).

§ Ier LOUIS VII.

82. MARIAGE DE LOUIS VII AVEC ÉLÉONORE DE

Guyenne. — Aucun prince n'était encore monté sur le trône de France dans des circonstances plus favorables que celles au milieu desquelles eut lieu l'avénement de *Louis le Jeune* (1137-1180). Déjà reconnu comme roi depuis six ans, il héritait sans contestation d'un pouvoir que les plus puissants vassaux avaient appris à respecter. Au moment même de la mort de son père, qu'il apprit à Poitiers, il venait d'être couronné, dans cette ville, duc d'*Aquitaine*, par suite de son mariage avec *Éléonore*, fille et héritière du dernier duc de ce pays, et son domaine particulier, jusque-là fort restreint, recevait ainsi un accroissement considérable par l'adjonction des vastes provinces du *Poitou* et du *Limosin*, du duché de *Gascogne* et des comtés de *Bordeaux* et d'*Agen*. Nous dirons bientôt comment Louis le Jeune laissa passer ce riche héritage au plus dangereux ennemi de la France. Cet événement désastreux devait être l'un des résultats de la croisade que Louis VII allait entreprendre peu de temps après son avénement.

83. Seconde Croisade. — Dans une expédition contre le comte de Champagne, qui par sa turbulence avait encouru le ressentiment du roi, celui-ci avait pris et saccagé la petite ville de *Vitry* (1142). Le feu mis à la ville par les soldats gagna l'église, dans laquelle treize cents personnes périrent brûlées ou étouffées par l'incendie. La vue de cet horrible spectacle inspira de violents remords à Louis, déjà précédemment frappé des censures de l'Église à propos de quelques démêlés avec le saint-siége. La nouvelle des désastres éprouvés par les chrétiens de la terre sainte (voir notre *Histoire du Moyen Age*, chap. XIX) le détermina à marcher à leur secours, pour expier le crime involontaire dont il se regardait comme l'auteur. Saint *Bernard* appuya de toute la force de son éloquence cette entreprise, dans laquelle il entraîna aussi l'empereur Conrad. En vain, le sage ministre Suger représenta-t-il à Louis le Jeune combien sa présence était nécessaire dans son royaume, afin d'y consolider la prospérité que le rétablissement de l'autorité royale commençait à y faire renaître; Louis, sans se rendre aux prudents conseils de cet habile ministre, eut du moins la sagesse de lui confier en son absence l'administration de ses États. Ayant reçu la croix des mains de saint Bernard, il partit avec presque toute sa noblesse pour la terre sainte (1147). — La croisade échoua par le défaut de concert entre le roi de France et l'empereur. Après deux années de revers,

Louis revint dans ses Etats sans soldats et sans gloire (1149). Il y eut pourtant une compensation pour la royauté aux calamités de cette croisade. Les grands vassaux y apprirent à se grouper autour du roi, à combattre sous ses ordres, et contractèrent ainsi, pendant cette guerre lointaine, des habitudes de soumission qui ne devaient pas rester sans influence sur leur conduite lorsqu'ils furent rentrés dans le royaume.

84. DIVORCE DE LOUIS VII. — VASTES POSSESSIONS DU ROI D'ANGLETERRE EN FRANCE. — La prudence de l'habile ministre Suger avait conjuré les conséquences de la première faute de Louis : celle que ce prince commit à son retour de la seconde croisade eut des suites bien plus fatales à la France. Il avait été accompagné dans cette expédition par son épouse Eléonore d'Aquitaine, dont la conduite scandaleuse lui donna de trop justes sujets de plaintes. Rentré dans ses Etats, il s'occupa des moyens d'opérer son divorce avec elle. Ce divorce fut prononcé (1152) sous prétexte de parenté entre les deux époux. Eléonore, devenue libre, se vit recherchée en mariage par les princes les plus puissants, et accorda sa main, l'année même de son divorce, à *Henri Plantagenet*, héritier présomptif de la couronne d'Angleterre. Ce prince, qui possédait déjà en France la *Normandie* et l'*Anjou*, y réunit les provinces dont se composait le riche héritage d'Eléonore : de sorte que, au moment où il monta sur le trône d'Angleterre (1154), il se trouva en France même beaucoup plus puissant que le roi. Dès lors éclata définitivement cette longue rivalité qui devait être si funeste à notre patrie. La lutte avait commencé entre les deux princes avant même que Henri ne fût monté sur le trône (dès l'an 1152), et elle continua, sans événements bien remarquables, jusqu'à la fin du règne de Louis le Jeune. Elle fut interrompue néanmoins à plusieurs reprises par des traités de paix toujours mal observés, et même par une union de famille entre les deux rois. Louis consentit (1158) à accorder sa fille *Marguerite* en mariage à *Henri*, l'aîné des fils du roi d'Angleterre. Ce dernier roi augmenta encore ses domaines en France (1166) par un autre mariage, celui de *Geoffroy*, son troisième fils, avec la jeune héritière du duché de *Bretagne*, qu'il gouverna comme tuteur des deux époux.

85. DIVERSIONS FAVORABLES A LOUIS. — Henri faillit compromettre tous ses progrès par un crime dont les conséquences furent fatales à sa puissance. Déjà, il avait eu à réprimer l'insubordination de ses fils, secrètement encouragée par le roi de France, quand le meurtre de l'archevêque de Cantorbéry, *Thomas Becket*, tué par ses ordres ou au moins avec son assentiment (voir *Histoire du Moyen Age* chap. xxvi), souleva contre lui l'indignation universelle (1170). Henri vit ses provinces françaises mises en interdit par le saint-siége pour la part qu'il avait eue à cet assassinat. Ces circonstances réveillèrent les ambitieuses espérances des fils du roi, qui eut bientôt à combattre une révolte formidable dont le roi de France était l'âme. Toutefois, Henri, après avoir obtenu l'absolution du pape et fait amende honorable sur le tombeau de *saint Thomas de Cantorbéry*, parvint à triompher de ses ennemis, et recouvra par son activité ce qu'il avait un instant perdu.

86. Administration de Louis VII. — Suger. — L'administration intérieure, non du roi lui-même, mais de son sage ministre, avait compensé les désastreux résultats des fautes politiques de Louis VII. Ce prince faible et sans caractère, dominé par ses goûts personnels, et dont les premières années seulement rappelèrent quelque chose de la bienfaisante énergie de son père, fut de tous les rois qui ont gouverné la France l'un des plus étrangers à toute pensée publique. Néanmoins, la révolution accomplie sous le règne de Louis le Gros, dans la nature et la situation de la royauté, était tellement dans les besoins du temps, qu'entre les mains d'un prêtre, de l'abbé Suger, le pouvoir royal suivit la même marche, conserva la même physionomie que lui avait imprimée l'actif et belliqueux Louis le Gros. L'impulsion avait été donnée avec tant de force, que Louis VII, dont la conduite était plutôt de nature à éloigner la considération qu'à la provoquer, la vit cependant de toutes parts entourer son trône. Les chartes à donner aux villes, et dont un très-grand nombre datent de ce règne, le jugement de toutes les contestations entre les bourgeois, les seigneurs et les clercs, la décision même des différends qui s'élevaient entre les plus grands vassaux, la répression des brigandages et des entreprises contre l'autorité royale, tout continuait à aboutir au trône, même en l'absence de Louis, et pendant tout le temps qu'il passa à la seconde croisade.

On a vu que c'était à Suger que Louis en son absence avait laissé le gouvernement du royaume. Suger, qui avait pour maxime « qu'il vaut mieux que tous aient un seul maître qui les défende que de périr tous en n'ayant pas de maître, » continua en quelque sorte l'œuvre de Louis le Gros. Il gouverna avec une sagesse et une fermeté qui lui firent donner les noms de Salomon de la France et de Père de la patrie. Malheureusement, ce grand ministre, qui n'avait cessé de presser le retour du roi, se hâta de remettre entre ses mains le gouvernement, et rentra dans son abbaye, d'où il ne sortait que pour assister aux conseils des princes et porter secours aux malheureux. On s'étonne, en voyant ce prudent politique, si opposé à la seconde croisade, provoquer à son tour une entreprise semblable, qu'il se proposait même de diriger en personne ; mais la mort le surprit au milieu de ses préparatifs (1151), et priva ainsi du plus sage de ses conseillers le roi de France, dont l'affliction fut vivement partagée par toute la nation.

Louis le Jeune, après s'être séparé d'Éléonore, épousa successivement *Constance* (1154), fille du roi de Castille, et, six semaines après la mort de cette princesse (1160), *Alix*, fille de *Thibault le Grand*, comte de Champagne. Cette dernière lui donna un fils nommé *Philippe*, qu'il fit couronner avec pompe l'année qui précéda sa mort (arrivée en 1180).

§ II. PHILIPPE-AUGUSTE, LOUIS VIII.

82. PHILIPPE-AUGUSTE (1180). — Sous les deux règnes de Louis le Gros et de Louis le Jeune, la royauté avait reconquis dans l'opinion le rang qui lui appartenait ; mais la puissance, et la force matérielle lui manquaient encore : ce fut Philippe-Auguste qui les lui assura. Ce prince entrait à peine dans sa quinzième année, lorsque la mort de son père fit passer entre ses mains l'autorité royale. Sa mère et ses oncles voulurent profiter de sa jeunesse pour partager le pouvoir avec lui; mais il montra sur-le-champ, par le soin jaloux et la fermeté avec lesquels il le retint, qu'il saurait triompher des résistances de ses plus puissants vassaux. Eux aussi crurent en effet les circonstances favorables pour renouveler contre lui les mêmes résistances, les mêmes coalitions qui avaient tant exercé l'activité et la persévérance de son grand-père. Mécontents de l'union qu'il avait contractée, malgré leur avis et celui de ses parents, avec *Isabelle*, nièce du comte de Flandre, ils prirent les armes contre lui. Toutefois, réduits bientôt à l'impuissance, ils se réconcilièrent avec le jeune roi, et marchèrent même avec empressement sous sa bannière, lorsqu'il se brouilla avec ce même comte de Flandre au sujet de la possession du *Vermandois*. Les villes de la Flandre, non moins célèbres à cette époque par leur commerce, leur industrie et leurs richesses, que par l'esprit turbulent et belliqueux de leur nombreuse population, avaient fourni à leur comte une armée considérable, qui s'avança rapidement jusqu'à neuf lieues de Paris; mais elle ne tint pas devant la chevalerie française. Voyant à son tour ses frontières envahies, le comte de Flandre reconnut à genoux la suzeraineté du roi de France, auquel il abandonna le *Vermandois*, à la réserve des villes de *Péronne* et de *Saint-Quentin* (1185).

Ces premiers succès confirmèrent Philippe-Auguste dans la résolution qu'il avait prise, dès son avénement au trône, de replacer la royauté au rang qu'elle devait occuper. Au milieu des embarras que lui causait dans les premières années de son règne la révolte des seigneurs, on l'avait entendu s'écrier : « Quelque chose qu'ils fassent maintenant, leurs violences, leurs grands outrages et grandes vilenies, si me les convient à souffrir : s'il plaît à Dieu, ils affaibliront et ils envieilliront, et je croîtrai, s'il plaît à Dieu, en force et en pouvoir : si en serai à mon tour vengé à mon plaisir. » Ces paroles, qu'une vieille chronique attribue à Philippe-Auguste, contenaient à la fois et le germe des grands projets qu'il sut accomplir, et l'aveu de sa faiblesse. A son avénement, en effet, le domaine royal rentré dans les bornes qui le contenaient sous Louis le Gros, ne dépassait guère les limites des cinq départements actuels de la Seine, de Seine-et-Oise, de Seine-et-Marne, de l'Oise et du Loiret. C'était un théâtre trop resserré pour l'ambition de Philippe-Auguste, qui se proposa de bonne heure un double but, l'agrandissement de son domaine et l'extension des droits de la royauté sur tous les vassaux de la couronne. Il y parvint par son courage, par sa persévérance, et aussi par l'habileté avec laquelle il profita, pour fortifier son pouvoir, de quelques idées devenues populaires à cette époque. — Philippe-Auguste, réclamant à son profit l'application des principes de la féodalité, déclare tout d'abord qu'à lui seul, comme chef de la hiérarchie féodale, appartient le jugement de toutes les questions de fief. En cette qualité, il somme évêques et barons de se soumettre aux jugements de la cour du roi et des barons du royaume; et se faisant ainsi contre la puissance féodale une alliée de la féodalité elle-même, il donne une formidable réalité à cette *Cour des pairs*, dont toute l'existence avait été jusque-là dans les romans de chevalerie. Et ce ne fut pas contre un faible vassal qu'il essaya la force de ce pouvoir nouveau : on le vit bientôt s'attaquer au plus redoutable de tous, et la féodalité étonnée aida elle-même au succès de l'audace du roi. Mais, avant d'exposer les détails de cette grande lutte contre les rois d'Angleterre, qui jeta tant d'éclat sur le règne de Philippe-Auguste, qu'elle occupe presque tout entier, arrêtons un moment nos regards sur un événement qui l'interrompit quelque temps, et signalons la part que prit la France aux croisades entreprises à cette époque.

88. LA TROISIÈME CROISADE. — RIVALITÉ DE PHILIPPE-AUGUSTE ET DE RICHARD COEUR-DE-LION. — Deux nouvelles croisades se dirigèrent vers l'Orient sous le règne de Philippe-Auguste. La prise par le fameux sultan d'Egypte, Saladin, de la ville de Jérusalem (1187), retombée ainsi au pouvoir des infidèles, quatre-vingt-huit ans après sa conquête par les premiers croisés, causa dans toute l'Europe une vive douleur. Ce sentiment se manifesta par l'enthousiasme avec lequel les plus illustres guerriers de l'Occident s'enrôlèrent pour voler à la délivrance de la cité sainte. Oubliant leurs querelles, les rois de France et d'Angleterre, Philippe-Auguste et Henri II, prirent la croix en présence de leurs barons (janvier 1189); de nombreux privilèges furent assurés aux croisés, et l'impôt connu sous le nom de *dîme saladine* fut établi dans les deux royaumes pour subvenir aux frais de l'expédition.

La mort de Henri II retarda le départ; mais son fils *Richard*, résolu à tenir le serment qu'il avait prêté avec lui, vint rejoindre à *Vézelay* (juillet 1190) Philippe-Auguste, dont il allait être le rival de gloire. Déjà ils s'étaient promis tous deux garantie mutuelle et prompte assistance contre quiconque, en leur absence, exciterait du trouble dans leurs Etats. Ils allèrent s'embarquer, non pas avec de nombreuses armées, mais avec un petit nombre de chevaliers choisis, le roi d'Angleterre à *Marseille*, et celui de France à *Gênes*. Les deux princes se retouvèrent en Sicile, où les vents contraires les forcèrent à passer l'hiver. Ce fut là qu'éclata entre eux une rivalité qui devait les rendre à jamais irréconciliables. Ils poursuivirent toutefois leur route vers la terre sainte; mais tandis que Philippe débarquait (avril 1191) à *Saint-Jean-d'Acre*, dont le roi *Guy de Lusignan* avait entrepris le siége, Richard s'arrêtait à conquérir l'île de Chypre. Son arrivée (juin 1191) permit enfin de pousser vivement le siége de la place, qui tomba bientôt au pouvoir des chrétiens (12 juillet). Ce fut le seul résultat de cette expédition. — Les divisions qui régnaient entre les croisés ne laissaient guère d'espoir de reprendre la ville sainte : bientôt Philippe-Auguste, blessé des hauteurs de Richard et jaloux de l'espèce de supériorité que donnait à ce prince sa bravoure chevaleresque, se rembarqua pour la France (août 1191), laissant son rival en Palestine. Celui-ci, après s'y être rendu fameux par les exploits qui lui ont mérité le surnom de *Cœur-de-lion*, quitta à son tour la terre sainte l'année suivante (octobre 1192) ; mais, traîtreusement arrêté comme il traversait l'Allemagne, il ne rentra dans ses États 1194 qu'après une longue captivité.

Dès que Philippe-Auguste essayait de reculer les limites de son domaine, non comme roi, mais seulement comme seigneur féodal, il rencontrait un voisin bien plus puissant que lui, le roi d'Angleterre, en possession de cette dot d'Éléonore d'Aquitaine que Louis le Jeune avait perdue (nº 84).

Maître de toute la France occidentale, depuis la Manche jusqu'aux Pyrénées, ce souverain était par conséquent très-supérieur en force au roi de France, quoique son vassal. Ce fut cependant contre ce vassal et ses possessions que se tournèrent les efforts de Philippe-Auguste. Tant que Henri II vécut, ils eurent peu de succès et ne furent même tentés que timidement. Henri, prince habile, énergique, obstiné, redouté à la fois comme guerrier et comme politique, avait sur Philippe tous les avantages de la position et de l'expérience. Il en usa sagement, garda habituellement avec son jeune suzerain une attitude pacifique, et déjoua la plupart des tentatives sourdes et des expéditions à main armée par lesquelles Philippe essaya de l'entamer : modération qui, de la part d'un vassal à l'égard d'un souverain moins puissant que lui, prouve d'une manière frappante le progrès moral de la royauté. — Mais, après la mort de Henri II (1189), Philippe eut affaire à ses deux fils, Richard et Jean Sans-terre, dont les complots parricides avaient plus d'une fois menacé les jours de leur père, et qui, favorisés dans leurs révoltes par le roi de France, avaient longtemps combattu dans les rangs de l'armée française. « Richard Cœur-de-lion est, sans nul doute, le roi féodal par excellence, c'est-à-dire le plus hardi, le plus inconsidéré, le plus passionné, le plus brutal, le plus héroïque aventurier du moyen âge. Philippe-Auguste devait lutter avec grand profit contre un tel homme. Philippe était d'un sens rassis, patient, persévérant, peu touché de l'esprit d'aventure, plus ambitieux qu'ardent, capable de longs desseins, et assez indifférent dans l'emploi des moyens. Il ne fit point sur le roi Richard ces grandes et définitives conquêtes qui devaient rendre à la France la meilleure partie de la dot d'Éléonore d'Aquitaine : mais il les prépara par une multitude de petites acquisitions, de petites victoires, et en assurant de plus en plus sa supériorité sur son rival. »

89. CONDAMNATION DE JEAN SANS-TERRE. — ACQUISITION DE PLUSIEURS PROVINCES. — « A Richard succéda Jean Sans-terre, poltron et insolent, fourbe et étourdi, colère, débauché, paresseux, vrai valet de comédie, avec la prétention d'être le plus despote des rois. Philippe avait sur lui, encore plus que sur son frère Richard, d'immenses avantages, et il sut bien s'en prévaloir. » (M. GUIZOT.) La guerre qui avait éclaté entre Philippe-Auguste et Richard après leur retour de la croisade, quoique signalée par d'horribles dévastations dans le Vexin et la Normandie et par le combat de *Gisors* (1198), où Philippe avait failli tomber au pouvoir de son vassal, s'était cependant terminée sans résultats importants. Il n'en fut pas de même de celle que recommença Philippe-Auguste dès qu'il eut appris la mort de son redoutable rival. Après sept années d'une lutte plusieurs fois interrompue (1199-1206), il enleva à Jean la plus grande partie de ce qu'il possédait en France. « Philippe se fût probablement passé de procédure légale pour faire sanctionner ses conquêtes ; mais Jean lui en fournit un merveilleux prétexte : il assassina de sa propre main, dans la tour de Rouen (avril 1203, son neveu *Arthur*, duc de Bretagne, et, à ce titre, vassal de Philippe-Auguste, auquel il venait prêter hommage. Philippe fit sommer Jean, comme son vassal, de comparaître devant la cour des barons de France, ses pairs, pour se justifier de cet acte. » (M. GUIZOT.) Ayant vainement demandé un sauf-conduit, Jean refusa de se présenter, mais il n'en fut pas moins condamné et déclaré déshérité de toute la terre qu'il possédait dans le royaume de France. Ce fut ainsi que le domaine royal, accru déjà du *Vermandois* (n° 87) et de l'*Artois*, que Philippe-Auguste avait recueilli comme héritier du comte de Flandre (1192), se trouva tout à coup augmenté (1204) des belles provinces du *Vexin*, de la *Nor-*

mandie, du *Maine*, de l'*Anjou*, de la *Touraine*, du *Poitou* et de l'*Auvergne*. Ces vastes États renfermaient (1217) soixante-dix-huit *prévôtés royales* ou terres appartenant en propre au roi, dont quarante-sept avaient été conquises par lui. Celles que l'on désignait plus particulièrement sous le nom de prévôtés de France, et qui ne comprenaient pas les acquisitions faites aux dépens des rois d'Angleterre, lui rapportaient un revenu de quarante-trois mille livres (1,032,000 fr.).

90. Victoire de Bouvines. — La perte des riches provinces que Jean possédait en France, loin de mettre fin à sa rivalité avec Philippe-Auguste, ne fit que rendre ses ressentiments plus violents encore; mais détesté et méprisé de ses sujets, il était hors d'état de rien entreprendre par lui-même; il s'efforça donc de susciter à son rival des ennemis sur le continent. Philippe vit se former contre lui une ligue redoutable, dans laquelle entrèrent *Ferrand*, comte de Flandre, le plus digne adversaire du roi par sa bravoure personnelle et par l'intrépidité des milices que lui fournissaient les riches cités flamandes, l'empereur d'Allemagne Otton IV, *Renaud*, comte de Boulogne, les ducs de Brabant et de Limbourg. En même temps la Normandie, l'Anjou, le Poitou, la Touraine s'étaient soulevés contre les Français; et déjà, les seigneurs de l'Aquitaine avaient partagé le royaume avec ceux du Nord et avec le roi d'Angleterre et l'empereur. Les vœux secrets d'une foule d'autres feudataires plus ou moins puissants, impatients du joug nouveau qui leur était imposé, secondaient l'entreprise et en attendaient l'issue pour se déclarer. Toutes ces espérances, tous ces complots furent renversés par la célèbre victoire de *Bouvines* (27 juillet 1214). Tandis que Louis, fils aîné du roi, marchait vers la Loire, battait le roi d'Angleterre et le poursuivait jusque dans le Poitou, Philippe lui-même se dirigeait vers la Flandre. Il avait appelé à lui, contre ce dernier effort de la féodalité, les milices des communes; seize d'entre elles, *Noyon*, *Montdidier*, *Montreuil*, *Soissons*, *Bruyères*, *Hesdin*, *Cernay*, *Crespy* en Laonnais, *Crandeleu*, *Veley*, *Corbie*, *Compiègne*, *Roye*, *Amiens*, *Beauvais* et *Arras*, lui envoyèrent leurs guerriers. Cependant l'armée royale était encore inférieure de moitié à celle des confédérés. Celle-ci, forte de cent mille hommes au moins, vint à l'improviste attaquer les Français au moment où une moitié des leurs avait déjà passé le pont de Bouvines, entre Lille et Tournai. On se battit de part et d'autre avec tant d'acharnement, que le roi de France fut renversé de son cheval, blessé et foulé aux pieds des chevaux, et que l'empereur Otton fut sur le point d'être pris. Enfin la victoire se déclara pour les Français, qui firent un grand nombre de prisonniers, dont les plus illustres furent les comtes de Flandre et Boulogne. Otton, épouvanté, quitta précipitamment la France, qui se trouva ainsi délivrée de la plus redoutable invasion qu'elle eût subie depuis longtemps.

Les historiens ont célébré à l'envi cette victoire si glorieuse pour les armes nationales, et l'ont même embellie de circonstances tout à fait imaginaires. C'est ainsi qu'ils prétendent qu'au moment d'engager le combat, Philippe-Auguste déposa sa couronne sur un autel, l'offrant *au plus digne*, titre qui lui fut confirmé, disent-ils, par les acclamations unanimes de son armée. On ne trouve dans les récits contemporains aucune mention de ce fait, et les circonstances au milieu desquelles s'engagea la bataille en démontrent complétement l'invraisemblance.

§ 4. QUATRIÈME CROISADE. — FONDATION D'UN EMPIRE FRANÇAIS A CONSTANTINOPLE. — Quelques années avant ces derniers événemens avait eu lieu la quatrième croisade (1202-1204), dont les détails sont racontés ailleurs (*Histoire du Moyen Age*, chap. XX). Philippe-Auguste ne prit directement aucune part à cette expédition, prêchée par *Foulques*, curé de Neuilly, et dirigée par *Baudouin IX*, comte de Flandre, à la tête d'un grand nombre de chevaliers français et vénitiens. Détournée de son but par diverses circonstances, elle eut pour principal résultat la prise de Constantinople par les croisés (12 avril 1204), le renversement de l'empire d'Orient et la fondation d'un *Empire latin*, appelé aussi la *Nouvelle France*, mais qui ne devait subsister que cinquante-sept ans (1204-1261). Baudouin fut proclamé empereur, *Boniface de Montferrat* roi de Macédoine, l'historien *Villehardouin* maréchal de Romanie; plusieurs autres seigneurs français obtinrent dans l'ancienne Grèce des possessions plus ou moins importantes dans lesquelles ils transportèrent, avec la langue française, tous les usages de la féodalité.

Tel était à cette époque le zèle pour les croisades, qu'on vit aussi partir de France (1213) une *croisade d'enfants*. Ils marchaient en disant que c'était seulement aux cœurs purs et aux mains pures des enfants qu'il appartenait de reconquérir le saint sépulcre. Cette nouvelle croisade ne pouvait qu'être plus malheureuse encore que toutes les précédentes. Les fatigues et les maladies moissonnèrent un grand nombre de ces jeunes soldats de la croix avant même qu'ils fussent parvenus aux ports de *Marseille* et de *Brindes* en Italie, où ils s'embarquèrent pour la terre sainte, et les autres périrent sur mer, engloutis dans les flots par les tempêtes, ou furent vendus comme esclaves par les capitaines des bâtiments qui les portaient.

92. Croisade contre les Albigeois. — Nous venons de considérer le côté le plus brillant du règne de Philippe-Auguste; mais la pensée de l'historien se reporte douloureusement sur les sanglantes exécutions qui, pendant le même temps, couvraient tout le midi de la France de ruines et de carnage, sous le prétexte de protéger une religion dont le divin auteur apparut sur la terre comme l'ange de la paix. Le caractère dominant de l'époque dont nous nous occupons fut en effet une intolérance religieuse dont le blâme retombe non sur le roi, qui ne prit à ces horribles scènes qu'une part indirecte, mais sur l'esprit dont étaient animées alors toutes les classes de la population. Les croisades, en réveillant dans tous les cœurs un zèle ardent pour tout ce qui touchait à la religion, avaient indirectement donné naissance à un fanatisme religieux trop commun dans ces temps d'ignorance, et qui explique, sans les excuser, les mesures sanguinaires vivement approuvées alors.

Les juifs, regardés comme les ennemis naturels du christianisme, et poursuivis, en conséquence, par la haine populaire, en furent les premières victimes (années 1108-1182). Ils furent jetés en prison, puis condamnés à sortir du royaume, et dépouillés des richesses considérables que leur procurait le commerce, concentré presque uniquement dans leurs mains à cette époque (n° 103). Ces violences ne furent que le prélude de la guerre des Albigeois, « cet abominable épisode de notre histoire. » (Chateaubriand.) — Il serait difficile de remonter à l'origine des opinions hérétiques qui s'étaient introduites, depuis longtemps déjà, dans le midi de la France. Vers la fin du douzième siècle, leurs sectateurs connus sous les noms divers de *Bons hommes, Patarins, Apostoliques, Albigeois*, s'étaient multipliés au point qu'ils osèrent (1167) élire un pape qui consacra plusieurs évêques. Déjà saint Bernard les avait combattus, et le pape Alexandre III avait lancé contre eux l'anathème, au concile de Tours (1163). Innocent III, l'un de ses successeurs, leur envoya de nouveaux prédicateurs pour ramener à la vraie foi les consciences égarées; il leur adjoignit des commissaires chargés de rechercher les hérétiques, que le pouvoir séculier, malheureusement, punissait ensuite par de cruels supplices. Ainsi fut établi, dans ces contrées, le tribunal de l'*Inquisition*, au règne duquel se rattachent de cruels excès commis au nom d'une religion de clémence et d'amour. L'un des légats du pape, *Pierre de Castelnau*, dont le zèle allait jusqu'à la violence, fut assassiné par un gentilhomme attaché au comte de Toulouse, *Raymond VI*, qu'il avait excommunié comme soutenant les hérétiques. A cette nouvelle, Innocent III tourne contre le comte de Toulouse et ses sujets hérétiques l'irrésistible puissance du mot de croisade; et aussitôt une formidable expédition se prépare. — Les Albigeois, il aut se hâter de le dire, s'étaient livrés à des excès épouvantables qui menaçaient l'ordre social lui-même, et appelaient une sévère répression. « Les Albigeois, dit Michelet, avaient pour auxiliaires les routiers et les cottereaux, impies comme nos modernes, farouches comme les barbares. La guerre faite par ces hommes était effroyable, et l'on ne saurait la comparer qu'à l'exécrable guerre des mercenaires contre Carthage. Ils maltraitaient les prêtres tout comme les paysans, habillaient leurs femmes des vêtements consacrés, battaient les clercs et leur faisaient chanter la messe par dérision. C'était encore un de leurs plaisirs de salir, de briser les images du Christ, de lui casser les bras et les jambes, de le traiter plus mal que les juifs à la passion. Ce n'étaient pas seulement le fait de sectaires isolés, mais une sorte d'église tout entière qui s'était formée contre l'Eglise. — Sous Raymond V, ajoute encore Michelet, les commencements de l'hérésie avaient été accompagnés d'un tel essor d'indépendance politique, que le comte lui-même sollicita les rois de France et d'Angleterre d'entreprendre une croisade contre les Toulousains et le vicomte de Béziers. — « Un fait important consigné dans les documents de cette époque, dit le protestant Hurter, c'est que cette secte, après s'être affermie dans la révolte contre l'Eglise, *se déclara contre tout ce qu'il y avait d'éminent dans la société.* » — « Si l'on réfléchit d'ailleurs qu'à cette époque, les habitants de chacune des provinces de la France, gouvernées par des princes toujours en guerre les uns contre les autres, formaient autant de peuples ennemis; si l'on se rappelle, de plus, la constante antipathie qui avait toujours séparé les Français du nord et ceux du midi, les hommes de la langue d'*Oïl* et ceux de la langue d'*Oc*, non moins différents entre eux de mœurs que de langage, on concevra l'acharnement avec lequel les rudes guerriers du Nord se firent les exécuteurs des anathèmes lancés par la cour de Rome contre les riches sujets du comte de Toulouse. Cette opulence, plus que toute autre chose, et plus que l'hérésie elle-même, perdit les peuples de la France méridionale ; elle excita la convoitise de toute cette nation d'aventuriers dont la fortune était au bout de leur lance ; et, à la voix du pontife, ils s'en vinrent par milliers chercher des fiefs moins périlleux à acquérir et plus sûrs à posséder que ceux de la Syrie et de la Palestine... Ce qui demeura dans le midi de la France comme un impérissable et triste monument de la croisade contre les Albigeois, ce fut la ruine entière de cette belle civilisation qui avait commencé d'y naître. » (M. Aug. Trognon.)

Tel fut le caractère général de cette horrible guerre qui remplit quinze années du règne de Philippe-Auguste (1207-1222), mais qui ne se termina pas avec lui. Ne pouvant en rapporter tous les détails, nous nous bornerons à extraire des récits d'un historien contemporain le passage relatif à la prise de *Béziers*. Cinquante mille au moins de ces malheureux Albigeois, traqués comme des bêtes fauves dans les campagnes, avaient cherché un refuge dans les murs de cette ville, la première qui fut prise d'assaut par les croisés (1209) : « Là se fit, dit l'historien, le plus grand massacre qui se fût jamais fait dans le monde entier ; car on n'épargna ni vieux ni jeunes, pas même les enfants qui tétaient : on les tuait et les faisait mourir. Voyant cela, ceux de la ville se retirèrent, ceux qui le purent, tant hommes que femmes, dans la grande église de Saint-Nazaire : les prêtres de cette église devaient faire tinter toutes les cloches quand tout le monde serait mort ; mais il n'y eut ni son ni cloche, car ni prêtre vêtu de ses habits, ni clerc, ne resta en vie. » — « *Tuez-les tous*, avait répondu l'abbé de Citeaux, directeur de la croisade, à ceux des soldats qui lui demandaient comment distinguer les hérétiques de ceux qui ne l'étaient pas. *Tuez-les tous, Dieu connaît ceux qui sont à lui.* »— « Tout fut en effet passé au fil de l'épée, pas un seul n'en échappa. Ce meurtre et tuerie furent la plus grande pitié qu'on ait depuis vue ni entendue. La ville fut pillée; on y mit le feu partout, tellement que tout fut dévasté et brûlé, et qu'il n'y demeura chose vivante. Ce fut une cruelle vengeance, ajoute l'auteur, vu que le comte n'était pas hérétique ni de la secte. » Tel fut le sort de toutes les villes du Languedoc qui tentèrent de résister aux croisés. Ceux des hérétiques qui échappaient au glaive étaient condamnés à périr dans les flammes, et leurs vainqueurs poussaient des cris de joie en assistant à ces horribles *auto-da-fé* (acte de foi). Le général de la croisade, le redoutable comte Simon de Monfort, vaillant guerrier, irréprochable dans ses mœurs, mais qui ternit ses brillantes qualités chevaleresques par son ambition, par son hypocrite dissimulation et par son fanatisme sanguinaire, se fit donner par les légats du pape les vastes États du comte de Toulouse. Son fils *Amaury* de Montfort continua, après sa mort (1218), cette guerre d'extermination; toutefois, il se vit forcé par la haine des populations, par les revers qu'il éprouva, et par la défection de ses guerriers, à renoncer à un héritage si chèrement acheté; il offrit à Philippe-Auguste de le lui abandonner; mais ce prince, qui avait toujours montré peu d'empressement pour la croisade, quoiqu'il eût consenti à y envoyer ses deux fils, s'honora en refusant de profiter des dépouilles du malheureux comte de Toulouse (1222).

93. Expédition d'Angleterre. — Pendant ces sanglants épisodes, Philippe-Auguste s'était occupé de recueillir vis-à-vis de l'Angleterre les résultats de sa naissante politique. Après la victoire de Bouvines, toute lutte était désormais impossible entre le roi de France, qui avait triomphé de tous ses ennemis à la fois, et le roi d'Angleterre, que ses revers avaient rendu plus odieux encore. Ses barons profitèrent de sa défaite pour lui arracher la célèbre constitution connue sous le nom de *Grande Charte* (1215); mais violant presque aussitôt les serments qu'il avait prêtés, Jean s'efforça de la renverser. Irrités de ce manque de foi, les Anglais appellent alors au trône le prince *Louis*, l'aîné des fils du roi de France qui s'y établit sans coup férir. Il ne le posséda pas longtemps : la mort du roi parjure, arrivée l'année suivante (1216), mit fin au ressentiment des barons; et, malgré les efforts du prince Louis, qui arma pour sa cause de vaillants seigneurs français, mais que son père ne jugea pas convenable de soutenir, les Anglais rendirent la couronne à Henri III, fils de Jean Sans-terre.

94. Administration de Philippe-Auguste. — En

1223, Philippe-Auguste mourut, après avoir assuré, par son testament, sur les sommes qu'il avait économisées par l'ordre avec lequel il administrait ses revenus particuliers, des legs considérables au roi de Jérusalem, aux deux ordres militaires des *Hospitaliers* et des *Templiers*, institués, comme on l'a vu, pour la défense de la terre sainte et la protection des pèlerins (n° 71), à l'abbaye de Saint-Denis et aux pauvres de Paris, sans parler d'une somme de vingt-cinq mille marcs d'argent (1,200,000 francs), qu'il laissa à ses exécuteurs testamentaires pour faire des restitutions à tous ceux auxquels il avait pu causer quelque tort.

Philippe-Auguste se maria trois fois, et s'attira, par le dernier de ses mariages, contracté, avant la mort de sa seconde femme, avec *Agnès de Méranie*, les censures de la cour de Rome et du clergé français, qui l'obligèrent à la répudier. Parmi les institutions de Philippe-Auguste, nous avons signalé surtout l'établissement de la *Cour des Pairs*. Tous les romans de chevalerie représentaient Charlemagne entouré de douze paladins qu'il nommait ses pairs. Cette pairie fabuleuse, réalisée par Philippe-Auguste, se composa de six pairs laïques et de six pairs ecclésiastiques. Les premiers, représentant les six grands seigneurs, qu'on supposait avoir placé la couronne sur la tête de Hugues Capet, étaient les ducs de *Normandie*, d'*Aquitaine* et de *Bourgogne*, les comtes de *Toulouse* et de *Flandre*, et celui de *Champagne*, qui avait remplacé celui de Vermandois. Les six pairs ecclésiastiques étaient l'archevêque de *Reims*, et les évêques de *Laon*, de *Noyon*, de *Beauvais*, de *Châlons* et de *Langres* (n° 66). Des honneurs et des priviléges particuliers furent attribués à chacun de ces pairs; mais il paraît certain qu'au temps même de Philippe-Auguste, d'autres grands seigneurs furent adjoints à ces douze pairs, surtout pour le jugement des causes criminelles, auxquelles les pairs ecclésiastiques ne pouvaient prendre part.

Ami des lettres, Philippe-Auguste traitait avec bienveillance et générosité ceux qui les cultivaient; il accorda même à l'université de Paris des priviléges exorbitants qui devinrent par la suite la cause de bien des troubles. Ceux qu'il assura au commerce de cette grande ville favorisèrent le développement rapide de sa prospérité. Avec l'argent extorqué aux Juifs, il y fit bâtir des halles fermées et couvertes en partie; un port fut construit pour faciliter le débarquement des marchandises; le pavage des rues fut commencé (1185); une nouvelle enceinte de murailles entoura la ville tant au nord qu'au midi; des fontaines s'élevèrent, alimentées par l'eau de divers aqueducs, qui paraissent également l'ouvrage de Philippe-Auguste; enfin, de nombreux édifices contribuèrent à l'embellissement de Paris. De ce nombre furent le *Louvre*, un bâtiment destiné à renfermer les *archives* du royaume, l'église *Notre-Dame*, dont la première pierre avait été posée en 1163, mais dont la construction ne fut terminée que deux siècles après, et un grand nombre d'autres églises. La sollicitude du roi ne se borna pas à la capitale : toutes les villes et même tous les bourgs de ses domaines furent également entourés de murailles par ses soins et à ses frais. Dans l'exécution de toutes ces entreprises il montra pour les droits des particuliers un respect auquel on n'était point accoutumé; car il fit toujours payer exactement la valeur des propriétés qu'il jugeait nécessaire de consacrer à quelque usage d'utilité publique.

C'est encore au règne de Philippe-Auguste que remonte l'institution du corps des *Ribauds*, la première garde dont se soient entourés les rois de France. Ce corps, qui, par la suite, tomba dans le mépris, avait un chef nommé le *Roi des Ribauds*, qui jouissait alors d'importants priviléges : il était juge de tous les crimes commis dans l'étendue des résidences royales.

85. Louis VIII (1223). — La France du midi ramenée sous l'autorité du roi. — Philippe-Auguste eut pour successeur son fils aîné Louis VIII, descendant par sa mère de Charlemagne. Son droit de succession au trône était assez bien établi pour que son père ait jugé inutile de l'y associer de son vivant, conformément à l'usage généralement suivi depuis l'avénement de la troisième race. Ce prince, surnommé *le Lion* à cause de la bravoure dont il avait donné des preuves dans ses expéditions contre les Anglais et les Albigeois, ne fit en quelque sorte que continuer le règne de son père en poursuivant l'exécution de l'arrêt qui dépouillait le roi d'Angleterre de toutes ses possessions sur le sol de la France. La brièveté de son propre règne et la part qu'il prit à la continuation de la guerre contre les Albigeois l'empêchèrent de mener à fin cette grande entreprise. Il arracha à Henri III (1224) le *Bas-Poitou*, l'*Aunis*, le *Limosin*, le *Périgord*, et tout le pays jusqu'à la Garonne. Peut-être ne lui aurait-il pas été bien difficile d'y ajouter tout ce qui restait aux Anglais au delà de ce fleuve, et d'achever ainsi de recouvrer le duché d'Aquitaine, en s'emparant de *Bordeaux* et de la *Gascogne*; mais la conquête des États du comte de Toulouse lui parut avoir plus d'importance encore. Moins scrupuleux que son père à cet égard (voir n° 92), il avait accepté l'abandon fait par Amaury de Montfort de tous les droits qu'il tenait de la cour de Rome, et il se les était fait confirmer par le concile national de *Bourges* (1225), où le comte de Toulouse, *Raymond VII*, tenta vainement de se défendre et de désarmer par sa soumission la haine de ses ennemis. Deux parlements tenus à Paris (28 janvier et 29 mars 1226) avaient encore ratifié cet arrêt. La prédication d'une nouvelle croisade contre les hérétiques attira de nombreux guerriers sous les drapeaux de Louis. Déjà même, *Avignon* était tombée en son pouvoir, après un siége extrêmement meurtrier qui dura trois mois; *Nimes* et presque toutes les autres villes du Languedoc lui avaient fait leur soumission, lorsqu'il fut attaqué d'une maladie contagieuse qui s'était répandue dans son armée, et qui l'emporta en quelques jours (1226).

Par son testament, il laissait la couronne à *Louis*, son fils aîné; il donnait au second le comté d'*Artois*, au troisième celui d'*Anjou* et du *Maine*, et le comté de *Poitou* avec l'*Auvergne*, au quatrième. — Ce testament contenait aussi, entre autres legs considérables faits aux hôpitaux, aux abbayes et aux pauvres, celui d'une somme de dix mille livres (240,000 francs), en faveur de *deux mille maisons* destinées aux malheureux atteints de la lèpre: circonstance qui montre combien était alors commune en France cette hideuse maladie, rapportée de l'Orient par les croisés.

QUESTIONNAIRE. — 82. Faites connaître les circonstances favorables dans lesquelles Louis le Jeune reçut le pouvoir. — Que les provinces son mariage avec Éléonore d'Aquitaine ajouta-t-il à ses États héréditaires? — 83. Comment et pourquoi Louis le Jeune s'engagea-t-il dans la seconde croisade? — Qui appuya cette entreprise? — Fut-elle approuvée par le ministre Suger? — A qui Louis le Jeune confia-t-il l'administration de son royaume pendant son absence? — Quel fut le résultat de la seconde croisade? — 84. Comment Louis perdit-il les provinces qu'Éléonore lui avait apportées en dot? — A qui Éléonore, devenue libre, accorda-t-elle sa main? — Quelles provinces Henri Plantagenet possédait-il déjà en France et quelle puissance y acquit-il par son mariage? — Comment s'accrut encore en France le domaine du roi d'Angleterre? — 85. La lutte entre le roi de France et Henri ne commença-t-elle pas avant l'avénement de ce dernier au trône d'Angleterre? — Quel événement souleva contre le roi d'Angleterre une révolte formidable? — Quelles femmes épousa successivement Louis le

Jeune après son divorce? — 86. Quels furent les progrès de la prospérité intérieure sous le règne de Louis le Jeune? — Comment Suger gouverna-t-il le royaume? — 87. Quel service le règne de Philippe-Auguste rendit-il à la royauté? — Quelle preuve donna-t-il immédiatement de sa fermeté? — Racontez la guerre que Philippe fit au comte de Flandre. — Citez une parole de ce roi qui faisait augurer de son caractère. — Quelle était l'étendue du domaine royal à l'avénement de Philippe II? — Comment fit-il pour agrandir ce domaine? — 88. A quelle croisade prit part Philippe-Auguste? — A quelle occasion avait été prêchée la troisième croisade? — Quels en furent les résultats? — Pourquoi Philippe se sépara-t-il du roi Richard, et qu'arriva-t-il à celui-ci en regagnant ses États? — Quels obstacles s'opposaient aux accroissements de territoire que méditait Philippe? — Contre qui se tournèrent ses efforts et quels résultats eurent-ils pendant la vie du roi Henri II? — Faites connaître Richard Cœur-de-lion et son frère Jean Sans-Terre. — Donnez quelques détails sur le caractère de Philippe mis en opposition avec celui de ces deux princes? — La guerre n'éclata-t-elle pas avant la mort de Richard? — 89. A quelle occasion une condamnation fut-elle prononcée contre Jean Sans-Terre et quelles provinces lui enleva Philippe? — Quelles autres acquisitions avait-il déjà faites précédemment? — Quel nom avaient reçu spécialement ses conquêtes et quel revenu lui donnaient-elles? — 90. *Quel est le plus glorieux fait d'armes du règne de Philippe-Auguste et quelle en fut la cause? — Quelle était la force et la composition des deux armées? — La victoire fut-elle vivement disputée? — Pour qui se déclara-t-elle enfin?* — A quel récit imaginaire a-t-elle donné lieu? — 91. Qui entreprit la quatrième croisade? — Quel en fut le principal résultat? — Qui fut proclamé souverain de l'empire latin de Constantinople? — Combien de temps dura cet empire? — Quelle autre croisade vit-on encore à cette époque? — Quel en fut le sort? — 92. Contre qui furent exercées les premières persécutions religieuses? — Qu'étaient-ce que les hérétiques du midi de la France à cette époque? — Quel nom prenaient-ils? — Quelles furent les premières mesures prises à leur égard? — Pourquoi une croisade fut-elle prêchée contre les Albigeois? — Comment s'explique l'acharnement dont les peuples du Nord et du Midi firent preuve pendant cette guerre? — Quel fut le caractère général de cette guerre? — *Racontez le siége de Béziers.* — Quelle fut la conduite de Simon et d'Amaury de Montfort? — Qu'arriva-t-il à Raymond comte de Toulouse? — Philippe-Auguste voulut-il profiter des dépouilles du comte de Toulouse? — 93. Comment Louis, fils aîné du roi de France, fut-il appelé au trône d'Angleterre et par qui y fut-il bientôt remplacé? — 94. Qu'était-ce que la pairie et quels étaient les pairs du royaume? — Quels embellissements la ville de Paris dut-elle à Philippe-Auguste? — Cette ville fut-elle la seule qui eut à se louer de l'administration de ce roi? — Quelle création militaire date de ce règne? — 95. Quel fut le successeur de Philippe-Auguste? — Comment gouverna Louis VIII et quelles provinces arracha-t-il aux Anglais? — Que lui valut la prise d'Avignon? — Comment mourut ce prince? — Quels legs remarquables contenait son testament?

CHAPITRE QUATORZIÈME.

SAINT LOUIS.

(1226-1270.)

SOMMAIRE.

96. Louis IX monta sur le trône sous la régence de la reine Blanche, sa mère (1226-1236). Celle-ci déjoua les prétentions de Philippe, comte de Clermont et de Boulogne, appuyé par les comtes de Champagne, de Toulouse et de Bretagne, qui furent réduits à se soumettre. La conduite de la régente fut sage et ferme à l'égard des bourgeois de Paris, de l'Université et des évêques. Elle fit donner au jeune Louis une éducation pieuse et éclairée.

97. Louis, devenu majeur, gouverne par lui-même; il se distingue par sa piété, sa sagesse et son énergie. Le comte de la Marche s'étant révolté avec l'appui des Anglais, Louis, vainqueur à Taillebourg et à Saintes (1242), le force ainsi que le comte de Toulouse à se soumettre, puis il traite avec le roi d'Angleterre Henri III (1257). Plus tard, il sert d'arbitre entre ce prince et ses barons. Il augmenta le domaine royal par l'acquisition des comtés et seigneuries de Chartres, Blois, Mâcon, Carcassonne, de Dammartin, etc. (1229, 1234, 1239, 1247 et 1258).

98. Louis IX, malade, fait vœu de faire une croisade (1244). Il part (1248), s'empare de Damiette (1249), mais les désastres commencent après la bataille de Mansourah (1250). Le roi est pris et donne Damiette pour rançon; il ne revient en France qu'après avoir passé quatre ans en Palestine (1254).

99. La sage et habile administration de saint Louis se manifeste par ses *Établissements*. On y remarque surtout l'institution de la quarantaine-le-roi, l'asseurement, la restriction du duel judiciaire, les améliorations introduites dans l'administration de la justice et dans la procédure, quelques dispositions pénales, la fixation de la valeur des monnaies. Le roi rend la justice sous le chêne de Vincennes. Dans ses rapports avec la féodalité et avec les villes, il étend l'autorité royale aux dépens des seigneurs et des communes. Dans ses relations avec l'Église, on remarque la Pragmatique-Sanction (1269), qui assure l'indépendance temporelle et la soumission religieuse de la France.

100. Charles d'Anjou enlève à Manfred la couronne de Naples et de Sicile. Son intérêt à appeler les Français dans son voisinage détermine la direction de la seconde croisade de saint Louis. Le roi débarque devant Tunis, mais il succombe bientôt aux maladies qui déciment son armée (1270).

101. Les monuments et les institutions dus à saint Louis sont: la Sainte-Chapelle, la Sorbonne et l'hôpital des Quinze-Vingts.

86. Régence de Blanche de Castille (1226-1236).

— Louis IX, auquel le jugement de l'Eglise a décerné le nom de *saint*, qu'il a mérité par sa piété, par sa résignation dans le malheur et par toutes ses vertus sublimes, monta sur le trône à l'âge de onze ans, sous la tutelle et la régence de sa mère, la reine *Blanche de Castille*. Cette princesse, aussi habile que vertueuse, sut réprimer, par son activité, sa prudence et sa fermeté, les tentatives des grands vassaux, qui avaient formé une ligue pour lui enlever la tutelle du jeune roi. *Philippe*, frère de Louis VIII, comte de Clermont et de Boulogne, la réclamait comme un droit, et voyait ses prétentions appuyées par les comtes de Champagne, de Bretagne, de la Marche et de Toulouse, soutenus eux-mêmes par le roi d'Angleterre. On comprend facilement les motifs de ce dernier, qui espérait faire tourner à son avantage l'affaiblissement du royaume; quant aux grands vassaux, ils n'aspiraient à rien moins qu'à reconquérir tout ce que leur avait enlevé la royauté sous le règne de Philippe-Auguste. Cette redoutable conjuration, vainement renouvelée à deux reprises par les seigneurs, échoua deux fois contre l'adresse et la vigueur de la reine Blanche. Le comte de Champagne, *Thibault*, non moins célèbre par ses poésies que par sa bravoure, cédant à l'ascendant qu'une folle passion donnait sur lui à la reine, fut le premier à abandonner la ligue (1227). Le comte de Toulouse, qui depuis la mort du roi Louis VIII avait reconquis une partie de ses États, fut réduit par une nouvelle croisade à abandonner au roi de France, par le traité de Meaux (1229), la réversibilité de la plus grande partie de ses domaines. Le comte de Bretagne enfin, condamné par la cour des pairs à perdre son fief, comme coupable de félonie pour avoir reconnu le roi d'Angleterre, son allié, en qualité de roi de France, vint s'humilier devant le prince dont il avait méconnu les droits (1234). Ainsi furent déjoués tous les efforts de la féodalité, de nouveau réduite à plier sous l'autorité royale. La régente, qui dans cette lutte avait reçu des bourgeois de Paris des preuves de leur attachement au roi, ne montra pas moins de sagesse et de fermeté dans les querelles qui s'élevèrent (1229) entre eux et l'Université, qui abusait des priviléges qu'elle avait obtenus de Philippe-Auguste. Enfin, dans les démêlés que la reine Blanche eut avec plusieurs des évêques du royaume, qui prétendaient se rendre indépendants de l'autorité temporelle (1227 et 1233), sa piété éclairée autant que sincère, sut concilier les égards dus aux ministres de la religion avec ce que lui commandait la dignité de la couronne.

Au milieu de ces graves occupations, elle ne négligea pas l'éducation de son fils, qu'elle fit élever à la fois dans l'étude des langues et de l'histoire et dans la pratique de toutes les vertus. « J'aimerais mieux vous voir mort, lui disait-elle souvent, que coupable d'un seul péché mortel. » Lorsqu'il eut atteint l'âge de dix-neuf ans (1234), elle lui fit épouser *Marguerite*, fille du comte de *Provence*, dont elle assura ainsi à la couronne la riche et importante succession.

97. Victoire de Taillebourg (1242). — Louis IX ayant accompli sa vingt et unième année, fut déclaré majeur, et prit en main les rênes du gouvernement (1236). La solide piété qui formait le trait distinctif de son caractère ne se démentit pas un instant pendant les trente-quatre années qu'il gouverna par lui-même; et bientôt on put reconnaître quelle heureuse influence cette piété éclairée exercerait sur le règne d'un prince qui faisait entrer la grande entreprise du bonheur des peuples dans les conditions nécessaires du salut de son âme. Ce prince, dont l'admirable caractère a fait dire à Voltaire *qu'il n'est pas donné à l'homme de pousser plus loin la vertu*, était par-dessus tout un homme consciencieux, qui, avant d'agir, se posait toujours à lui-même la question de savoir si ce qu'il allait faire était bien ou mal en soi, indépendamment de toute utilité, de toute conséquence. De tels hommes sont rarement montés et plus rarement encore sont demeurés tels sur le trône. Il n'y en a guère dans l'histoire que deux grands exemples : l'un dans l'antiquité, l'autre dans les temps modernes, Marc-Aurèle et saint Louis. « Marc-Aurèle et saint Louis sont peut-être les deux seuls princes qui, en toute occasion, aient fait de leurs croyances morales la première règle de leur conduite. » (M. Guizot.) « Marc-Aurèle a montré la puissance unie à la philosophie; Louis IX, la puissance unie à la sainteté. L'avantage reste au chrétien. » (Chateaubriand.)

La piété de saint Louis n'ôtait rien à sa fermeté, non plus qu'à son activité et à sa bravoure. — Le comte de la Marche, à l'instigation de sa femme, l'ambitieuse *Isabelle*, veuve du roi d'Angleterre Jean Sans-terre, avait secrètement formé une nouvelle ligue, dans laquelle la *comtesse-reine*, comme elle se nommait, avait fait entrer son fils Henri III, roi d'Angleterre, les rois d'Aragon, de Castille et de Navarre, et le comte de Toulouse. Instruit de leurs complots, Louis, qu'ils avaient failli surprendre dans Poitiers, entre sur les terres du comte de la Marche, s'empare de presque toutes ses places avant l'arrivée du roi d'Angleterre sur le continent, bat ce prince lui-même au pont de *Taillebourg*, qu'il enlève en personne à la pointe de l'épée, le défait de nouveau à *Saintes* (1242), et le force à chercher un refuge en Aquitaine. Le comte de la Marche, réduit à prêter l'hommage qu'il avait refusé, paya sa révolte de la perte de plusieurs de ses places ; celui de Toulouse, après avoir vainement tenté de renouveler la ligue, se voyant abandonné de tous ses alliés, réitéra au roi ses serments de fidélité.

Dominé, comme nous l'avons dit, par les principes de justice qui firent la règle constante de sa conduite, Louis, vainqueur du roi d'Angleterre, doutait de la légitimité des conquêtes faites sur lui et sur son père par Philippe-Auguste. « Sa conscience lui remordait, dit l'un de ses historiens, de la terre de Normandie et pour d'autres terres, que les rois ses aïeux avaient tollues (enlevées), par le jugement de ses pairs, au roi Jehan d'Angleterre. » Louis résolut de mettre fin aux inquiétudes de sa conscience et aux réclamations continuelles du prince anglais, par un traité qui réglât les droits réciproques des deux couronnes. Il ne parvint toutefois à le conclure qu'après de longues négociations, et seulement à son retour de la première de ses deux croisades (1259). Par ce traité, il abandonna à Henri III le *Limosin*, le *Périgord*, le *Querci*, l'*Agénois* et la partie de la *Saintonge* comprise entre la Charente et l'Aquitaine. Henri, de son côté, renonçait à toute prétention sur la *Normandie*, le *Maine*, l'*Anjou*, la *Touraine* et le *Poitou*, et fit hommage, comme pair de France et duc d'Aquitaine, tant pour les provinces qu'il avait toujours conservées que pour celles qui lui étaient rendues. Ainsi ce prince, qu'on avait vu (1242), après plusieurs défaites, traverser ces mêmes provinces avec les débris de son armée, pour aller s'embarquer à Calais, en obtint la restitution de la générosité de Louis et de son équité trop scrupuleuse peut-être. Telle au moins la jugèrent une partie de ses sujets, et surtout ceux qui rentraient sous la domination anglaise : ils s'en plaignirent avec amertume, et en conservèrent même un tel ressentiment, que, trente-huit ans après, lorsque saint Louis fut canonisé (1297), ils se refusèrent longtemps à l'honorer comme un saint. Le témoignage de sa conscience avait rassuré Louis contre cette désapprobation. Il y trouva d'ailleurs une compensation dans la réputation d'équité que lui mérita cette probité sévère. — On en eut la preuve lorsque l'on vit (1263) les barons anglais, en querelle avec ce même Henri III, se soumettre à l'arbitrage de saint Louis, qui à l'assemblée d'*Amiens* (1264) prononça comme juge entre eux, sans réussir toutefois à les réconcilier.

« Malgré cette antipathie scrupuleuse pour les conquêtes proprement dites, saint Louis est un des princes qui ont le plus efficacement travaillé à étendre le royaume de France. En même temps qu'il se refusait à la violence et à la fraude, il était vigilant, attentif à ne jamais manquer de conclure des traités avantageux et d'acquérir à l'amiable telle ou telle portion de territoire. » M. Guizot. Nous avons parlé déjà de l'acquisition de la plus grande partie des domaines du comte de *Toulouse*, faite sous la régence de sa mère 1229); Louis y ajouta : 1° les comtés de *Chartres*, de *Blois*, de *Sancerre*, et la vicomté de *Châteaudun*, achetés (1234) du comte de Champagne; 2° le comté de *Mâcon*, également acheté à prix d'argent de son dernier comte 1239 ; 3° le comté de *Carcassonne*, enlevé à son dernier comte excommunié par suite de la guerre des Albigeois et qui en fit au roi l'abandon définitif 1247 ; 4° le comté de *Dammartin* (1258 ; et un grand nombre de villes et de terres acquises à diverses époques.

98. Première croisade de saint Louis. — La piété de saint Louis ne pouvait manquer de s'émouvoir à la pensée que les saints lieux étaient retombés au pouvoir des infidèles, et que les chrétiens qui continuaient de les aller visiter avaient à subir les plus cruels outrages. L'opinion généralement répandue que ceux qui trouvaient la mort en combattant contre les infidèles assuraient ainsi leur salut, devait aussi exercer une grande influence sur l'esprit du saint roi. On ne s'étonne donc pas de le voir, au milieu des souffrances d'une dangereuse maladie 1244, faire vœu, s'il se rétablissait, de partir pour la terre sainte. Esclave d'une promesse qui s'accordait si bien avec ses désirs, il se croisa avec l'élite de ses chevaliers et de son peuple, malgré les sages représentations de ses conseillers et surtout de la reine Blanche, sa mère. Ce fut à cette princesse qu'il confia en son absence la régence du royaume. Le résultat de cette expédition justifia les craintes qu'elle avait manifestées à son fils. Louis, parti du port d'*Aigues-Mortes* (1248), alla passer l'hiver dans l'île de Chypre. Au printemps suivant, il fit voile pour l'Égypte, le plus puissant des royaumes musulmans. Il était accompagné de ses frères les comtes Robert d'Artois, Alphonse de Poitou et Charles d'Anjou, et de plus de neuf mille chevaliers, parmi lesquels on distinguait le *sire de Joinville*, ami du roi et historien de cette croisade, et les seigneurs Gauthier de Châtillon, de Mauvoisin, Guillaume de Dampierre, etc.

Les croisés abordèrent près de Damiette ; à mesure qu'ils mettaient pied à terre, ils se serraient les uns contre les autres, plantaient devant eux leurs grands boucliers et appuyaient dessus leur longue lance, ils présentaient ainsi un front de fer à l'ennemi. Les charges réitérées des Mamelucks ne purent les ébranler, et bientôt ceux-ci tournèrent bride, effrayés des pertes qu'ils avaient subies ; Damiette fut même abandonnée par ses défenseurs, et les croisés y entrèrent sans résistance (1249). Mais ils perdirent dans cette ville un temps précieux et s'y abandonnèrent aux plus honteux désordres. Lorsqu'ils se remirent en marche pour attaquer le Caire, les Mamelucks avaient repris courage et leur disputèrent le terrain pied à pied. Arrivés devant le canal d'Achmoum, les chrétiens s'arrêtèrent pour chercher à le franchir ; des combats perpétuels furent livrés sur le Nil et dans la plaine, et les croisés furent très-effrayés par le *feu grégeois* que leurs ennemis lançaient sur eux au moyen de machines et d'arbalètes, lequel ne pouvait être éteint qu'avec du sable ou du vinaigre. Le sire de Joinville, épouvanté par *ce terrible engin à mal faire*, raconte que, suivant le conseil d'un chevalier avec lequel il passait la nuit à garder un côté du camp, il se jetait à terre sur les coudes et les genoux chaque fois que les ennemis lançaient le terrible projectile. « La manière du feu grégeois, dit-il, était telle qu'il
» paraissait aussi gros qu'un tonneau et de longueur la
» queue en durait bien comme d'une demie-canne de quatre
» pans. Il faisait tel bruit à venir qu'il semblait que ce fût
» la foudre qui cheust (tombât) du ciel, et me semblait d'un
» grand dragon volant par l'air et jetant si grande clarté
» qu'il faisait aussi clair dans notre ost (armée) comme le
» jour, tant il y avait grande flamme de feu... Toutes les fois
» que notre bon roi *saint Loys* voyait qu'ils nous jetaient
» ainsi ce feu, il se jetait à terre et tendait ses mains, la face
» élevée vers le ciel et criait à haute voix à Notre-Sei-
» gneur, et disait en pleurant à grants larmes : Beau sire
» Dieu, Jésus-Christ, garde-moi et toute ma gent. Et je

» crois, moi, que ses bonnes paroles et oraisons nous eurent
» bon métier. »

Un gué fut indiqué par un Arabe, et l'on traversa le canal; le comte d'Artois, qui était à la tête des premiers chevaliers passés de l'autre côté, ne put se contenir quand il vit l'ennemi, et sans attendre le reste de l'armée, il se précipita à la poursuite des Sarrasins, prit leur camp et s'élança vers la ville de *Mansourah*, dont il se rendit maître un instant; mais entouré par les forces de *Bibars Bondochar*, chef des Mamelucks, il succomba lui et les siens, alors que le roi et les chevaliers parvenus sur la rive ennemie triomphaient des Sarrasins, dont ils conservèrent le camp malgré des attaques furieuses (1250). Cette victoire si chèrement achetée fut le commencement des désastres. Bientôt les croisés, manquant de vivres et accablés de fatigues sous un climat brûlant, furent moissonnés par les maladies contagieuses. Le roi donna l'ordre de retourner vers Damiette. Il fut lui-même atteint par la maladie; tant qu'il le put, il soutint le courage des siens; mais, arrivé au bourg de Mineh, il fut forcé de s'arrêter et tomba dans une si grande faiblesse qu'on le crut mort. Le brave Châtillon, qui défendait le village, ayant succombé, le roi fut contraint de se rendre prisonnier avec tous ses chevaliers. On lui mit les fers aux pieds et aux mains, et on le ramena à Mansourah. Mais sa grandeur d'âme ne se démentit pas pendant cette cruelle captivité. Il refusa de porter les habits que le sultan lui envoya, ne voulant rien d'un prince étranger; il refusa de paraître à un grand festin auquel ce prince l'invita, pour ne pas être donné en spectacle aux musulmans. Enfin, le sultan ayant demandé au roi pour sa rançon et celle de ses chevaliers un million de besans d'or 12 millions de francs et la reddition de la ville de Damiette, saint Louis déclara qu'un roi de France ne se rachetait pas pour de l'argent; que Damiette serait échangée contre sa personne, et qu'il payerait un million de besans pour la rançon de ses sujets. — L'échange allait être fait, quand le sultan *El Maatham* fut massacré par ses Mamelucks, et son cœur apporté tout sanglant à saint Louis par un des meurtriers, qui lui dit : « Que me donneras-tu? voilà
» le cœur de on ennemi qui t'eût fait mourir s'il eût vécu. »
Le roi ne répondit rien. Le Mameluck reprit : « Ne sais-tu
» pas que je suis le maître de ta personne? Fais-moi cheva-
» lier, ou tu es mort. — Fais-toi chrétien, et je te ferai cheva-
» lier, » lui dit le roi. Et le Mameluck se retira. (Gaillardin.)

Cependant le traité conclu avec le sultan fut ratifié par ses successeurs, et Damiette ayant été rendue, les chevaliers furent délivrés. Saint Louis partit pour la Palestine, où, fidèle au serment qu'il avait fait de ne pas tenter de conquête, il employa les quatre années qu'il y passa à relever les fortifications des places encore occupées par les chrétiens et à apaiser les querelles qui les divisaient. La nouvelle de la mort de la reine Blanche le détermina (1253) à reprendre le chemin de la France, où il rentra (1254) six ans après son départ pour cette expédition, dont la plus grande gloire consista dans l'héroïsme avec lequel le saint roi en supporta les malheurs, et qui fit dire aux musulmans eux-mêmes que c'était *le plus fier chrétien* qu'ils eussent jamais vu.

99. Administration de ce prince. — Affaiblissement de la féodalité. — Extension de la juridiction royale. — Affaiblissement des communes. — Pendant les seize années qui suivirent son retour en France, saint Louis fit jouir le royaume des bienfaits de l'administration à la fois la plus vigilante, la plus éclairée et la plus paternelle. Un prince zélé pour la justice, comme l'était saint Louis, ne pouvait négliger un devoir aussi essentiel, à cette époque surtout, que celui de perfectionner la législation et les moyens d'assurer l'exécution des lois. Le plus beau monument du règne de saint Louis, comme législateur, est la grande ordonnance si célèbre sous le nom d'*Établissements*. Ce fut moins un code nouveau promulgué par le saint roi qu'un recueil où il fit réunir et rédiger par écrit, en le combinant avec les principes du droit romain, les coutumes diverses de la monarchie, les ordonnances des rois, les canons des conciles, et les décisions des décrétales. Mais on appréciera toute l'importance de cette entreprise, si l'on songe qu'au milieu de l'anarchie législative introduite par la féodalité, elle signale le retour vers une législation uniforme et régulière. — Cette ordonnance et toutes les autres promulguées par saint Louis furent rendues, comme il prend soin de le rappeler, du *commun conseil de ses barons, de l'avis de ses grands et prudhommes... par grand conseil de sages hommes et bons clercs...*

Parmi les dispositions de ces ordonnances, qui embrassaient la procédure civile et criminelle tout à la fois, on en remarque plusieurs d'une grande importance. Ainsi l'abus des guerres privées est attaqué à la fois par deux institutions différentes, savoir : 1° l'établissement de la *quaran-*

taine-le-roi, déjà tenté par Philippe-Auguste, et qui imposait, au nom du roi, à celui qui se prétendait offensé, une trêve de quarante jours, pendant laquelle il pouvait obtenir justice ; et 2° l'*asseurement* ou assurance, en vertu duquel on avait le droit de citer son ennemi devant le suzerain commun pour le forcer à jurer qu'il garderait la paix. La violation de ce serment était punie de la confiscation du fief et même de la mort. Le *duel judiciaire* voir n° 17), usité depuis l'origine de la monarchie, et trop profondément entré dans les mœurs de la nation pour qu'il fût possible de le supprimer entièrement, est restreint du moins à quelques cas particuliers. Les fonctions judiciaires sont séparées des emplois administratifs et financiers ; la compétence des tribunaux, difficile à fixer au milieu des prétentions des justices seigneuriales et des cours ecclésiastiques, est réglée avec soin. De nombreuses améliorations sont introduites dans les formes de procédure suivies près des tribunaux royaux, en même temps que d'autres dispositions régularisent le droit d'appel, devant ces tribunaux, des jugements rendus par les justices seigneuriales, et étendent ainsi la juridiction royale aux dépens des juridictions féodales. Les dispositions pénales se font remarquer par leur sévérité contre les ravisseurs, les traîtres, les faux témoins, les hérétiques et les blasphémateurs. — La valeur des monnaies, fréquemment altérées par les seigneurs, qui, au nombre de quatre-vingts au moins, en fabriquaient dans leurs domaines, fut aussi l'objet de sages règlements. Le commerce, et particulièrement les *métiers de Paris*, eurent aussi leurs *établissements* (n° 104). — On sait que saint Louis attachait tant d'importance à la bonne administration de la justice, qu'il la rendait souvent lui-même à ses sujets, assis sous un chêne de la forêt de *Vincennes*.

Dans ses rapports avec la féodalité, on le vit, fidèle aux principes de justice qui le dirigeaient toujours, respecter les priviléges et les droits des seigneurs, reconnaître même celui de résister, en certains cas, à l'autorité royale. Toutefois, il affaiblit la puissance des seigneurs par sa législation sur les guerres privées, sur l'administration de la justice et sur les monnaies, législation toujours inspirée par l'intérêt général, dont il se regardait comme le protecteur obligé.

Louis ne montra pas moins de sollicitude pour les villes, dont il assura la prospérité par la confirmation donnée à un grand nombre d'anciennes chartes, par la réforme d'institutions vicieuses qui s'étaient introduites dans les villes, enfin par de sages règlements relatifs à la part que les notables y prenaient à l'administration, et surtout à l'élection des *maires*. D'après une ordonnance de 1256, les communes durent choisir quatre candidats, parmi lesquels le roi lui-même désignait le maire, et ce magistrat était tenu de venir chaque année à Paris rendre compte de la gestion des deniers communaux. Ces prescriptions, en restreignant l'indépendance des communes au profit de l'autorité centrale, et en les transformant peu à peu en villes royales, affaiblirent notablement le pouvoir local; mais elles fortifièrent la nation elle-même, et contribuèrent puissamment à resserrer l'unité de la France entière.

Dans ses relations avec l'Église, enfin, saint Louis montra qu'une véritable et solide piété peut s'allier avec une noble indépendance dans le domaine temporel. Il sut toujours défendre les droits de sa couronne contre les prétentions exagérées de la cour de Rome à l'égard du pouvoir des rois. C'est dans ce but qu'il rendit (1269) la célèbre ordonnance connue sous le nom de *Pragmatique-Sanction*. Cet acte du saint roi, en fixant les limites de la puissance spirituelle et de la puissance temporelle, assurait les libertés de l'Église gallicane.

« La France a su concilier, dès le commencement, deux choses que tant d'autres États ont jugées incompatibles : d'un côté, son absolue et sa totale indépendance dans l'ordre temporel; d'un autre côté, sa franche et parfaite soumission dans l'ordre religieux. On dirait que, placée entre divers peuples, dont les uns, cherchant la liberté, se sont précipités dans la révolte, dont les autres, craignant la licence, sont tombés dans la servitude, elle a signalé de bonne heure les deux écueils contre lesquels échoue trop souvent ou ce qui résiste ou ce qui cède, et qu'avertie par les naufrages, dirigée par une raison supérieure et manœuvrant avec habileté entre les vents opposés des opinions humaines, elle a su jeter l'ancre là précisément où étaient la sécurité, le salut et l'honneur. » (M. RENDU.)

169. CONQUÊTE DU ROYAUME DE NAPLES PAR LES FRANÇAIS. — SECONDE CROISADE ET MORT DE SAINT LOUIS. — Après avoir employé seize années à mettre ordre aux affaires de son royaume, saint Louis, qui n'avait pas quitté la croix, se décida, sur la nouvelle qu'il reçut de la prise de la ville d'*Antioche*, la plus importante de celles qui restaient aux chrétiens de la terre sainte, à partir pour une nouvelle croisade. Ce fut la huitième et la dernière entreprise pour la délivrance des lieux saints. Le roi, au grand désespoir de ses sujets, s'embarqua une seconde fois à *Aigues-Mortes* avec ses trois fils (1er juillet 1270). Mais ce ne fut point encore vers la Palestine qu'il se dirigea. Son frère, *Charles d'Anjou*, qu'il n'avait pu empêcher d'accepter la couronne de Naples et de Sicile, qui lui avait été offerte par le pape, l'avait enlevée en 1266 à Manfred, fils de l'empereur Frédéric II. Il avait un grand intérêt à ce que la puissance française s'établît dans le voisinage, et détermina saint Louis à faire voile pour la ville de *Tunis*, devant laquelle il mit le siège. Cette nouvelle croisade eut encore une fin plus prompte et plus déplorable que la première. Le manque d'eau et les chaleurs excessives firent éclater des maladies pestilentielles, auxquelles le roi lui-même succomba, après une maladie de vingt-deux jours (1270), pendant laquelle il donna à son fils les plus touchantes et les plus utiles instructions.

101. LA SAINTE-CHAPELLE ET LA SORBONNE. — Le nom de saint Louis, illustré à la fois par tant de vertus et par tant d'actes mémorables, est resté attaché à divers monuments célèbres. Ce prince avait fondé à Paris, au retour de la première croisade, l'hôpital des *Quinze-Vingts*, destiné à servir de retraite à trois cents chevaliers auxquels les infidèles avaient crevé les yeux pendant son expédition d'Égypte. Cet hospice, où l'on recueille encore les aveugles, conserve ainsi la destination qui lui avait été assignée par le saint roi. Avant de partir pour la croisade, ce prince avait inauguré un autre monument remarquable (1248) : c'était la *Sainte-Chapelle*, chef-d'œuvre de *Pierre de Montereau*, et destinée à recevoir la couronne d'épines, un morceau de la vraie croix et d'autres saintes reliques.

Le chapelain et confesseur de saint Louis, *Robert de Sorbon*, avait fondé en 1252 une société d'ecclésiastiques séculiers, vivant en commun et ne devant s'occuper que de l'étude et de l'enseignement gratuit. Cette société devint célèbre sous le nom de *Sorbonne*, et joua un grand rôle dans l'histoire de l'Église de France.

QUESTIONNAIRE. — 96. Sous la tutelle de qui Louis IX commença-t-il son règne? — Comment la reine Blanche réprima-t-elle les tentatives des grands vassaux? — Quelle conduite tint-elle dans les querelles des bourgeois de Paris avec l'Université et dans ses propres démêlés avec les évêques? — Comment éleva-t-elle son fils? — Qui lui fit-elle épouser? — 97. A quel âge saint Louis fut-il déclaré majeur? — *Quelles qualités le distinguent spécialement?* — Quelles conditions imposa-t-il aux comtes de la Marche et de Toulouse? — Comment et où fut-il vainqueur du roi d'Angleterre? — Quelle preuve de désintéressement et de justice donna saint Louis? — Quelles provinces rendit-il au roi d'Angleterre et quelles autres conserva-t-il? — Quel honneur lui valut sa réputation d'équité? — Quelles provinces ajouta-t-il au domaine royal? — 98. Pourquoi saint Louis entreprit-il la septième croisade? — A qui confia-t-il la régence du royaume pendant cette expédition? — *Racontez les premiers événements de cette croisade.* — *Quels désastres suivirent la victoire de Mansourah?* — *Comment se conduisit saint Louis pendant sa captivité?* — Quelle ville donna-t-il pour sa rançon? — Combien de temps passa-t-il en Palestine et qu'y fit-il? — Quel événement détermina saint Louis à revenir en France et quelle gloire retira-t-il de cette expédition? — 99. *Faites connaître les principales institutions de saint Louis.* — Quelle importance attachait-il à la bonne administration de la justice? — Les monnaies et les intérêts du commerce et des villes ne fixèrent-ils pas aussi son attention? — Quelle fut sa conduite vis-à-vis de l'Église? — 100. Quelle conquête fit un prince français en Italie? — Saint Louis ne fit-il pas une seconde croisade? — Avec qui s'embarqua-t-il et vers quelle ville se dirigea-t-il? — Quelle fut la fin de cette croisade et comment mourut saint Louis? — 101. Quel hôpital fut fondé par saint Louis? — Quelle église inaugura-t-il? — Quelle célèbre société de théologiens fut fondée sous ce règne?

CHAPITRE QUINZIÈME.

DE LA CIVILISATION AU TREIZIÈME SIÈCLE.

SOMMAIRE.

102. A la décadence complète au dixième siècle succède le mouvement des esprits au onzième siècle, puis un développement remarquable de la civilisation au douzième et surtout au treizième siècle. La puissance du mobile religieux est prouvée surtout par les croisades; elles contribuent à une véritable renaissance, attestée par la prospérité de l'université de Paris.

103. Charlemagne avait donnée l'impulsion au commerce. La foire d'Aix-la-Chapelle attirait les marchands de toute l'Europe, la féodalité arrêta tout mouvement commercial. Le négoce se concentra entre les mains des Juifs, auxquels les colporteurs lombards vinrent bientôt faire concurrence; pourtant ils conservèrent exclusivement le trafic de l'argent. Le commerce se développa bientôt, grâce aux foires de Saint-Denis et de Beaucaire; il devait se développer davantage lors des croisades qui apportèrent en Europe les industries de l'Orient. Les glaces de Venise, les soieries de Sicile, les moulins

LA CIVILISATION AU TREIZIÈME SIÈCLE. 193

à vent, le coton, le papier, les progrès de l'orfévrerie, datent de cette époque.

104. L'industrie reçut une organisation féodale. Dans les corporations ou confréries, l'apprentissage fut le préliminaire nécessaire de la maîtrise. Le livre des métiers, d'Étienne Boileau, fait connaître les corporations, qui devaient bientôt acquérir une certaine influence politique.

105. Un ancien règlement de Charlemagne avait pour but de faire escorter les marchands. Saint Louis obligea les seigneurs à veiller à la sûreté des routes. Il réprima l'altération des monnaies seigneuriales et donna cours partout à la monnaie du roi.

106. La langue subit l'influence des mœurs du Nord et de celles du Midi ; elle se divise en langue d'oïl ou roman vallon et langue d'oc ou roman provençal. L'histoire, écrite en latin jusqu'alors, commence au treizième siècle à être écrite en langue nationale. Villehardouin, seigneur champenois, est l'historien de la quatrième croisade, et Joinville, compagnon de saint Louis, écrit la vie du saint roi.

107. La poésie est l'image fidèle des mœurs du moyen âge. La douceur et l'harmonie sont le caractère des œuvres des troubadours, littérateurs de la langue d'oc et l'énergie et l'éclat sont ceux de la littérature des trouvères (langue d'oïl). Ces derniers écrivent des laïs, virelais et rondeaux ; on remarque parmi ces œuvres les chansons de Thibault de Champagne. Les trouvères écrivent des poëmes épiques, parmi lesquels les grands romans de la Table-Ronde célèbrent les exploits fabuleux d'Alexandre, de Charlemagne et d'Arthur.

108. Les croisades rendent l'essor aux beaux-arts comme à la littérature. L'architecture ogivale multiplie ses chefs-d'œuvre aux douzième et treizième siècles. D'admirables cathédrales s'élèvent sur tous les points de la France sous la direction de Robert de Luzarches, Pierre de Montereau, etc. Les produits de la sculpture conservent une grâce naïve. Les vitraux de l'abbaye de Saint-Denis révèlent les progrès de la peinture sur verre. Cependant les arts ne s'occupent pas encore des habitations, dont l'architecture reste très-pauvre.

109. Les ordres monastiques les plus célèbres sont : les Frères prêcheurs, institués par saint Dominique ; les Franciscains ou Frères mendiants institués par saint François d'Assises. Leur grande popularité a pour cause les services qu'ils rendent aux classes pauvres. L'égalité chrétienne existe dans les couvents.

110. La classe moyenne accroît son importance à la faveur des développements du commerce, de l'industrie et de l'instruction. Elle s'apprête à jouer un rôle politique.

102. LA CIVILISATION AU TREIZIÈME SIÈCLE. — La civilisation, qui, au commencement du neuvième siècle, avait reçu de Charlemagne une si puissante impulsion, avait semblé anéantie au milieu des bouleversements auxquels l'Europe fut en proie pendant le siècle suivant. Le dixième siècle, période de confusion et d'anarchie, fertile seulement en calamités de tout genre, avait été l'un des plus tristes pour l'histoire intellectuelle comme pour l'histoire politique. Avec le onzième siècle s'était ouverte une ère nouvelle. La victoire de la féodalité était complète, universelle ; mais pourtant la force brutale se courbait devant la force toute morale de l'Eglise. C'était le temps de la trêve de Dieu, de la chevalerie et de ses saintes inspirations ; c'était le temps où la terre se couvrait de *la robe blanche des églises*, où le génie chrétien semblait animer les pierres transformées en pieuses cathédrales ; sous l'influence du sentiment religieux, l'activité des esprits reprenait son essor (1). Dès le commencement du douzième siècle, tout s'anime, tout s'agite dans le monde intellectuel. Les idées se sont agrandies, les forces se sont développées par l'affranchissement des communes, par les croisades. La foi, cette grande passion du moyen âge, remue l'Europe entière. Les arts brillent, « non modelés sur l'antiquité, mais spontanés et indigènes, pleins de poésie et d'invention, expression naïve et vraie de la société... Partout activité, enthousiasme, espérance ; c'est véritablement une résurrection, une *renaissance.* »

C'est au treizième siècle que la civilisation du moyen âge parvint à son apogée. L'histoire de cette époque mémorable est celle de l'influence des croisades sur les progrès de l'esprit humain. Le commerce, les arts, les lettres reçoivent en France un développement immense. Des relations continuelles entre l'Europe entière et les contrées de l'Orient multiplient à la fois les ressources matérielles et les richesses intellectuelles, en même temps que le perfectionnement si remarquable de la législation et de l'administration opéré par saint Louis dans notre patrie assure le triomphe de

---

(1) M. Alfred de Musset a développé cette idée de la manière suivante :

« Regrettez-vous le temps où d'un siècle barbare
Naquit un siècle d'or plus fertile et plus beau,
Où le vieil univers fendit avec Lazare
De son front rajeuni la pierre du tombeau ?

. . . .

Où sous la main du Christ tout venait de renaître,
Où le palais du prince et la maison du prêtre,
Portant la même croix sur leur front radieux,
Sortaient de la montagne en regardant les cieux ?
Où Cologne et Strasbourg, Notre-Dame et Saint-Pierre,
S'agenouillant au loin dans leurs robes de pierre,
Sur l'orgue universel des peuples prosternés,
Entonnaient l'Hosanna des siècles nouveau-nés. »

l'ordre sur l'anarchie. Une des causes les plus efficaces de ce mouvement des esprits est la rapide propagation des écoles, et la prospérité toujours croissante de l'*Université* de Paris, *fille aînée des rois*, qu'une ordonnance royale constitua définitivement la première année du treizième siècle. Des princes, des seigneurs, des abbés vont créer à l'envi, à Paris et dans les provinces, des colléges bientôt florissants par la science des maîtres, par le nombre des écoliers. Les monastères redoublent de zèle pour les précieux manuscrits, et de patientes reproductions permettent d'en répandre dans les écoles quelques exemplaires ; travail obscur et sans gloire, mais d'une bien grande utilité, si l'on songe qu'en l'année 1308, un recueil d'homélies était acheté par une comtesse d'Anjou au prix de deux cents brebis, d'un muid de froment, d'un muid de seigle et de cinquante peaux de martre.

Nous parcourrons successivement les diverses branches de l'industrie et des connaissances humaines pour faire connaître leur situation en France au siècle de saint Louis.

103. Développement du commerce. — Industries nouvelles. — Sans prendre une très-grande part, pendant le moyen âge, au commerce maritime et international, la France se fait remarquer surtout par son commerce intérieur et l'organisation de son industrie. Déjà sous Charlemagne, l'unité politique établie dans une grande partie de l'Europe, les garanties d'ordre et de tranquillité qui semblaient acquises au nouvel empire, avaient promis au commerce et à tous les éléments de la civilisation un prompt et facile progrès. A la première ouverture d'une grande foire à Aix-la-Chapelle, on avait vu accourir les Anglo-Saxons, avec l'étain et le plomb de l'Angleterre ; les Esclavons, avec les métaux du Nord ; les Lombards, avec les étoffes de soie de Constantinople ; les Espagnols, avec les marchandises d'Afrique ; les Français, avec les tissus fabriqués à Lyon, à Arles et à Tours. Charlemagne avait même essayé d'établir l'uniformité des poids et des mesures. Mais à peine eut-il disparu, que la féodalité vint anéantir les résultats de tous ses efforts. Les seigneurs rendirent le commerce impossible en pillant et en rançonnant les marchands qui traversaient leurs domaines, et tout le négoce européen tomba entre les mains des juifs, à qui l'appât du gain faisait braver toutes les vexations et tous les dangers. Les draps, la toile, la quincaillerie, les bijoux et les ornements qui venaient d'Orient, étaient transportés, à dos de mulets, de bourg en bourg, de ville en ville ; les colporteurs, en possession d'un monopole incontesté, réalisaient des profits énormes quand ils n'étaient pas dépouillés, et leur ténacité triomphait de toutes les traverses (v. n° 74). Objets de la réprobation universelle, souvent exposés à des persécutions terribles, les juifs n'en acquirent pas moins une grande importance par leur supériorité commerciale ; et les rois, qui en tiraient de fortes contributions, les protégèrent ensuite contre la haine des peuples. Ces infatigables spéculateurs parvinrent à établir dans leurs opérations une régularité remarquable ; on leur attribue l'invention de la lettre de change, si utile dans le commerce. Une redoutable concurrence s'éleva contre les juifs quand les croisades, qui développèrent rapidement la puissance des républiques italiennes, et assurèrent la prospérité commerciale de quelques-unes de nos villes maritimes, eurent enrichi l'Italie et la France d'une grande quantité de marchandises orientales ; des colporteurs lombards se répandirent dans toute l'Europe, et, plus habiles encore que les juifs, ils parvinrent à les supplanter. Ce fut alors que ceux-ci, obligés d'abandonner leur ancien négoce, se livrèrent exclusivement au trafic de l'argent ; ils absorbèrent la plus grande partie du numéraire, et exercèrent sur l'Europe une véritable tyrannie fiscale que combattirent vainement les répressions les plus sévères, et qui ne céda que devant les progrès de l'industrie. Malgré cette entrave, l'impulsion donnée au commerce ne s'arrêta plus. La prospérité des foires de Beaucaire, sur le Rhône, de Saint-Denis, près Paris, rappela l'éclat des foires d'Aix-la-Chapelle. Marseille envoya des navires chercher les denrées de l'Orient, et Paris même, organisant une association de mariniers, mit un vaisseau dans ses armoiries.

Réduit jusqu'alors à un étroit monopole par les juifs et les Lombards, le commerce se développa et s'étendit au treizième siècle, lorsqu'il eut reçu de nouveaux et précieux aliments des industries importées par les croisades. Venise, imitant les verreries de Tyr, créa ses fabriques de glaces si justement renommées ; la Sicile produisit des tissus de soie rivaux de ceux de Damas ; les moulins à vent accélérèrent la préparation du pain ; le coton, destiné à jouer un rôle si prodigieux sur la scène industrielle, prit place dans la confection des vêtements ; le papier de coton apparut en même temps pour remplacer plus tard le parchemin ; l'orfèvrerie, la gravure et les arts qui concernent les métaux précieux commencèrent à enfanter des chefs-d'œuvre. Tous ces produits, inégalement fournis par les divers peuples, donnaient lieu à des transactions animées qui enrichirent promptement nos cités commerciales.

104. CORPORATIONS INDUSTRIELLES. — Du reste, l'industrie avait subi, comme toutes les parties de l'état social, cette nécessité universelle au moyen âge, qui enfanta la féodalité, la nécessité d'une organisation particulière en l'absence de toute organisation générale. En même temps que les communes se constituaient contre la tyrannie des seigneurs, les artisans s'assurèrent sécurité et protection en s'unissant par des associations régulières qui furent appelées *confréries* ou *corporations*, et qui furent établies, du reste, autant dans l'intérêt des acheteurs, livrés sans garantie à la fraude des fabricants, que dans l'intérêt des artisans eux-mêmes. En France, saint Louis chargea le prévôt de Paris, *Étienne Boileau*, de réaliser cette grande idée. Dès cette époque, le *Livre des métiers* signale plus de cent cinquante professions diverses qui révèlent quelle importance l'industrie avait acquise dans les grandes cités. Les confréries, qui se multiplièrent partout avec les communes, prirent bientôt un développement et une régularité remarquables. Nul ne pouvait y être admis qu'après un certain temps d'*apprentissage*, et après avoir justifié de son habileté par un *chef-d'œuvre*; des institutions de censure, appelées *maîtrises* ou *jurandes*, maintenaient les règlements de la société et la hiérarchie des membres. Chaque corps de métiers était sous la protection d'un saint, et avait une bannière sous laquelle toute la confrérie marchait au secours de ses membres offensés, ou quelquefois se joignait à l'armée nationale pour la défense du pays. Dans plusieurs contrées de l'Europe, dans la Flandre surtout, les corporations devinrent de redoutables puissances politiques. Au point de vue commercial, elles devaient sans doute plus tard apporter de fâcheuses entraves au développement de l'industrie; mais il n'en est pas moins vrai qu'elles lui rendirent d'éminents services pendant le moyen âge, et qu'aujourd'hui même plusieurs économistes voudraient voir tempérer, par quelques-uns des règlements de ces associations célèbres, la liberté illimitée de la concurrence commerciale.

105. SURETÉ DES ROUTES. — MONNAIE DU ROI. — De toutes les mesures qui pouvaient être prises en faveur du commerce et de l'industrie, les plus nécessaires comme les plus efficaces étaient celles qui tendaient à garantir la sûreté des communications par la police des routes, et la sincérité des marchés par l'uniformité des monnaies. Ce fut saint Louis qui, parmi tant d'autres règlements utiles, eut le mérite de pourvoir le plus activement à ces deux grands intérêts. Un capitulaire de Charlemagne avait jadis obligé les seigneurs à escorter à prix d'argent les marchands qui traversaient leurs domaines ; mais cette obligation s'était convertie en exaction, et les seigneurs tiraient de grosses sommes des négociants, sans leur accorder aucune protection. Saint Louis rendit une ordonnance pour les contraindre de veiller à la sûreté des chemins sur lesquels était perçu un droit de péage, depuis le lever du soleil jusqu'au coucher. Une autre ordonnance plus importante encore, tout en réprimant l'altération des monnaies seigneuriales (n° 99), décidait qu'elles n'auraient cours que dans les domaines de chaque seigneur, tandis que celle du roi serait reçue partout. C'était rendre au négoce un service éminent en l'affranchissant de la nécessité d'une multitude de changes toujours onéreux et réitérés sans cesse ; c'était préparer les voies à l'unité des monnaies et des mesures, à l'affranchissement du commerce.

106. Premiers grands monuments de la langue française. — Villehardouin, Joinville. — La langue française suit et marque dans ses développements successifs les révolutions politiques. « Latine sous la première race, elle a exprimé cette société encore toute romaine malgré la conquête ; tudesque et romane sous les Carlovingiens, elle était double comme leur empire ; sous la troisième race elle devient elle-même : elle n'est plus ni latine, ni tudesque, ni romane, elle est française ; elle est une comme la monarchie et la nation. » (M. Charpentier.)

Cependant l'influence toujours diverse du Nord et du Midi se fit sentir dans la langue et modifia l'idiome national jusqu'à lui donner deux physionomies distinctes, deux caractères séparés. Le génie du Nord, plus mâle, plus rude, plus énergique, se révéla bientôt dans le langage des Normands, qui, en cultivant avec zèle la littérature naissante, lui imprimèrent un type particulier ; le mélange de la race normande avec la nation anglaise contribua encore à rapprocher leur idiome des idiomes septentrionaux. Au sud de la France, la douceur du climat, la molle facilité des mœurs, les rapports nombreux avec la nation arabe si brillante et si poétique, firent du roman méridional le type sinon de la force, au moins de la grâce et de l'harmonie. Ainsi se distinguent dès le douzième siècle et pendant le treizième, le roman *wallon* et le roman *provençal*, appelés, d'après la prononciation de la particule affirmative, la *langue d'oïl* et la *langue d'oc*.

Au roman wallon se rattachent presque toutes les œuvres sérieuses de la littérature nationale ; ses premiers grands monuments sont d'importants ouvrages historiques. L'histoire se développe et se perfectionne à mesure que la société s'éloigne de la barbarie. Au douzième siècle, les récits en latin de *Guillaume de Tyr*, d'*Albert d'Aix*, de *Jacques de Vitry*, inspirés par les grandes scènes des croisades ; les écrits de Suger, auteur de la *Vie de Louis le Gros*, ont commencé à donner à l'histoire un caractère nouveau qui se révèle bien mieux encore dans les œuvres de deux écrivains qui sont aussi les pères de la langue française : *Villehardouin* et *Joinville*. « Avec ces hommes on échappe complétement à la chronique aride, dénuée de couleur et de mouvement. La vie est rendue à l'histoire ; celle-ci n'enregistre plus seulement la succession chronologique des faits, elle les anime ou plutôt elle leur conserve leur physionomie énergique et passionnée. » (M. Ampère). — Villehardouin, seigneur de Champagne (1167-1213), qui prit part à la quatrième croisade, assista à la prise de Constantinople, et fut fait, pour prix de ses exploits (n° 91), maréchal de Romanie. Villehardouin raconte les faits qui se sont passés sous ses yeux dans l'*Histoire de la conquête de Constantinople* ou chronique des empereurs Baudouin et Henri de Constantinople. — Joinville (1223-1317), ami et conseiller du roi saint Louis, compagnon de tous ses travaux et de tous ses dangers, a laissé des Mémoires pleins de naïveté et de grâce, « le premier monument de génie en langue française (M. Villemain), » où sont fidèlement peintes avec autant d'originalité dans le langage que d'énergie dans l'expression la grandeur et la vertu héroïque du saint roi.

107. Les Trouvères. — C'est dans la poésie que s'est opéré le grand mouvement littéraire du moyen âge ; c'est dans la poésie que se trouve la vive expression des mœurs, le jeu de toutes les passions, la lutte de tous les sentiments qui animent à cette époque cette société brillante, toute composée de riches barons, de nobles châtelaines, de jeunes et aventureux chevaliers, qui passe ses loisirs dans les grands festins, les chasses et les tournois, pour faire briller sa magnificence autant que son courage, et obtenir des palmes et des couronnes des mains de la *reine de beauté*. Alors toute une race de poëtes, toute une population chantante surgit pour égayer ces fêtes, et se partage la France avec des destinées diverses. Au Midi, la langue d'oc atteint, dès le douzième siècle, toute sa douceur et toute son harmonie dans les chants des *troubadours*, héros de cette littérature légère, moqueuse, passionnée. Accompagnés de la guitare de leurs *jongleurs*, ils répètent dans les *cours d'amour* leurs *sirventes*, leurs *tensons*, leurs *ballades*, et disputent devant les dames une fleur ou un ruban, digne prix de la *gaie science*. C'est à peine si quelquefois les cris de guerre de *Bertram de Born*, « le Tyrtée du moyen âge, » comme le nomme M. Villemain, où les tristes plaintes de *Richard Cœur-de-lion* captif, viennent se mêler un instant à ces tendres mélodies.

Au Nord, dans une langue plus mâle et plus vigoureuse, les *trouvères* laissent là les formes recherchées de la galanterie chevaleresque; les *lais*, les *virelais* et les *rondeaux* expriment toute la hardiesse de la satire, toute la liberté du sarcasme, quelquefois l'enthousiasme du patriotisme ou le charme d'une poésie rêveuse et mélancolique. La langue d'oïl s'illustre et se perfectionne dans les gracieuses chansonnettes de ce Thibault, comte de Champagne, puis roi de Navarre, l'adorateur de la reine Blanche (n° 96), « le premier écrivain dont les vers puissent s'entendre et se lire, et le premier chansonnier parmi les rois. » (M. VILLEMAIN.)

C'est encore à la langue d'oïl, au talent des trouvères, que sont dus les prodigieux développements de la poésie épique à cette époque. Le *Chant de Roncevaux* prélude aux grands romans de la *Table ronde*. Trois noms surtout sont l'objet des hommages et comme du culte poétique des trouvères : Alexandre, Charlemagne, Arthur. Amoureuse du merveilleux, leur imagination entoure ces héros d'un nuage de gloire, au milieu duquel ils apparaissent avec une physionomie surhumaine. Les voyages périlleux, les entreprises gigantesques, les grands coups d'épée, tout ce qui était au moyen âge l'idéal de la grandeur guerrière, était accumulé dans d'étranges et colossales épopées, avec une bonne foi naïvement intrépide, au milieu des plus burlesques erreurs. Alexandre, ce demi-dieu de tous les âges, devient chez *Lambert-li-Cors* un gentil chevalier ; il marche l'oriflamme en main, escorté des douze pairs. En son honneur encore, *Gauthier de Châtillon* compose l'*Alexandréis*. Quant à Charlemagne, il parcourt le monde entier, visite Constantinople, prend possession de Jérusalem, délivre le saint Sépulcre; c'est le premier croisé. S'il marche contre les Lombards, le ciel, la terre, les eaux même se changent en fer sur son passage, *tant que Didier fust moult ébaudy*, dit la chronique. Enfin, Arthur, vrai personnage mythologique, pourfend les montagnes à coups d'épée et dédaigne les travaux d'Hercule.

Au milieu de ces élans désordonnés de l'imagination, la légende, si naïve et si intéressante au commencement du moyen âge, a perdu son caractère primitif : elle n'est plus qu'un ensemble de fictions; elle prend les formes les plus diverses : tour à tour satire, fabliau ou conte d'amour, elle se prête à tous les caprices de l'esprit; mais on y trouve presque toujours l'expression naïve et touchante d'une vive dévotion à la Vierge Marie, la *Dame de tout le monde*.

108. Développement de l'architecture, de la peinture sur verre, de la sculpture. — Malgré tous les efforts de Charlemagne, les beaux-arts, comme la littérature et la plupart de ses institutions, avaient été détruits pendant l'anarchie qui suivit sa mort; et ce n'est, à proprement parler, que vers le douzième siècle que les arts se relevèrent en France. A cette époque, les croisades avaient répandu dans l'Occident la connaissance de l'art élégant des Arabes, et c'est d'après les inspirations puisées dans l'Orient que nos architectes modifièrent leur manière de bâtir, jusqu'alors lourde et sans majesté. Au treizième siècle, l'architecture *ogivale*, si improprement appelée *gothique*, fut portée en France à sa perfection. Les cathédrales ou églises bâties d'après ce système sont innombrables, et plusieurs sont d'une incomparable beauté. Il suffit de citer les cathédrales de Chartres, de Beauvais, d'Amiens, de Reims, de Rouen, de Strasbourg, de Bourges, Notre-Dame de Paris, la *Sainte Chapelle*, cette œuvre merveilleuse de saint Louis (n° 101), etc. Les noms des artistes qui ont élevé ces sublimes monuments, tout empreints de la foi religieuse qui les inspirait, mériteraient une illustration que l'histoire ne leur a point accordée. Les plus connus sont *Robert de Luzarches* (1220), qui éleva la cathédrale d'Amiens; *Pierre de Montereau* (1266), qui construisit celle de Beauvais; *Robert de Coucy* (1220), qui bâtit celle de Reims.

Ces monuments sont aussi la preuve vivante des progrès

qu'avaient faits d'autres arts. Ainsi, sans parler de la *mécanique,* dont ils attestent les puissants et habiles efforts, ils démontrent aussi que la *sculpture* comptait des artistes qui ne manquaient pas d'habileté, et dont les œuvres un peu roides sont empreintes, au douzième et au treizième siècle, d'une grâce naïve et touchante. On sait que l'abbé Suger avait orné l'abbaye de Saint-Denis, relevée par ses soins, de fenêtres non-seulement *vitrées*, mais couvertes de *peintures.* Ces vitraux peints furent un des plus beaux ornements des grands monuments religieux que nous venons de citer. Cependant, il paraît certain que le verre ne fut pas employé en France avant le quatorzième siècle dans l'architecture domestique, dont les progrès semblent avoir été d'une extrême lenteur, puisque l'usage des tuyaux de cheminée, par exemple, paraît y avoir été au moyen âge aussi inconnu qu'il l'était dans l'antiquité. Quant à la décoration intérieure des habitations et au mobilier qui les garnissait, on se ferait difficilement aujourd'hui une idée juste de leur simplicité, pour ne pas dire de leur nullité presque complète.

109. Ordres mendiants. — Au milieu de ce grand mouvement de l'esprit humain, qui, sous l'influence de la religion, se manifeste à partir du onzième siècle, un fait essentiellement digne de remarque, c'est que, loin de se concentrer dans les classes supérieures, il tend peu à peu à s'étendre, à se populariser. Une des causes les plus efficaces de ce progrès fut, au treizième siècle, l'institution des ordres religieux, désignés sous le nom d'*Ordres mendiants,* parce qu'ils faisaient vœu de la plus entière pauvreté, ne vivant que de ce que leur donnait la charité des fidèles, et de *Frères prêcheurs,* qui se consacraient spécialement à la prédication, et qui eurent pour fondateur l'illustre *saint Dominique.* Les premiers devaient leur origine à *saint François d'Assise,* et furent appelés *Franciscains.* Ces moines acquirent bientôt, par leur désintéressement et leur zèle, une grande influence sur le peuple, qu'ils allaient sans cesse visiter et consoler. « Un moine des ordres mendiants, c'était un homme qui avait pour profession unique d'évangéliser le pauvre, de relever le courage du pauvre, d'instruire le pauvre, de l'aider à porter le poids de sa misère et du labeur de chaque jour. C'était là le but, la fin spéciale de ce moine. Et pour mieux comprendre les besoins de son auditoire habituel, pour mieux compatir à ses souffrances, ce moine se faisait pauvre lui-même. Ne portant pas même avec lui la besace de l'indigent, il se présentait le soir au seuil d'une humble chaumière et demandait l'hospitalité pour une nuit, s'estimant heureux d'obtenir un gîte dans un étable, où était né le Sauveur. Aussi, la vue de cette abnégation, de ce dévouement sans bornes pour les classes laborieuses, avait-elle valu à ces religieux une popularité universelle au moyen âge. » (AUDLEY.)

C'était encore dans les couvents des Franciscains qu'au milieu de ces temps d'oppression où les grands faisaient souvent si durement sentir leur supériorité aux faibles, la religion montrait de la manière la plus frappante comment elle met en pratique l'égalité des hommes devant Dieu. Beaucoup de grands seigneurs, naguère redoutés, se cachaient humblement sous la bure du moine, et les monastères étaient souvent peuplés d'autant de nobles que de vilains, tous consacrés aux mêmes devoirs, et appliqués ensemble aux occupations les plus communes et les plus basses.

116. Progrès du Tiers-État. — L'essor de la civilisation que nous venons de signaler, et surtout le développement du commerce, qui s'accomplissait en même temps que celui de l'industrie, fut une des causes les plus puissantes des progrès du Tiers-État, dont on a signalé l'influence considérable dans les derniers temps du moyen âge. La bourgeoisie, dont les enfants fréquentaient les écoles, s'enrichissait rapidement dans les spéculations lucratives que dédaignait la noblesse. Formés au calcul et à l'économie, exercés peu à peu à l'administration dans les charges municipales, les bourgeois se préparaient au rôle important qu'ils devaient jouer dans le gouvernement du royaume lui-même. A Paris comme dans les grandes villes de commerce, le prévôt des marchands était un puissant personnage, et les riches bourgeois défendus contre la féodalité par les franchises communales, assurés de la protection du roi, dont ils acceptaient volontiers la direction suprême, se vengeaient des hauteurs de l'aristocratie en lui faisant marchander leurs subsides. On peut déjà prévoir les destinées politiques d'une classe où se développaient également les richesses et les lumières.

QUESTIONNAIRE. — 102. Indiquez le mouvement de l'esprit humain depuis Charlemagne jusqu'à saint Louis. — Quel est le caractère des dixième, onzième, douzième et treizième siècles? — 103. Quelle impulsion Charlemagne avait-il donnée au commerce? — Quelles causes vinrent l'entraver? — A qui appartint le monopole du négoce? — Qui fit concurrence aux juifs? — Quelle action les croisades exercèrent-elles sur le commerce? — Nommez des foires célèbres à cette époque. — 104. Quelles industries nouvelles furent apportées par les croisades? — *Donnez quelques détails sur l'organisation de l'industrie.* — 105. Quelles mesures avait prises Charlemagne pour la sûreté des routes? — Que fit saint Louis à cet égard? — Que prescrivit-il relativement aux monnaies? — 106. Quelle double influence subit la langue française à son origine et quels noms reçut-elle? — Quels sont les deux grands écrivains du treizième siècle et quelles sont leurs œuvres? — 107. Comment la littérature des trouvères se distingue-t-elle de celle des troubadours? — *Faites connaître les œuvres les plus remarquables des trouvères.* — Quel sentiment se trouve dans les légendes de cette époque? — 108. Quelle a été l'influence des croisades sur les arts? — Quelles œuvres a produites l'architecture à cette époque? — Quel est le caractère de la sculpture? — Dites quelques mots de la peinture sur verre. — 109. A qui donna-t-on le nom de Frères prêcheurs et de Frères mendiants? — Quels furent les fondateurs de ces ordres? — A quoi durent-ils leur influence? — 110. Faites remarquer les progrès du Tiers-État et indiquez-en les causes.

CHAPITRE SEIZIÈME.

PHILIPPE III, LE HARDI, PHILIPPE LE BEL ET SES FILS.

(564-613).

SOMMAIRE.

111. Philippe III le Hardi (1270-1285) quitte l'Afrique; son oncle et son frère meurent pendant le retour. Ces malheurs profitent au domaine royal, qui s'accroît des comtés de Valois, de Poitou et de Toulouse, dont furent séparés : le Comtat Venaissin abandonné au pape (1273) et l'Agénois remis à l'Angleterre (1279). Une expédition contre le comte de Foix (1272) et les relations avec la Navarre et la Castille amenèrent la guerre contre l'Aragon, pendant laquelle mourut le roi (1285). Sa piété était peu éclairée, ainsi que le prouve le procès et l'exécution du ministre Pierre de Labrosse (1278). Il publia un édit qui autorisa les roturiers à acquérir des fiefs. D'autres ordonnances créèrent l'ordre des avocats.

112. Philippe IV le Bel (1285-1314), prince d'un caractère égoïste, impérieux et violent, fonde le despotisme.

113. Philippe termine la guerre d'Aragon par le traité de Tarascon (1291). Il fait citer Édouard Ier devant la cour des pairs et prononcer la confiscation de la Guyenne (1293). Les événements de la guerre contre l'Angleterre furent peu importants. Le comte de Flandre, allié d'Édouard, ayant été battu à Furnes (1297), les villes flamandes,

un instant soumises, se soulevèrent, triomphèrent de la chevalerie française à Courtrai (1302), mais elles furent battues à Mons-en-Puelle (1304) et forcées à la paix (1305). Un traité avait également été conclu avec l'Angleterre l'année précédente (1304).

114. Les embarras financiers du roi amènent la spoliation des juifs et des Lombards (1291), puis les ordonnances contre le luxe des bourgeois (1294), l'altération des monnaies (1295), enfin de nouveaux impôts nommés maltôte.

115. Les exactions de Philippe sont la cause première de la querelle entre le roi et le pape Boniface VIII. La hauteur du légat Bernard Saisset, réprimée de la manière la plus inique, occasionne la première bulle de Boniface VIII. Les premiers États-généraux (1302) appuient le roi. De nouvelles bulles de Boniface VIII et les nouvelles excommunications lancées contre le roi amènent des violences odieuses exercées contre le pape, qui meurt en 1303. Bertrand de Got (Clément V) lui succède au trône pontifical (1305). Philippe le Bel lui impose diverses conditions ; le saint-siège est transféré à Avignon.

116. Philippe le Bel demande au pape la condamnation des Templiers (1307), dont il enviait les richesses ; l'ordre est aboli (1312), et le procès (1307-1314) terminé par le supplice du grand maître.

117. Chartres, Étampes, Lyon et Lille furent réunis à la couronne sous ce règne.

118. Les parlements diffèrent beaucoup des anciennes assemblées nationales. Leur constitution est modifiée sous le règne de saint Louis et sous celui de Philippe le Bel, qui règle les attributions du parlement de Paris et sa composition (1291) ; il le rend sédentaire (1303). Il règle aussi les assemblées de ceux de Toulouse, Rouen et Troyes. Il crée la Cour des comptes pour le contrôle des finances. Le parlement vérifia et enregistra les ordonnances des rois, ce qui constitua un droit fort considérable, et contribua à donner de l'importance à la classe des légistes, qui rendirent des services nombreux, mais devinrent souvent un instrument de tyrannie entre les mains des rois et surtout de Philippe le Bel.

119. Quelques députés des villes avaient été appelés par saint Louis. Les trois ordres furent convoqués par Philippe le Bel. Auxiliaires de ce roi, ils sont destinés à ébranler plus tard la royauté. Leur première session fut de courte durée (23 mars-1ᵉʳ avril 1302).

120. Louis X le Hutin (1314-1316), du chef de sa mère roi de Navarre, était un prince d'un esprit borné. À son avènement, la réaction se fit contre les gens de loi et de finance. Enguerrand de Marigny en fut la victime. Le roi crut remédier aux embarras financiers par la vente des affranchissements et le rappel des Juifs. La guerre contre les Flamands fut reprise par lui sans succès.

121. Le roi Jean Iᵉʳ ne vécut que quatre jours, et Philippe V monta sur le trône par une interprétation de la loi salique (1317).

122. Le roi se fit aimer en multipliant les affranchissements ; il réunit souvent les États généraux et rendit des ordonnances pour réformer les abus des finances ; il accorda des *lettres de noblesse* ; malheureusement il permit de sanglantes persécutions. — L'exclusion des femmes de la couronne est confirmée par l'avènement de Charles IV le Bel (1322-1328). Son administration fut bienfaisante ; il punit de mort les crimes du baron de l'Ile-Jourdain. Les jeux floraux furent

créés à Toulouse. — La baronnie de Bourbon fut érigée en duché-pairie sous ce règne.

111. Agrandissement du domaine sous Philippe III (1270-1285). — L'aîné des fils de saint Louis, Philippe le Hardi, fut proclamé roi sous les murs de Tunis, après la mort de son père, qu'il avait accompagné en Afrique (voir ci-dessus n° 100). Atteint lui-même de la contagion, n'ayant plus avec lui que des soldats affaiblis par la maladie et découragés par la mort du saint roi, il ne demeura en Afrique que sur les instances de son oncle Charles d'Anjou, roi des Deux-Siciles, arrivé le jour même de la mort de saint Louis. Bientôt une victoire remportée sur les infidèles permit aux deux rois de conclure une trêve de dix ans et d'abandonner cette terre fatale. — Toutefois, les malheurs des croisés n'étaient pas encore à leur terme. La tempête battit leur flotte comme ils approchaient des côtes de la Sicile, et cinq mille de ceux qu'avaient épargnés la guerre et la peste trouvèrent la mort dans les flots. *Thibault*, roi de Navarre et gendre de saint Louis, mourut en Sicile des suites de la contagion; *Isabelle* d'Aragon, femme de Philippe III, ainsi qu'un fils qu'elle venait de lui donner, périrent en Italie. Le nouveau roi rentra dans ses Etats suivi des cinq cercueils de son père, de son frère *Jean Tristan*, comte de Nevers, mort en Afrique peu de temps avant saint Louis, de son beau-frère, de sa femme et de son fils. Ce lugubre cortége traversa toute la France jusqu'à l'abbaye de Saint-Denis, dont les caveaux reçurent à la fois trois générations royales.

Tant de désastres profitèrent du moins à l'accroissement du domaine de la couronne. Le *Valois*, assigné en apanage à Jean Tristan, fit retour au domaine royal; il en fut de même du comté de *Poitou* et du riche comté de *Toulouse*, restés vacants par la mort d'*Alphonse*, oncle du roi, et de la comtesse *Jeanne* de Toulouse, femme de ce prince, morts tous deux en Italie des suites de la maladie contagieuse qu'ils avaient rapportée d'Afrique. Dans ce dernier héritage se trouvaient compris le *Comtat Venaissin* (1272), que Philippe consentit à laisser au pape (1273), et de plus l'*Agénois* et le *Querci*, sur lesquels le roi d'Angleterre fit valoir des droits qui furent reconnus, mais pour l'Agénois seulement (1279).

Peu d'événements remarquables signalent d'ailleurs le

règne de Philippe le Hardi. Les guerres mêmes qui en occupent une partie n'eurent pas une bien grande importance. La première fut dirigée contre le comte de *Foix*, qui, malgré l'appui que lui prêta le roi d'Aragon, fut contraint, par la prise de sa capitale, à se reconnaître vassal de la couronne de France (1272). — Cette expédition avait conduit les armées françaises sur la frontière des Pyrénées. D'autres événements devaient bientôt la leur faire franchir. Déjà le mariage de Philippe le Hardi avec une princesse d'Aragon avait donné à ce prince des intérêts au delà de ces montagnes : les fiançailles de son second fils avec l'héritière de la couronne de Navarre multiplièrent ses rapports avec les trois royaumes chrétiens d'Espagne, mais sans y augmenter beaucoup son influence ; car il échoua (1280) dans ses efforts pour faire valoir les droits des infants de Lacerda, ses neveux, à la couronne de Castille (voir notre *Histoire du Moyen Age*, chap. XXIV), et il ne fut guère plus heureux dans la guerre qu'il entreprit contre le roi d'Aragon, Pierre III (1284). Ce prince, en s'emparant de la Sicile, avait recueilli le fruit de la révolte qui y avait éclaté (1282) par ce massacre des Français si célèbre dans l'histoire sous le nom de *Vêpres siciliennes*. (Voir notre *Histoire du Moyen Age*, chap. XXXIII.) Charles d'Anjou venait de mourir, laissant à son neveu le soin de sa vengeance. Philippe envahit le Roussillon, qui relevait de la couronne d'Aragon, pénétra en Espagne, prit et saccagea plusieurs villes ; mais la destruction de sa flotte par l'amiral Roger de Loria (1284) compensa ces avantages. Bientôt les maladies qui se mirent dans son armée l'atteignirent lui-même et le forcèrent à la retraite. Contraint par la fièvre de s'arrêter à Perpignan, il y mourut, regretté de ses sujets, dont il s'était fait aimer en maintenant avec sévérité les lois contre les guerres privées (1285). — C'était, du reste, un prince d'une piété sincère, mais d'une instruction fort médiocre et croyant à la divination, comme la plupart de ses contemporains. Il poussa même l'aveuglement jusqu'à faire intervenir cette science mensongère dans le procès auquel donna lieu la mort de son fils Louis, imputée à la reine par *Pierre de Labrosse*, ancien barbier de saint Louis, devenu l'un des ministres de Philippe le Hardi. La reine *Marie* ayant été déclarée innocente par une religieuse qui prétendait avoir des révélations célestes, son accusateur fut condamné par une commission de trois juges à être pendu au gibet de Montfaucon, et l'arrêt fut exécuté à la grande satisfaction des envieux de la fortune extraordinaire du ministre favori (1278).

Philippe le Hardi porta une atteinte indirecte à l'aristocratie féodale en autorisant par un édit les roturiers à devenir, à prix d'argent, possesseurs de fiefs. C'est de son règne aussi que datent les premières ordonnances sur le ministère des *avocats,* ordre nouveau auquel avait donné naissance la nécessité de connaissances spéciales en droit, devenue elle-même une des conséquences de la législation de saint Louis. Déjà cet ordre commençait à acquérir une importance qui se manifesta par l'influence politique qu'exercèrent les hommes de loi sous le règne qui va suivre.

112. Philippe IV (1285-1314). — La mort du fils aîné de Philippe III, attribuée, comme nous l'avons dit (n° 111), à un empoisonnement, fit passer la couronne au second des fils du roi, *Philippe,* époux de *Jeanne* de Navarre, qui lui avait apporté en dot le royaume de Navarre et le comté de Champagne (n° 123). Surnommé le *Bel* à cause de la beauté de sa figure, il eût mérité par son caractère et par ses actes d'être appelé le *Tyran*. Nul prince, en effet, ne se montra sur le trône plus égoïste, plus cupide, plus dominé par des passions violentes et capricieuses, et plus disposé à ne chercher dans le pouvoir que les moyens de les satisfaire, sans jamais s'inquiéter des besoins du pays. Aussi la royauté, qui depuis un siècle tendait au pouvoir absolu, en prit-elle sous son règne toutes les formes. Despote par nature, Philippe le Bel donna ce caractère au pouvoir qu'il exerçait, et ce qu'il y a de plus remarquable, c'est qu'il eut pour auxiliaires des hommes que saint Louis avait destinés à être les ministres de la justice, les légistes ou jurisconsultes, devenus les instruments des volontés tyranniques de son petit-fils. On s'en étonnera moins quand on verra la nation elle-même entraînée à venir en aide aux passions haineuses de son souverain.

113. Guerre de Guyenne. — Guerre de Flandre ; batailles de Courtrai et de Mons-en-Puelle. — La guerre occupa les premières années et même une assez grande partie de ce règne si agité. Proclamé roi à Perpignan, auprès du lit de mort de son père (1285), Philippe le Bel recevait de lui, en héritage, la guerre contre l'Aragon, dans laquelle il s'était lui-même, quoique âgé de dix-sept ans à peine, signalé déjà par quelques exploits. Cependant, la gloire des armes le séduisait peu ; aussi se borna-t-il à fournir des subsides au roi de Majorque, son allié, et s'applaudit-il de voir le traité de *Tarascon* (1291), auquel il refusa pourtant d'accéder, mettre un terme à des hostilités onéreuses pour lui. Ce traité assurait à *Charles de Valois*, frère du roi, le Maine et l'Anjou, pour le dédommager du royaume d'Aragon, qui lui avait été donné par le pape.

Si Philippe le Bel aimait peu la guerre pour elle-même, il aimait beaucoup les profits qu'elle peut donner. L'espoir d'y gagner le duché de Guyenne lui fit trouver, dans une querelle entre deux matelots anglais et normand, suivie de quelques pillages réciproques, un prétexte suffisant pour citer le roi d'Angleterre, Edouard Ier, devant la cour des pairs, et, sur son refus de comparaître, pour faire prononcer la confiscation de la Guyenne (1293). Mais son ambition fut trompée dans ses calculs. Les succès obtenus en Guyenne par ses lieutenants, Charles de Valois et *Robert d'Artois*, furent arrêtés par l'interposition du pape et par la révolte du comte de Flandre, devenu l'allié du roi d'Angleterre. Cependant le comte d'Artois fut encore vainqueur des Flamands, à *Furne* (1297), et Charles de Valois acheva la conquête de la Flandre, tandis que le roi d'Angleterre faisait celle de l'Ecosse, dont le roi Baillol s'était déclaré l'auxiliaire du roi de France. La guerre semblait terminée, lorsque les exactions du gouverneur de la Flandre, *Jacques de Châtillon*, déterminèrent les communes flamandes à faire un nouvel effort pour se soustraire à la rapacité et à la domination tyrannique des Français. Les marchands de Bruges, dont les femmes avaient éclipsé, par la richesse de leur parure, la reine de France, qui, dans un voyage qu'elle faisait en Flandre avec le roi, s'était écriée avec dépit : *Ici je n'aperçois que des reines!* arment leurs ouvriers, massacrent les Français, et s'apprêtent à la guerre. La chevalerie française, pleine de mépris pour ces manants, court à leur rencontre, et les joint près de *Courtrai* (11 juillet 1302). Les Flamands, braves et bien disciplinés, s'étaient retranchés, au nombre de vingt mille combattants, commandés par Guillaume de Juliers et Guillaume de Namur, derrière un canal assez profond, mais que son peu de largeur ne permettait pas aux Français d'apercevoir de loin. L'armée qui s'avançait contre eux, sous les ordres de Robert d'Artois, était une des plus belles que la France eût mises sur pied; elle comptait, dit-on, 7,500 hommes d'armes, 10,000 archers, et 30,000 fantassins des milices communales. Cependant le connétable de Nesle, frappé de la bonne contenance des Flamands, avait proposé à Robert de tourner la position, et d'envelopper les ennemis. *Est-ce que vous avez peur de ces lapins, ou porteriez-vous vous-même de leur poil?* lui dit le comte d'Artois. Le connétable avait épousé la fille du comte de Flandre; il fut indigné de cette réponse, qui contenait un soupçon. *Sire,* répondit-il, *si vous allez où j'irai, vous irez bien avant.* Et en même temps, dépassant les hommes de pied, qui avaient pourtant engagé avantageusement le combat, il charge à la tête des siens avec tant d'impétuosité, qu'il n'aperçoit le fossé qu'au moment où il ne lui est plus possible de s'arrêter. Toute la chevalerie française s'était élancée sur ses traces; aveuglés par la poussière, et emportés par une ardeur qui ne connaissait ni précaution ni discipline, tous les escadrons viennent successivement se précipiter dans le canal, où ils périssent sans défense sous les longues piques des Flamands, qui, sortis des deux côtés du canal sur les flancs de la colonne, la chargèrent à leur tour, et firent un grand carnage. Cependant, «si les gentilshommes qui se trouvaient à la queue de la colonne d'attaque eussent tenté un vigoureux effort, peut-être eussent-ils dégagé leurs compagnons d'armes; mais, saisis d'une panique universelle, ils tournèrent bride, et s'abandonnèrent à une fuite *très-laide et très-honteuse,* et ainsi le duc de Bourgogne, le comte de Saint-Pol, Loys de Clermont, et deux mille *hauberts* (chevaliers), laissèrent mourir Robert d'Artois, et bien d'autres nobles batailleurs. «Dieu! quelle douleur! s'écrie le chroniqueur de Saint-Denis; d'être ainsi abattus, *détranchés* et tués par les mains des villains!»

« Les Flamands victorieux allèrent ensuite aux tentes des chevaliers, et y trouvèrent grande quantité d'armes et grand appareil dont ils furent enrichis. Quand ils eurent dépouillé tous les morts de leurs harnais et de leurs vêtements, ils s'en allèrent en grande joie à Bruges; et ainsi les corps dépouillés de tant de nobles hommes demeurèrent en la place et au champ, sans que nul les mît en sépulture, et les bêtes des champs, les chiens et les oiseaux mangèrent leurs charognes; laquelle chose est reproche perpétuel et grande dérision au roi de France et à tout le lignage des défunts. Là, de fait, gisaient moult de nobles hommes dont c'est grand dommage... Le troisième jour après la bataille, le gardien des frères mineurs d'Arras vint en ce lieu, et recueillit le corps du très-noble comte d'Artois, dénué de vêtures. » (Henri Martin, d'après la *Chronique de Saint-Denis.*) Vingt mille hommes avaient trouvé la mort dans cette sanglante défaite, avec leurs chefs, le comte d'Artois, le connétable, le chancelier, et les deux maréchaux de France, les comtes de Dreux, d'Eu, d'Aumale, d'Angoulême, et plus de quatre mille chevaliers dont les éperons dorés, trophées de cette victoire, allèrent orner les églises de la Flandre.

La honte de cette défaite ne fut lavée que deux ans plus tard (1304), à la bataille de *Mons-en-Puelle*, où les Flamands, après avoir mis le roi lui-même en danger, furent vaincus à leur tour. Mais lorsque Philippe le Bel les vit, trois semaines après, reparaître au nombre de soixante mille, disposés à *mourir dans la bataille plutôt que vivre en servage*, il consentit à leur accorder une paix honorable. Le payement des frais de la guerre fut une condition peu onéreuse pour les riches cités de la Flandre; quant à la cession, qui fut faite au roi, de la *Flandre française,* elle ne devait être que temporaire, et destinée à assurer l'accomplissement des autres conditions (1305). La guerre avait été également terminée avec l'Angleterre, plus d'un an auparavant (1303), par le traité de Paris, qui restituait la Guyenne aux Anglais. Le mariage d'*Isabelle*, fille de Philippe le Bel, avec l'héritier de la couronne d'Angleterre, devait mettre le sceau à la réconciliation des deux pays; mais il devint pour eux une cause de discorde et de ruine.

124. Embarras financiers du roi. — Altération des monnaies. — Ces guerres eurent encore d'autres conséquences funestes, elles épuisèrent les finances de Philippe le Bel; déjà (1291), pour suffire aux frais de ces expéditions ruineuses et au faste de sa cour, il avait spolié les juifs et les marchands italiens (lombards), qui faisaient presque à eux seuls tout le commerce du royaume (n° 103). Quand cette ressource lui manqua, il porta, sous le prétexte de réprimer le luxe de la petite noblesse et de la bourgeoisie, une ordonnance qui prescrivit à tous ceux qui avaient moins de six mille livres de rente, fortune considérable à cette époque, d'apporter à l'hôtel des monnaies tout ce qu'ils possédaient de vaisselle d'or et d'argent (1294). — Bientôt après (1295), il commence à faire fabriquer une monnaie à laquelle *il manquera peut-être*, dit-il effrontément dans une de ses ordonnances, *quelque chose du titre ou du poids ordinaire*, et afin de se réserver l'utile privilége d'être ainsi le seul *faux monnoyeur* de son royaume, il enlève aux seigneurs, trop portés à l'imiter, le droit que s'était attribué chacun d'eux de battre monnaie dans l'étendue de ses domaines. Toutes ces ressources furent insuffisantes, et il fallut recourir à des impôts sur la consommation des denrées. Ce ne fut pas sans résistance qu'on parvint à les établir ; mais Philippe le Bel eut l'adresse de faire revêtir ces nouvelles taxes de la sanction des tribunaux qu'il avait créés. Le nom de *maltôte*, dont le peuple avait flétri les nouveaux impôts, fut bientôt impudemment adopté par Philippe lui-même, « dont l'histoire, dit un écrivain moderne, se réduit à un seul acte : la confiscation. »

115. Démêlé avec Boniface VIII. — Toutes les exactions de Philippe le Bel ne pouvaient encore suffire à couvrir ses dépenses ; il voulut se procurer de nouvelles ressources en levant des impôts sur les biens considérables possédés par le clergé ; ce fut le signal de la lutte qui ne tarda pas à éclater entre le pape et le roi de France. Depuis longtemps déjà, des discussions s'étaient élevées entre eux au sujet de certains droits féodaux disputés par la couronne aux églises de Narbonne et de Maguelonne. De plus, le pape Boniface VIII avait institué un évêché à Pamiers sans la participation du roi. De son côté, Philippe le Bel accueillait à sa cour les ennemis du pape, ou se déclarait leur allié : telles furent les causes diverses qui mirent aux prises deux souverains également jaloux de leurs droits. Le nouvel évêque de Pamiers, *Bernard Saisset*, envoyé à Paris par le pape en qualité de légat, s'acquitta de sa mission avec une hauteur qui irrita violemment le roi. Arrêté bientôt après, il devint l'objet de poursuites qui sont un modèle d'iniquité. Boniface lança contre le roi une première bulle, par laquelle il lui reprochait avec raison ses violences et ses exactions ; mais il l'accompagna d'une autre dans laquelle était attaqué le principe de l'indépendance de la couronne. Philippe fit brûler la bulle, et déclara qu'il déshériterait ses propres fils si jamais ils reconnaissaient que la couronne de France relève d'aucune autre puissance que de Dieu.

Ce fut alors que, pour donner à sa cause l'appui de l'opinion nationale, Philippe convoqua les premiers *États généraux* (voir ci-après, n° 119), qui ne firent guère que se prêter aux désirs du roi en écrivant chacun de leur côté une lettre au pape (1302). Boniface y répondit avec modération ; mais, bientôt après, il lança deux nouvelles bulles, dont l'une attribuait à l'Église les deux puissances spirituelle et temporelle, et dont l'autre excommuniait le roi. La première fut dénoncée par les conseillers du roi comme attentatoire aux droits de la couronne. Le chancelier *Guillaume de Nogaret*, chargé d'instruire contre Boniface, demanda qu'il fût arrêté et tenu en prison pour être jugé par le prochain concile. Le pape répondit à ce réquisitoire par une seconde et une troisième excommunication lancées coup sur coup contre Philippe le Bel. Elles devinrent le prétexte de nouvelles violences. — Guillaume de Nogaret, chargé de mettre à exécution l'arrêt qu'il avait provoqué, se rendit en Italie avec *Colonna*, Romain d'une illustre famille, exilé par le pape. Bientôt, suivis de quelques satellites, ils surprennent, dans les murs d'Anagni, le pontife sans défense ; ils forcent son palais et pénètrent jusqu'à lui. Le pape s'était assis sur son trône, revêtu du manteau de saint Pierre, la tête ceinte de la tiare, et tenant à la main la croix et les clefs. A cette vue, un respect involontaire arrête un instant ses ennemis ; mais bientôt ils retrouvent leur audace, et accablent le pontife des plus grossières injures. Colonna alla même jusqu'à le frapper à la joue avec son gantelet de fer, et l'eût tué, si Nogaret ne l'en eût empêché. Demeuré leur prisonnier, Boniface refusa de prendre aucune nourriture. Au bout de trois jours, le peuple d'Anagni le délivra ; mais la secousse avait été trop violente : retiré à Rome, le pape y mourut, un mois après, d'une fièvre ardente (1303). Le ressentiment de Philippe le Bel n'était pas satisfait : n'ayant pu faire juger Boniface vivant, il fit faire à sa mémoire 1310 un procès plus scandaleux encore que celui de l'évêque de Pamiers, mais qui demeura sans résultat.

Cependant Benoît XI, qui avait succédé à Boniface VIII, mais dont le règne dura moins d'un an, venait d'être remplacé sur le trône pontifical (1305) par un Français, l'archevêque de Bordeaux, *Bertrand de Got*. Avant de le faire élire par le sacré collège, où il exerçait une influence prépondérante au moyen des cardinaux français, Philippe le Bel avait imposé au prélat six conditions à l'exécution desquelles il devait s'engager sous la foi du serment ; c'était l'annulation de toutes les censures encourues par le roi, l'absolution de tous les agents qu'il avait employés contre Boniface, l'autorisation de lever pendant cinq ans les décimes sur les biens du clergé français, le rétablissement dans le cardinalat des frères Colonna exilés par Boniface, la condamnation de ce pape. Quant à la dernière condition, elle était telle, que Philippe exigea que Bertrand s'y soumît sans la connaître. Il jura, et devint pape, sous le nom de Clément V. Son avénement fut suivi de la translation du saint-siége à Avignon, où la cour de Rome se trouva ainsi placée sous la main des rois de France. De ce moment commença, comme disent les Italiens, la nouvelle *captivité de Babylone*, dont le grand schisme d'Occident devait être la déplorable conséquence (voir notre *Histoire du Moyen Age*, chap. XXXIII). Quelque dévoué qu'il fût aux volontés tyranniques du roi, le nouveau chef de l'Eglise comprit cependant que les devoirs comme les intérêts de la papauté lui défendaient de pousser cette condescendance jusqu'à sanctionner de son approbation le procès inique intenté à la mémoire de Boniface VIII.

116. Condamnation des Templiers. — Restait encore à accomplir cette mystérieuse promesse que Bertrand de Got avait faite sans la connaître. Philippe en demanda enfin l'exécution (1307). Ce n'était rien moins que l'abolition de l'ordre fameux des Templiers, illustrés par tant d'exploits contre les infidèles, mais qui, depuis la perte de la terre sainte (1291), n'étaient plus redoutables qu'aux souverains dans les Etats desquels ils possédaient de nombreuses commanderies et des biens immenses. Ce furent ces biens qui tentèrent l'avidité de Philippe le Bel ; il sut la déguiser sous de spécieuses accusations. Les richesses des chevaliers du Temple avaient, disait-on, corrompu leurs cœurs ; on les soupçonnait même d'hérésie. Les infamies dont on les accusa étaient peut-être le crime de quelques-uns : tous furent enveloppés dans la même procédure, et cette procédure fut atroce. Avant même que le pape eût permis les poursuites, tous les Templiers qui se trouvaient en France avaient été arrêtés le même jour (13 octobre 1307), et soumis dans les cachots à d'horribles tortures. Ce fut ainsi qu'on arracha à quelques-uns des plus timides l'aveu des crimes dont on les accusait. Quand ils voulurent se rétracter, on les brûla à petit feu comme hérétiques relaps (1310). Enfin l'abolition de l'ordre fut prononcée par Clément V au concile de Vienne (1312). Cependant la procédure se continua lentement ; la plupart des Templiers furent condamnés à une prison perpétuelle ; mais le grand maître, *Jacques Molay*, et *Guy*, commandeur de Normandie, qui avaient jusqu'à la fin protesté de leur innocence, subirent à leur tour le supplice du feu (11 mars 1314). Le bruit se répandit que, du haut de son bûcher, le grand maître avait assigné le pape et le roi à comparaître, le premier dans quarante jours, et le second dans l'année, au tribunal du souverain Juge. Ce bruit n'eut sans doute d'autre fondement que les circonstances fortuites qui rapprochèrent de l'époque du supplice des Templiers celle de la mort du pape Clément V (20 avril 1314) et du tyran avide qui avait exigé leur condamnation (20 nov. 1314).

117. Acquisition de Lyon et de Lille. — C'est pendant le règne de Philippe le Bel que furent réunis à la couronne la ville et le comté de *Lyon*, cédés à ce prince par l'archevêque souverain de cette grande et riche cité (1309). Il avait acquis également le comté de Chartres (1286), la sirerie de Beaugency, le comté d'Etampes, etc. (voir chapitre suivant, n° 123), et enfin plusieurs villes flamandes et avec elles l'importante place de *Lille*, que la France ne devait pas conserver longtemps (n° 113).

118. Le Parlement. — Parmi les nombreuses ordonnances de Philippe le Bel, relatives pour la plupart à la fabrication, ou, pour mieux dire, à la falsification des monnaies, il faut mentionner celle qui rendit à la noblesse, comme moyen de se purger d'une accusation criminelle, l'institution du combat judiciaire, dont la suppression presque totale par saint Louis avait excité de continuelles réclamations.

A ce règne justement flétri par l'histoire se rattachent pourtant d'importants progrès dans nos institutions. C'est à Philippe le Bel qu'est due la régularisation des Parlements et l'inauguration des Etats généraux, deux grands corps dont il entendait faire les auxiliaires de sa tyrannie, et qui devaient servir plus tard à contenir, puis à ébranler, enfin à détruire la monarchie elle-même.

Les *Parlements* ou *Cours des barons* ont été confondus souvent, mais à tort, avec les assemblées nationales tenues sous les deux premières races, et qui n'ont eu de commun que le nom avec celles dont nous parlons ici. L'origine de ces dernières ne remonte pas au delà des premiers Capétiens ; et même jusqu'à saint Louis, « les parlements furent des assemblées de barons qui siégeaient ou comme pairs, ou comme législateurs, ou comme souverains. Le jugement d'un vassal les faisait convoquer comme pairs (ainsi que nous l'avons vu sous Philippe-Auguste) ; une coutume à abroger ou à établir les faisait convoquer comme législateurs ; un traité à souscrire ou une guerre à déclarer les faisait convoquer comme souverains. Ainsi les parlements étaient tout à la fois des cours judiciaires, des corps législatifs et des congrès diplomatiques. » (M. MIGNET.)—Sous le règne de saint Louis, l'organisation du parlement subit une modification profonde. La rédaction par écrit des *Établissements de saint Louis* fit de l'étude du droit une nécessité; mais une pareille étude ne pouvait inspirer que du mépris à des guerriers ignorants et habitués jusque-là à trancher toute difficulté avec le glaive. Il fallut adjoindre aux hauts barons, qui formaient la cour des pairs de Philippe-Auguste, des hommes instruits de la législation, des *clercs* qui préparassent les jugements. Réduits ainsi à n'être plus que les organes des décisions des légistes, les seigneurs finirent par leur abandonner des fonctions dont ils s'étaient bientôt dégoûtés, et les hommes de loi héritèrent ainsi d'un pouvoir qui devait avoir désormais une immense influence sur les destinées de la monarchie. Lorsque Philippe le Bel parvint au trône, le parlement était déjà composé de plusieurs chambres, dont il régla les attributions (1291). Ces chambres étaient : la *grand' chambre*, qui conservait par distinction le nom de *cour des pairs*, et dans laquelle se traitaient les grandes affaires de l'État ; la *chambre des enquêtes*, composée de quatre clercs *jugeurs* et de quatre laïques rapporteurs, et deux *chambres des requêtes*, l'une pour les sénéchaussées et pour les pays de droit écrit, composée de cinq juges, et l'autre pour les provinces de droit coutumier, composée de trois juges seulement. Ces trois dernières chambres, quoique faisant corps avec la première, n'étaient point encore appelées alors à prendre part à ses délibérations. Jusque-là aussi le parlement n'avait point eu de siége fixe; le roi le réunissait partout où besoin était; ce fut encore Philippe le Bel qui (1302) le rendit sédentaire, d'ambulatoire qu'il était auparavant, et qui régla, par la même ordonnance, ce qui regardait les autres cours supérieures du royaume. Cette ordonnance porte « que le parlement de *Toulouse* y tiendra comme par le passé ; que celui de *Paris* tiendra deux séances par chaque année, ainsi que l'*Échiquier de Rouen* et les *Grands jours de Troyes* (c'étaient les noms que portaient les parlements de ces deux villes). Enfin Philippe le Bel créa, pour le contrôle et la surveillance des finances de l'État, la *Cour des comptes*, qui forma d'abord une des chambres du parlement, mais qui devait plus tard être érigée en cour souveraine.

Le parlement de Paris consignait sur des registres ses arrêts ainsi que les décisions royales; les rois prirent l'habitude d'envoyer à cette cour suprême leurs ordonnances, pour

PARLEMENTS. — ÉTATS GÉNÉRAUX. 217

qu'elle en constatât l'authenticité et qu'elle en surveillât l'exécution : de là naquit par la suite le droit de *vérification* et d'*enregistrement*, qui plus tard donna naissance au droit de *remontrances*; de ce dernier résultèrent les *lettres de jussion* et les *lits de justice*, lorsque le prince persistait dans sa volonté malgré les représentations du parlement.

« Une fois instituée de la sorte, en possession du pouvoir judiciaire, et séparée de tous les autres, la classe des légistes ne pouvait manquer de devenir entre les mains de la royauté un instrument admirable contre les deux seuls adversaires qu'elle eût à craindre, l'aristocratie féodale et le clergé. Ainsi arriva-t-il; et c'est sous Philippe le Bel qu'on voit s'engager avec éclat cette grande lutte qui a tenu tant de place dans notre histoire. Les légistes y rendirent non-seulement au trône, mais au pays, d'immenses services; car ce fut un immense service que d'abolir, ou à peu près, dans le gouvernement de l'État, le pouvoir féodal et le pouvoir ecclésiastique, pour leur substituer le pouvoir auquel le gouvernement doit appartenir, le pouvoir public... Mais, en même temps, la classe des légistes fut dès son origine un terrible et funeste instrument de tyrannie... C'est après saint Louis, sous le règne de Philippe le Hardi, qu'on voit commencer ces commissions extraordinaires, ces jugements par commissions, qui, depuis, ont tant de fois souillé et attristé nos annales. Les sénéchaux, les baillis, jugeurs et autres officiers judiciaires, nommés alors par le roi, n'étaient point inamovibles: il les révoquait à son gré, les choisissait même dans chaque occasion particulière et suivant le besoin. » (M. Guizot.) Ce fut ainsi que le corps des légistes devint pour le despotisme de Philippe le Bel un dévoué et redoutable auxiliaire. Dans les trois grands procès politiques qui s'engagèrent sous le règne de ce prince, savoir : sa querelle avec Boniface VIII, le procès intenté à la mémoire de ce pape, et celui qui fut dirigé contre les chevaliers du Temple, nous voyons chaque fois des commissions judiciaires composées de légistes mettant scandaleusement la justice au service de la politique et aux ordres de la royauté.

119. Premiers États généraux. — Il nous reste à faire connaître l'institution fameuse des États généraux, dont le rôle si important dans l'avenir ne fut pas à son début plus brillant que celui des parlements de Philippe le Bel. Ce prince appela près de lui à Paris, comme on l'a vu plus haut (n° 115), les députés des trois *ordres* qui composaient alors toute la partie de la nation jouissant de droits politiques. On vit en effet siéger avec la *noblesse* et le *clergé* un certain nombre de députés de la *bourgeoisie*, c'est-à-dire de ses bonnes villes, qui avaient déjà été invités accidentellement par saint Louis à prendre part à la délibération de quelques actes législatifs, mais qui se trouvèrent alors appelés pour la première fois avec les deux ordres privilégiés à discuter régulièrement les grandes affaires de l'Etat. Ainsi c'était le plus despote de nos rois qui, en provoquant l'intervention du peuple dans le gouvernement, lui révélait à la fois ses droits, sa puissance et ses destinées.

Les Etats généraux se tinrent solennellement dans l'église de Notre-Dame de Paris. Les séances furent d'ailleurs fort courtes et fort peu nombreuses (du 23 mars au 1er avril 1302.) On sait que les Etats se bornèrent à donner au roi l'appui qu'il réclamait d'eux dans son démêlé avec le pape (n° 115).

220. Louis X le Hutin (1314). — Philippe le Bel laissait trois fils qui devaient se transmettre l'un à l'autre un sceptre destiné à passer après eux dans une autre branche de leur famille. L'aîné d'entre eux, Louis X, portait depuis dix ans déjà le titre de *roi de Navarre* qu'il avait hérité de sa mère. On ignore à quelle circonstance il dut le surnom de *Hutin* ou *Mutin*, que ne justifie aucune des actions de son règne; car c'était un prince léger, mais sans énergie, de moyens bornés, et pour parler comme un auteur du temps, *il étoit volentif, mais n'étoit pas bien ententif en ce qu'au royaume il falloit.* — Ce que ce règne présente de plus remarquable fut l'espèce de réaction qu'on vit éclater alors contre la royauté elle-même et contre les gens de loi et de finance, fauteurs et instruments de toutes les mesures tyranniques ordonnées par Philippe le Bel. *Enguerrand de Marigny*, l'un des instigateurs du procès des Templiers et administrateur des finances, poursuivi par la haine qu'avaient soulevée contre lui les ordonnances fiscales qu'il avait fait rendre sous le règne précédent, fut condamné à mort, quoique innocent des crimes qu'on lui reprochait, et pendu au gibet de Montfaucon.

Louis X ne tarda cependant pas à éprouver à son tour les embarras financiers qui avaient poussé son père à tant d'odieuses exactions. Il s'en tira toutefois plus habilement, en offrant à tous les serfs des domaines royaux le droit d'acheter à prix d'argent leur affranchissement. Il paraît, du reste, que ceux-ci trouvaient leur condition fort supportable, car ils se montrèrent peu empressés de profiter de la faculté qui leur était accordée; et il fallut que Louis X envoyât à ses commissaires l'ordre de les y contraindre. Le profit que le roi retira de cette mesure engagea les seigneurs à l'imiter; de sorte que les affranchissements devinrent plus nombreux de jour en jour. — Louis augmenta encore son trésor en permettant, moyennant une grosse somme d'argent, aux juifs, qui avaient été exilés, de rentrer dans le royaume.—Il se trouva alors en état de recommencer la guerre contre les Flamands, qu'il accusait d'avoir violé le traité conclu avec eux par son père; mais cette entreprise n'eut aucun succès, et Louis mourut bientôt (1316), laissant enceinte la reine *Clémence* de Hongrie.

121. LA LOI SALIQUE. — Quatre mois après la mort de Louis le Hutin, la reine, sa veuve, accoucha d'un fils qui ne vécut que quatre jours, mais qui a cependant pris rang parmi les rois de France sous le nom de *Jean I*er.

Le frère du dernier roi, *Philippe*, surnommé *le Long* à cause de sa grande taille, avait gouverné le royaume en qualité de régent, pendant la fin de la grossesse de la reine Clémence. Après la mort du jeune roi, quelques seigneurs voulurent faire donner la couronne à *Jeanne*, fille de Louis X, au préjudice de Philippe le Long, qui s'était hâté d'aller se faire couronner à Reims; mais les députés des États généraux, convoqués pour mettre fin à ce conflit, et exerçant cette fois la plus haute de leurs prérogatives, sanctionnèrent l'avénement de Philippe (1317), et déclarèrent même les femmes exclues de la couronne, en vertu de la loi salique, quoique cette loi ne prononce rien de positif à cet égard.

Nous avons vu comment, malgré le silence du texte de la loi, cette interprétation était cependant naturelle en présence du caractère tout guerrier que les Francs avaient donné dans l'origine à leur royauté (t. I, n° 333). Le trône assimilé à l'ancienne terre salique fut dès lors exclusivement et expressément réservé à la descendance mâle des souverains, malgré les prétentions contraires qui devaient encore être soulevées dans l'avenir (voir n° 128).

122. PHILIPPE LE LONG ET CHARLES LE BEL. — CONVOCATION FRÉQUENTE DES ÉTATS GÉNÉRAUX; LETTRES DE NOBLESSE. — Le nouveau roi chercha à se concilier l'affection de ses sujets en multipliant les affranchissements et en rendant, soit de son propre mouvement, soit avec le concours des prélats, barons et députés des bonnes villes de son royaume réunis à trois reprises en Etats généraux (1317, 1319, 1321), diverses ordonnances pour réformer les finances et les abus dont ses sujets étaient *grevés et opprimés en moult manières*. Parmi ces ordonnances, rendues dans le but de protéger le peuple et d'assurer la prospérité intérieure, et qui toutes indiquent les progrès de l'ordre légal, on peut citer celles qui fixent le personnel et la compétence des diverses cours de justice, qui reconnaissent aux provinces le droit de se taxer elles-mêmes, et qui règlent l'organisation des milices provinciales. Développant un principe établi par Philippe le Hardi (n° 111), il concéda à des roturiers des *lettres de noblesse*, qui, en plaçant dans les rangs de l'aristocratie des familles d'obscure origine, étaient un premier pas vers l'égalité des classes. Enfin, Philippe le Long s'occupait d'établir l'uniformité des monnaies, des poids et des mesures, lorsque la mort le surprit (1322).

Les bienfaits de son administration le feraient ranger parmi nos meilleurs rois, s'il n'avait autorisé de sanglantes persécutions contre les juifs, les lépreux et les pastoureaux, hérétiques répandus dans le midi de la France. Une foule de personnes accusées d'hérésie et de sorcellerie furent victimes de ces cruelles exécutions, qui renouvelèrent ainsi dans cette partie de la France les calamités de la déplorable guerre des Albigeois.

Le principe de l'exclusion des femmes de la succession au trône de France, principe auquel Philippe le Long avait dû sa couronne, reçut une nouvelle application au préjudice des propres filles de ce prince, et *Charles le Bel* (1322-1328) succéda sans opposition à ses deux frères, morts sans laisser après eux d'enfant mâles. — Aucun événement extérieur de quelque importance ne troubla la paix de ce règne, si l'on en excepte une courte guerre avec les Anglais sur les limites de la Guyenne. Les vaines prétentions de Charles à la couronne impériale n'eurent pas non plus de conséquences remarquables. — Nous ne parlerons donc que de l'administration intérieure de ce prince, qui révoqua les édits contre les lépreux et les juifs, et qui se signala par plusieurs ordonnance où l'on trouve des preuves multipliées de la protection éclairée qu'il accordait au commerce, de sa sollicitude pour le bien-être de ses sujets et de son amour pour la justice. Il en donna une plus éclatante encore en faisant condamner à mort, par le parlement de Paris, le baron de l'*Ile-*

Jourdain, qui, comptant sur l'impunité que semblait lui assurer la puissance de sa famille, alliée à celle du pape Jean XXII, s'était rendu coupable des excès les plus odieux. Il fut attaché à la queue d'un cheval et ensuite pendu. Ce supplice, qui fit donner à Charles IV le surnom de *Justicier*, prouva à la noblesse que l'autorité royale était devenue assez forte pour la contraindre à respecter les lois. Malheureusement, d'autres condamnations moins justes, mais non moins cruelles, atteignirent encore, sous ce règne, de malheureux sectaires et quelques moines accusés de sorcellerie. Et pourtant, la création des *Jeux floraux* à Toulouse annonce que l'ignorance tendait à se dissiper, et que la littérature commençait à recevoir des encouragements qui devaient en accélérer les progrès. — On peut ajouter ici que ce fut sous le règne de Charles IV (1327) que la baronnie de *Bourbon* fut érigée en duché-pairie en faveur d'un petit-fils de saint Louis, *Louis*, fils de *Robert, comte de Clermont* (voir n° 124), auquel remonte l'origine de la quatrième branche des Capétiens.

QUESTIONNAIRE. —111. Comment Philippe le Hardi commença-t-il son règne ? — Comment termina-t-il la guerre contre les infidèles ? — De quels comtés s'enrichit le domaine royal sous Philippe Ier ? — Quelles guerres soutint Philippe le Hardi ? — Quel est l'événement le plus remarquable arrivé sous ce règne ? — Qu'est-ce que le massacre des Vêpres siciliennes ? — Philippe le Hardi ne voulut-il pas tirer vengeance de ce massacre ? — Quel fut le succès de l'expédition de Philippe en Espagne ? — Comment mourut-il ? — Quelles ordonnances datent de son règne ? — 112. Comment Philippe le Bel monta-t-il sur le trône et quelle femme avait-il épousée ? — Faites connaître le caractère de ce roi. — Quelle forme eut son autorité ? — 113. Quelle guerre occupa les premières années du règne de Philippe le Bel et comment la termina-t-il ? — Racontez ses démêlés avec le roi d'Angleterre. — N'eut-il pas d'autres ennemis à combattre ? — Dites les causes de la guerre de Flandre, et racontez-en les faits principaux ? — Comment la paix fut-elle conclue ? — 114. Quels moyens employa Philippe pour suffire aux frais de la guerre ? — A quels impôts recourut-il, et comment les établit-il ? — 115. Quelle fut la première cause des démêlés de Philippe le Bel avec le pape Boniface VIII ? — Quelle fut la conduite du pape ? — Comment Philippe le Bel déshonora-t-il sa cause ? — Comment mourut Boniface VIII et quelle injure Philippe fit-il à sa mémoire ? — Quels furent les successeurs de Boniface et comment le saint-siège fut-il transporté à Avignon ? — Quelles avaient été les conditions imposées par Philippe à l'archevêque de Bordeaux pour son élévation à la papauté ? — Quel nom fut donné par les Italiens à la translation du saint-siége à Avignon, combien de temps dura-t-elle, et quelles en furent les conséquences ? — 116. Quelle était la sixième des conditions imposées par Philippe à Bertrand de Got ? — Dans quelle situation se trouvait alors l'ordre des Templiers ? — Quel motif porta Philippe le Bel à détruire cet ordre ? — Quel supplice fit-on endurer aux Templiers et par qui l'ordre fut-il aboli ? — Quel bruit se répandit après la mort du grand maître ? — Quel fut sans doute le fondement de ce bruit ? — 117. Sur quels objets portent les nombreuses ordonnances de Philippe le Bel ? — Quelles acquisitions la couronne fit-elle sous ce règne ? — 118. Qu'était-ce qu'un parlement ? — Racontez l'origine de cette institution. — Quelle était la composition et la division du parlement à l'avénement de Philippe le Bel ? — Où furent établis les parlements ? — Portaient-ils tous le même nom ? — Que résulta-t-il de l'habitude prise par les rois d'envoyer leurs édits au parlement ? — Quels avantages la royauté tira-t-elle de l'entrée des légistes au parlement ? — 119. Faites connaître l'origine des États généraux et leur première session ? — 120. Combien Philippe le Bel laissa-t-il de fils ? — Quel titre Louis X portait-il déjà à son avénement au trône ? — Sait-on pourquoi il fut surnommé le Hutin ? — Qu'arriva-t-il à Enguerrand de Marigny ? — Quelles concessions fit Louis X à ses sujets ? — Cet exemple trouva-t-il des imitateurs ? — Comment Louis X augmenta-t-il encore son trésor ? — Quelle guerre recommença-t-il sur la fin de son règne et quel en fut le résultat ? — 121. Louis X laissa-t-il un fils pour lui succéder ? — En quelle qualité Philippe le Long avait-il d'abord gouverné ? — Succéda-t-il sans obstacle à son neveu ? — Quelle extension les députés des États donnèrent-ils en cette occasion à la loi salique ? — 122. Que fit le nouveau roi pour se concilier l'affection de ses sujets ? — Les bienfaits de son administration ne furent-ils pas contre-balancés par de sanglantes persécutions ? — Quelles furent les victimes de ces persécutions ? — Combien de fois furent convoqués les États généraux à cette époque ? — Qu'entend-on par lettres de noblesse ? — Qui succéda à Philippe le Long ? — Le règne de Charles le Bel est-il marqué par d'importants événements extérieurs ? — Par quels actes ce prince signala-t-il son administration intérieure ? — Quelle preuve donna-t-il de son amour pour la justice ? — Quel surnom valut à Charles IV le supplice du baron de l'Île-Jourdain ? — Quelles autres condamnations eurent lieu sous ce règne ? — Que prouve la fréquence des accusations de sorcellerie à cette époque ? — Quelle institution annonce pourtant les progrès de l'instruction ? — Quelle baronnie remarquable fut érigée en duché-pairie sous le règne de Charles IV ?

CHAPITRE DIX-SEPTIÈME.

GÉOGRAPHIE POLITIQUE DE LA FRANCE A L'AVÉNEMENT DES VALOIS.

SOMMAIRE.

123. La réunion des fiefs à la couronne eut lieu dans l'ordre suivant : ceux du Gâtinais, du Vexin, de Bourges sous Philippe Ier; de Corbeil, de Montlhéry d'Aquitaine (temporairement) sous Louis le Gros ; de l'Artois et de l'Hesdin sous Louis le Jeune ; de Nevers et d'Auxerre, de Mon-

targis, du Vermandois, d'Amiens, d'Aumale, d'Évreux, de Guines, de la Normandie, du Maine, de l'Anjou, de Poitiers, de la Guyenne et de la Gascogne, de Meulan, de Boulogne, de l'Auvergne, d'Eu, du Valois, de Clermont en Beauvaisis, du Ponthieu, sous Philippe-Auguste ; d'Alençon, du Perche et de Bellesme, sous Louis VIII ; de Narbonne, Maguelonne, Uzès, Viviers, Lodève, du Velai et du Gévaudan, de Chartres, de Sancerre, de Châteaudun, de Mâcon, de Carcassonne, de Béziers, d'Agde, d'Alby, de Nimes, de Dammartin, sous saint Louis ; de Toulouse et du Comtat Venaissin sous Philippe le Hardi ; de Chartres, du Beaugency, du Bigorre, d'Étampes, de Fougères, de la basse Marche, d'Angoulême, Réthel, Lyon, Lille, sous Philippe le Bel. La Champagne et la Brie avec la Navarre furent apportées en dot à ce prince. La réunion de la plupart de ces domaines ne fut que temporaire ; ils furent concédés en apanages, soit à des princes du sang, soit à d'autres seigneurs.

124. L'apanage est la concession de fief avec clause de retour à défaut d'héritiers mâles. Les maisons féodales princières sont : 1° la maison de Bourgogne, fondée par Robert le Vieux, frère du roi Henri Ier ; 2° la maison de Dreux, créée par Robert, frère de Louis le Jeune ; elle acquerra le duché de Bretagne ; 3° la maison d'Anjou, par Charles, frère de saint Louis, acquerra Naples et la Sicile ; 4° la maison d'Artois, par Robert, frère de saint Louis ; 5° la maison de Bourbon a pour chef Robert de Clermont, fils de saint Louis ; 6° la maison de Valois et d'Alençon descend de Charles, fils de Philippe le Hardi ; 7° la maison de Courtenai, dont le chef est Pierre, fils de Louis le Gros, régnera à Constantinople.

125. Parmi les principaux feudataires, on remarque les maisons de Flandre, de Châtillon, de Châlons, de Montmorency, de Brienne, de Foix, d'Armagnac, de Périgord, de Limoges, de Saint-Pol, d'Albret, de Coucy, de Vendôme, etc.

126. Le roi d'Angleterre est seigneur de Ponthieu, Montreuil, Aunis, Saintonge et Guyenne ; le roi de Navarre est comte d'Évreux ; le comte d'Aumale prince de Castille ; le pape possède le comtat Venaissin ; le roi de Majorque, seigneur de Montpellier : la France est donc morcelée entre les étrangers et les seigneurs féodaux.

123. RÉSUMÉ DES ACQUISITIONS FAITES PAR LE DOMAINE ROYAL DEPUIS LA FIN DU ONZIÈME SIÈCLE. — Nous avons vu (n° 63) qu'à la fin du onzième siècle, Philippe Ier avait réuni à la couronne les comtés de GATINAIS et du VEXIN FRANÇAIS et la vicomté de BOURGES. Nous énumérerons les nombreuses réunions opérées sous les successeurs de Philippe jusqu'à la mort de Charles IV.

Sous Louis le Gros : — En 1112, le comté de CORBEIL enlevé par le roi au seigneur du *Puiset* en Beauce.

En 1118, la seigneurie de MONTLHÉRY par déshérence.

Nous ne mentionnerons que pour mémoire le duché d'AQUITAINE dont la réunion fut de courte durée (année 1137-1152) et cessa par le divorce de Louis le Jeune (n° 84).

Sous Louis le Jeune : — En 1180, les comtés d'ARTOIS

et d'Hesdin apportés en dot par Isabelle, fille du comte de Flandre, à Philippe-Auguste, fils et successeur de Louis le Jeune (n° 87) ; mais le comté d'Artois, réuni effectivement en 1192 (n° 89), sortit bientôt du domaine de la couronne (n° 124) pour n'y rentrer que bien longtemps après.

Sous Philippe-Auguste : — Philippe II augmenta tellement le domaine royal, que c'est de là, suivant un historien, que lui vint le surnom d'Auguste (*augere*, augmenter). Ces réunions eurent lieu dans l'ordre suivant, savoir :

En 1181, les comtés de Nevers et d'Auxerre, qui n'échurent au roi, à défaut d'héritiers mâles, que pour être immédiatement concédés en apanage. Celui d'*Auxerre* fut définitivement réuni à la couronne en 1529 ; mais celui de *Nevers* était encore un apanage en 1789.

En 1184, la terre de Montargis, au S. E. de Paris, que le roi se fit céder par Pierre de Courtenai.

En 1185, les comtés de Vermandois et d'Amiens, cédés par le comte de Flandre, à la réserve des villes de *Péronne* et de *Saint-Quentin* (n° 87).

En 1196, le comté d'Aumale, réuni par confiscation au domaine royal, dont il fut de nouveau détaché (n° 126) pour n'y rentrer qu'en 1755.

En 1200, le comté d'Évreux, cédé par son dernier comte ; mais il fut de nouveau séparé de la couronne, à plusieurs reprises, et existait encore comme apanage en 1789.

En 1203, le comté de Guines, par conquête ; mais sa réunion définitive, arrivée par suite de déshérence, ne date que de 1504.

En 1204, le duché de Normandie avec le *Vexin Normand,* les comtés du Maine et de l'Anjou avec le duché de *Touraine* qui y était alors réuni, le comté de Poitiers, et les duchés de Guyenne et de Gascogne, confisqués sur Jean Sans-terre, roi d'Angleterre (n° 89) ; mais ces diverses provinces, plusieurs fois données en apanage, ne furent complétement réunies que longtemps après au domaine royal ; savoir : la *Gascogne* en 1292, le *Poitou* en 1422, la *Touraine* en 1434, la *Normandie* en 1469, la *Guyenne* en 1472, le *Maine,* en 1531 et l'*Anjou* en 1574.

En 1204, le comté de Meulant par déshérence.

En 1213, le comté de Boulogne, par confiscation ; mais il fut de nouveau détaché de la couronne, à laquelle il n'a été définitivement réuni qu'en 1478.

En 1213, le comté d'Auvergne, réuni à la couronne par

confiscation et par conquêtes; puis divisé (en 1230) en *terre* ou *duché d'Auvergne*, qui fut séparé (en 1241) de la couronne, à laquelle il fut réuni définitivement en 1416; et en *comté* d'Auvergne, qui fut séparé de nouveau du domaine royal en 1230, et était encore un apanage en 1789.

En 1214, le comté d'Eu, confisqué; mais il fut bientôt restitué, et était encore un apanage en 1789.

En 1214, le comté de Valois, par déshérence; mais il fut donné de nouveau en apanage (n° 124), et il existait encore en cette qualité en 1789.

En 1218, le comté de Clermont en Beauvaisis, par déshérence; mais, donné la même année en apanage, il ne revint définitivement à la couronne qu'au siècle suivant.

En 1221, le comté de Ponthieu, confisqué, puis restitué et transmis au roi d'Angleterre par mariage (n° 126), réuni définitivement en 1696.

Sous Louis VIII : — En 1225, le comté d'Alençon, cédé par son héritière, mais donné plusieurs fois en apanage (n° 124), à titre de comté, puis de duché, il l'était encore en 1789.

En 1226, le comté du Perche et de Bellesme, qui fut donné en apanage avec celui d'Alençon. Sa réunion définitive n'eut lieu qu'en 1566.

Sous saint Louis : — En 1229, la vicomté de Narbonne et les comtés de Maguelonne ou *Substantion* et *Melgueil*, d'Uzès, plus au N. E., de Viviers, du Velai et du Gévaudan, plus au N., de Lodève, etc., cédés au roi par le comte de Toulouse; mais la réunion du comté de Substantion et Melgueil ne devint définitive qu'en 1361, celle de Narbonne qu'en 1507, et celle de Lodève qu'en 1589.

En 1234, la suzeraineté des comtés de Chartres, de Sancerre et de la vicomté de Chateaudun, achetés du comte de Champagne; mais, donnés en apanage, ils ne furent définitivement réunis qu'en 1789.

En 1239, le comté de Macon, vendu par ses propriétaires; mais, séparé de la couronne plusieurs fois encore, il n'y fut définitivement réuni qu'en 1544.

En 1247, les comtés de Carcassonne, de Béziers et d'Agde, plus au N. E., de Rasez, d'Alby et de Nimes, cédés par leur propriétaire, qui en était dépossédé depuis vingt-cinq ans.

En 1258, le comté de Dammartin, saisi sur ses héritiers,

auxquels il fut ensuite restitué ; il était encore, en 1789, dans la maison de Montmorency.

Cette même année, saint Louis obtint du roi d'Aragon, par le traité de Corbeil, la cession de tous ses droit sur le *Languedoc*; et, l'année suivante, il signa, avec Henri III, roi d'Angleterre, le traité d'Abbeville, par lequel ce prince renonçait à tous ses droits sur la *Normandie*, l'*Anjou*, le *Maine* et la *Touraine;* mais il lui rendit lui-même le reste des provinces confisquées sur Jean Sans-terre, à la condition qu'il lui ferait hommage comme duc et pair de Guyenne (n° 97).

Sous Philippe le Hardi : — En 1272, le comté de Toulouse et le Comtat Venaissin (dans le marquisat de Provence), bientôt abandonné au pape (n° 111).

Sous Philippe le Bel :—En 1286, le comté de Chartres, par acquisition.

En 1292, la sirerie de Beaugency, également achetée par le roi.

La même année, le comté de Bigorre, d'abord mis en séquestre entre les mains du roi, puis acheté par lui ; mais, séparé de nouveau, il ne fut définitivement réuni qu'en 1589.

En 1295, le comté d'Etampes, par déshérence ; mais sa réunion définitive n'eut lieu qu'en 1712.

En 1301, les vicomtés de Lomagne et d'Auvillars, cédées au roi par leur propriétaire, et définitivement réunies en 1589.

En 1307, la baronnie de Fougères, confisquée, mais définitivement réunie en 1524 seulement.

En 1308, le comté de la Basse-Marche avec celui d'Angoulême, qui y était réuni depuis 1218, également confisqué par le roi : mais la réunion définitive du premier n'eut lieu qu'en 1527, et celle du second en 1696.

En 1309, le comté de Réthel, aussi par confiscation ; mais il fut restitué, et il finit par être érigé, sous le nom de *Mazarin,* en un duché qui existait encore en 1789.

Enfin, cette même année 1309, fut réuni le comté de Lyon, qui avait pour capitale la grande ville de ce nom. Après avoir été, à diverses reprises, réuni et enlevé au *Forez*, il était devenu la propriété des archevêques de cette ville, qui en abandonnèrent au roi la propriété (n° 117).

Lille et plusieurs villes de Flandre avaient été également réunies sous ce règne, mais pour quelques années seulement. Le puissant comté de CHAMPAGNE et de BRIE, ainsi que le royaume de NAVARRE (n° 112), avaient été apportés en dot à Philippe le Bel par sa femme Jeanne Ire en 1284 ; mais cette réunion ne devait être définitive que bien longtemps après.

L'AGENOIS fut détaché de la Guyenne et réuni sous Charles IV au domaine royal.

124. NOUVELLES MAISONS FÉODALES FORMÉES PAR LES PRINCES DU SANG APANAGISTES. — On a vu dans l'énumération qui précède qu'un grand nombre de domaines à peine réunis à la couronne en étaient détachés aussitôt par *apanage*. On appelait ainsi une concession de fief faite par le roi le plus habituellement aux princes de sa famille, mais souvent aussi à d'autres seigneurs, sous la condition que le fief ferait retour au domaine royal à défaut d'héritiers mâles. La création des apanages fut d'abord et pendant longtemps une cause d'affaiblissement pour la royauté, qui trouva dans les princes apanagistes moins des sujets que des rivaux, ne cherchant qu'à accroître leur propre puissance aux dépens de celle du suzerain. Toutefois, l'extinction de la descendance mâle de ces nouveaux feudataires finit par faire tourner l'agrandissement de leurs domaines particuliers au profit de la couronne.

La *maison de Bourgogne* fut fondée en 1032, par la concession à titre d'apanage à *Robert le Vieux*, frère du roi Henri Ier (n° 50), du duché de Bourgogne, que Henri avait reçu lui-même de son père le roi Robert en 1015. Cette puissante maison devait finir en 1361, pour être remplacée deux ans après par une seconde maison plus puissante encore.

Robert, l'un des fils de Louis le Gros, fut le chef de la *maison de Dreux*, qui fut constituée par la concession que le roi Louis le Jeune fit de ce comté en 1137 à son frère, qui le conserva jusqu'au milieu du quatorzième siècle, après y avoir réuni par mariage le *duché de Bretagne*. Ce grand fief, que la duchesse Alix apporta en dot à son mari *Pierre Mauclerc*, petit-fils de Robert, chef de la dynastie capétienne de Bretagne, appartint à ses descendants jusqu'en 1488.

Le septième fils de Louis le Gros, *Pierre* de France, prit comme le fit après lui Robert de Clermont, le nom de la terre de sa femme, Élisabeth de Courtenai, et fut le chef de la *maison de Courtenai*, qui, célèbre dans l'histoire des croisades, devait fournir des comtes à la ville d'Édesse, des empereurs à Constantinople, et subsister jusqu'au milieu du dix-huitième siècle.

La *maison d'Anjou* dut son origine à *Charles*, frère de saint Louis, qui reçut par testament du roi Louis VIII les comtés d'Anjou et du Maine (n° 95), et la Provence par mariage. Cette maison devait régner sur Naples et la Sicile.

La *maison d'Artois* fut fondée par la concession du comté de ce nom, faite à Robert, frère puîné de saint Louis. Cet apanage, qui, par exception, se transmettait par les femmes, devait passer aux ducs capétiens de Bourgogne.

La plus illustre de toutes ces maisons royales, destinée à monter un jour sur le trône et à se perpétuer jusqu'à nos jours, est la *maison de Bourbon*, dont le chef était *Robert* comte de Clermont, sixième fils de saint Louis. Ce prince ayant épousé en 1272 la dernière héritière des seigneurs de Bourbon, prit le nom de sa femme et le transmit à ses descendants. Ces princes ne portèrent d'abord que le simple titre de *sires de Bourbon*, qu'ils échangèrent contre celui de duc et pair, que le roi Charles IV donna en 1327 à *Louis I*er de Bourbon, qui était regardé comme l'homme le plus sage du royaume (n° 122). Cette puissante maison reçut en apanage le comté de la *Marche limousine*, qu'elle échangea contre le comté de Clermont.

La *maison de Valois et d'Alençon* s'établit sous Philippe le Hardi, par la concession à titre d'apanage des comtés de Valois, d'Alençon et du Perche, à son fils *Charles*, dont le fils devait régner en France sous le nom de Philippe VI.

125. Autres feudataires. — En dehors de ces maisons féodales appartenant à la famille royale, les principaux feudataires, dont plusieurs avaient des apanages détachés du domaine du roi, étaient au commencement du quatorzième siècle :

Le *comte de Flandre*, descendant des sires de Dampierre, qui possédait en France, avec le titre de pair du royaume, les comtés de Hainaut, de Réthel, de Nevers, la baronnie de Donzy, etc.

Le *comte de Châtillon*, prince de Porcian, comte de Blois, comte de Soissons, de Dunois, et seigneur de divers autres fiefs. Un membre de cette famille fut pape sous le nom d'*Urbain II*.

Le *comte de Châlon* et de Tonnerre, allié aux plus puissantes familles de France.

Le *baron de Montmorency*, nommé le *premier baron*

chrétien, seigneur de Laval, Rennes, Ecouen et autres lieux, Un des membres de cette illustre famille, le connétable Mathieu de Montmorency, qui avait eu une grande part à la victoire de Bouvines, était parent de six rois et de deux empereurs.

Le *comte de Brienne*, qui fut un moment roi de Jérusalem et de Constantinople.

Le *comte de Foix*, vicomte de Béarn et de Dax.

Le *comte d'Armagnac*, seigneur de Rhodez, de Comminges, de Charolais, etc.

Les *dauphins de Viennois* et *d'Auvergne*, le *comte de Périgord*, le *comte de Limoges*, le *seigneur de l'Ile-Jourdain*, le *comte de Saint-Pol*, le *sire de Joinville*, le *sire de Coucy*, le *comte de Vendôme*, le *sire d'Albret*, et une foule d'autres seigneurs auxquels il faut joindre tous les possesseurs de ces domaines réunis à la couronne depuis Louis le Gros, mais qui, comme on l'a vu, en avaient été presque aussitôt détachés à titre d'apanages.

126. PRINCES ÉTRANGERS POSSESSIONNÉS EN FRANCE. — Ce n'était pas seulement entre des seigneurs français que se partageait le sol de la France, un certain nombre de fiefs considérables appartenaient à des princes étrangers qui ne rendaient au roi de France qu'un hommage illusoire. Le plus puissant de ces dangereux vassaux était le *roi d'Angleterre*, qui, malgré les acquisitions faites par Philippe-Auguste aux dépens de Jean Sans-terre, possédait encore au commencement du quatorzième siècle :

Au nord, le *comté de Ponthieu*, vers l'embouchure de la Somme, que le roi Edouard Ier avait acquis par son mariage avec l'héritière de ce fief, et une partie du territoire de *Montreuil-sur-Mer* : deux fiefs de peu d'étendue, mais qui tiraient une grande importance de leur situation aux bouches des rivières de la Somme, de l'Authie et de la Canche en face des côtes de l'Angleterre.

Au centre, l'*Aunis* et la *Saintonge*, restitués par saint Louis au roi Henri III par le traité d'Abbeville.

Au midi, le *duché-pairie de Guyenne*, restitué en même temps que les deux provinces précédentes, qui était le plus important des fiefs anglais en France.

Les guerres qui étaient sur le point d'éclater allaient accroître immensément les possessions anglaises sur notre territoire (n° 139).

Le *royaume de Navarre*, réuni à la couronne de France

par le mariage de Jeanne Ire, de la maison de Champagne, avec Philippe le Bel (1284), en fut séparé après la mort de Louis le Hutin, dont la fille *Jeanne*, écartée du trône de France en vertu de la loi salique (n° 121), fut du moins proclamée souveraine indépendante de la Navarre. Ce royaume, porté dans la maison d'Evreux par le mariage de Jeanne avec *Philippe d'Evreux*, eut aussi en France des possessions importantes qui allaient bientôt s'accroître et servir à l'ambition des rois de Navarre, descendants, par les femmes, de la maison royale de France (n° 137).

Un prince de *Castille* acquit le *comté d'Aumale* par son mariage avec Jeanne de Dammartin.

Le *duc de Lorraine*, feudataire de l'empereur d'Allemagne, relevait du roi de France pour diverses seigneuries qu'il possédait en Champagne.

Le *pape* était possesseur du *comtat Venaissin* (partie du marquisat de Provence), que lui avait cédé Philippe le Hardi, et qui avait pour villes principales : Carpentras, Vénasque, Cavaillon, Valréas, etc. — Avignon devait y être réuni en 1348.

Enfin, le *roi de Majorque* possédait depuis 1276 la seigneurie de *Montpellier*, qui avait appartenu auparavant au roi d'Aragon.

On peut juger par cet exposé quelle tâche prodigieuse la royauté avait à accomplir pour reconstituer la nationalité du territoire, en expulsant les étrangers, et pour fonder l'unité de la nation elle-même en réunissant sous une même souveraineté ces provinces disséminées entre tant de possesseurs divers. Telle sera l'œuvre, pleine de périls, de luttes et de gloire, des siècles que nous allons parcourir.

QUESTIONNAIRE. — 123. Énumérez les fiefs réunis au domaine royal sous Philippe Ier, Louis le Gros, Louis le Jeune, Philippe-Auguste, Louis VIII, saint Louis, Philippe le Hardi et Philippe le Bel. — Ces réunions furent-elles dès lors définitives pour la plupart ? — 124. Qu'entendait-on par apanages ? — Faites connaître les maisons féodales constituées au profit de princes du sang royal apanagistes depuis le commencement de la troisième race. — Quelles sont celles de ces maisons qui devaient régner sur la France, et quelles à l'étranger ? — 125. Indiquez quelques-unes des autres maisons féodales les plus illustres à l'époque qui nous occupe ? — 126. Quels étaient les princes étrangers possessionnés en France ? — Indiquez les domaines du roi d'Angleterre, du roi de Navarre, de la maison de Castille, du roi de Majorque, du pape, sur le sol français. — Quelle double tâche la royauté avait-elle à remplir en présence de cette situation ?

CHAPITRE DIX-HUITIÈME.

PHILIPPE VI DE VALOIS, AUTEUR DE LA BRANCHE DES CAPÉTIENS-VALOIS.

(1328-1350).

SOMMAIRE.

127. Philippe de Valois, d'abord régent, puis roi, sacrifie la Navarre pour s'assurer le trône; il est sacré (18 mai 1328). Il agrandit par son avénement le domaine royal, et augmente la puissance de la France au dedans et aux yeux des étrangers.
128. Lors de l'extinction de la première branche des Capétiens, les prétentions d'Isabelle, fille de Charles IV, pour son fils Édouard d'Angleterre, malgré l'interprétation donnée à la loi salique, amènent la guerre de cent ans.
129. Philippe bat à Cassel les Flamands révoltés contre leur comte. Il force Édouard III (1329) à lui rendre hommage; celui-ci déclare la guerre, prend le titre de roi de France et fait alliance avec Arteweld, chef des Flamands. La flotte française est battue à l'Écluse, mais l'armée est victorieuse à Saint-Omer, et le roi Édouard est obligé de lever le siége de Tournai.
130. La guerre continue en Bretagne, où Philippe soutient Charles de Blois, et Édouard Jean de Montfort. Les deux rois font une trêve (1343). La guerre, continuée d'abord par les prétendants, l'est après leur captivité, par leurs femmes, les deux Jeanne; elle se termine par le traité de Guérande (1365).
131. La trêve fut rompue (1345). Édouard et le prince de Galles descendirent en Normandie, parcoururent une partie de la France, et se retirèrent d'abord devant l'armée de Philippe, qui ensuite se fit battre à la sanglante défaite de Crécy (26 août 1346), où le prince de Galles gagna ses éperons. Philippe se retira au château de la Broye.
132. Édouard va assiéger Calais, qui, obligée de se rendre, est sauvée par le dévouement d'Eustache de Saint-Pierre et de ses compagnons (1347). Une trêve est signée avec l'Angleterre la même année.
133. La France est désolée par la peste noire, la famine et par les exactions financières; les réclamations faites par les États sur le dernier sujet obtinrent seulement la suppression de quelques abus. Édouard III plaisante Philippe au sujet de l'impôt sur le sel.
134. Le domaine s'accroît par l'acquisition du Dauphiné, cédé par le dauphin de Viennois, et de Montpellier, vendu par le roi de Majorque. Philippe de Valois rendit des ordonnances relatives aux finances, au commerce, à la justice.

127. Puissance du roi de France avant la guerre avec l'Angleterre. — Charles le Bel avait été précédé dans la tombe par ses deux fils : avec lui s'éteignait donc cette race de Philippe le Bel, maudite par le pape Boniface VIII jusqu'à la troisième et à la quatrième génération; aussi le peuple crut-il voir l'accomplissement de ce terrible anathème dans la série de morts prématurées qui, en moins de vingt ans, avaient moissonné quatre rois dans toute la force de l'âge, et cinq jeunes enfants que leur naissance appelait au trône. Toutefois, Charles le Bel laissait sa femme enceinte, et l'on pouvait encore espérer qu'elle donnerait le jour à un héritier de Philippe le Hardi et de Philippe le Bel; mais la naissance d'une fille trompa ce dernier espoir, et appela au trône le comte de Valois, *Philippe*, fils de Charles, frère puîné de Philippe le Bel, le cousin germain et le plus proche parent du dernier roi, qui avait, comme Philippe le Long, gouverné d'abord comme régent, en attendant les couches de la reine. Son droit n'était cependant pas tellement incontestable aux yeux de tous, malgré les décisions successives des États généraux et des légistes, qu'il ne crût devoir faire quelques sacrifices pour se débarrasser du plus redoutable de ses compétiteurs, *Philippe d'Evreux*, son cousin, mari de *Jeanne*, fille de Louis le Hutin, celle des princesses de la famille royale à laquelle serait revenue la couronne si le droit de succession des femmes eût été admis. Le royaume de Navarre, dont Louis le Hutin avait hérité du chef de sa mère, était, par conséquent, un fief féminin; Philippe de Valois le sépara de la couronne de France, à laquelle il était réuni depuis quatorze ans (n° 126), et le restitua à la fille de ce prince, sa légitime héritière, et à Philippe d'Evreux, son époux, à la condition que ce dernier adhérerait à l'abandon fait par sa femme de tous ses droits à la couronne de France. — Malgré cette restitution, le royaume de France était alors plus étendu et plus puissant qu'il ne l'avait encore été depuis Charlemagne. L'extension du domaine du roi avait assuré sa suprématie sur tous les grands vassaux. Aux fiefs réunis par ses prédécesseurs (n° 123) Philippe, chef de la maison de Valois, ajoutait en montant sur le trône les comtés de Valois, d'Anjou, du Maine et de Chartres. Les rois d'Angleterre, de Navarre, de Majorque lui rendaient hommage pour leurs possessions françaises. La résidence des papes à Avignon lui donnait sur les affaires mêmes de l'église une grande influence. Plusieurs rois étrangers se faisaient gloire d'être ses alliés, et l'on dit que Philippe songeait à entreprendre une dernière croisade à la tête de sa brillante chevalerie. Mais d'autres occasions se présentèrent d'exercer sa bouillante ardeur.

128. Prétentions d'Édouard III. — Déjà s'élevaient des prétentions qui, sans pouvoir inspirer par elles-mêmes des craintes sérieuses au nouveau roi de France, faisaient pressentir la rivalité terrible qui allait bientôt ébranler toute sa puissance, et réduire notre patrie aux plus déplorables extrémités. Malgré les décisions récentes des États généraux qui avaient exclu du trône les filles de Louis le Hutin et de Philippe le Long, et qui furent encore renouvelées contre les filles de Charles le Bel, malgré l'existence de la fille de Louis le Hutin, qui seule aurait pu avoir droit à la couronne de France, si elle eût pu se transmettre par les femmes, *Isabelle*, reine d'Angleterre, fille du dernier roi, crut devoir protester contre l'avénement de Philippe de Valois. Elle n'élevait pas, il est vrai, de prétentions personnelles; mais elle revendiquait les droits de son fils Édouard III, roi d'Angleterre, auquel elle n'avait pu cependant transmettre plus de titres qu'elle n'en avait elle-même. Ces prétentions d'un prince qui avait pour les soutenir l'influence et les facilités que lui donnait la possession, sur le sol français, de la Guyenne, reste de la dot d'Éléonore d'Aquitaine, et de plusieurs autres domaines (n° 126), amenèrent entre la France et l'Angleterre le renouvellement de ces guerres qui leur avaient déjà coûté tant de sang. Celle que suscita cette nouvelle rivalité ne dura pas moins de cent seize ans (1336-1453), et fut, pour la France, la source des plus grands revers et des plus longues calamités qu'elle ait jamais éprouvées.

129. Affaires de Flandre. — Arteweld. — Combat naval de l'Écluse. — Une première guerre préluda à la grande lutte qui allait s'engager. A peine Philippe VI eut-il été sacré à Reims (29 mai 1328), qu'il courut combattre les Flamands, révoltés contre leur comte, qui avait porté atteinte à leurs libertés. Il les rencontra établis dans une forte position et eut la prudence de ne pas les attaquer, mais il envoya de tous côtés aux alentours des détachements brûler et saccager le pays; les Flamands ne purent se contenir à cette vue, et, sortant de leurs retranchements, ils vinrent attaquer le roi jusque dans son camp, sous les murs de *Cassel*, où ils avaient, deux cent cinquante-sept ans auparavant, défait le roi Philippe Ier. Philippe de Valois faillit éprouver le même sort et être fait prisonnier; mais ses chevaliers se rallièrent autour de lui et fondirent sur les rebelles, qui perdirent treize mille des leurs dans cette sanglante journée.

Philippe, affermi sur le trône par ce triomphe, se crut assez fort pour sommer son rival, le roi d'Angleterre, Edouard III, de venir lui rendre l'hommage qu'il lui devait, comme à son suzerain, en sa qualité de duc de Guyenne. Les embarras que donnaient à ce prince les mécontentements des seigneurs anglais ne lui permirent pas de résister plus longtemps. Il vint donc rendre hommage entre les mains du roi, dans la cour plénière d'Amiens (1329); mais cette cérémonie, humiliante pour son orgueil, ne fit que rendre plus vif le désir qu'il conservait de faire valoir ses prétentions, bien que cet acte même en fût la renonciation la plus formelle. Il accepta donc avec empressement la proposition de prendre le titre et les armoiries de roi de France que lui firent *Robert d'Artois*, exilé du royaume, et le brasseur *Jacques Artevelle* ou *Arteweld*, chef des Flamands de nouveau révoltés (1337). La guerre commença immédiatement. La flotte française fut battue près du fort de l'*Ecluse* (1340); mais Robert d'Artois, qui commandait une division de l'armée anglaise, fut vaincu près de *Saint-Omer*, et Edouard lui-même, après avoir vainement assiégé *Tournai*, fut obligé de quitter la France pour aller combattre les Ecossais soulevés contre le roi qu'il leur avait donné.

130. Affaires de Bretagne. — Après deux ans de trêve, les hostilités recommencèrent du côté de la Bretagne, dont la possession était disputée par deux prétendants, *Charles de Blois*, mari de *Jeanne de Penthièvre*, reconnue par la cour des pairs de France comme légitime héritière de ce duché, et *Jean de Montfort*, son frère puîné. Le premier fut soutenu par le roi de France, et le second par le roi d'Angleterre, auquel il promit de le reconnaître comme roi de France, et qui vint lui-même en Bretagne à la tête d'une puissante armée (1342); mais bientôt les deux rois cessèrent, à la suite d'une nouvelle trêve conclue entre eux (1343), de prendre part à cette lutte. Dans l'intervalle, les deux prétendants avaient été faits prisonniers; la guerre se continua néanmoins entre leurs femmes, nommées toutes deux Jeanne, et qui méritèrent, l'une et l'autre, par leur héroïsme, l'admiration de leur siècle. Jean de Montfort avait été pris le premier dans la ville de Nantes par son rival;

mais tandis qu'il était enfermé à Paris dans la tour du Louvre, la vaillante Jeanne de Montfort, qui résidait alors à Rennes, présenta son jeune fils à ses soldats et à ses chevaliers, leur fit jurer de combattre avec elle pour sa cause, parcourut toutes ses places fortes, animant partout le courage des siens, et se prépara à une résistance infatigable.

Rennes ayant été prise par Charles de Blois, que soutenait une nombreuse armée française, la comtesse Jeanne défendit en personne la forte place d'Hennebon, employant les femmes elles-mêmes à porter aux soldats des munitions et des vivres, et s'illustrant par des coups de main dignes des guerriers les plus hardis. Jeanne de Penthièvre, amenée à son tour sur le champ de bataille par la captivité de son mari, se montra la digne émule de son intrépide ennemie. Cette *guerre des deux Jeanne*, pendant laquelle la chevalerie bretonne s'acquit par ses exploits une brillante renommée, devait se prolonger jusqu'au traité de *Guérande* 1365), qui assura la possession de la Bretagne à la maison de Montfort (n° 142).

131. Expédition d'Édouard III en France. — Bataille de Crécy. — Le supplice d'*Olivier de Clisson*, chef de la plus illustre maison de Bretagne, et d'un grand nombre d'autres seigneurs de cette province, prisonniers de Philippe VI, qui n'avait à leur reprocher d'autre crime que leur dévouement à l'Angleterre, amena, au bout de deux ans (1345, la rupture de la trêve. La guerre entre la France et l'Angleterre recommença sur trois points à la fois. Tandis qu'elle se rallumait en Bretagne, et que le comte de Derby, débarqué en Gascogne, poussait ses conquêtes jusqu'à Angoulême, Édouard lui-même, accompagné de son fils, le prince de Galles, descendait 1346, avec une nombreuse armée, à la Hougue, sur les côtes de Normandie. Guidé par un seigneur de cette province, le traître *Louis d'Harcourt*, il s'empare successivement de toutes les villes de la basse Normandie, et, suivant la rive gauche de la Seine, dont les Français avaient coupé tous les ponts, il marche sur Paris, pillant et ravageant tout sur son passage. Un mois après le jour où il avait pris terre sur la côte de France, il arrive à Poissy, et tandis qu'il y fait construire un pont pour traverser le fleuve, il envoie des partis piller *Saint-Cloud, Bourg-la-Reine* et les autres villages des environs de Paris. Philippe, surpris par cette attaque imprévue et par la marche rapide de son ennemi, avait cependant réuni une armée bien plus nombreuse que celle de son rival. Celui-ci, effrayé lui-même de la témérité de son entreprise, veut commencer sa retraite; il marche précipitamment vers la Flandre. Mais arrivé aux bords de la Somme, il trouve tous les ponts gardés ou coupés. Cependant Philippe le poursuivait activement, et Edouard allait se voir pris entre la rivière et une armée considérable, lorsqu'un prisonnier lui indiqua près de Saint-Valeri un gué où la rivière peut être traversée par douze hommes de front aux heures du reflux. Aussitôt, dit Froissart, plus *lie* (gai) *que si on lui eût donné vingt mille écus*, le roi d'Angleterre décampe en pleine nuit et gagne, au soleil levant, le gué nommé de *Blanque-Taque* (Blanche-Tache) *pour le fort et dur gravier de blanche marne qui en forme le fond*. Au même instant paraît sur l'autre bord un corps de douze mille hommes des milices du pays, envoyés par Philippe de Valois, sous les ordres de Godemar du Fay. Les Anglais n'avaient pas le temps d'hésiter, les gens d'armes se serrèrent en colonne, et *se férirent en l'eau au nom de Dieu et de saint Georges*, tandis que les archers lançaient une grande quantité de traits. Le combat livré dans le lit même de la rivière fut sanglant et le passage défendu avec acharnement; c'en était fait des Anglais si Philippe fût arrivé; mais n'ayant que le choix de vaincre ou de mourir, ils étaient décidés à passer *à quelque mechef* (perte) *que ce fût*, ils dispersèrent le corps qui leur était opposé. Philippe, arrivé trop tard, n'enleva que quelques traînards (24 août), il alla passer la Somme à Abbeville, et atteignit le surlendemain l'armée anglaise au delà de cette ville, près de *Crécy* (le 26 août 1246).

Les Anglais s'étaient arrêtés depuis la veille sur le penchant d'une colline où ils avaient bien établi leur position. Édouard avait fait mettre pied à terre à toute sa cavalerie, et partagé son armée en trois corps disposés sur trois lignes placées l'une au-dessus de l'autre, et en avant desquelles se trouvaient les archers, renommés pour leur habileté. Le jeune prince de Galles [1] se trouvait à l'avant-garde avec les comtes de Warwick, de Hereford, le traître Godefroy d'Harcourt et le brave chevalier Jean Chandos; les comtes de Northampton et d'Arundel commandaient le centre; le roi était à l'arrière-garde. Les

---

[1] Qui s'est rendu si célèbre et si terrible à la France sous le nom de *Prince Noir*, qu'il dut à la couleur de sa cotte de mailles.

Anglais, au nombre d'environ trente mille combattants, attendaient assis par terre, leurs casques et leurs armes posés devant eux, que les Français vinssent les attaquer.

L'armée française, beaucoup plus nombreuse puisqu'elle comptait près de soixante mille hommes, était loin d'être en aussi bon état ; les chevaliers marchaient sans ordre, et les milices communales les suivaient à l'aventure ; on cheminait depuis le matin sous une pluie battante qui avait détrempé les cordes des arbalètes ; tout le monde était harassé et nullement disposé pour engager une bataille importante ; aussi les chevaliers envoyés par Philippe pour reconnaître la position conseillèrent-ils d'attendre au lendemain ; le roi donna l'ordre d'arrêter. Mais ce fut parmi les chevaliers à qui irait se loger le plus près de l'ennemi, si bien qu'ils s'approchèrent de plus en plus des Anglais, qui à leur approche se levèrent tous ensemble. Le roi étant arrivé, « lorsqu'il vit les Anglais, *le sang lui mua,* » *car il les haïssait;* il dit alors à ses maréchaux : Faites » passer nos Génois devant et commencez la bataille au » nom de Dieu et de monseigneur saint Denis. » Les arbalétriers génois firent vainement valoir leur fatigue et le mauvais état de leurs armes, disant qu'ils n'étaient *mie adonc ordonnés de faire grand exploit de bataille.* Il ne fut tenu aucun compte de leur réclamation ; ils durent donc engager le combat ; mais aussitôt les archers anglais, qui avaient tenu les cordes de leurs arcs cachées pendant la pluie, les couvrirent de traits, tandis que ceux lancés par les Génois tombaient sans force au bout de quelques pas. Quand ils voulurent battre en retraite, toute la chevalerie française était derrière eux leur fermant le passage. Philippe les vit se retourner pour fuir ; entrant alors dans une grande colère, il cria : « Or, tuez-moi toute cette ribaudaille, car ils vous » empêchent la voie sans raison. » Une horrible mêlée suivit cet ordre barbare ; les malheureux, écrasés par la cavalerie, se défendaient avec leurs couteaux, et les archers anglais criblaient de flèches toute cette masse en désordre. Dès ce moment la bataille était perdue. Édouard avait placé entre les archers « des *bombardes,* qui, avec du feu, lançaient de » petites balles de fer pour effrayer et détruire les chevaux ; » et ces bombardes menaient si grand bruit et tremblement, » qu'il semblait que Dieu tonnât avec grand massacre de » gens et renversement de chevaux. » C'était la première apparition de l'artillerie dans une bataille ; les chevaliers désespérés de se voir massacrés sans gloire, firent un effort furieux, et plusieurs d'entre eux, s'étant ralliés, chargèrent si violemment les Anglais, qu'ils enfoncèrent l'avant-garde et en vinrent aux mains avec le corps de bataille. Un instant le prince de Galles parut en si grand danger, que l'on vint prier Édouard, qui, du haut de la butte d'un moulin, considérait la bataille, de secourir son fils : « Mon fils est-il » mort, renversé ou blessé au point de ne se pouvoir aider? » demanda le roi; il lui fut répondu que non : « Dites, reprit-» il, à ceux qui vous ont envoyés, qu'on ne m'envoie » quérir d'aujourd'hui tant que mon fils sera en vie. Qu'ils » laissent à l'enfant gagner ses éperons; je veux, si Dieu » permet, que la journée soit sienne..... »

Les Anglais ne tardèrent pas à se remettre de ce premier choc et à reformer leurs rangs après avoir abattu tous ceux qui y avaient pénétré. Le soir venant, les troupes françaises ne purent se mettre en bataille, et allèrent donner séparément en petites troupes sur les Anglais, qui les battirent en détail. Les chevaliers qui s'étaient trop avancés furent massacrés, et parmi eux restèrent le duc de Lorraine, le comte d'Alençon, frère du roi, ceux de Flandre, de Savoie, de Blois, d'Auxerre, de Saint-Pol, etc. Le vieux roi de Bohême, Jean de Luxembourg, un des plus braves chevaliers de la chrétienté, quoique aveugle, ayant appris le mauvais état des choses, demanda à ses chevaliers *de le mener si avant qu'il pût férir un coup d'épée*. Ceux-ci attachèrent leurs chevaux avec le sien et allèrent tous mourir au milieu des rangs anglais, où on les retrouva tous attachés ensemble. La déroute fut terrible, et cette journée, ainsi que celle du lendemain, qui vit continuer la déroute, comptent parmi les plus funestes que la France ait jamais eu à déplorer. Onze princes, douze cents chevaliers et trente mille soldats restèrent sur le champ de bataille. (Henri Martin.) Philippe, après avoir eu son cheval tué sous lui, et avoir reçu deux blessures, fut emmené malgré lui du champ de bataille. Il arriva, épuisé de fatigue, au château de *la Broye*, à quelques lieues de Crécy; la crainte des ennemis en avait déjà fait fermer les portes : « *Ouvrez, ouvrez, châtelain*, s'écria le roi, *c'est la fortune de la France* (1). »

(1) Nous n'avons pas voulu changer ces paroles, consacrées, on peut le dire, par une sorte de tradition nationale; mais nous devons convenir que ce n'est point ainsi qu'elles sont rapportées par l'historien

132. Siége de Calais. — Eustache de Saint-Pierre. — La brillante victoire que venait de remporter Edouard, forcé malgré lui à combattre, ne changea rien à ses projets. Tandis que Philippe, reconnaissant l'impossibilité de rassembler les débris de son armée, regagnait sa capitale, le roi d'Angleterre, continuant sa marche vers le nord, allait mettre le siége devant Calais. La valeur avec laquelle les habitants se défendirent l'arrêta pendant près d'un an et l'irrita au dernier point. Enfin, les bourgeois manquant de vivres, et n'ayant plus aucune espérance d'être délivrés par le roi de France, qui avait vainement tenté de les secourir, offrirent à Edouard de se rendre (1347). Celui-ci n'y consentit qu'à la condition que six des plus notables lui seraient remis en chemise, la corde au cou, pour être conduits au supplice. *Eustache de Saint-Pierre*, un des plus riches bourgeois de la ville, s'offrit le premier, et son dévouement fut imité par cinq de ses amis et parents. Ils allèrent présenter leurs têtes au vainqueur, qui, furieux de la résistance qu'il avait éprouvée, ne voulait pas entendre parler de pardon, et avait déjà répondu à ceux qui le priaient d'épargner ces braves gens : « *Qu'on fasse venir le coupe-tête* » (le bourreau). Mais la reine d'Angleterre, « qui était durement enceinte et pleurait si tendrement de pitié qu'elle ne se pouvait soutenir, » vint se jeter aux pieds d'Edouard pour demander leur grâce, et obtint par ses sollicitations qu'il ne ternît pas sa gloire par le supplice de ces généreux citoyens. Il se borna à exiler les habitants de Calais et à la repeupler d'Anglais, afin de s'affermir dans la possession de cette ville, dont la position vis-à-vis de la côte d'Angleterre assurait ses communications avec le continent. Il put dès lors se vanter « de tenir les clefs de la France à sa ceinture. »

Cette longue guerre avait épuisé les deux pays : Edouard et Philippe consentirent donc (1347) à signer une trêve, dont le pape Clément VI fut le médiateur.

133. La peste de Florence. — La gabelle. — La guerre à peine terminée, la France fut encore désolée par deux autres fléaux. — Une peste, la plus terrible dont

---

Froissart, dont tous les autres ont copié le récit. S'il faut l'en croire, Philippe aurait dit : « Ouvrez, ouvrez, châtelain ; c'est *l'infortuné roi de France.* » Voir les Chroniques de Froissart, édit. de M. Buchon, t. II, p. 370.

l'Europe ait conservé le souvenir, y enleva, disent les historiens, le quart des habitants. La contagion, appelée *peste noire* ou *peste de Florence,* parce qu'elle avait sévi dans cette ville avec une violence inouïe, avait ravagé et dépeuplé plusieurs contrées quand elle vint fondre sur notre patrie. La ville de Paris perdit à elle seule quatre-vingt-mille habitants. Le peuple, consterné, s'en prit aux juifs, qu'il accusa d'empoisonner les puits, et un grand nombre de ces malheureux furent massacrés. Ce fléau avait été précédé et fut suivi de famines épouvantables, qui étaient en partie le résultat des fausses mesures financières adoptées par Philippe de Valois. Pour suffire aux frais de la guerre, il avait eu recours à toutes les exactions dont ses prédécesseurs lui avaient donné l'exemple : spoliation des marchands italiens et juifs, subsides arrachés au clergé, altération des monnaies, qui furent successivement réduites au cinquième de leur valeur ; vente des offices de judicature ; enfin, création de nouveaux impôts, et particulièrement du monopole du sel et de la *gabelle* et d'une imposition de quatre deniers par livre sur toutes les ventes. Les États généraux de la langue d'oïl, assemblés à Paris, et ceux de la langue d'oc, réunis à Toulouse (1346), réclamèrent vainement contre ces impôts, et obtinrent seulement la *réforme d'un petit nombre d'abus.* L'ordonnance qui prescrivait l'établissement des greniers à sel attira à Philippe les plaisanteries d'Édouard, qui l'appelait par dérision *le roi de la loi salique;* Philippe crut y répondre en appelant Édouard *marchand de laine;* mais les mesures fiscales du roi de France ruinaient son peuple, tandis que l'immense commerce de laine que le roi d'Angleterre encouragea entre ses sujets et les Flamands fit la prospérité de son pays, qui, pour en perpétuer le souvenir, fait encore asseoir aujourd'hui sur une balle de laine le président de la chambre des communes.

134. Acquisition de Montpellier et du Dauphiné. — Tant de malheurs et de revers éprouvés par la France sous le règne d'un prince brave, mais violent et prodigue, ne furent que faiblement compensés par deux acquisitions que fit le roi l'année qui précéda sa mort (1349) : ce furent celle du *Dauphiné*, qui lui fut cédé par le dauphin *Humbert,* à la condition que le fils aîné du roi de France porterait le nom et les armes de dauphin, et celle de la seigneurie de *Montpellier* et du château de *Lattes,* situé dans le voisinage, qui furent vendus à la France par le dernier roi de Majorque, au prix de cent vingt mille écus.

Parmi les ordonnances de Philippe de Valois, outre celles qui ont rapport à la fabrication des monnaies, on n'en peut citer qu'une relative aux priviléges, utiles pour le commerce, accordés aux foires de Champagne, et une autre qui abrégeait les délais judiciaires et qui régularisait la juridiction du parlement de Paris en cas d'appel (1344).

QUESTIONNAIRE. —127. Quelles conséquences eut la mort de Charles le Bel? — Comment s'éteignit la branche directe des Capets? —128. Quel était le plus proche héritier du trône? — En quelle qualité gouverna d'abord Philippe de Valois? —Quelle concession fit-il à Philippe d'Évreux? —Donnez une idée de la puissance du roi de France à cette époque? — Quelles provinces furent réunies à l'avénement de Philippe de Valois? — 129. Quelles prétentions fit valoir Isabelle, reine d'Angleterre et en faveur de qui? — Quelle guerre devait s'ensuivre? — 129. Racontez la guerre de Flandre. — Par quelles victoires et par quelles défaites des Français fut-elle signalée? — Qui était Jacques Arteweld? — 130. Dans quelle province recommencèrent les hostilités? —Comment se continua la guerre de Bretagne pendant la trève entre la France et l'Angleterre, et sous quels chefs? — Comment se termina cette guerre? —131. Parlez des premiers faits de la guerre de Cent ans et de la descente d'Édouard III en France. — *Quels évènements amenèrent la bataille de Crécy? — Racontez cette malheureuse bataille.* — *Quelles furent les pertes de la France à cette journée* — De quelles armes se servirent les Anglais dans cette bataille? — Comment se battit à Crécy le jeune prince de Galles? — Faites connaître la conduite de Philippe de Valois à la bataille de Crécy, et ses paroles au châtelain de la Broye. — 132. Dites avec quelle valeur se défendirent les habitants de Calais, assiégés par le roi d'Angleterre. — Quelle condition leur imposa Édouard? — *Dites le beau dévouement d'Eustache de Saint-Pierre.* — Comment le roi d'Angleterre s'assura-t-il la possession de Calais? — 133. Comment fut suspendue la guerre entre la France et l'Angleterre, et quels autres fléaux désolaient alors la France? — Quel impôt établit Philippe, et comment répondait-il aux plaisanteries d'Édouard à ce sujet? — 134. Quelles acquisitions compensèrent, en partie, les revers de la France? — Quelles sont les plus utiles des ordonnances de Philippe de Valois?

CHAPITRE DIX-NEUVIÈME.

JEAN LE BON.

(1350-1364).

SOMMAIRE.

135. L'avénement de Jean, duc de Normandie (1350), est signalé par le meurtre du connétable Raoul d'Eu. Le roi ayant convoqué les États généraux (1351) n'en obtient pas de subsides; il fabrique de la fausse monnaie. Il convoque de nouveau (1355) les États, qui revendiquent le droit de voter périodiquement les impôts et d'en contrôler l'emploi.

136. Le Prince Noir, engagé imprudemment au milieu de la France, est cependant vainqueur, grâce à l'indiscipline de la chevalerie française, qui essuie à Maupertuis près Poitiers une sanglante défaite (19 septembre 1356), à la suite de laquelle le roi est fait prisonnier malgré le courage de son fils Philippe.

137. Une trêve est conclue avec l'Angleterre, mais la France est déchirée par les factions qui partagent les États généraux. Ceux de la langue d'oc accordent ce que demande le régent, mais ceux de la langue d'oïl (1356), livrés aux intrigues d'Étienne Marcel et du roi de Navarre, Charles le Mauvais, manifestent des tendances qui forcent le régent à les congédier. Ils sont rappelés (1357), le roi fait des concessions et accepte des commissaires chargés de surveiller l'administration.

138. Les paysans opprimés se soulèvent, et sous le nom de *Jacques* ils désolent le royaume, de concert avec les *Grandes Compagnies*; les Jacques sont massacrés sous les murs de Meaux (1358). Le dauphin, forcé de rassembler les États généraux (nov. 1357), est bientôt obligé de quitter Paris, soulevé par les intrigues d'Étienne Marcel et de Charles le Mauvais; il est proclamé régent à Compiègne, puis rentre à Paris, que Marcel avait essayé de livrer aux Anglais et à Charles le Mauvais ; le prévôt des marchands fut mis à mort et une amnistie accordée (1358).

139. La situation de la France était toujours très-mauvaise à cause de l'absence du roi, mais les États-généraux repoussèrent d'abord les conditions faites par l'Angleterre (1359); il fallut pourtant les accepter, et le honteux traité de Brétigny (1360) lui céda en toute souveraineté l'Aquitaine, Calais, le Ponthieu, Montreuil, etc., en échange de la liberté du roi.

140. Jean réunit à la couronne : la Normandie, le comté de Toulouse et la Bourgogne (1361). Cette dernière province fut donnée au duc Philippe le Hardi (1363) que son mariage avec l'héritière de Flandre va rendre un puissant souverain. Les brigandages des Grandes Compagnies continuent à désoler la France, et Jacques de Bourbon fut tué à Brignais (1362) en les combattant. Un des otages donnés par Jean s'étant échappé d'Angleterre, celui-ci alla se remettre en captivité, où il mourut (1364).

135. Jean II (1350-1364). — États généraux de 1355.
— Jean, duc de Normandie, l'aîné des deux fils de Philippe, fut son successeur au trône. Ce prince, auquel le peuple, touché de ses malheurs et séduit par ses qualités chevaleresques, sa bravoure et sa loyauté, donna le surnom de *Bon*, a cependant mérité, par son emportement et ses violences, le jugement sévère de la postérité. Ce fut même par un crime qu'il commença son règne. Le connétable *Raoul d'Eu*, sur un simple soupçon de trahison, fut, par son ordre, mis à mort sans jugement. — Mais ce qui signale surtout ce règne, le plus désastreux de la monarchie, c'est moins les malheurs dont fut alors affligée la France que l'esprit d'indépendance qui se manifesta dans toutes les classes du peuple. Il semblait puiser dans ses souffrances une énergie qu'il n'avait pas montrée jusque-là. L'année même qui suivit son avénement (1351), Jean convoqua les États généraux; mais il en obtint si peu de chose, qu'il prit, comme ses prédécesseurs, le parti de recourir à la fabrication de la fausse monnaie. Les nouveaux États, qu'il réunit (1355), afin de leur demander les subsides nécessaires pour continuer la guerre contre l'Angleterre, qui venait de rompre la trêve, se montrèrent plus généreux, mais aussi plus exigeants. Ils lui accordèrent des secours considérables en hommes et en argent; mais ils voulurent que cet argent demeurât entre les mains de leurs commissaires, chargés d'en surveiller l'emploi, et ils demandèrent à être réunis tous les ans. Cette double prétention des États de voter l'impôt et d'en contrôler régulièrement et périodiquement l'emploi contenait en elle-même le germe des réformes de la révolution française, les principes essentiels de notre droit public, et les bases du gouvernement représentatif.

136. Bataille de Poitiers (1356). — Déjà la guerre était commencée en Guyenne. Le *Prince Noir*, fils du roi d'Angleterre, commit la même imprudence que son père, en s'engageant avec douze mille combattants au milieu d'un pays ennemi, où il se trouva bientôt en face du roi Jean, commandant une armée de cinquante mille hommes; mais les défaites de Courtrai et de Crécy n'avaient pas corrigé la chevalerie française de sa téméraire bravoure. Ce fut encore son ardeur imprudente et désordonnée qui causa la perte de la bataille de *Maupertuis*, plus connue sous le nom de bataille de *Poitiers* (19 septembre 1356). Le roi lui-même mérita ce reproche en cédant à l'impétuosité de son courage et en oubliant ses devoirs de général pour se jeter, comme un simple chevalier, au milieu des ennemis. Le prince de Galles s'était retranché sur une colline qui n'était abordable que par une route étroite, où quatre hommes à peine pouvaient passer de front. Encore ce chemin était-il défendu dans toute sa longueur par des haies derrière lesquelles étaient embusqués les archers anglais. Au lieu de cerner l'ennemi et de le prendre par famine, ce qui eût été facile, Jean veut l'attaquer de front. Les chevaliers s'élancent dans le chemin, mais, criblés de flèches, leurs chevaux se cabrent et les renversent. Ceux qui parviennent jusqu'aux Anglais sont massacrés, et les autres revenant en déroute sur les troupes françaises qui n'avaient pas encore combattu, y portent la confusion. Le prince Noir, profitant du désordre, charge avec deux mille hommes d'armes le corps commandé par le roi. Celui-ci fut bientôt entouré ; il se défendit vaillamment mais après des prodiges d'intrépidité, qui firent proclamer par son jeune vainqueur, bon juge en pareille matière, qu'il avait dans cette terrible journée mérité le prix de la valeur, Jean fut fait prisonnier avec le jeune *Philippe,* son fils. Ce dernier, trop faible pour combattre, s'était cependant obstiné à rester auprès de son père. A chaque attaque il disait à Jean, qui combattait à pied avec une hache d'armes : *Père, gardez-vous à droite! père, gardez-vous à gauche!* Il fut lui-même blessé en parant les coups qu'on portait au roi. Les princes captifs furent magnifiquement traités par le vainqueur, qui servit le roi à table, et ne consentit pas à prendre place à ses côtés ; ils furent conduits à Bordeaux, puis à Londres, où le héros de cette campagne, le prince Noir, alors âgé de vingt-six ans à peine, fut reçu en triomphe. La captivité du roi rendit la défaite de Poitiers plus désastreuse pour la France que celle de Crécy, quoiqu'elle ne lui eût coûté que onze mille combattants. « La noblesse, qui, cette fois, s'était laissé prendre au lieu de se faire tuer, ruina la France pour payer sa rançon. » (M. Michelet.)

137. États généraux de **1356**. — Étienne Marcel. — La captivité du roi devint pour la France la source de calamités de toute espèce. Le dauphin, qui fut depuis roi sous le nom de Charles V, n'avait encore que dix-neuf ans : il prit les rênes du gouvernement en qualité de lieutenant général du royaume, et parvint du moins à mettre un terme aux ravages de la guerre en concluant avec les Anglais (1357) une trêve de deux ans ; mais il ne put triompher des factions qui se manifestèrent au sein des États généraux. L'esprit d'indépendance qui, dans leurs précédentes réunions, s'était déjà attaqué au pouvoir royal lui-même, y reparut avec plus de force quand il n'eut plus à lutter que contre l'ombre de ce pouvoir. Tandis que les Etats de la langue d'oc, réunis à Toulouse, se montraient favorables aux demandes du dauphin, ceux de la langue d'oïl, rassemblés à Paris (1356), voulurent lui imposer les conditions les plus dangereuses pour son autorité. Dans cette assemblée composée de huit cents membres, quatre cents représentaient les communes et se trouvaient placés sous l'influence du prévôt des marchands de Paris, *Étienne Marcel*, et de *Robert le Coq*, évêque de Laon. Parmi eux s'était formé un parti puissant, qui voulait porter au trône le roi de Navarre, *Charles le Mauvais*, gendre du roi, petit-fils par sa mère de Louis le Hutin, et par conséquent le représentant des droits de la branche féminine de la maison capétienne. Effrayé des intrigues tramées par ce prince avec l'Angleterre et avec ce même Marcel, déjà président des députés des villes aux Etats généraux de 1355, le roi Jean l'avait fait arrêter : il était encore en prison ; les nouveaux Etats généraux demandèrent sa liberté. De plus, ils exigeaient le renvoi et la mise en jugement des conseillers actuels du dauphin, et leur remplacement par une commission de quatre prélats, de douze seigneurs et de douze députés des villes, qu'ils nommeraient eux-mêmes, et qui formeraient désormais le conseil du prince. Effrayé de ces prétentions, le dauphin les congédia ; mais en vain eut-il recours, comme son père, à l'altération des monnaies, l'argent lui manqua bientôt. Il lui fallut donc réunir de nouveau les Etats généraux (février 1357) et leur accorder tout ce qu'ils demandèrent : éloignement de ses conseillers, nomination de trente-six commissaires chargés de surveiller toute l'administration, rétablissement de la bonne monnaie d'or et d'argent, droit pour les députés de s'assembler deux fois par an, afin de s'assurer de l'exécution des lois.

138. LA JACQUERIE. — CHARLES LE MAUVAIS. — L'accomplissement de toutes ces conditions et la conclusion de la trêve avec l'Angleterre semblaient devoir donner à la France quelque repos. Mais l'affaiblissement du pouvoir royal et le mépris dans lequel la noblesse était tombée depuis ses défaites à Crécy et à Poitiers donnèrent naissance à de nouveaux troubles. Les paysans, vexés depuis si longtemps par les nobles, qui les appelaient par dérision *Jacques Bonhomme*, se voyant encore pressurés par eux afin de fournir l'argent nécessaire à la rançon des captifs de Poitiers, se soulevèrent de toutes parts, brûlèrent les châteaux et s'organisèrent, dans la Picardie et la Champagne surtout, en troupes formidables qui portèrent partout le meurtre et le pillage. Aux dévastations de la *Jacquerie* se joignirent celles d'autres bandes formées en grande partie des soldats des armées licenciées, et désignées sous les noms de *Grandes Compagnies*, de *Malandrins*, et aussi de *Routiers*, parce que ces brigands pillaient tous les voyageurs qu'ils rencontraient sur les routes. Pendant que ces bandes répandaient la terreur dans le centre et dans le midi, les Jacques vinrent mettre le siége devant Meaux, où s'étaient réfugiées un grand nombre de familles nobles; mais leurs horribles dévastations et leurs atroces vengeances les avaient rendus tellement odieux, que les Anglais et les Navarrois s'unirent aux Français pour exterminer ces bêtes féroces. Plus de sept mille furent passés au fil de l'épée sous les murs de Meaux, ou noyés dans les flots de la Marne (1358).

Cependant de nouveaux troubles avaient éclaté dans Paris, où dominait toujours le prévôt des marchands, Etienne Marcel, qui se fit même pendant quelque temps l'allié des Jacques, dont il avait espéré pouvoir se servir dans l'intérêt de sa politique.

Le dauphin, fatigué de la surveillance des trente-six commissaires, voulut s'en affranchir, et leur défendit de s'assembler; mais les murmures du peuple et l'épuisement des finances le forcèrent à convoquer de nouveau les Etats généraux (novembre 1357. Le lendemain de leur ouverture, le roi de Navarre, Charles le Mauvais, est délivré de sa prison et salué comme roi de France par ses partisans, toujours dirigés par le prévôt des marchands, Etienne Marcel. Leur audace s'exaltant par le succès, ils forcent le palais du dauphin, et massacrent à ses pieds les maréchaux de Champagne et de Normandie. Ce prince quitte Paris, et les Etats généraux se dispersent; mais bientôt, ils se réunissent de nouveau à Compiègne et reconnaissent le dauphin, alors parvenu à l'âge de vingt et un ans, comme régent du royaume. — Cependant Marcel et les partisans du roi de Navarre se disposaient à livrer à ce prince et à ses troupes la ville de Paris; mais déjà le peuple désabusé commençait à reconnaître que ces hommes, qui se proclamaient ses défenseurs, n'étaient que des ambitieux qui se servaient de lui pour s'élever à ses dépens. Au moment où le traître Marcel allait ouvrir les portes de Paris aux Navarrois et aux Anglais, il fut massacré avec ses complices par l'échevin *Jean Maillard,* accompagné de *Jean de Charny* et de *Pépin des Essarts,* chefs des royalistes. Le régent, rappelé alors par le vœu du peuple, rentra dans Paris, et, après la condamnation des complices du prévôt, il proclama une amnistie générale (1358).

139. Traité de Brétigny (1360). — Cet heureux événement n'avait pas mis fin aux malheurs qui affligeaient la France. Le roi de Navarre, déçu dans ses projets ambitieux, déclara la guerre au régent, et les ravages exercés par les bandes d'étrangers enrôlés sous ses bannières achevèrent de ruiner les campagnes, plus que jamais désolées par les excès auxquels se livraient les routiers. Le retour du roi pouvait seul rendre quelque repos à la France; mais les conditions mises par les Anglais à sa délivrance étaient tellement onéreuses, que les États généraux (1359), auxquels le dauphin les soumit, répondirent que « ils auraient plus cher à endurer et porter encore le grand meschef et misère où ils étaient, que le noble royaume de France fût ainsi amoindri et défraudé. » Cependant la trêve était expirée, et les maux d'une guerre nouvelle vinrent encore s'ajouter à tous ceux que souffrait la France. Bientôt Édouard fut aux portes de Paris; il fallut souscrire à presque toutes les conditions héroïquement repoussées par les États généraux; la paix fut accordée moyennant : la cession en toute souveraineté, au roi d'Angleterre, de toutes les provinces qui composaient l'ancien duché d'Aquitaine, avec Calais, les comtés de Ponthieu et de Guines, la vicomté de Montreuil, et la liberté fut rendue au roi Jean moyennant une rançon de trois millions d'écus d'or. Telles furent les stipulations du traité de *Brétigny* (1360), le plus désastreux et le plus humiliant dont il soit fait mention dans nos annales.

140. Seconde maison de Bourgogne. — Comme compensation à tant de pertes, le roi réunit à la couronne la *Normandie,* qu'il avait reçue en apanage, le comté de *Toulouse,* annexé depuis près d'un siècle au domaine royal, celui de *Champagne,* vainement réclamé par le roi de Navarre, enfin le duché de *Bourgogne,* qui revint à Jean (1361), comme étant le plus proche héritier de Philippe de Rouvre. Mais cette dernière province fut de nouveau démembrée de la couronne, deux ans après sa réunion (1363), et donnée par le roi à son quatrième fils, *Philippe le Hardi,* qui avait si bravement combattu à ses côtés à Poitiers, et qui fut la tige de la *seconde maison de Bourgogne,* dont l'ambition devint si fatale à la monarchie.

Le mariage de Philippe avec *Marguerite,* fille du comte de Flandre, en 1384, devait lui assurer la succession de ce grand feudataire et le rendre un des plus puissants souverains de l'Europe. Nous le verrons prendre une part active aux affaires de France pendant le règne de son neveu Charles VI.

Le retour du roi ne rendit pas à la France le repos qu'elle en avait espéré. Les soldats des deux partis, que le rétablissement de la paix laissait sans emploi, allèrent grossir les Grandes Compagnies, et portèrent le ravage dans toutes les provinces. Le comte de la Marche, *Jacques de Bourbon,* fut blessé à mort en combattant à *Brignais* (1362) quinze mille de ces brigands.

Dans l'état d'épuisement où se trouvait la France, il avait été impossible de payer, au moment de la signature du traité de Brétigny, la somme fixée pour la rançon du roi. Ce prince n'avait donc été remis en liberté qu'après avoir donné pour garantie de l'exécution de ce traité des otages, du nombre desquels furent son frère et deux de ses fils. L'un de ces derniers, violant la parole donnée à Edouard, s'enfuit d'Angleterre. A cette nouvelle, Jean alla prendre sa place à Londres, en disant que *si la bonne foi était bannie du reste de la terre, elle devait trouver un asile dans le cœur des rois.* Peu de temps après, il termina en Angleterre un règne dont chaque année avait été marquée par quelque grand malheur (1364).

QUESTIONNAIRE. — 135. Quel fut le successeur de Philippe de Valois? — Le roi Jean a-t-il mérité le surnom de Bon? — Quel fait signale surtout ce règne? — Quels furent les rapports du roi avec les États généraux? — Quel principe fondamental fut posé par les Etats de 1355?— Quelle guerre Jean eut-il à soutenir et quel en futle résultat? — Quelle imprudence commit le prince Noir au début de la campagne? — 136. *Par quelle cause fut perdue la bataille de Poitiers?— Le roi Jean lui-même ne céda-t-il pas à une imprudente témérité? — Qu'arriva-t-il au roi Jean à Poitiers?* — Cette défaite ne fut-elle pas plus désastreuse encore que celle de Crécy? — 137. Qui gouverna la France pendant la captivité du roi Jean? — Quels furent les rapports du dauphin-régent avec les Etats généraux, et quelles furent les exigences de ceux-ci? — Qui était Etienne Marcel, et quelle influence exerça-t-il? — 138. Faites connaître le caractère et les intrigues de Charles le Mauvais? — Quelles séditions s'élevèrent à Paris? — Comment finirent-elles, et qui fit échouer les complots d'Etienne Marcel? — Les paysans ne se soulevèrent-ils pas? — Quel nom reçurent-ils et comment furent-ils exterminés? — 139. Par quel humiliant traité la France acheta-t-elle la délivrance du roi?—Quelles provinces furent concédées en pleine souveraineté au roi d'Angleterre?— 140. Quelle acquisition fit la couronne sous ce règne?— Quelle maison importante prit naissance?— Faites connaître la bonne foi et les belles paroles du roi Jean?— Où mourut ce prince?

CHAPITRE VINGTIÈME.

CHARLES V DIT LE SAGE.

(1364-1380.)

SOMMAIRE.

141. Le règne de Charles V est un règne réparateur. Charles a mérité le surnom de Sage. Il fait la guerre avec discernement et prudence en choisissant des capitaines consommés ; il enlève l'administration aux mains avides et insubordonnées ; il rétablit l'ordre et le respect de l'autorité ; restaure les finances par son économie et réduit les impôts.

142. La guerre de Bretagne, signalée par le combat des Trente, continue après l'avénement de Charles V. Bertrand du Guesclin, brave gentilhomme breton, entre à son service ; il défait Charles le Mauvais à Cocherel (1364). Charles V acquiert les fiefs du roi de Navarre en Normandie. Les Français secourent Charles de Blois et les Anglais Jean de Montfort sans rompre le traité de Brétigny. Charles est tué à Auray et du Guesclin prisonnier. Le traité de Guérande (1365) donne la Bretagne à Montfort et ne laisse à Jeanne que les comtés de Penthièvre et de Limoges.

143. Les Grandes Compagnies, restes des anciennes armées, pillent les provinces centrales de la France, et mettent le pape à contribution ; après de vains efforts pour les éloigner, Charles les envoie en Espagne.

144. Pierre le Cruel empoisonne Blanche de Bourbon. Henri de Transtamare révolté appelle les Français ; du Guesclin entre en Espagne avec les Grandes Compagnies et met en fuite Pierre le Cruel. Le prince Noir vient à son secours et remporte la victoire de Navarette (1367) ; du Guesclin est fait prisonnier de nouveau.

145. Les provinces du Midi, opprimées par les Anglais, invoquent la protection de Charles, qui cite le prince Noir à comparaître malgré les termes du traité. Celui-ci refuse avec hauteur ; Charles lui envoie une déclaration de guerre par un marmiton.

146. Charles substitue une guerre défensive aux attaques inconsidérées des derniers règnes. Les prudentes manœuvres du duc Philippe le Hardi rendent vaines les provocations de Robert Knolles.

147. Du Guesclin, connétable (1370), s'empare du Poitou ; la flotte anglaise est détruite (1372) par la flotte espagnole. La Bretagne conquise par Olivier de Clisson, fut perdue par suite d'une révolte (1379). Après une trêve de deux ans (1375-1377), le connétable remporte de nouveaux succès, mais il meurt au siége de Châteauneuf de Randon (1380), et les clefs de la place sont déposées sur son cercueil. Les

11.

Anglais ne conservent que Calais, Cherbourg, Nantes, Brest, Bordeaux, Bayonne et quelques autres places à la mort de Charles V (1380).

148. Le chroniqueur Froissart, né à Valenciennes, parcourt les diverses cours et seigneuries, et écrit avec un remarquable talent l'histoire des guerres de son temps.

149. Charles gouverne avec une grande sagesse. Il publie une ordonnance qui fixe à quatorze ans la majorité des rois, prohibe les guerres privées. Le tribunal des maréchaux est renfermé dans sa juridiction. La marine reçoit des développements. Défense est faite d'établir des impôts non votés par les États. Dreux et Pézenas sont joints au domaine. Charles accorde sa protection aux lettres et fonde la bibliothèque du Louvre.

141. Rétablissement de l'ordre dans le pays et dans les finances. — « Le règne de Charles V fut un règne de réparation et de recomposition de la monarchie. » (Chateaubriand.) C'est par la prudence avec laquelle ce prince s'appliqua à porter remède à tous les maux qui désolaient son royaume qu'il a mérité le surnom de *Sage*. Sa complexion faible et maladive, qui l'éloigna constamment des champs de bataille, se trouvait en rapport avec les besoins du royaume, auquel avaient si mal réussi les grandes batailles des deux règnes précédents. Ce n'est pas, toutefois, que Charles V redoutât la guerre ; il la fit, au contraire, pendant tout son règne ; mais sa froide prudence et le discernement avec lequel il sut choisir les hommes auxquels il en remit la conduite changèrent les défaites en triomphes. A la valeur inconsidérée qui avait failli entraîner la perte de la France aux champs de Crécy et de Poitiers, il substitua le talent consommé de capitaines renommés par leur expérience et leur habileté autant que par leur audace et leur courage. En même temps, il bannissait de l'administration et les seigneurs insubordonnés, qui anéantissaient toute autorité et toute discipline, et les courtisans dilapidateurs, qui avaient ruiné les finances sous les règnes précédents.

Charles V allait, par son économie, remplir le trésor au point de pouvoir supprimer une partie des gabelles et employer de fortes sommes à relever partout les fortifications démantelées. Il allait se servir de la guerre elle-même, source de tant de maux et de désordres, pour délivrer le pays de la présence désastreuse des Grandes Compagnies, ces bandes pillardes qui, depuis la paix, faisaient éprouver à la France toutes les calamités d'une invasion.

Cette œuvre, l'une des premières de son règne, devait être

accomplie par le fameux *Bertrand du Guesclin*, chevalier breton déjà célèbre par ses exploits dans cette guerre de la succession de Bretagne qui durait depuis plus de vingt ans.

142. Fin de la guerre de Bretagne. — Du Guesclin. — La paix signée entre la France et l'Angleterre n'avait mis fin ni à la guerre de Bretagne (n° 130), plus vivement engagée que jamais, ni aux folles prétentions de Charles le Mauvais. Du Guesclin fut chargé de lutter et contre la maison de Montfort en Bretagne, et contre le roi de Navarre. Fils d'un simple gentilhomme breton, Bertrand du Guesclin avait montré dès l'enfance une énergie, une audace, une vigueur de corps et de caractère qui, mêlées à beaucoup de finesse et de ruse, pouvaient faire présager sa brillante carrière. Formé à l'art de la guerre dans les armées bretonnes, il entra au service de la France au moment où Charles V allait monter sur le trône. Charles de Navarre, furieux d'avoir perdu par stratagème les villes de Mantes et de Meulan, venait de rassembler une nombreuse armée de Navarrois, d'Anglais et de Gascons, pour tirer du roi de France une vengeance éclatante. Du Guesclin, rencontrant l'ennemi dans une forte position près de *Cocherel*, sut l'attirer dans la plaine, et inaugura par une brillante victoire le règne de Charles V (1364).

Tandis que le roi obligeait Charles le Mauvais à lui céder ses fiefs de Normandie en échange de la seigneurie de Montpellier, du Guesclin courait en Bretagne, où les brillants faits d'armes des chevaliers des deux partis n'amenaient aucun résultat décisif (1). A la faveur d'une clause du traité de Brétigny, qui permettait aux rois de France et d'Angleterre de secourir les deux partis sans se déclarer la guerre, Charles V confia à du Guesclin une troupe de ses plus vaillants hommes

---

(1) Le fait d'armes le plus célèbre de cette longue guerre civile est le *combat des Trente*, livré en 1351 sur la lande qui s'étend entre Josselin et Ploermel. Jean, sire de Beaumanoir, ayant adressé un défi au châtelain anglais de Ploermel, il fut convenu que trente Bretons et trente Anglais se livreraient un combat à outrance. La lutte se prolongea une partie du jour. Au milieu de la mêlée, Beaumanoir blessé et mourant de soif, demandait à boire à l'un de ses compagnons : « *Bois ton sang, Beaumanoir!* » répondit celui-ci, et ce mot héroïque demeura la devise des Beaumanoir. Enfin neuf Anglais ayant été tués, et parmi eux le châtelain de Ploermel, les autres crièrent merci et se rendirent aux Français, qui n'avaient perdu que quatre des leurs. Presque tous étaient couverts de blessures.

d'armes pour combattre avec Charles de Blois au moment où le capitaine *Chandos* venait avec un grand nombre de chevaliers anglais au secours de Jean de Montfort. Les deux partis se rencontrèrent près d'*Auray* (1364). Les Anglais occupaient une hauteur où l'on ne pouvait les attaquer sans une témérité insigne, et le prudent du Guesclin refusait d'engager le combat dans des conditions aussi défavorables. Mais telle était l'impatience de son armée qu'il fut forcé de livrer bataille. On avait juré de part et d'autre de mettre à mort le chef du parti ennemi pour terminer enfin une guerre si longue et si désastreuse. Malgré les habiles dispositions prises par du Guesclin, son armée fut vaincue comme il l'avait prévu; il fut lui-même fait prisonnier, et l'infortuné Charles de Blois fut trouvé parmi les morts avec un grand nombre de chevaliers. Le vaillant capitaine ne put se racheter qu'au prix d'une rançon de cent mille livres.

La mort de Charles de Blois assurait la Bretagne au comte de Montfort. Par le *traité de Guérande*, qui mit fin aux hostilités (1365), Jeanne de Penthièvre conserva seulement son comté héréditaire et la vicomté de Limoges (n° 130). Jean de Montfort vint l'année suivante rendre hommage au roi de France, son suzerain, pour le duché de Bretagne, qui n'en conserva pas moins pour longtemps encore une indépendance presque complète.

143. LES GRANDES COMPAGNIES. — La paix de Guérande fournissait de nouvelles recrues aux Grandes Compagnies, dont une partie avait combattu en Bretagne et revenait mettre à contribution les provinces de Bretagne (n° 140). Vainement le roi avait tenté quelques années auparavant d'en débarrasser le pays en les poussant à une croisade, et en les enrôlant sous les ordres du marquis de Montferrat, qui en avait pris une partie à sa solde. La plupart, préférant aux risques des expéditions lointaines les profits assurés de leur séjour en France, s'étaient mis à parcourir les riches et paisibles provinces du centre, où ils ne rencontraient aucun obstacle. Sous la conduite de l'*archiprêtre Cervolles*, ils avaient poussé jusqu'à Avignon, où ils levèrent sur le pape une contribution de deux cent mille livres, lorsque du Guesclin, rendu à la liberté, parvint à les entraîner en Espagne.

144. INTERVENTION DES FRANÇAIS EN CASTILLE. — La Castille s'était soulevée contre la tyrannie de Pierre le Cruel, qui avait empoisonné sa femme, Blanche de Bourbon, sœur du roi Charles V, et s'était rendu odieux à tous ses sujets. Son frère naturel, Henri de Transtamare, vint réclamer l'appui du roi de France, qui s'empressa de mettre à son service l'infatigable du Guesclin. L'expédition eut d'abord un succès merveilleux : Pierre le Cruel, abandonné des siens, s'enfuit, avant d'avoir combattu, jusque chez les Maures de Grenade, puis en Guyenne auprès du prince Noir. Celui-ci, toujours prêt à saisir l'occasion de combattre les Français, passa les Pyrénées avec ses meilleures troupes, et joignit à *Najara* ou *Navarette* Henri de Transtamare et du Guesclin. Ce dernier, dont la destinée était de toujours voir ses conseils méconnus par les princes qu'il venait secourir, ne put empêcher son allié de livrer bataille dans les conditions les plus désavantageuses. Les Castillans prirent la fuite, et du Guesclin fut fait encore une fois prisonnier après une héroïque résistance (1367). Il paya de nouveau une forte rançon et rentra en France.

145. Reprise des hostilités avec les Anglais. — Charles V, quelque éloignement qu'il eût pour la guerre, ne reportait qu'avec douleur ses regards sur les honteuses stipulations de ce traité de Brétigny, qui lui avait à l'avance ravi la plus belle partie de son héritage. Les Anglais se faisaient détester, par leur hauteur et leurs vexations, des habitants de ces riches contrées. Le prince Noir mit le comble aux mécontentements en réclamant de fortes contributions pour le payement des frais de la guerre de Castille qu'il n'avait pu obtenir de Pierre le Cruel. Les provinces, dans leur détresse, élevèrent leur voix plaintive vers ce trône devenu depuis deux siècles le refuge des opprimés. Charles V les accueillit avec empressement. Au mépris des termes du traité de Brétigny, qui cédait les régions du Midi *en toute souveraineté*, il cita le prince de Galles, qui les gouvernait, à comparaître devant la cour des pairs, pour *ouïr droit sur lesdites complaintes* (1368).

Le prince, non moins surpris qu'irrité d'une audace à laquelle il était loin de s'attendre après de si brillantes victoires, répond à ceux qui lui signifient l'ajournement: « Nous irons volontiers à Paris, puisque mandé nous est du roi de France; mais ce sera le bacinet en tête et soixante mille hommes en notre compagnie. » L'état languissant de sa santé et la prudence de Charles le Sage rendirent vaines ces superbes menaces. Le roi y répondit par une déclaration de guerre envoyée au roi Édouard III par un marmiton (1369).

Les Etats généraux lui donnèrent les moyens de la soutenir en votant avec empressement tous les subsides nécessaires.

146. Nouveau système de guerre. — Sans laisser aux ennemis le temps de se reconnaître, Charles fait commencer les hostilités sur trois points à la fois. Le Ponthieu est conquis par le comte de *Saint-Pol* et le sire de *Châtillon*, avant que les Anglais aient pu songer à le défendre ; le duc d'Anjou, l'un des frères du roi, fait de rapides progrès en Aquitaine, où des provinces entières s'empressent de secouer le joug des Anglais. Le duc de Lancastre, débarqué à Calais, s'avance dans la Picardie ; mais il se trouve bientôt en présence d'un autre frère du roi, le duc de Bourgogne, qui, fidèle aux ordres de Charles, se contente de le tenir en échec, en évitant toujours d'en venir aux mains avec lui. Il en coûta beaucoup au duc *Philippe le Hardi* de se conformer à cette prudente politique. Ce fut elle pourtant qui sauva la France.

En vain l'habile général anglais, *Robert Knolles*, pénétrat-il jusqu'au cœur du royaume, et vint-il brûler, jusque sous les yeux du roi, les villages des environs de Paris ; Charles V le laissait faire, et se contentait de dire : *Je sais bien que ces forcenés ne peurent me tollir mon héritage, ni me bouter hos par fumières*. En vain la noblesse murmurait-elle de se voir interdire les batailles rangées ; Charles n'oubliait pas que c'était son indiscipline et sa valeur désordonnée qui avaient rendu si fatales les journées de Crécy et de Poitiers : il persista donc dans le système qu'il avait sagement adopté, et qui faisait dire à Edouard III qu'*il n'y eut oncques roi qui si peu s'armât et qui tant lui donnât d'affaires*.

147. Les Anglais ne conservent que Calais, Bordeaux, Bayonne, etc. — Du Guesclin, revêtu de la dignité de connétable, la plus élevée qui fût alors en France, avec le commandement général des armées (1370), battit Robert Knolles et fit la conquête du Poitou, tandis que la flotte du roi de Castille, allié de Charles V, détruisait devant la Rochelle celle des Anglais (1372). — L'année suivante, la Bretagne dont le duc était toujours l'allié de l'Angleterre, est conquise à son tour par du Guesclin et son compagnon d'armes, le brave *Olivier de Clisson*, qui appartenait à l'une des plus illustres familles bretonnes ; Montfort fut puni de son alliance avec les ennemis de la France par la perte de son duché, mais il le recouvra par l'imprudence que commit Charles V en voulant soumettre à un impôt odieux cette importante province, dont la révolte (1379) compromit les utiles résultats obtenus par sa sagesse.

La guerre, interrompue par une trêve de deux ans (1375-1377), se continua jusqu'à la fin du règne de Charles V. Le connétable, poursuivant ses succès, avait presque entièrement achevé la conquête de toutes les provinces occupées par les Anglais, lorsque la mort vint mettre un terme à tant de brillants exploits. Il mourut de maladie (1380) au siége de *Châteauneuf de Randon* (en Gévaudan). Le commandant lui avait donné parole, quelque temps auparavant, de se rendre à un jour fixé, s'il n'était pas secouru. Le jour venu, il tint sa promesse, et plein d'admiration pour le héros français, il lui rendit un dernier hommage en déposant les clefs de la place sur son cercueil. L'histoire a conservé les dernières paroles adressées par ce vaillant guerrier à ses vieux compagnons d'armes : *N'oubliez pas,* leur dit-il, *qu'en quelque pays que vous fassiez la guerre, les gens d'Église, les femmes, les enfants et le menu peuple ne sont point vos ennemis.*

Le roi Charles V ne survécut que deux mois au plus habile de ses généraux; mais, au moment où il fut enlevé par une mort prématurée, il avait presque accompli la glorieuse entreprise de la délivrance de la France; les Anglais n'y possédaient plus qu'un petit nombre de villes maritimes, parmi lesquelles les plus importantes étaient celle de Calais, qu'ils devaient encore garder près de deux siècles, celles de Cherbourg, Nantes, Brest, et les cités si commerçantes de Bordeaux et Bayonne, qui devaient être reprises au milieu du quinzième siècle sous le règne de Charles VII (voir ci-après, n° 170). — Nous verrons bientôt quelles fatales circonstances anéantirent tous les résultats de ce règne si utile.

148. FROISSART. — Les guerres du temps de Charles V ont été racontées par un chroniqueur inimitable, *Jean Froissart*, qui a fait revivre dans ses récits toute cette dramatique époque. Né à Valenciennes vers 1337, il embrassa l'état ecclésiastique, mais sans en remplir les fonctions. Historien et poëte, il passa sa vie errante dans les plus brillantes cours de l'Europe, en Flandre, en Angleterre, en Ecosse, en Guyenne, visitant les châteaux des grands seigneurs, charmant les rois et les princes par ses contes et ses vers, recueillant de tous côtés les faits dignes de mémoire qu'il a su grouper en tableaux pleins de vie et d'intérêt.

Froissart, attaché successivement à la reine d'Angleterre, femme d'Edouard III, au prince Noir, au duc de Brabant, au comte de Foix, le beau Gaston Phœbus, montre dans ses écrits peu d'affection pour la France et une extrême partialité pour l'Angleterre. Son grand ouvrage est *la Chronique de France, d'Angleterre, d'Ecosse et d'Espagne*, qui est restée un de nos principaux monuments historiques.

149. Sages ordonnances de Charles V.—Charles V possédait une des qualités les plus utiles à un souverain, la connaissance des hommes et l'intelligence nécessaire pour les apprécier. Il sut aller chercher du Guesclin, gentilhomme d'une famille assez obscure, pour lui confier l'épée de connétable, et ne montra pas moins de discernement dans le choix de ses conseillers. — Il n'assembla qu'une fois les Etats généraux, qui s'étaient montrés plus dangereux qu'utiles sous le règne de son père. Il les remplaça par ces solennités judiciaires appelées *lits de justice,* où étaient admis, avec le parlement, les grands officiers de la couronne, des prélats et des députés de la bourgeoisie et de l'université, qui, depuis longtemps déjà, formait un corps puissant et considéré. Ce fut dans une de ces séances royales que Charles V fit enregistrer l'ordonnance qui fixait à quatorze ans commencés la majorité des rois de France.

Ce prince, qui *ne trouvait les rois plus heureux que les autres hommes que parce qu'ils ont plus de pouvoir de faire le bien,* s'efforça de soulager les maux de ses sujets par une foule de règlements utiles, entre lesquels on ne saurait blâmer que celui par lequel le produit des amendes était imprudemment attribué aux magistrats qui les prononçaient. L'ordonnance contre les guerres privées fut renouvelée; le tribunal des maréchaux de France, chargé de réprimer les brigandages des gens de guerre, vit son autorité circonscrite dans d'étroites limites quand il tenta d'en abuser. Le commerce, favorisé à l'intérieur, fut aidé dans ses développements à l'extérieur par la formation d'une marine capable de le protéger, et cette utile création, négligée par tous les rois précédents, à l'exception de saint Louis, assura à la France un nouveau moyen de combattre les Anglais avec succès.

Charles défendit d'établir de nouveaux impôts sans le consentement des Etats. L'ordre avec lequel ses finances étaient administrées lui donna d'ailleurs les moyens de suffire aux frais de la guerre, sans recourir, comme ses prédécesseurs, à l'altération des monnaies; il put même en employer une

SAGES ORDONNANCES.

partie à faire, pour le compte du domaine, des acquisitions assez importantes, telles que celles des comtés de *Dreux*, de *Pézénas*, etc.

Enfin Charles V, donna une preuve de la protection éclairée qu'il accordait aux lettres en formant au Louvre une bibliothèque royale composée de quelques volumes recueillis par son père, et dont le nombre fut par ses soins porté à plus de neuf cents. La littérature nationale fit sous son règne des progrès notables, et, à côté des œuvres de Froissart, on peut citer la *Vie de Charles V*, par une femme, *Christine de Pisan*, et la *Chronique de Bertrand du Guesclin*, écrite en vers au quatorzième siècle, lecture assidue de tous les seigneurs, et qui, traduite en prose alors que les chroniques versifiées cessaient d'être en vogue, conserva longtemps, sous cette forme nouvelle, son premier succès.

Charles fonda un collège avec un observatoire, en faveur d'un savant nommé maître *Gervais*, qui passait pour fort habile dans l'astrologie; car le roi Charles le Sage avait, comme presque tous ses contemporains, la faiblesse d'ajouter foi à cette science mensongère, qui prétendait lire dans les astres les secrets de l'avenir, et dont le crédit devait se maintenir plusieurs siècles encore.

Ce fut sous le règne de Charles V que le prévôt de Paris, *Hugues Aubriot*, fit construire dans cette capitale le *Petit-Châtelet*, le *Pont-aux-Changeurs*, ainsi que les premiers *égouts* souterrains, et posa (1372) la première pierre de la *Bastille*, redoutable prison d'Etat dont la ruine devait être, quatre siècles plus tard, le signal de la révolution française.

QUESTIONNAIRE. — 141. Comment Charles V mérita-t-il le surnom de Sage? — Quel fut le caractère de son règne? — Comment rétablit-il l'ordre et les finances? — 142. La guerre de Bretagne se continua-t-elle sous ce règne? — Quels en furent les résultats? — Comment s'étaient terminés les démêlés avec Charles le Mauvais? — Par quels exploits Bertrand du Guesclin commença-t-il à se signaler? — 143. Faites connaître les Grandes Compagnies et leurs ravages. — 144. Comment du Guesclin débarrassa-t-il la France des Grandes Compagnies? — Racontez la guerre d'Espagne. — 145. Comment éclata la guerre avec l'Angleterre? — 146. Quel nouveau système fut suivi dans la guerre contre les Anglais? — Quel fut le succès de ce système? — 147. Quelle dignité fut la récompense de du Guesclin? — Faites connaître le résultat des dernières campagnes de ce guerrier. — Pourquoi dit-on que du Guesclin prenait des villes après sa mort? — Que restait-il en France aux Anglais à la mort de Charles V? — 148. Caractérisez le chroniqueur Froissart. — 149. Quelles furent les plus remarquables qualités de Charles V? — Assembla-t-il souvent les Etats généraux? — Qu'était-ce que les *lits de justice*? — Quels règlements importants publia Charles V? —

Que fit-il en faveur de la marine ? — Quelles acquisitions fit-il pour le compte du domaine royal ? — Quels établissements fonda-t-il et quels monuments furent édifiés sous son règne ?

CHAPITRE VINGT ET UNIÈME.

CHARLES VI.

(1380-1422.)

SOMMAIRE.

150. Charles VI devient roi à l'âge de douze ans et règne de 1380 à 1422. Ses oncles les ducs d'Anjou, de Berry, de Bourgogne, hommes ambitieux et avides, se disputent le pouvoir. Ils exercent sur la France une influence fatale et se partagent les provinces. Le duc d'Anjou prend le trésor public et l'emploie à une expédition en Italie, où il meurt.

151. Une taxe sur les denrées provoque à Paris l'insurrection des *Maillotins*. Un soulèvement éclate à Rouen, et la révolte des *Tuchins* dans le Languedoc opprimé et tyrannisé par le duc de Berry.

152. Les Flamands se soulèvent avec Philippe Arteweld contre leur comte et sont vainqueurs à Bruges. Charles VI marche avec ardeur au secours du comte de Flandre ; il gagne le 27 novembre 1382, la sanglante bataille de Rosebecque, où périt Arteweld. Au retour, il punit cruellement la révolte des Maillotins. Le vertueux Jean Desmarets, ennemi des dilapidations des oncles du roi, est victime de leur vengeance. Les Anglais secourent les Flamands, et la guerre se prolonge jusqu'en 1385. La princesse Marguerite apporte la Flandre en dot à la maison de Bourgogne. Charles VI, qui vient d'épouser Isabeau de Bavière, projette une expédition en Angleterre. Devenu majeur, il éloigne ses oncles et rétablit l'ordre dans le gouvernement.

153. Le roi est frappé de démence par suite d'une apparition bizarre au milieu de la forêt du Mans (1392). Il est délaissé par sa femme et sa famille, et destiné à finir sa carrière misérablement.

154. Les ducs de Berry et de Bourgogne reprennent le gouvernement. Ils éloignent les ministres du roi appelés *Marmousets*. La tranquillité règne à l'intérieur pendant dix ans. Une croisade organisée en 1396 contre le sultan Bajazet se termine par la défaite et le massacre de la chevalerie française à Nicopolis et par la captivité de Jean Sans-peur, fils du duc de Bourgogne.

155. En 1404 commence la rivalité de Jean Sans-peur et du nouveau duc d'Orléans soutenu par Isabeau de Bavière. Cette princesse, légère, dépravée, cruelle, se livre à ses passions désordonnées ; elle fait la honte de la royauté et le malheur de la France.

156. Après une réconciliation apparente des ducs de Bourgogne et d'Orléans, celui-ci est traîtreusement assassiné par les gens du duc

RAPINES DES ONCLES DU ROI. — SOULÈVEMENTS. 259

de Bourgogne. L'impunité est laissée à ce crime, dont l'apologie est faite publiquement.

157. La France est divisée entre deux factions, celle d'Orléans ou des Armagnacs (du nom du beau-père du jeune duc d'Orléans) et celle des Bourguignons. Les Armagnacs ont pour eux la reine, les princes et la noblesse; les Bourguignons, la bourgeoisie et le peuple.

158. Les bouchers de Paris s'emparent du pouvoir. La milice des *Cabochiens* massacre le prévôt et se livre à d'effroyables excès. Les bourgeois indignés chassent les Bourguignons (1413).

159. Le roi d'Angleterre Henri V envahit la France; les maladies le forcent à battre en retraite. Les Français lui livrent imprudemment la bataille d'Azincourt (1415); ils sont complétement battus. Les Armagnacs, maîtres de Paris, sont chassés par les Bourguignons, qui massacrent leurs ennemis. Le dauphin Charles leur échappe.

160. Les Anglais s'avancent à la faveur des querelles des partis. Le duc de Bourgogne est assassiné au pont de Montereau. Son fils Philippe le Bon s'unit aux Anglais par le traité de Troyes, qui appelle le roi d'Angleterre au trône de France (1420).

161. Henri V et Charles VI meurent presque en même temps (1422). La France est dans une situation désespérée. Les mœurs sont dépravées; des haines acharnées divisent les partis. Le duel judiciaire est rétabli. Quelques signes d'améliorations se manifestent pourtant.

156. RAPINES DES ONCLES DU ROI. — La France semblait sauvée, quand la mort de Charles V vint la replonger, pour un demi-siècle encore, dans l'abîme de maux d'où l'avaient tirée la prudence et l'habileté de ce prince. Son fils, *Charles VI* (1380-1422), n'avait pas douze ans quand il se vit appelé au trône. Les malheurs de son règne eurent pour première cause les rivalités de ses trois oncles, le duc d'Anjou, le duc de Berry et le duc de Bourgogne, qui se disputèrent la régence.

Poussés par leur ambition effrénée et leurs passions cupides, ces princes, étrangers à toute pensée de bien public, ne songèrent à profiter de la minorité du roi que pour accroître leur puissance et leurs richesses. L'influence qu'ils exercèrent produisit les résultats les plus funestes, moins encore peut-être par la ruine des finances que par l'anéantissement de l'autorité royale et le réveil de cet esprit d'insubordination et de révolte si heureusement comprimé par Charles le Sage.

Les oncles du roi se saisirent du domaine comme d'une proie et se le partagèrent aussitôt. Le duc de Bourgogne prit le gouvernement de la Normandie et de la Picardie; le duc de Berry celui du Languedoc et de l'Aquitaine. Quant au duc d'Anjou, il s'empara des trésors amassés par Charles V, et les employa à faire les préparatifs d'une expédition contre le royaume de Naples, dans laquelle il perdit la vie quelques annés après (1384).

151. SOULÈVEMENTS A PARIS, A ROUEN, DANS LE LANGUEDOC. — La dilapidation du trésor public nécessita la création de nouveaux impôts, qui soulevèrent contre le gouvernement du roi la capitale et les provinces. A Paris eut lieu une insurrection redoutable à l'occasion de la perception d'une taxe sur toutes les denrées. A la première tentative des gens du fisc pour percevoir la nouvelle contribution, le peuple furieux se souleva, s'empara de l'Hôtel de ville et de l'Arsenal, et, s'armant de maillets de plomb préparés comme armes de défense, il s'en servit pour assommer les percepteurs. De là le nom de *Maillotins* donné aux rebelles.

Un soulèvement semblable éclata à Rouen, tandis que, dans le Midi, les paysans du Languedoc, exaspérés par la tyrannie du duc de Berry, s'insurgeaient sous le nom de *Tuchins* et renouvelaient les horreurs de la Jacquerie (n° 138). La plupart se réfugièrent dans les montagnes des Cévennes pour échapper à la poursuite des troupes; et, de là, organisés en bandes nombreuses, ils répandirent impunément la dévastation et la terreur dans les contrées d'alentour.

152. GUERRE DE FLANDRE. — BATAILLE DE ROSEBECQUE. — La crainte de provoquer des troubles plus graves détermina les oncles du roi à différer la punition de ces révoltes. Le duc de Bourgogne proposa à Charles VI d'aller combattre les Flamands révoltés de nouveau contre leur comte. *Philippe Arteveld,* fils du célèbre brasseur qui avait joué un rôle si actif dans les guerres précédentes (n° 129), s'était mis comme son père à la tête des mécontents. Vainqueur du comte de Flandre à la bataille de *Bruges,* il avait pour lui Gand, Bruges, Ypres et la plupart de ces puissantes cités de Flandre, qui semblaient de véritables républiques. Arteveld fit offrir à Richard II de le reconnaître comme roi de France, s'il voulait lui accorder ses secours, tandis que le comte Louis de Flandre implorait la protection de Charles VI, son suzerain.

Le jeune roi, qui brûlait de signaler sur les champs de bataille son courage naissant, accueillit avec ardeur la pensée d'une expédition contre les Flamands révoltés; la noblesse avait à venger la honte de Courtray (n° 113). Une brillante armée fut bientôt équipée, et le roi en personne commença les hostilités à la tête des plus vaillants chevaliers du royaume.

A l'approche des troupes françaises, un grand nombre de villes ouvrirent leurs portes, et Arteweld se vit contraint de livrer une bataille décisive. L'engagement eut lieu près de *Rosebecque*, le 27 novembre 1382. Les soldats flamands s'étaient attachés entre eux pour rendre la fuite impossible ; mais les chevaliers français tournèrent facilement ce bataillon immobile, et avec leurs longues lances ils firent un affreux carnage. Vingt-six mille morts restèrent sur le champ de bataillle, et parmi eux Philippe Arteweld.

Cette défaite du parti populaire en Flandre eut un contre-coup terrible pour les Parisiens, qui avaient secondé de tous leurs vœux les Flamands, avec lesquels ils entretenaient des intelligences. Les Parisiens espérant intimider le roi par l'étalage de leurs forces, étaient sortis pour aller au-devant de lui, au nombre de 20,000 hommes en armes. Le roi refusa de les voir en cet appareil, il leur fit donner par le connétable l'ordre de rentrer dans leurs maisons, puis le lendemain, ayant fait abattre un pan de mur, il entra par la brèche, pour faire voir l'intention où il était de tirer une terrible vengeance de la révolte des Parisiens. En effet, les bourgeois furent désarmés, les charges municipales, qui garantissaient leurs priviléges, supprimées, et les auteurs présumés de la révolte envoyés au supplice. Les oncles du roi firent comprendre dans ce nombre l'avocat général *Jean Desmarets,* qui n'avait commis d'autre crime que d'opposer une sévère intégrité aux dilapidations des ducs de Berry et de Bourgogne. Il marcha au supplice (1383) avec une admirable fermeté. « Maître Jean, lui disaient ceux qui l'entouraient, criez merci au roi afin qu'il vous pardonne. — J'ai servi, leur répondit-il, au roi Philippe, son grand aïeul, au roi Jean et au roi Charles, son père, bien et loyaument ; ne oncques ces trois rois ne me sçurent que demander, et aussi ne feroit cestui, s'il avoit âge et connoissance d'homme : à Dieu seul veux crier merci. »

Cependant les grandes cités de la Flandre, toujours plus menaçantes après leurs défaites, avaient levé de nouveau l'étendard de la révolte. Celle de *Gand*, la plus puissante alors par sa population, son commerce et ses richesses, était à leur tête. Charles VI, naturellement brave, et saisissant avec empressement toutes les occasions d'acquérir de la gloire, marcha de nouveau vers la Flandre. Il y trouva une armée anglaise, qui avait profité des troubles survenus dans ce malheureux pays pour le mettre au pillage. La guerre s'y prolongea entre le roi de France et les Gantois, soutenus par les Anglais, jusqu'à l'an 1385. Dans cet intervalle, la mort du comte de Flandre avait fait passer la souveraineté des riches provinces qui formaient son héritage à sa fille *Marguerite*, épouse du duc de Bourgogne, dans la maison duquel cette importante succession se transmit pendant quatre générations.

Irrité des secours donnés aux Flamands par les Anglais, Charles VI résolut d'en tirer vengeance, et conçut le hardi projet de transporter sur le sol même de l'Angleterre cette guerre si désastreuse pour la France. Il fit équiper une flotte tellement nombreuse, qu'elle aurait suffi, dit un historien, *pour faire un pont de Calais à Douvres.* Quoique marié tout récemment (juillet 1385) avec *Isabeau de Bavière*, le roi s'arracha des bras de sa jeune épouse pour aller prendre lui-même le commandement de l'expédition (1386); mais elle manqua par suite des retards concertés du duc de Berry, et, l'hiver suivant, la flotte fut brisée par les tempêtes et brûlée ou prise par les Anglais.

Charles VI, proclamé majeur l'année même où il était monté sur le trône, avait cependant toujours gouverné sous la tutelle de ses oncles; s'apercevant enfin qu'ils s'étaient rendus odieux à la nation par leurs vexations, et se sentant assez fort pour gouverner lui-même, il les éloigna de la cour (1389), et retira même au duc de Berry (1390) le gouvernement des provinces méridionales, où ses horribles exactions avaient occasionné, comme on l'a vu (n° 151), la révolte des Tuchins. La retraite des oncles du roi fut suivie d'une trêve conclue avec l'Angleterre (1389) et du rappel des sages conseillers du roi Charles V. Les taxes vexatoires établies par les princes furent abolies, et une ordonnance signée par le roi lui-même défendit au parlement d'obéir aux ordres injustes qu'il pourrait recevoir de lui. Il semblait avoir un pressentiment du malheur qui allait le frapper et de l'abus qu'on devait faire de son nom.

153. Démence du roi (1392). — La France commençait à goûter quelque repos, lorsqu'un événement bizarre devint une source de nouvelles calamités. Un gentilhomme nommé *Pierre de Craon,* irrité d'une disgrâce qu'il attribuait au connétable de Clisson, l'assassina au milieu même de Paris (1392), et courut chercher un asile auprès du duc de Bretagne. Celui-ci ayant refusé de livrer l'assassin, le roi lui avait déclaré la guerre et marchait contre lui, lorsque, au milieu de la forêt du Mans, un homme couvert de haillons s'élance tout à coup au milieu de la route, et, saisissant la bride de son cheval, lui dit : « *Roi, ne chevauche plus avant, mais retourne, car tu es trahi.* » Cette apparition inattendue jette le trouble dans l'esprit naturellement faible de Charles VI : il continuait néanmoins sa route, lorsque celui de ses pages qui portait sa lance en heurte le casque de son voisin. A ce bruit, le roi, se croyant en effet attaqué, est saisi d'une fureur soudaine; il s'élance l'épée à la main sur ceux qui l'accompagnent, en blesse plusieurs, et veut tuer son frère, le duc d'Orléans. Lorsqu'on fut parvenu à se rendre maître de sa personne, il était dans une démence complète (1392). Délaissé par sa femme et par sa famille, qui se servirent plus d'une fois de son nom pour ordonner des mesures funestes à la France, ce prince infortuné, auquel le peuple, touché de son malheur, conserva le nom de *Bien-Aimé,* passa les trente dernières années de sa vie dans une situation misérable. On a prétendu que ce fut pour l'occuper dans ses moments de calme que furent inventées les cartes à jouer; mais cette invention paraît être plus ancienne.

154. CROISADE DE NICOPOLIS. — La démence du roi remit les affaires de l'Etat entre les mains de ses deux oncles, les ducs de Bourgogne et de Berry. Malgré les efforts que fit le duc d'Orléans, frère du roi, pour leur enlever la régence, et malgré quelques actes blâmables, au nombre desquels il faut mettre l'éloignement des sages et habiles ministres de Charles VI, que les princes traitaient de *marmousets,* parce qu'ils étaient sortis des rangs du peuple, la France jouit de dix années de tranquillité. Ce fut dans cet intervalle (1396) que, au bruit des progrès et des menaces du terrible Bajazet, s'organisa une croisade qui réunit toute la fleur de la chevalerie française. C'était toujours cette brave mais imprévoyante noblesse qui tenait la prudence pour lâcheté et ne savait que courir à l'ennemi. Arrivé en Hongrie, près de *Nicopolis,* les chevaliers français méprisèrent les conseils du roi Sigismond, qui les engageait à laisser marcher devant eux ses nombreux et rudes fantassins. Ils se jetèrent sur les janissaires de Bajazet tête baissée, ne cherchant qu'à se dépasser les uns les autres. Mais le sultan, à la faveur de leur désordre, les tailla en pièces et massacra les prisonniers. Le chef de ces vaillants guerriers, *Jean de Nevers,* fils du duc de Bourgogne, tomba entre les mains du **sultan**, qui, frappé de son air mâle et intrépide, lui donna le surnom de *Jean Sans-peur*, mais ne lui rendit toutefois la liberté qu'au prix d'une grosse rançon (1398).

155. Isabeau de Bavière. — Quelques années après (1404), le comte de Nevers recueillit l'importante succession de son père, et vint prendre place dans le conseil de régence. Ce fut alors qu'éclata entre lui et son cousin, le duc d'Orléans, frère du roi, cette rivalité des deux maisons d'Orléans et de Bourgogne qui devint pour la France la source des plus grands malheurs. Le duc d'Orléans avait pour lui la reine Isabeau, qui allait exercer sur la France la plus honteuse et la plus fatale influence. Cette princesse, amenée à quinze ans au milieu d'une cour brillante et corrompue, n'avait songé qu'à satisfaire son goût pour les plaisirs, et s'était livrée avec passion à tout l'enivrement du luxe et des fêtes. La dissipation et la frivolité la conduisirent à la dépravation, et à peine la démence du roi l'eut-elle affranchie de toute contrainte, qu'elle s'abandonna sans frein et sans pudeur à tous les désordres. Vindicative et cruelle autant que vicieuse, elle allait prendre une part active et sanglante aux scènes lamentables qui devaient se succéder, pour la honte et le malheur de la France, avec une déplorable rapidité.

156. Meurtre du duc d'Orléans. — Un crime affreux vint inaugurer cette triste période de notre histoire. Après quelques démêlés, la haine des ducs d'Orléans et de Bourgogne avait paru se calmer. Les princes, rapprochés par leur oncle, le duc de Berry, s'étaient embrassés, avaient mangé et communié ensemble. Cette apparente réconciliation cachait une lâche trahison. Le 23 novembre 1407 au soir, à l'instant où le duc d'Orléans, avec une suite peu nombreuse, suivait la vieille rue du Temple, une troupe d'assassins apostés par le duc de Bourgogne se jetèrent sur lui et le mirent en pièces.

Jean Sans-peur parut, en grand deuil et les larmes aux yeux, aux funérailles de son rival; mais en même temps il faisait faire publiquement l'apologie du meurtre du duc d'Orléans, levait une armée et obtenait des lettres de rémission qui le mettaient à l'abri de toutes les suites de son crime.

Cette scandaleuse impunité fut le signal d'une guerre acharnée.

157. Factions des Armagnacs et des Bourguignons. — Les grands et le peuple se divisèrent en deux factions, celle des *Bourguignons* et celle des *Armagnacs*. Ces derniers étaient ainsi appelés du nom du chef de leur parti, le comte d'Armagnac, beau-père du jeune duc d'Orléans, fils de celui qui avait été assassiné par Jean Sans-peur. Pendant bien des années, les vengeances réciproques de ces deux partis inondèrent de sang Paris et la France entière. Le parti d'Orléans était soutenu par les princes et la reine Isabeau; le parti de Bourgogne par l'Université, et par les bourgeois et le peuple de Paris. Jean Sans-peur s'était rendu populaire en s'opposant à l'établissement des taxes nouvelles. L'assassinat du duc d'Orléans, détesté pour ses violences et ses dilapidations, n'avait excité contre le duc de Bourgogne que le ressentiment des grands et des seigneurs, qui s'attachèrent pour la plupart au parti d'Orléans. Dans ce déchirement du pays entre les factions rivales, le gouvernement semblait anéanti, les plus mauvaises passions se donnaient librement carrière, et, pour comble d'ignominie, Armagnacs et Bourguignons sollicitaient à l'envi la protection des Anglais.

158. Massacres dans Paris. — Le parti du duc de Bourgogne l'emporta d'abord par l'appui du peuple de Paris. Les bouchers, qui formaient alors la corporation la plus forte et la plus turbulente, organisèrent, sous la conduite de *Simonet Caboche*, écorcheur de son métier, une milice nombreuse qui prétendit surveiller la cour, réformer l'État et anéantir les factions ennemies. Les *Cabochiens* forcèrent la Sorbonne à se déclarer pour eux, le dauphin, fils aîné de Charles VI, à porter leurs couleurs, et le gouvernement à accepter une grande ordonnance, dite *cabochienne*, que d'habiles légistes avaient préparée pour la répression des abus. En même temps, ils prétendaient affermir leur autorité par la terreur, égorgeaient le prévôt de Paris et livraient la capitale à toutes les violences d'une bande formée de la plus vile populace, avide de sang et de pillage.

Cette troupe de brigands se livra à des excès si horribles, que la bourgeoisie parisienne finit par anéantir les Cabochiens et chasser les Bourguignons (1413). Le dauphin, qui se trouva alors chargé du gouvernement, aurait pu devenir le sauveur de la France; mais ses mœurs dépravées le rendaient méprisable et odieux, et la rupture de la paix avec l'Angleterre amena bientôt de nouvelles calamités.

159. Bataille d'Azincourt (1415). — Les révolutions qui depuis un demi-siècle agitaient l'Angleterre avaient empêché ses souverains de réclamer l'entière exécution des conditions du traité de Brétigny. Henri V, fils et successeur du roi Henri IV, chef de la maison de Lancastre, ayant étouffé les derniers germes de la révolte (voir notre *Histoire du moyen âge,* chap. xxx), saisit avec empressement l'occasion favorable que lui offraient les dissensions intestines de la France pour y rétablir la puissance de ses prédécesseurs.

Sur le refus, fait par le gouvernement du dauphin, de satisfaire à ses réclamations, il débarque en Normandie à la tête de cinquante mille hommes et s'empare de plusieurs places; mais les maladies s'étant répandues parmi ses troupes, il cherchait à gagner la ville de Calais, lorsqu'il fut atteint par l'armée française dans la plaine d'*Azincourt,* près de Saint-Pol (1415). Les mêmes fautes qui avaient causé les défaites de Crécy et de Poitiers amenèrent celle d'Azincourt. Les chevaliers, impatients de toute discipline, passèrent à cheval la nuit qui précéda le combat; puis, s'avançant sans ordre dans un terrain labouré et détrempé par une longue pluie, ils rendirent inutiles les canons et les archers français; ils restèrent embourbés en présence des Anglais, qui les criblèrent de traits, puis s'élancèrent contre eux avec des haches et de long couteaux, éventrant les chevaux et tuant les hommes; 10,000 combattants restèrent sur le champ de bataille, dont plusieurs princes. La France dut peu regretter toutefois la mort de quelques-uns de ces princes de la famille royale, dont les inimitiés lui causaient tant de maux, et moins encore la captivité du duc d'Orléans, qui resta longtemps prisonnier en Angleterre.

Malheureusement, malgré cette captivité, le comte d'Armagnac, qui s'était fait nommer connétable, profita des désastres mêmes de la France et de la mort successive des deux dauphins pour augmenter la puissance du parti d'Orléans. Mais bientôt son despotisme le rendit odieux. Les Bourguignons rentrèrent par surprise dans Paris et jetèrent dans les fers les Armagnacs, qui furent peu après massacrés par la populace. Le dauphin *Charles,* qui avait succédé en cette qualité à ses deux frères, fut sauvé des mains des Bourguignons par *Tanneguy du Châtel,* qui l'emmena à Melun (1418).

160. Traité de Troyes. — Pendant que les Armagnacs et les Bourguignons continuaient à se livrer de sanglants combats, le roi d'Angleterre, Henri V, ayant fait la conquête de Rouen et de la Normandie, s'approchait des murs de Paris. L'union de tous les Français aurait seule pu sauver l'État : un nouveau crime la rendit plus impossible que jamais. Le duc de Bourgogne, Jean Sans-peur, fut assassiné sur le pont de *Montereau* (1419), à une conférence où il avait été appelé par le dauphin. Son fils, *Philippe le Bon*, s'unit alors aux Anglais, et bientôt fut signé, par son influence, le traité de *Troyes* (mai 1420), qui donnait la fille du roi Charles VI en mariage au roi d'Angleterre, Henri V, et le reconnaissait, à l'exclusion du dauphin, comme héritier de la couronne et comme régent du royaume.

Charles VI lui-même, dans un de ces instants où sa démence paraissait moins complète, présida l'assemblée des États généraux de Paris qui acceptèrent solennellement le honteux traité de Troyes (décembre 1420).

161. Mort de Henri V d'Angleterre et de Charles VI. — Le dauphin fugitif en *appela*, dit un historien, *à Dieu et à son épée*. Les provinces du centre et du midi avaient seules reconnu son autorité et se préparaient à soutenir ses droits, lorsque la mort de Henri V, suivie bientôt de celle de Charles VI, amena de nouveaux événements (1422).

Ainsi se termina un règne dont la France avait un instant espéré la fin de ses maux : il la laissait, au contraire, dans une situation qui semblait désespérée. Le caractère même de la nation s'était dégradé au milieu des atrocités de la guerre civile et de la dépravation dont la reine et le dauphin avaient donné l'exemple, et qui fit appeler ce règne le *tombeau des mœurs*. Chaque succès obtenu par l'un des partis qui déchiraient la France était suivi de massacres ou d'exécutions sanglantes. Les prisonniers, que l'on forçait à se précipiter du haut des remparts, étaient reçus sur la pointe des piques. Les Armagnacs tombés entre les mains des Bourguignons *étaient incisés sur le dos en forme de bandes*, pour retracer ainsi sur leur peau la bande blanche par laquelle ils se distinguaient des Bourguignons. Tous ceux de ce dernier parti que le bâtard de Vaurus faisait prisonniers étaient pendus à un arbre, célèbre sous le nom d'*Orme de Vaurus*. Les jugements par commissaires assuraient les vengeances des princes. Le parlement lui-même ressuscitait le *duel judiciaire* aboli par saint Louis, ou bien il ordonnait des supplices atroces. Ce fut ainsi qu'un des complices des désordres de la reine fut jeté dans la Seine, cousu dans un sac de cuir, sur lequel était écrit : *Laissez passer la justice du roi.* Au milieu de tant de calamités, la France continuait pourtant à faire des progrès lents, mais incontestables, vers un état plus prospère : les arts se perfectionnaient, l'industrie se développait, la langue se formait peu à peu : la *confrérie de la Passion de Notre-Seigneur* représentait les *Mystères*, dans lesquels on reproduisait sur la scène les traits les plus frappants de la passion du Sauveur et de la vie des saints ; enfin, l'Université rachetait, par l'instruction qu'elle répandait, les désordres commis par les étudiants, qu'elle couvrait de ses priviléges. Son chancelier, l'illustre *Jean Gerson*, le docteur *très-chrétien*, écrivait (suivant l'opinion la plus accréditée) l'*Imitation de Jésus-Christ*, livre sublime, *le plus beau qui soit sorti de la main des hommes, puisque l'Évangile est sorti de la main de Dieu*, et qui venait, au milieu de la société la plus corrompue et la plus troublée qui fut jamais, élever les âmes au-dessus des passions et des orages de la terre.

QUESTIONNAIRE. — 150. Indiquez les principales causes des malheurs du règne de Charles VI. — Qui s'empara du gouvernement pendant sa minorité ? — Comment les oncles du roi se partagèrent-ils les provinces ? — Quel usage fit le duc d'Anjou des trésors amassés par Charles V ? — 151. Que nécessita cette dilapidation du trésor public ? — Où éclata la révolte des Maillotins ? — Dans quelle ville éclata encore un soulèvement ? — Par quelle cause et sous quel nom eut lieu une insurrection dans le Midi ? — 152. Quelle campagne entreprit Charles VI ? — Quels avaient été les premiers succès des Flamands insurgés ? — *Quelle victoire le roi remporta-t-il ?* — Quelle vengeance le roi tira-t-il à son retour de la révolte des Parisiens ? — Pourquoi l'avocat général Desmarets fut-il compris au nombre des victimes, et comment marcha-t-il au supplice ? — Quelles preuves Charles VI donna-t-il de son courage ? — Comment se termina la guerre de Flandre ? — Quel fut le résultat de l'expédition préparée contre les Anglais ? — Comment Charles VI s'affranchit-il de la tutelle de ses oncles ? — Quels événements suivirent la retraite des oncles du roi ? — 153. *Racontez les circonstances qui occasionnèrent la démence de Charles VI.* — Comment ce prince infortuné passa-t-il les trente dernières années de sa vie ? — Quelle invention fait-on remonter à l'époque de sa démence ? — 154. Comment fut gouvernée la France pendant la démence de Charles VI ? — Quelle croisade eut lieu à cette époque ? — Quelle en fut l'issue ? — 155. Faites connaître le caractère, la conduite de la reine Isabeau de Bavière, et l'influence qu'elle exerça ? — 156. Par quelle odieuse trahison périt le duc d'Orléans ? — Quelles furent les conséquences de ce meurtre ? — 157. Comment éclata la guerre entre les Bourguignons et les Armagnacs ? — D'où les Armagnacs tiraient-ils leur nom ? — 158. Quels furent les excès de ces deux partis et étaient-ils composés ? — Qu'était-ce que les Cabochiens ? — Quelle était alors la conduite du dauphin, fils aîné de Charles VI ? — 159. Quels projets les dissensions intestines de la France inspirèrent-elles au roi d'Angleterre, Henri V ? — Quelles causes firent encore perdre la bataille d'Azincourt ? — La captivité du duc d'Orléans mitelle fin à la guerre civile ? — Par qui le dauphin Charles fut-il sauvé des mains des Bourguignons ? — 160. Quelle conquête fit Henri V pendant la guerre civile ? — Quel crime rendit impossible l'union de tous les Français ? — Quel funeste traité fut alors conclu ? — Comment Henri V fut-il appelé au trône de France ? — 161. Quand moururent Henri V et Charles VI ? — Donnez une idée des mœurs à cette époque et des cruautés en usage pendant les guerres civiles. — Quel était l'état intellectuel de la France ?

CHAPITRE VINGT-DEUXIÈME.

CHARLES VII.

(1422-1461).

SOMMAIRE.

§ Ier. 162. Le dauphin Charles et Henri VI d'Angleterre sont prétendants au trône de France. Henri est couronné à Saint-Denis, et le duc de Bedford, régent du royaume, prend des mesures pour affermir la domination des Anglais (1422).

163. Charles VII, proclamé à Mehun-sur-Yèvre et à Espally, est couronné à Poitiers. Entouré de chefs de partisans, il ne possède que les provinces peu belliqueuses du centre ; il est appelé roi de Bourges. Ses troupes sont composées en grande partie d'étrangers et commandées par un Écossais.

164. Le roi de Bourges paraît étranger aux malheurs et aux dangers du royaume. Il emploie son temps et ses finances à des fêtes et à des débauches continuelles, au milieu des intrigues et de la faveur successives de la reine-mère Yolande, de Tanneguy du Châtel, de Richemond, de la Trémoille. Les troupes sans direction sont vaincues à Cravant (1423), puis à Verneuil (1424). Les Anglais assiégent Orléans, et Charles reste dans l'inertie.

165. Les résistances nationales s'organisent en plusieurs parties du territoire et se signalent par des coups de main heureux au milieu des possessions anglaises. Les moines prêchent la pénitence pour obtenir l'expulsion des Anglais. Les villes de la Loire envoient des secours à Orléans. Dunois, Xaintrailles, Lahire s'y enferment. La détresse de la ville augmente après la funeste journée des harengs.

166. Jeanne d'Arc, jeune paysanne de Domrémy en Lorraine, se sent appelée par le ciel pour délivrer la France ; elle va trouver Baudricourt à Vaucouleurs, puis le roi à Chinon. Elle lui promet de délivrer Orléans et de le faire sacrer à Reims, elle excite un enthousiasme universel.

167. Jeanne remporte plusieurs avantages sur les Anglais aux portes d'Orléans. Elle ravitaille la place ; prend l'offensive ; est blessée deux

fois; mais force l'ennemi au bout de dix jours à lever le siége (8 mai 1429).

168. Jeanne d'Arc, victorieuse à Patay, prend Troyes, entre à Châlons, puis arrive à Reims, dont les bourgeois chassent les Bourguignons et où Charles est sacré en grande pompe.

169. Jeanne d'Arc, retenue malgré elle à l'armée, va attaquer Paris; elle y est blessée grièvement; elle défend Compiègne; mais, prise par les Bourguignons, elle est vendue aux Anglais. Cauchon, évêque de Beauvais, soutient contre elle une infâme accusation; elle est condamnée à la prison perpétuelle; puis, par suite d'un indigne stratagème, à être brûlée vive. Elle subit son supplice avec un courage héroïque, le 30 mai 1431, à Rouen.

170. Charles VII retombe dans son apathie, et Henri VI est couronné à Notre-Dame de Paris (1431). Cependant la délivrance approche, grâce aux succès de Dunois (1432), puis à la réconciliation du duc de Bourgogne, qui impose les conditions onéreuses du traité d'Arras (1435), dont les résultats sont cependant avantageux. Paris est recouvré (1436). Charles VII sort de son indigne repos; ses victoires (1436-1444) sont interrompues par une trêve pendant laquelle le dauphin remporte sur les Suisses la victoire de Saint-Jacques (1444). De nouvelles conquêtes sur les Anglais leur enlèvent toutes les provinces, et Calais seul leur reste. La puissance du duc de Bourgogne le rend un rival redoutable pour le roi; il fomente les divisions entre le roi et son fils, le dauphin Louis. Charles VII, le Bien-Servi, meurt en 1461.

§ II. 171. Charles rachète par son habile administration la honte des premières années de son règne. — La France est désolée par les Écorcheurs; le roi prend de sévères mesures pour réprimer leurs brigandages et obliger les nobles à respecter l'ordre et la paix publique.

172. Le mécontentement de la noblesse se manifeste par le complot de la Praguerie, dans lequel entre le dauphin. L'insurrection est vigoureusement réprimée par le roi qui fait mettre à mort le bâtard de Bourbon et plusieurs autres seigneurs.

173. La création d'une armée permanente, votée en 1439 aux États d'Orléans, est réalisée en 1443 par la formation d'une cavalerie de dix mille hommes environ; l'infanterie est organisée (1448) à l'aide des francs-archers et l'artillerie organisée par les frères Bureau.

174. La taille pour l'entretien des gens de guerre ne fut votée que pour un an, mais fut perçue dorénavant chaque année sans vote nouveau. L'argentier Jacques Cœur établit l'ordre et le contrôle dans la perception et l'emploi des finances.

175. Charles VII institue le Conseil d'État et le parlement de Toulouse (1443); il ordonne la rédaction des Coutumes, réglemente l'université de Paris. Le développement du commerce est la source des richesses de Jacques Cœur, que la jalousie des grands fait condamner. L'imprimerie est inventée vers 1436. Enfin les progrès de la civilisation et de la prospérité publique sont considérables sous Charles VII.

176. Le concile de Bâle met fin au grand schisme d'Occident et adopte des mesures de discipline. L'assemblée de Bourges établit une nouvelle pragmatique sanction qui renouvelle celle de saint Louis.

§ Ier. GUERRES DE CHARLES VII.

162. HENRI VI, ROI D'ANGLETERRE, EST COURONNÉ ROI DE FRANCE. — « Charles VI était mort le 21 octobre 1422, et la nation hésitait à reconnaître quel devait être son successeur au trône. D'une part, son fils unique, le dauphin Charles, déjà avancé dans l'adolescence et doué de ces avantages de figure, de ces grâces de manières qui gagnent les cœurs et entraînent les affections populaires, semblait désigné par les lois que la monarchie avait jusqu'alors suivies ; d'autre part, Henri VI, roi d'Angleterre, petit-fils de Charles VI par une femme, avait été désigné comme successeur de son aïeul par un traité de paix confirmé par les Etats généraux : il était maître de la capitale, et reconnu par le plus grand nombre des princes du sang, par l'université et le parlement de Paris, par la majeure partie du clergé et de la noblesse. » Ce fut en sa faveur que le choix parut fait d'abord. A peine le malheureux Charles VI était-il descendu dans les caveaux de Saint-Denis, que les voûtes étonnées de cette basilique, qui recouvrait les cendres de Philippe-Auguste et de Charles le Sage, retentirent du cri de *Vive Henri de Lancastre, roi d'Angleterre et de France!*

Pendant quelque temps encore un pareil outrage fait à tous les rois qui reposaient dans cet asile sacré semblait devoir rester impuni. Le duc de Bedford, frère de Henri V et tuteur du jeune Henri VI, revint de Saint-Denis, en procession, en faisant porter l'épée haute devant lui comme régent de France. Il fit aussitôt dans le gouvernement de nombreuses réformes pour s'assurer l'affection du peuple. En même temps, il rassemblait de nouvelles troupes pour combattre les partisans du roi légitime.

163. CHARLES VII NE POSSÈDE QUE LES PROVINCES AU SUD DE LA LOIRE. — Tandis que ces événement s'accomplissaient à Paris, le dauphin recevait la nouvelle de la mort de son père, au château de Mehun-sur-Yèvre, au fond du Berry, suivant les uns, au château d'Espally, en Auvergne, suivant les autres. Le premier jour, il pleura et se vêtit de noir ; le lendemain, il se rendit à la messe en robe vermeille, au milieu de quelques officiers restés fidèles à sa cause, et l'un d'eux déploya la bannière de France, que tous saluèrent au cri de *Vive le roi Charles VII!* Ces officiers n'étaient que des chefs de partisans qui avaient réuni autour d'eux des hommes intrépides, mais indisciplinés, vivant de rapines, et s'enrichissant de butin. Cette royauté ainsi défendue n'était reconnue que dans une partie des provinces du centre et du midi de la France, la Touraine, l'Orléanais, le Berry, le Bourbonnais, le Poitou, et quelques autres contrées entre la Loire et la Garonne. Aussi les Anglais donnèrent-ils par dérision à Charles VII le titre de *roi de Bourges*. Les populations de la plupart de ces provinces étaient les moins belliqueuses de toute la France et fournissaient peu de soldats à Charles VII. Ses troupes étaient composées en grande partie d'étrangers, surtout d'Ecossais, à la tête desquels figuraient le comte de *Buchan*, investi de la première dignité du royaume, celle de connétable.

164. INERTIE DU ROI DE BOURGES, FÊTES ET INTRIGUES CONTINUELLES A SA PETITE COUR. — Le prince dont l'antique héritage était ainsi en proie à l'étranger semblait bien peu capable de venger ses injures et de raffermir son trône. Faible, indolent et débauché, il détestait les fatigues de la guerre et paraissait dédaigner un pouvoir qu'il ne pouvait recouvrer sans efforts. Exilé de sa capitale, il se fit couronner à Poitiers, y établit sa cour et son parlement, et, comme s'il eût ainsi rempli tous les devoirs de la royauté, il ne songea plus qu'à ses plaisirs, oubliant qu'il avait tout à la fois « un grand crime à réparer (l'assassinat du duc de Bourgogne, n° 160), et son royaume à reconquérir. »

Ce fut alors un triste et humiliant spectacle. D'un côté, une cour dissolue, où les fêtes se succédaient comme aux plus beaux jours de la monarchie, et où s'épuisaient en réjouissances les subsides péniblement fournis par les Etats rassemblés à Bourges ; une cour agitée par les intrigues des favoris qui se disputaient encore, avec les bonnes grâces du roi, les débris du pouvoir ; une cour où l'influence, appartenant au plus habile ou au plus hardi, passait d'*Yolande* d'Aragon, belle-mère du roi, dont elle flattait avec adresse le goût désordonné pour les plaisirs, à Tanneguy du Châtel, qui tuait impunément un de ses rivaux sous les yeux de Charles VII, puis au connétable de *Richemond*, qui faisait assassiner deux courtisans, et se voyait, à son tour, supplanté dans la faveur royale par *la Trémoille*. D'un autre côté, des troupes sans direction, qui, victorieuses dans quelques rencontres sans importance, se faisaient battre dans presque tous les engagements sérieux, comme par exemple à *Cravant*, dans l'Auxerrois (1424), puis dans la province de Picardie, puis enfin à *Verneuil*, en Normandie, où fut tué le connétable écossais Buchan (1424).

Bientôt les Anglais, ayant conquis le Maine, où plusieurs places tenaient encore pour Charles VII, marchèrent vers la Loire, et menaçant les dernières possessions du roi de Bourges, vinrent mettre le siége devant *Orléans*, qui lui servait de boulevard.

L'attaque était décisive, car une fois la ville prise et le passage de la Loire assuré, rien ne semblait plus pouvoir arrêter la marche triomphante des Anglais. Un si pressant danger ne put arracher le roi à son inertie. S'étourdissant au milieu des fêtes et des voluptés, il paraissait insensible aux malheurs de la France, et l'un de ses capitaines put lui dire avec amertume qu'*il perdait gaiement son royaume!*

165. Réveil du sentiment national. — L'excès du mal provoqua cependant une réaction salutaire : stimulé par tant d'humiliations, le sentiment national reprit quelque énergie, et de généreux efforts signalèrent ce réveil du patriotisme. Au sein même des possessions anglaises, on vit des seigneurs tenter avec succès de hardis coups de main. Les populations, fatiguées du désordre, rançonnées par les Anglais, commençaient à s'agiter, et s'exerçaient, en divers lieux, à la résistance. Les moines, cordeliers et dominicains, s'en allaient dans les bourgs et les campagnes, prêchant la pénitence pour obtenir la délivrance du pays. Les habitants des villes de la Loire firent spontanément de grands sacrifices afin de pourvoir Orléans de vivres, de munitions et d'argent, tandis que des partis s'organisaient dans le Nord pour harceler et affamer les Anglais.

Plusieurs vaillants chevaliers, plus jaloux que leur roi de ses intérêts et de la gloire de la France, s'étaient jetés dans la place assiégée, suivis d'un petit nombre de gens d'armes ; c'étaient, entre autres, le bâtard d'Orléans, si célèbre sous le nom de *Dunois*, l'intrépide *Xaintrailles*, et ce brave *La Hire*, qui, en s'élançant au combat, faisait cette prière : « Dieu, je te prie que tu fasses aujourd'hui pour La Hire autant que tu voudrais que La Hire fît pour toi, s'il était Dieu et que tu fusses La Hire! » *et si cuidoit très-bien prier et dire.* La présence de ces guerriers illustres releva le courage des assiégés ; mais, peu de temps après, le comte de Clermont se fit battre à la *journée des Harengs*, ainsi nommée parce que les Français avaient voulu s'emparer d'un convoi de poisson salé envoyé à l'armée anglaise. Malgré la bravoure des habitants et les efforts de ses défenseurs, la ville allait être forcée de se rendre, lorsqu'elle dut son salut à un événement auquel les récits contemporains ont ajouté sans doute quelques détails merveilleux, mais dont toutes les circonstances et les résultats tiennent en effet du miracle.

166. Jeanne d'Arc. — Au milieu du découragement général, une jeune bergère se présente pour sauver Orléans et la France.

Jeanne d'Arc était née, vers 1410, au village de Domrémy, en Lorraine, de pauvres et honnêtes paysans. Témoin, dès son enfance, de tous les malheurs de la guerre, elle voyait son pays ravagé tour à tour par chacun des partis qui se disputaient la France ; elle voyait ses parents et ses proches sans cesse les armes à la main pour sauver du pillage leurs champs ou leur demeure, et souvent il avait fallu fuir au fond de la forêt voisine pour se soustraire aux violences des Anglais et des Bourguignons. Les parents de Jeanne lui avaient inspiré dès l'enfance une piété ardente et un grand amour pour le roi. La jeune fille implorait chaque jour le ciel pour le prince dépouillé par l'étranger de son héritage. Dans l'été de l'année 1423, tandis qu'elle priait dévotement en gardant ses troupeaux, elle vit une grande clarté et entendit une voix qui lui ordonnait d'aller au secours du roi de France, et de lui rendre son royaume. « Je ne suis qu'une pauvre fille, répondit Jeanne tout émue, et ne saurais conduire des hommes d'armes. » Toutefois, pendant quatre ans, la même vision reparut sans cesse, les mêmes voix lui répétèrent les mêmes exhortations, lui promettant l'appui du sire de Baudricourt, commandant de la ville voisine de Vaucouleurs.

Jeanne obéit enfin à l'ordre du ciel, malgré ses craintes, malgré ses habitudes tranquilles, malgré le courroux de son père, qui l'avait menacée de la tuer plutôt que de la laisser partir avec des gens de guerre. Arrivée à Vaucouleurs, elle se vit fort rudement accueillie par Baudricourt, qui voulait la renvoyer à son village après l'avoir fait châtier. Mais le bruit des visions de la jeune fille s'était répandu parmi le peuple : on parlait avec enthousiasme de sa mission céleste ; on se réunissait pour lui fournir un cheval et une armure ; Baudricourt dut céder à l'opinion générale et aux instances de Jeanne, qui s'écriait avec fermeté « qu'il lui fallait voir le roi, dût-elle, en y allant, user ses jambes jusqu'aux genoux. »

Il lui donna une épée et une escorte de six hommes d'armes pour aller trouver Charles VII sur les bords de la Loire.

Il s'agissait de traverser la France, parcourue en tous sens par des bandes de partisans qui infestaient les routes et faisaient main basse sur les voyageurs. Jeanne, échappant à tous les périls du voyage, arriva le 24 février 1492 à *Chinon*, où résidait alors la cour de Charles VII. Avant d'être admise auprès du roi, elle eut à vaincre les refus du conseil, les railleries des seigneurs qui la traitaient d'aventurière. Mais le danger d'Orléans, l'impossibilité de secourir la ville, levèrent enfin tous les scrupules.

Conduite devant le roi, qu'elle appelait le *gentil dauphin*, elle le reconnaît, dit-on, au milieu des courtisans parmi lesquels il s'était confondu à dessein : « Gentil dauphin, lui dit-elle hardiment, pourquoi ne me croyez-vous? Je vous dis que Dieu a pitié de vous, de votre royaume et de votre peuple ; car saint Louis et Charlemagne sont à genoux devant lui en faisant prière pour vous. Si vous me baillez gens, je lèverai le siége d'Orléans et je vous mènerai sacrer à Reims ; car c'est le plaisir de Dieu que ses ennemis les Anglais s'en aillent en leur pays, et que ce royaume vous demeure. » A ces fermes et prophétiques paroles, Jeanne ajoute des preuves de sa mission, en révélant au roi des secrets qui n'étaient connus que de lui seul. Elle en obtient des troupes, va prendre, derrière l'autel de l'église de Sainte-Catherine de Fierbois, une épée que l'on disait avoir été portée par Charles-Martel ; et, pleine d'un religieux enthousiasme, elle marche vers Orléans (28 avril 1429).

167. Siége d'Orléans. — Une foule de guerriers, qui voient dans Jeanne d'Arc une envoyée du ciel, s'empressent de se ranger sous sa bannière. Elle arrive sous les murs d'Orléans, où le brave Dunois soutenait à grand'peine le courage des assiégés. Elle oblige ses soldats à quitter leurs habitudes de désordre et d'irréligion pour reprendre une vie pieuse et régulière ; elle les pénètre de sa sainte ardeur, et pour premier exploit, elle introduit elle-même dans Orléans un convoi de grains et de bestiaux qui ranime les assiégés pressés par la famine. Les bourgeois accueillent Jeanne comme une libératrice avec des transports de joie ; les villes voisines s'empressent d'armer des soldats et d'envoyer des renforts.

Après quelques jours passés dans la place, Jeanne en sort à la tête d'une armée brillante et nombreuse pour prendre à son tour l'offensive. Elle remporte plusieurs avantages sur les Anglais, que son audace glace de terreur. Attaquant un fort occupé par l'ennemi, elle se voit abandonnée des siens, qui prennent la fuite en présence d'une troupe bien supérieure en nombre. Déjà les Anglais crient victoire et poursuivent les Français en leur prodiguant les injures et les railleries. Tout à coup Jeanne se retourne et marche à leur rencontre son étendard à la main. Ils s'arrêtent à leur tour, se troublent et s'enfuient sans l'attendre. — Ses mains, toutefois, restèrent toujours pures de sang humain. Assurée de la protection du ciel, elle marchait à la tête des guerriers, portant un étendard fleurdelisé sur lequel était peinte l'image du Christ. Quand elle rencontrait l'ennemi, elle disait à ceux qui la suivaient : « *Entrez hardiment parmi les Anglais,* » *et y entrait elle-même.* Aussi fut-elle blessée deux fois dans ces rencontres. Mais dix jours lui suffirent pour forcer les Anglais à lever le siége d'Orléans (8 mai 1429).

168. Le roi sacré a Reims. — Jeanne n'avait encore rempli qu'une partie de sa mission. Après avoir délivré Orléans, elle devait conduire le roi à *Reims* pour y être sacré. Mais cette ville était au pouvoir des ennemis, et, pour y arriver, il fallait traverser quatre-vingts lieues de pays également occupé par eux. Une victoire que Jeanne remporte à *Patay* sur les Anglais, qui laissent deux mille cinq cents morts sur le champ de bataille, et dont le brave général *Talbot* est fait prisonnier, lui ouvre le chemin de la cité royale. Toutefois, sur la route, la plupart des villes étaient remplies de troupes anglaises ou bourguignonnes. Auxerre refusa d'ouvrir ses portes. Troyes, défendue par une forte garnison, résista également. Mais l'armée manquait de vivres, et il fallait s'en procurer à tout prix. Jeanne ordonne l'assaut en promettant la victoire. En un instant, les fossés sont comblés et les Français s'élancent aux murailles avec une telle ardeur que la garnison épouvantée se décide à capituler. A cette nouvelle, la forte ville de Châlons-sur-Marne ouvre d'elle-même ses portes, et, le 13 juillet, le roi arrive devant Reims. Aussitôt les bourgeois de la ville chassent la garnison bourguignonne laissée dans les murs, et la vierge d'Orléans entre en triomphe avec Charles VII dans la ville royale. Le lendemain (17 juillet 1429), elle assiste au sacre du roi, tenant en main l'étendard qu'elle avait porté dans les combats : « Il a été à la peine, disait-elle, c'est bien raison qu'il soit à l'honneur. »

169. Captivité et mort de Jeanne d'Arc. —

Désormais la mission de Jeanne était accomplie : elle voulait retourner auprès de ses parents, *garder leurs brebis et bétail;* le roi et ses capitaines, témoins des miracles opérés par son courage, la retinrent malgré elle ; mais elle cessa dès lors d'avoir foi en elle-même, et le bras qui l'avait jusqu'alors protégée sembla se retirer. Tandis que le roi retombait dans sa honteuse apathie, Jeanne, qui déployait toujours le même courage, fut blessée une troisième fois, et bien plus gravement, à l'attaque de Paris (29 août 1429). L'année suivante, trahie peut-être par la noblesse jalouse de l'ascendant qu'elle avait pris sur l'armée, elle fut faite prisonnière en défendant contre les Anglais et les Bourguignons, leurs alliés, la ville de *Compiègne* (24 mai 1430).

Ainsi se termina cette carrière militaire de treize mois, pendant laquelle Jeanne d'Arc, par un héroïsme surnaturel, par un courage qui ne se démentit pas un instant, avait acquis une gloire immortelle qui aurait mieux profité à la France si l'intrépide guerrière eût été mieux secondée. Vendue par les Bourguignons, entre les mains desquels elle était tombée, aux Anglais dont le *diabolique orgueil* ne trouvait d'autre moyen d'expliquer leurs défaites que par les relations qu'ils lui supposaient avec le démon, elle fut mise en jugement sous la double accusation de sorcellerie et d'hérésie. Un homme dont le nom doit être voué à l'exécration publique, l'indigne évêque de Beauvais, *Pierre Cauchon*, séduit par la promesse d'obtenir l'archevêché de Rouen, se chargea de soutenir cette abominable accusation. Soumise à de captieux interrogatoires, harcelée de questions perfides, Jeanne sut répondre à tout avec une simplicité et une présence d'esprit admirables ; mais rien ne pouvait toucher des juges gagnés à l'avance. Par un premier arrêt, elle fut condamnée à *chartre perpétuelle avec pain de douleur et eau de tristesse, afin de pleurer là ses péchés et de n'en commettre plus.*

Les Anglais trouvèrent la sentence trop douce et se plaignirent. On sut trouver un prétexte pour recommencer le procès. Un de ses prétendus crimes était d'avoir porté des habits d'homme au lieu des vêtements de son sexe. Un matin, on lui enleva ses vêtements de femme, sans lui laisser autre chose pour se couvrir qu'un habit d'homme. Il fallut bien qu'elle se décidât à le prendre malgré ses prières et ses supplications. Aussitôt on fit venir les juges, qui, la voyant ainsi vêtue malgré leur arrêt, la déclarèrent hérétique *relapse,* et la condamnèrent aussitôt au supplice du feu. Cet arrêt infâme fut exécuté dans la ville de Rouen à la honte éternelle de ses bourreaux.

Le mercredi 30 mai 1431, à neuf heures du matin, Jeanne fut amenée sur la place du Marché-Vieux. L'évêque de Beauvais, assisté des évêques de Thérouanne et de Noyon, étant monté sur son tribunal, lut la sentence par laquelle il la déclarait *déboutée et rejetée de l'unité de l'Église comme un membre pourri et délivrée à la justice séculière.* Aussitôt le bailli de Rouen ordonna qu'elle fût mise sur le bûcher où elle devait être brûlée. Pendant ce temps, Jeanne, qui s'était confessée avec dévotion, s'était jetée à genoux, répétant à haute voix ses prières, demandant merci à ceux qui pouvaient l'entendre, et les suppliant tous de prier pour elle. Sa jeunesse, sa beauté, ses douces paroles avaient ému tous les assistants; les gens du peuple et les seigneurs, les juges eux-mêmes pleuraient à chaudes larmes, et plusieurs se retiraient, ne pouvant en voir davantage; seuls, les soldats anglais s'impatientaient et disaient grossièrement au dominicain *Martin Ladvenu*, qui adressait à Jeanne ses exhortations dernières : « Comment, prêtre ! nous ferez-vous dîner ici ? » Ils la saisirent, l'attachèrent au bûcher, et y mirent le feu avant même que son confesseur en fût descendu. A sa prière, il tint le crucifix élevé devant elle pour qu'elle pût contempler jusqu'à son dernier soupir l'image du Sauveur : « Elle, étant dans les flammes, dit plus tard Martin Ladvenu, ne cessa de résonner jusqu'à la fin et confesser à haute voix le nom de Jésus, en implorant et invoquant sans cesse l'aide des saints et saintes du paradis; et en rendant son esprit à Dieu et inclinant sa tête, elle proféra le nom de Jésus, en signe qu'elle était fervente en la foi de Dieu (1). »

---

(1) M. Michelet, dans le tome V de son *Histoire de France*, a fait un émouvant récit de la mort de Jeanne d'Arc. C'est aussi le sujet d'une admirable *Messénienne* de Casimir Delavigne, dont on ne peut oublier ces beaux vers :

Du Christ avec ardeur Jeanne baisait l'image;
Ses longs cheveux épars flottaient au gré des vents.
Au pied de l'échafaud, sans changer de visage,
    Elle s'avançait à pas lents.
Tranquille elle y monta. Quand, debout sur le faîte
Elle vit ce bûcher qui l'allait dévorer,
Les bourreaux en suspens, la flamme déjà prête,
Sentant son cœur faillir elle baissa la tête,
    Et se prit à pleurer...

170. Expulsion définitive des Anglais. — Si Charles VII avait secondé l'enthousiasme que la délivrance d'Orléans et sa marche triomphale jusqu'à Reims avaient réveillé de toutes parts en sa faveur, la France, déjà fatiguée et humiliée du joug des Anglais, eût été immédiatement délivrée; mais à peine ce prince eut-il reçu l'onction sacrée, qu'il retourna s'ensevelir à Chinon dans la mollesse et les plaisirs d'une cour voluptueuse. Le supplice même de Jeanne d'Arc ne put vaincre sa coupable apathie, mais il excita dans le cœur des Français un ardent désir de vengeance. Pendant que le duc de Bedford faisait couronner roi de France dans l'église de Notre-Dame de Paris (16 décembre 1431) le jeune Henri VI, fils et successeur du roi d'Angleterre Henri V, les guerriers fidèles qui n'avaient jamais désespéré du salut de la patrie, ni cessé de combattre pour elle, ranimaient les courages un moment glacés par la perte de l'héroïne qu'ils suivaient avec tant de confiance à la victoire. Déjà le brave Dunois avait obtenu de nouveaux succès (1432); de toutes parts éclataient des conspirations contre les Anglais, lorsque la réconciliation du duc de Bourgogne, Philippe le Bon, avec le roi Charles VII, assura le triomphe de la cause nationale. Le duc de Bedford, oncle du jeune roi Henri VI, s'était démis de la régence du royaume de France en faveur du duc de Bourgogne, qu'il avait cru attacher ainsi davantage aux intérêts de son roi; mais la discorde n'avait pas tardé à se mettre entre eux. « L'insolence des Anglais allait jusqu'à dire qu'on enverrait le duc de Bourgogne boire de la bière en Angleterre. Ce fut lui qui les y envoya. » (MICHELET.) Il se réconcilia par le traité d'*Arras* (1435) avec le roi de France, qui désavoua toute participation au meurtre de Jean Sans-peur, dont il demanda pardon au duc Philippe. Ce dernier obtint en outre tout ce qu'il voulut : Auxerre, Mâcon, Péronne ainsi que les

---

Après quelques instants d'un horrible silence,
Tout à coup le feu brille, il s'irrite, il s'élance.
Le cœur de la guerrière alors s'est ranimé.
A travers les vapeurs d'une fumée ardente,
  Jeanne, encore menaçante,
Montre aux Anglais son bras à demi consumé.
  Pourquoi reculer d'épouvante,
  Anglais?... Son bras est désarmé.
La flamme l'environne, et sa voix expirante
Murmure encore : O France! ô mon roi bien-aimé!...
Que faisait-il, ce roi?...

autres villes de la Somme, c'est-à-dire la barrière de la France du côté du nord, et, ce à quoi il tenait bien plus encore, la reconnaissance formelle et absolue de son indépendance féodale, tant pour lui que pour ses vassaux. Charles prit en outre l'engagement solennel de renoncer à toute alliance contre le duc, et de l'aider contre tous ses ennemis.

Cet onéreux traité, qui trouve son excuse dans une impérieuse nécessité, eut du moins le résultat qu'on en attendait. De ce moment, Philippe le Bon combattit loyalement pour la cause du véritable roi de France. Bientôt Paris rentra sous l'autorité de Charles VII (1436). Enfin ce prince lui-même, arraché, dit-on, par les reproches de la belle *Agnès Sorel* à son indigne repos, se mit à la tête de son armée, vainquit de nouveau les Anglais, reconquit rapidement presque toutes ses provinces (années 1436-1444), et mérita ainsi les titres de *Victorieux* et de *Restaurateur de la France,* que lui décerna la reconnaissance de son peuple. Pendant une trêve conclue avec les Anglais pour deux ans, mais qui en dura quatre, le roi et le dauphin *Louis,* afin d'occuper leurs gens de guerre, toujours prêts à piller la France quand ils n'avaient plus d'ennemis à combattre, les conduisirent à des expéditions contre les villes libres de la Lorraine et contre les Suisses. Ces derniers firent payer cher au dauphin un avantage qu'il remporta sur eux à *Saint-Jacques* sur la Birse (1444). Enfin la rupture de la trêve avec l'Angleterre (1448) fut suivie de la rapide conquête de la Normandie et de la Guyenne, les seules provinces que les Anglais possédassent encore en France. La ville de *Calais* resta (1453) l'unique point du territoire français qui ne fût pas délivré de la présence des troupes anglaises.

Le duc de Bourgogne avait inutilement attaqué cette place ; quant à Charles VII, il ne fit aucun effort pour s'en rendre maître. Il n'y avait en effet aucun intérêt, puisque cette ville se trouvait enclavée dans les provinces cédées à Philippe le Bon par le traité d'Arras. Les Anglais étaient d'ailleurs maintenant bien moins à craindre pour lui que son dangereux auxiliaire. Outre les provinces cédées par le roi, Philippe le Bon avait, en moins de quinze ans, réuni à ses Etats de Bourgogne et de Flandre le *Hainaut* (1427), le *Brabant* avec le *Limbourg* et le marquisat d'*Anvers* (1430), la *Hollande* et tout le cercle des *Pays-Bas* (1433), le *Luxembourg* (1443) et l'*Alsace* (1451). Ainsi s'était rapidement élevé ce colosse bourguignon, dont les deux bras étendus sur les frontières orientales et septentrionales de la France la menaçaient d'une redoutable étreinte. Le rival du roi de France n'était plus au couchant et au midi, mais au levant et au nord; ce n'était plus le roi d'Angleterre, duc de Guyenne et de Normandie, mais le duc de Bourgogne, comte de Flandre et de Vermandois. — Cette rivalité nouvelle, déjà commencée avant que Charles VII fût délivré de la première, et rendue plus redoutable par les concessions du traité d'Arras, apparaissait maintenant avec tous ses dangers. Le duc ne négligeait rien de ce qui pouvait contribuer à fomenter les divisions qui troublèrent les dernières années de Charles VII. Le dauphin (qui fut depuis le roi Louis XI), compromis une première fois dans les troubles de la *Praguerie* (voir n° 172), et de nouveau révolté contre son père (1456), recevait dans les Etats du duc de Bourgogne un bienveillant accueil. *Le duc Philippe ne connaît pas le dauphin*, disait Charles VII; *il nourrit un renard qui lui mangera ses poules*. Le malheureux père était moins confiant que Philippe le Bon; atteint à l'âge de cinquante-huit ans d'une maladie causée par l'épuisement prématuré de ses forces et par le chagrin que lui avaient causé les révoltes du dauphin, il se laissa mourir de faim, dans la crainte d'être empoisonné par les émissaires secrets de ce fils dénaturé, dont il avait deviné l'odieux caractère (1461). — On a dit ingénieusement que Charles VII, surnommé, non sans raison, *Charles le Bien-Servi*, n'avait été que le témoin des merveilles de son règne : ce qui nous reste à exposer de l'administration intérieure de ce prince prouvera que cette assertion ne saurait être admise sans modifications.

§ II. INSTITUTIONS DE CHARLES VII.

171. ADMINISTRATION DE CHARLES VII : SÉVÉRITÉ A L'ÉGARD DES NOBLES. — Dans la dernière partie de son règne, Charles VII sembla se réveiller comme d'un long assoupissement, et il déploya dans la direction des affaires publiques une activité et une intelligence qui font un remarquable contraste avec la coupable inertie de ses premières années de règne. Les principaux monuments de son administration sont des ordonnances destinées à introduire des réformes d'une extrême importance, que le roi sut opérer et maintenir avec une grande fermeté.

A la suite des guerres qui avaient mis en armes une grande partie de la population et attiré en France une foule d'aventuriers étrangers, les troupes, qui n'avaient plus d'ennemis à combattre, parcouraient le pays, comme les Grandes Compagnies sous Charles V, vivant aux dépens des bourgeois ou des paysans, et se livrant à des cruautés qui leur valurent l'odieux surnom d'*Ecorcheurs*. C'était là la première plaie du pays, celle à laquelle avant tout il fallait porter remède : tâche d'autant plus difficile qu'une foule de seigneurs, profitant du désordre pour s'enrichir eux-mêmes, mettaient le comble à la désolation des provinces en les rançonnant à leur gré. Une ordonnance rendue, dès l'an 1439, ordonna aux barons qui avaient des soldats à leur service de les tenir en garnison sous peine d'être responsables de leurs excès; elle leur interdit de lever arbitrairement des contributions pour l'entretien de leurs forteresses, et prononça des peines sévères contre ceux qui dépouilleraient à l'avenir les bourgeois et les manants. Les premières mesures prises pour l'exécution de cette ordonnance firent comprendre aux nobles qu'il ne s'agissait pas de vaines menaces, et que la répression la plus sévère attendait les moindres tentatives de résistance.

172. Praguerie. — Ces rigueurs excitèrent autant d'étonnement que d'irritation parmi les seigneurs, habitués, pendant les guerres, à la licence la plus complète. Faisant cause commune avec les Ecorcheurs, qu'ils avaient eus trop souvent pour instruments de leurs rapines, ils rallièrent autour d'eux tous les mécontents, et prirent pour chefs des princes et des capitaines illustres, les ducs de Bourbon, d'Alençon, les comtes de Dunois, de Vendôme, de Chabannes; enfin ils se virent secondés par le fils du roi lui-même, le dauphin *Louis,* jeune homme d'un caractère sombre, haineux et indocile, dont ils voulaient exploiter les mauvais sentiments contre son père, mais dont ils ne pressentaient guère la future politique à leur égard. Telle fut la *Praguerie,* véritable insurrection de la noblesse contre la royauté (1440). Il fallut à Charles VII, pour triompher des rebelles, une habileté, une vigueur que nul ne lui soupçonnait. Il ne craignit pas de déployer à l'égard des nobles une sévérité jusqu'alors inconnue : un grand nombre de leurs hommes d'armes furent décapités ou noyés, et l'aristocratie vit avec effroi le bâtard de Bourbon, odieux pour ses brigandages, condamné solennellement, cousu dans un sac, et jeté à la rivière. Le succès le plus complet couronna en peu de temps les efforts et la persévérance du roi.

173. Création d'une armée permanente. — Le triomphe de la royauté fut assuré par l'accomplissement d'une des mesures les plus importantes de ce règne, la création d'une armée régulière et permanente, avec l'établissement d'une taille annuelle, consentie par les trois ordres de l'Etat, pour le payement et l'entretien de cette armée. Cette création, chef-d'œuvre de la politique de Charles VII, avait été votée par les Etats d'Orléans (1439) en vue de faire cesser les pillages des gens de guerre. L'insurrection de la Praguerie, en mettant un instant obstacle à sa réalisation, vint en démontrer plus encore l'indispensable et urgente nécessité. L'organisation définitive (1443) d'une armée de quinze compagnies de cent lances chacune, formant en tout neuf à dix mille cavaliers d'élite, dont Charles avait lui-même choisi les officiers avec le plus grand soin, délivra la France de la tyrannie des gens de guerre et affranchit le roi de la dépendance des grands feudataires, en remplaçant les secours incertains et momentanés qu'ils lui amenaient ou dont ils le privaient suivant leur caprice, par une armée continuellement sur pied et assez forte pour réprimer leurs ambitieuses tentatives. Bientôt l'ordonnance du 28 avril 1448 en prescrivant à chaque paroisse du royaume de fournir un *franc archer*, pourvut à la formation d'une infanterie régulière. Enfin les frères *Bureau* reçurent la mission d'organiser l'emploi des armes à feu et de l'artillerie, qui permirent aux troupes du roi de soutenir avec avantage la lutte contre les plus hardis chevaliers.

174. Taille perpétuelle. — Les mesures financières répondirent à ces mesures politiques. *La taille des gens d'armes*, c'est-à-dire l'impôt pour l'entretien de l'armée, n'avait été votée que pour une année : mais on continua de la lever sans nouveau vote des Etats, sous le prétexte que la milice ayant été déclarée permanente, la taille devait également être perpétuelle. Les avantages que le peuple retira de cette institution empêchèrent sans doute les réclamations. Ainsi de ces guerres qui avaient ébranlé la monarchie jusque dans ses fondements, « il resta à la couronne un impôt non voté et une armée permanente, les deux pivots de la monarchie absolue. » (Chateaubriand.) Charles s'occupa autant d'assurer le bon emploi des finances que leur perception. *L'argentier du roi*, nommé *Jacques Cœur* (n° suivant), fut chargé d'établir un système de comptes régulièrement rendus au roi lui-même, et de contrôle exercé par divers fonctionnaires et en dernier ressort par la cour des comptes ; l'ordre ainsi introduit dans la gestion des deniers publics put enfin empêcher des dilapidations que jusqu'alors il avait été à peu près impossible de prévenir.

175. ADMINISTRATION DE CHARLES VII. (*Suite.*) — Charles VII institua le Conseil d'Etat, qui devint le conseil exécutif. Le parlement, ne faisant plus partie du conseil du roi, vit les limites de ses fonctions judiciaires mieux tracées en même temps qu'il garda les fonctions politiques dont il s'était emparé, en se substituant aux Etats généraux, qu'on avait presque cessé de convoquer. Une autre ordonnance établit, pour les provinces qui suivaient le droit romain, le parlement de *Toulouse*, avec les mêmes droits et honneurs que celui de Paris, dont il fut considéré comme partie intégrante (1443). — C'est encore à Charles VII qu'est dû un édit qui renferme un code complet de procédure, d'une sagesse remarquable, et dont l'un des articles, qui ne reçut un commencement d'exécution que sous Charles VIII, prescrivait la rédaction par écrit des *Coutumes*, extrêmement variées, en usage dans les diverses provinces du royaume.

Enfin l'université de Paris, qui comptait alors vingt-cinq mille étudiants, reçut de nouveaux règlements. On commença sous Charles VII (1458) à y enseigner publiquement le grec, langue dont la connaissance, possédée jusqu'alors par un petit nombre de savants, se répandit en Occident, depuis la prise de Constantinople, la capitale de l'empire grec, qui était tombée au pouvoir des Turcs, quelques années auparavant (1453).

Le commerce, favorisé par l'établissement de foires nouvelles, prit aussi une grande extension à cette époque, comme le prouvent les relations qu'entretenait dans toutes les parties du monde le marchand Jacques Cœur, qui avait acquis des richesses si considérables, qu'il pût prêter au roi deux cent mille écus d'or (près de deux millions et demi) et entretenir quatre armées à ses frais. Nommé administrateur des finances, sous le titre d'argentier royal (n° 174), il se vit en butte à la jalousie des grands, qui l'accusèrent de concussion et réussirent à faire prononcer contre lui la confiscation de tous ses biens et la peine du bannissement (1453).

C'est enfin sous ce règne (vers 1436) que fut inventé, à *Strasbourg* ou à *Mayence*, par Jean Guttemberg, *l'art de l'imprimerie,* qui devait opérer une révolution immense dans la civilisation et dans la politique des peuples modernes.

« C'est ainsi que vingt années de malheurs mûrirent les esprits et leur communiquèrent une activité prodigieuse. Les lois, l'administration, l'art militaire, les sciences, les lettres, s'éclairèrent des besoins d'une société tourmentée par tous les fléaux de la guerre civile et de la guerre étrangère... Les grandes scènes et les grandes causes ne se jugent ni ne se plaident devant les peuples sans que de nouvelles idées s'introduisent dans les masses et que le cercle de l'esprit humain s'élargisse... L'augmentation de la moyenne propriété, l'accroissement des cités et de leur population, le progrès du droit civil, l'anéantissement des lois de la féodalité, dont il ne demeurera que les habitudes : voilà les principales causes qui amenèrent pendant les règnes de Charles VI et de Charles VII une des grandes transformations de la monarchie. » (CHATEAUBRIAND.)

176. PRAGMATIQUE SANCTION DE BOURGES. — Ce fut pendant ce règne que s'assembla le concile de Bâle (en 1431), en vue de mettre un terme au *grand schisme d'Occident,* qui désolait alors l'Eglise (*Histoire du Moyen Age,* chap. XXXIII). Ce grand résultat ne fut pas toutefois immédiatement atteint, et ce ne fut qu'en 1449, par l'abdication de l'antipape Félix, que l'unité se rétablit dans l'Eglise. Parmi les articles destinés à remédier aux abus qui s'étaient introduits dans la discipline, le concile de Bâle en adopta (1436) plusieurs qui rétablissaient les élections ecclésiastiques, et qui abolissaient les divers impôts levés par les papes sous les noms de *grâces expectatives, mandats, annates.*

Ces articles ayant été envoyés au roi de France par le concile, Charles VII tint, à cette occasion, dans la ville de Bourges (1438), une grande assemblée où fut établie une nouvelle *Pragmatique sanction,* qui ne faisait, en quelque sorte, que renouveler celle de saint Louis (voir ci-dessus n° 99). La Pragmatique de Bourges fut enregistrée par le parlement l'année suivante, et *a toujours été regardée depuis par les gens de bien du royaume,* dit Bossuet, *comme le fondement de la discipline de l'Eglise en France.*

Nous la verrons bientôt anéantie dans l'intérêt du pouvoir absolu sous Louis XI (n° 177) et sous François Iᵉʳ (t. III, n° 5).

QUESTIONNAIRE. — 162. Qui les Anglais firent-ils proclamer roi de France après la mort de Charles VI? — Où eut lieu cette proclamation? — Qui gouverna alors la France? — 163. Quelles étaient les possessions de Charles VII? — Où fut-il proclamé, puis couronné? — 164. Que se passait-il à la cour du roi de Bourges? — Quel nom les Anglais donnaient-ils à Charles VII? — Que faisait ce prince pendant que les Anglais mettaient le siége devant Orléans? — 165. Comment se manifesta le réveil du sentiment national? — Que firent les villes voisines d'Orléans? — Quels braves chevaliers vinrent défendre Orléans, et quel fut le résultat de la journée des Harengs? — Comment fut sauvée la ville d'Orléans? — 166. *Faites connaître la naissance et les premières démarches de Jeanne d'Arc. — Que fit-elle après son entrevue avec le roi?* — 167. *Comment fit-elle lever le siége d'Orléans?* — 168. *Quelle mission disait-elle avoir reçue du ciel? — Comment parvint-elle à faire couronner Charles VII à Reims?* — 169. *Laissa-t-on repartir Jeanne d'Arc après qu'elle eut accompli sa mission? — Que lui arriva-t-il? — Pourquoi les Anglais la firent-ils condamner à mort, et où subit-elle son supplice? — Racontez en les principales circonstances? — Récitez quelques-uns des beaux vers faits à ce sujet par un de nos grands poëtes?* — 170. Quels événements préparèrent l'expulsion des Anglais? — Comment se fit la réconciliation du roi avec le duc de Bourgogne, à quelles conditions eut-elle lieu, et quelles en furent les conséquences? — Comment Charles VII mérita-t-il le titre de Victorieux? — Quelles expéditions entreprirent Charles VII et le dauphin Louis pendant la guerre avec l'Angleterre? — Quelles conquêtes suivirent la rupture de la trêve? — Que restait-il alors aux Anglais sur le territoire de la France? — Comment se termina le règne de Charles VII? — Comment mourut ce prince? — 171. Quel est le caractère de l'administration de Charles VII? — Qu'était-ce que les Écorcheurs? — Quelles mesures prit le roi à l'égard des nobles? — 172. Quelle fut la cause et l'issue de l'insurrection de la Praguerie? — Quels princes y avaient pris part? — 173. Quelles sont les plus saillantes des institutions de Charles VII? — Celles qui ont rapport à l'armée ne méritent-elles pas d'être remarquées? — 174. Quelles furent les principales mesures financières de Charles VII? — 175. Quel conseil fut établi par Charles VII? — Quel parlement créa ce prince? — Ne publia-t-il pas un code complet de procédure? — Que fit-il pour l'université de Paris? — Quelle étude y fut introduite sous son règne et à quelle occasion? — Quelle preuve a-t-on de l'extension du commerce à cette époque? — Quelle disgrâce éprouva l'argentier Jacques Cœur? — Quelle invention célèbre date du règne de Charles VII? — 176. A quelle occasion fut rendue la Pragmatique sanction de Bourges? — Quel en fut le caractère? — Devait-elle subsister pendant longtemps?

CHAPITRE VINGT-TROISIÈME.

LOUIS XI.

(1461-1483.)

—

SOMMAIRE.

177. L'établissement de la monarchie absolue date du règne de Louis XI. Il succède à son père Charles VII (1461) et arrive au trône dans l'intention arrêtée d'établir le pouvoir absolu. Il est le créateur de la politique machiavélique, l'organisateur de la politique internationale et de la diplomatie. Louis XI se fait sacrer à Reims, réforme quelques abus, va en Bretagne, puis aux Pyrénées ; il secourt le roi d'Aragon et reçoit le Roussillon et la Cerdagne en nantissement.
178. La Ligue du bien public a pour causes les craintes que les actes du roi inspirent à la noblesse. Une foule de seigneurs et de princes y prennent part. Louis XI livre la bataille indécise de Montlhéry (1465). Dans une situation critique, Louis signe les traités de Conflans et de Saint-Maur (1465), où il fait les plus grands sacrifices. Il récompense la fidélité des Parisiens par plusieurs faveurs.
179. Charles le Téméraire, duc de Bourgogne (1467), est aussi puissant que le roi ; il forme une nouvelle ligue des seigneurs contre Louis XI, qui commet l'imprudence d'aller le trouver à Péronne (1468), où, retenu prisonnier, il est forcé d'acheter chèrement sa liberté. Il ne tarda pas à se venger : le traître la Balue fut enfermé dans une cage de fer, les ennemis intérieurs réduits, des alliances conclues à l'étranger, et une assemblée de notables réunie à Tours, qui cassa le traité de Péronne (1470).
180. Une nouvelle ligue dans laquelle entrèrent les rois d'Angleterre et d'Aragon, ainsi que le frère du roi, le duc de Berry, fut rompue par la mort de celui-ci (1472), après que le roi eut amusé ses ennemis par des traités.
181. Les confédérés marchèrent alors ; Charles le Téméraire s'empara de Nesle ; il échoua devant Beauvais par l'héroïsme de Jeanne Hachette. Le duc de Bretagne fut contraint de poser les armes, et la trêve de Senlis fut signée avec le duc de Bourgogne (1472).
182. Les projets ambitieux de Charles le Téméraire étaient justifiés par l'étendue de ses États nouvellement accrus ; mais ses négociations avec Frédéric III pour obtenir le titre de roi échouèrent par l'adresse de Louis XI. L'Alsace soulevée lui échappa ; il fit une vaine tentative sur Neuss, réussit à dépouiller le jeune duc René de Lorraine (1475), mais, provoqué par les Suisses, Charles veut conquérir l'Helvétie : il s'empare d'Yverdun, mais il est battu à Granson (2 mars 1476), il revient encore se faire battre à Morat (22 juin 1476), puis va assiéger Nancy, où il meurt (5 janvier 1477).

183. Louis XI avait des prétentions sur l'héritage du duc de Bourgogne; il envahit les États de la princesse Marie; celle-ci épouse Maximilien d'Autriche (18 août 1477). A la suite d'une trêve entre Louis XI et Maximilien (11 juillet 1478), Louis conserve la Bourgogne, la Picardie et l'Artois, après une nouvelle invasion de la Franche-Comté (1479), la ruine d'Arras et la bataille indécise d'Enguinegatte (1479). La mort de Marie (1482) amène le traité d'Arras (23 décembre 1483), par lequel le duché de Bourgogne est divisé entre la France et l'Autriche. La situation de la France est brillante à l'extérieur.

184. A l'intérieur la maison d'Armagnac est anéantie (1473), et Louis reçoit l'hommage pour les comtés de Foix et de Bigorre; le duc d'Alençon est condamné (1474), l'Anjou est enlevé au roi Réné de Provence. Tranquille à l'extérieur, Louis poursuit ses projets à l'intérieur. La condamnation du comte de Saint-Pol (1475) et celle du duc de Nemours (1477) consomment l'abaissement de la féodalité.

185. Louis XI a acheté la retraite du roi d'Angleterre, débarqué en France, au prix du traité de Picquigny (1475), qui maintient à Édouard IV le titre de roi de France et impose à Louis une pension de 75,000 écus. Le roi d'Aragon ayant tenté vainement de recouvrer le Roussillon et la Cerdagne, fait en 1478 l'abandon définitif du Roussillon.

186. A la mort du roi Réné (1480), Louis XI occupe le Barrois; à la mort du comte du Maine (1481), l'Anjou, le Maine (1481) et la Provence (1489). Le procès du jeune duc d'Alençon (1481) se termine par l'occupation de ses places fortes. Le duc de Bretagne et le duc de Bourbon sont les seuls grands feudataires restés debout.

187. Louis XI se distingue par d'importantes œuvres littéraires; il introduit l'imprimerie à Paris. L'activité de Louis XI se montre dans la multiplicité de ses actes administratifs. Il favorise contre la noblesse les libertés municipales, les corporations, etc.; il accorde sa protection au commerce et à l'industrie; il crée l'ordre de Saint-Michel; il établit les postes, mais pour l'usage du roi seulement. Il fonde les parlements de Grenoble (1453), de Bordeaux (1462), de Dijon (1476); il s'occupe de réformes judiciaires et établit l'inamovibilité des juges. Il fonde les académies de Caen et de Besançon (1480), l'école de médecine à Paris, et accroît la bibliothèque.

188. L'écrivain le plus remarquable de l'époque est Philippe de Comines (ou Commynes). Son style est simple et ses jugements ont une haute portée; il est bien supérieur à ses contemporains Jean de Troyes et Olivier de la Marche.

189. Louis XI est un politique profond, mais égoïste, cruel, sans foi, sans piété, superstitieux et craignant la mort. Il se retire à Plessiz-lez-Tours avec le bourreau Tristan l'Hermite et le barbier Olivier le Daim. Il appelle saint François de Paule et meurt dans les angoisses (1483). La dissimulation est la base de sa politique; il ne convoque qu'une fois les États généraux (1468). Le Parlement refusa d'enregistrer plusieurs actes tyranniques. Louis XI a accru la force militaire de la France en même temps que son territoire et évité avec soin toute guerre et conquête inutile.

177. Louis XI (1461-1483). — « Du point où la société était parvenue sous Charles VII, il était loisible d'arriver également à la monarchie libre ou à la monarchie absolue : on voit très-bien le point d'intersection et d'embranchement des deux routes ; mais la liberté s'arrêta et laissa marcher le pouvoir. La cause en est qu'après la confusion des guerres civiles et étrangères, qu'après les désordres de la féodalité, le penchant des choses était vers l'unité du principe gouvernemental. La monarchie en ascension devait monter au plus haut point de sa puissance. » (CHATEAUBRIAND.)

La royauté absolue date du règne de Louis XI ; il ne faut pas croire toutefois qu'à partir de cette époque la puissance royale ait été sans limites. Le nom de *royauté absolue,* sous lequel nous désignons le pouvoir exercé par les rois de France pendant la période de notre histoire qui s'étend depuis le triomphe de Louis XI sur la féodalité jusqu'à la révolution française, exprime seulement que désormais la puissance royale, si elle tombait aux mains de princes capables de la pousser jusqu'au despotisme le plus complet, n'avait plus à redouter d'obstacles autres que ceux qui pouvaient surgir de la résistance de la nation elle-même.

En effet, la puissance des feudataires qui avaient survécu à la ruine de la maison de Bourgogne et à l'abaissement de la féodalité était trop peu redoutable pour inquiéter le monarque ; le droit que se réservèrent les rois de n'assembler les États généraux que selon leur bon plaisir laissait la nation sans garantie et sans organes ; enfin, la résistance d'un parlement obligé de céder à un roi de dix-sept ans, qui, par suite des progrès nouveaux et toujours croissants du pouvoir absolu de la royauté, osera impunément venir, un fouet à la main, lui intimer ses ordres, n'offrait guère plus de garanties à la liberté. Le pouvoir royal n'avait donc plus désormais d'autre frein que celui qui arrête les despotes eux-mêmes, la crainte de se compromettre en poussant trop loin l'irritation de ceux qu'ils oppriment.

Heureusement pour la France, parmi ses rois, les tyrans furent toujours l'exception, et ce motif seul rendit bien moins oppressive qu'elle n'aurait pu l'être cette royauté absolue, dont il nous reste à raconter l'histoire.

A peine le roi Charles VII, père de Louis XI, eut-il rendu le dernier soupir, que l'on entendit Dunois s'écrier : *Nous avons perdu notre maître, que chacun songe à se pourvoir.* Ils firent bien de se hâter ; la prompte arrivée du successeur de Charles ne devait pas laisser longtemps à la féodalité le loisir de songer à faire ses affaires. La nation allait trouver en lui un roi qui, ayant longtemps et impatiemment désiré le pouvoir, avait beaucoup médité sur la manière dont il lui conviendrait de l'exercer ; un roi qui arrivait sur le trône avec des vues et des plans bien arrêtés, et qui, pour parvenir au but qu'il s'était fixé, était peu disposé à s'inquiéter des moyens, convaincu que le succès légitime tout, et que la royauté ne pouvait recouvrer qu'à force de finesse d'esprit, d'astuce politique et d'habileté pratique, le pouvoir et l'influence que la féodalité lui avait depuis si long-temps enlevés ; un roi enfin qui, s'il fut le créateur en France de cette odieuse politique toute pleine de ruse, de fourberie, de violence, à laquelle on a donné le nom d'un publiciste italien du siècle suivant (1), fut aussi l'inventeur de la diplomatie et de cette habile politique internationale qui sait employer d'autres moyens que la *dernière raison des rois* (2). Ce fut celle que Louis XI enseigna à faire intervenir dans les relations des Etats européens, dont il entrevit peut-être aussi l'équilibre comme une nécessité politique.

A la nouvelle de la mort de son père, Louis XI quitta les Etats du duc de Bourgogne, accompagné par ce prince lui-même, qui le suivit à Reims pour la cérémonie de son sacre, dans laquelle il lui fit hommage lige pour la portion de ses Etats qui relevaient de la couronne de France, lui promettant en outre de l'aider au besoin de toutes ses forces et de toutes ses ressources, le priant en retour de pardonner à ses ennemis. Mais, à peine arrivé à Paris, Louis XI destitue tous ceux qui avaient servi Charles VII, élève les tailles d'un million sept cent mille francs à trois millions, et punit avec une cruelle sévérité les révoltes que fait naître cette augmentation d'impôts ; enfin, il supprime la *Pragmatique sanction* (n° 176), bien moins en vue de satisfaire au désir de la cour de Rome qu'en haine des libertés qu'elle consacrait. Mais, en même temps, déployant une incroyable activité, il travaille à réformer l'administration, visite la plupart des provinces, va faire en Bretagne un pèlerinage dont le but était probablement plus politique que religieux ; se rend ensuite dans le comté de Foix, puis sur la Bidassoa, limite de son royaume et de celui de Castille, avec le souverain duquel il a une

---

(1) Machiavel était né en 1469, mais ce fut seulement en 1514 qu'il présenta à Laurent II de Médicis le manuscrit de son ouvrage intitulé *le Prince*, dans lequel il expose les principes de cette politique détestable, flétrie du nom de *machiavélisme*.

(2) On sait que le cardinal de Richelieu fit écrire sur les canons : *Ultima ratio regum.*

entrevue, et accorde à celui d'Aragon, en guerre contre les Catalans révoltés, un secours de sept cent lances, moyennant une somme de deux cent mille écus; mais ce prince étant hors d'état de payer alors, Louis se fait donner par lui en nantissement le *Roussillon* et la *Cerdagne*, qu'il se promettait bien de ne jamais rendre.

178. LIGUE DU BIEN PUBLIC. — Le mécontentement qu'excitèrent les actes par lesquels Louis XI commença son règne, et l'intention qu'il manifesta tout d'abord de restreindre la puissance des grands vassaux, déterminèrent ceux-ci à tramer contre lui une conspiration redoutable, à la tête de laquelle se trouvèrent son propre frère, le duc de Berry, et le fils du duc de Bourgogne, *Charles*, comte de Charolais, qui fut plus tard Charles le Téméraire. Ce prince, irrité de ce que Louis avait déterminé le vieux duc Philippe le Bon à lui revendre pour quatre cent mille écus d'or les villes de la Somme et lui avait enlevé à lui-même le gouvernement de la Normandie dont il l'avait gratifié à son avènement, fut l'âme de ce vaste complot; il parvint à y faire entrer les ducs de Bretagne, de Lorraine, de Bourbon, d'Alençon, de Nemours, le sire d'Albret, les comtes d'Armagnac, de Dunois, de Saint-Pol, de Chabannes, et une foule d'autres. Le duc de Berry, frère du roi, devint le chef nominal de cette ligue, dite du *Bien public*, « pour ce qu'elle s'entreprenoit sous couleur de dire que c'étoit pour le bien du royaume. » (COMINES.)

Louis, qui avait vu, sans peut-être s'en inquiéter assez, se former cet orage, crut conjurer le danger en convoquant à Tours (18 décembre 1464) une assemblée de notables. Il en reçut de grandes assurances de dévouement; mais à peine l'assemblée fut-elle dissoute, que cette formidable conjuration, qui ne comprenait pas moins de cinq cents princes ou barons, éclata tout à coup. Enveloppé par plus de soixante mille hommes qui s'avançaient de tous les points du royaume pour le cerner dans Paris, Louis montra autant de résolution que d'activité. Avant que ses ennemis eussent eu le temps de se réunir, il entra à la tête d'une armée bien disciplinée dans le Berry, qu'il força, ainsi que le Bourbonnais et l'Auvergne, à rentrer sous son obéissance. Cependant la bataille de *Montlhéry* (16 juillet 1465), où les deux partis se rencontrèrent sans s'y attendre, et s'attribuèrent la victoire chacun de leur côté, mais où le comte de Charolais resta en définitive maître du terrain, permit aux princes ligués d'arriver jusque sous les murs de Paris, et de s'emparer du pont de *Charenton*. Heureusement pour le roi et pour l'Etat, une trahison qui avait pour but de livrer la capitale aux confédérés échoua par la vigilance et la fidélité des Parisiens, qui coururent à la défense des remparts, et Louis put alors travailler à obtenir par ses intrigues ce qu'il lui était désormais impossible de tenter par les armes. Il réussit à dissoudre la ligue à force de concessions et de promesses faites aux princes confédérés, sauf à ne pas tenir les dernières et à retirer les autres dès qu'il en aurait le pouvoir, suivant la politique constamment suivie par lui pendant tout son règne. — Il lui en coûta cher néanmoins; car aux traités de *Conflans* et de *Saint-Maur* (5 et 29 octobre 1465), qui mirent fin à cette ligue, le monarque, *butiné et mis au pillage,* disent les auteurs du temps, vit chacun emporter sa pièce : le duc de Berry, prenait la Normandie en souveraineté héréditaire ; le comte de Charolais, les villes de la Somme, Boulogne, et plusieurs autres encore ; Saint-Pol, son principal agent, l'épée de connétable ; le duc de Bretagne, Etampes et Montfort-l'Amaury ; le duc de Bourbon, plusieurs seigneuries et une grosse somme d'argent ; le duc de Nemours, le gouvernement de Paris et de l'Ile-de-France ; le duc de Lorraine, plusieurs villes et châteaux ; les comtes d'Armagnac et de Dunois, d'importantes restitutions ; le sire d'Albret et une foule d'autres, des avantages plus ou moins importants. Ainsi la féodalité trouva l'occasion d'un dernier triomphe dans cette prétendue ligue du bien public, que le peuple, oublié par les princes dans leurs conventions avec Louis, put justement appeler la *ligue du Mal public*. Le roi récompensa toutefois la fidélité des Parisiens par une diminution d'impôts, par la confirmation de leurs priviléges et par toutes sortes de faveurs ; il les organisa en soixante-douze compagnies de milice formant au moins trente mille hommes. Il les admit à ses conseils et à sa table, et les accabla de prévenances et de caresses ; enfin il se fit inscrire dans la grande confrérie des bourgeois, tenant à honneur le nom de leur *compère*, qu'il donnait, il est vrai, lui-même au prévôt *Tristan l'Hermite*. Déjà il avait commencé à exercer la sanguinaire activité de ce bourreau par des exécutions fréquemment renouvelées contre ceux qu'il supposait complices des conspirations tramées contre lui.

179. Entrevue de Péronne. — En signant les traités qui rompirent une coalition redoutable, Louis XI s'était, ainsi que nous venons de le dire, bien promis de ne les observer qu'aussi longtemps qu'il ne pourrait s'y soustraire. Moins de trois mois après, il reprenait à son frère, le duc de Berry, la Normandie, qui lui avait été assurée par ces traités; mais l'année suivante (1467), le comte de Charolais devenait, par la mort de Philippe le Bon, son père, duc de Bourgogne, de Brabant, de Limbourg et de Luxembourg, comte de Flandre, d'Artois et de Bourgogne, comte palatin de Hainaut, de Hollande, de Zélande, de Namur, marquis d'Anvers et du Saint-Empire, seigneur de Frise, Salins et Malines, possesseur des pays de Picardie, Vermandois, Ponthieu, Boulonnais, etc. — Désormais assez fort pour faire repentir le roi de son manque de foi, *Charles le Téméraire* forme contre lui une nouvelle ligue dans laquelle entrent encore les ducs de Berry, de Bretagne et d'Alençon; mais Louis, faisant marcher deux armées contre ces derniers, les force à la soumission avant que Charles, occupé à soumettre les Liégeois révoltés, puisse arriver à leur secours, et il réduit son frère à une simple pension. Libre alors de marcher à la tête d'une puissante armée contre le duc de Bourgogne, il préfère se servir des armes qui lui sont familières, et dont l'effet lui semble plus assuré. Espérant séduire le prince bourguignon par son adroite éloquence, il a l'imprudence d'aller le trouver à *Péronne* (1468); mais en même temps que lui entraient dans la ville plusieurs seigneurs qui ne cherchaient qu'à se venger des torts qu'ils lui reprochaient. Louis alla demander l'hospitalité au duc dans le château même, afin d'y être à l'abri de tout accident. Charles, conseillé par les ennemis de Louis XI, qui voulaient se défaire du monarque, était fort tenté de céder à ces suggestions; mais il n'osait, lui ayant donné un sauf-conduit. Le soulèvement de la ville de Liége, avec laquelle Louis avait des intelligences depuis longtemps, vint à propos fournir au duc le prétexte qu'il cherchait, il fit fermer les portes du château, et le roi se trouva captif dans une tour voisine de celle où était mort Charles le Simple. D'abord indécis de savoir ce qu'il ferait de ce captif, aussi difficile à tuer qu'à garder, Charles résolut de lui faire acheter chèrement sa liberté; aussi lui imposa-t-il un traité par lequel le roi déliait de nouveau les ducs de Bourgogne de toutes leurs obligations envers la couronne de France. Puis il le força à marcher avec lui contre la ville de *Liége*, qui fut, comme celle de *Dinant*, qui s'était révoltée deux ans auparavant, noyée dans le sang de ses habitants.

Rendu à la liberté, grâce à sa lâche condescendance, mais ne pouvant oublier ni sa honte, qui le rendit l'objet de sanglantes railleries que les Parisiens eux-mêmes n'épargnèrent pas à leur *compère*, ni le péril qu'il avait couru entre les mains des Bourguignons, le roi travailla à assurer sa vengeance. Charles le Téméraire, l'un des plus grands princes de l'Europe, restait son plus dangereux ennemi ; mais Louis XI l'emportait de beaucoup par l'astucieuse habileté et la perfidie de sa politique. Ce fut surtout avec ces armes qu'il le combattit. Il faillit toutefois y être pris : un des agents en qui il avait le plus de confiance, *la Balue*, qu'il avait élevé des derniers rangs du clergé au siége épiscopal d'Angers et à la dignité de cardinal, fut acheté par le duc de Bourgogne, qu'il informait secrètement de toutes les menées du roi ; mais sa trahison ayant été découverte, il l'expia, ainsi que l'évêque de Verdun, son complice, par une captivité de dix années dans une cage de fer, pareille à celle où l'on enferme les animaux féroces : supplice nouveau, inventé par la Balue lui-même, et l'un des plus fréquemment employés par Louis XI. Ce prince acheva ensuite de se débarrasser de ses ennemis intérieurs en accordant des faveurs aux seigneurs du second ordre, et en se réconciliant avec son frère, auquel il donna la Guyenne. Ce dernier se trouva isolé de tous les ennemis du roi dans cette province, lorsqu'une armée, envoyée dans le Midi sous les ordres d'*Antoine de Chabannes*, comte de *Dammartin*, le plus habile général du temps, eut forcé le comte d'*Armagnac* à fuir du royaume, abandonnant ses Etats, qui furent confisqués au profit de la couronne, et le duc de *Nemours* à implorer le pardon qui lui fut accordé par la convention de *Saint-Flour* (1370). — A l'extérieur, un traité d'amitié signé avec les Suisses, voisins remuants du dangereux duc de Bourgogne ; des alliances renouvelées avec le roi d'Ecosse et le duc de Milan, qui lui fournirent des soldats, avec le comte de Warwick, le *faiseur de rois* (voir notre *Histoire Moderne*, chap. III), qu'il aida à rétablir Henri VI sur le trône d'Angleterre, achevèrent de rendre à Louis les moyens de commencer une lutte nouvelle.

Il fit alors casser, par une assemblée des notables réunie à *Tours* (1470), le honteux traité de Péronne, assigna le duc de Bourgogne à comparaître devant le parlement de Paris pour se justifier de divers griefs qu'il lui imputait, et fit aussitôt envahir les villes de la Somme par Chabannes, qui s'avança jusqu'à Arras (1471). Toutefois, une trêve suspendit bientôt les hostilités.

180. Mort du frère du roi. — Mais Charles le Téméraire, auquel la révolution qui renversa du trône d'Angleterre la maison de Lancastre pour y faire monter Edouard IV (voir notre *Histoire Moderne*, chap. III) assurait un puissant allié, travailla à organiser contre Louis une nouvelle ligue tant à l'intérieur qu'à l'extérieur de son royaume. Tandis que le duc Charles de Guyenne, que la naissance d'un dauphin (depuis Charles VIII) privait de l'espoir qu'il avait longtemps conservé de succéder à son frère, se laissait encore entraîner dans la ligue par la promesse d'être placé sur le trône par les confédérés, et que le duc de Bretagne s'apprêtait à joindre ses troupes à celles que ce prince rassemblait en Guyenne, sous le commandement du comte d'Armagnac, Edouard IV se préparait à débarquer à Calais, le roi d'Aragon à envahir le Roussillon, et Charles lui-même à attaquer par le nord et par l'orient; enfin les princes ligués contre Louis se promettaient de *lui mettre tant de lévriers à la queue, qu'il ne saurait de quel côté fuir.* Mais *jamais*, ajoute Comines, *il n'y eut si sage en adversité*. Il amusa ses ennemis par des négociations, des promesses, des serments, en attendant que la mort de son frère, qui succombait à une maladie de langueur, résultat supposé d'un empoisonnement que le bruit public attribuait au roi lui-même, vint rompre la ligue. Dès qu'il en apprit la nouvelle (24 mai 1472) : *Il n'y a plus de serments à jurer*, s'écria-t-il, *le gibier est pris.* — Ce fut pourtant le signal d'une attaque furieuse et générale.

181. Jeanne Hachette. — Charles le Téméraire prit d'abord la ville de *Nesle*, dans l'église de laquelle eut lieu un tel massacre, qu'en y entrant à cheval il y trouva un demi-pied de sang, et s'écria, en se signant, « qu'il voyoit moult belles choses, et qu'il avoit avec lui moult bons bouchers (Jean de Troyes). » Il marcha ensuite à la tête d'une armée de quatre-vingt mille hommes sur *Beauvais*, qui fut défendue avec vigueur par Chabannes, et où les femmes se signalèrent en combattant avec courage pour la défense de la patrie, sous la conduite de *Jeanne Hachette*, digne émule de l'héroïne de Domrémy. Cette femme intrépide arracha un drapeau que les Bourguignons plantaient déjà sur les remparts. Depuis lors, on la vit chaque jour sur les murailles avec les soldats de la garnison ; et son surnom lui fut donné en mémoire de l'arme qu'elle portait au combat. — Charles échoua dans son entreprise, et y perdit, avec une partie de son armée, sa réputation d'invincible. N'ayant pas été plus heureux dans sa tentative sur Dieppe et sur Rouen, il se retira vers la Flandre, harcelé par les troupes royales commandées par Chabannes, tandis que *Saint-Pol* ravageait la Picardie septentrionale et l'Artois, et que Louis XI combattait en personne le duc de Bretagne *François II*. Ce prince, l'un des plus redoutables d'entre les confédérés, avait reconnu comme roi de France Edouard IV; mais il se vit bientôt contraint à demander une trêve. Enfin Charles le Téméraire lui-même, manquant de vivres et d'argent, abandonné par ses alliés et préoccupé d'ailleurs de nouveaux projets, se détermina à rentrer dans ses Etats et à accepter la trêve de *Senlis* (novembre 1472). Mais cette suspension d'armes ne dura pas beaucoup plus d'un an, et la guerre entre Louis et son dangereux vassal se continua, comme nous le verrons, presque sans interruption jusqu'à la mort du prince bourguignon (1477).

182. BATAILLES DE GRANSON, DE MORAT ET DE NANCY. — Peu satisfait du résultat de ses intrigues avec les principaux seigneurs du royaume, l'esprit hardi et entreprenant de Charles le Téméraire avait conçu de vastes projets. Il ne songeait à rien moins qu'à rétablir cet antique royaume de Lotharingie et Bourgogne qui s'était formé, au partage de Verdun (n° 32), d'une portion des débris de l'empire carlovingien. Ses Etats, qui s'étendaient de la mer du Nord à la chaîne des Alpes, en comprenaient déjà la plus grande partie; il fallait en achever la conquête et soustraire toutes ces provinces à la suzeraineté de la France et de l'Allemagne. Devenu alors souverain indépendant d'un des plus puissants royaumes de l'Europe, et comptant sur les alliances qu'il s'était ménagées, il espérait écraser le roi de France. Une résistance à laquelle il était loin de s'attendre et sa mort prématurée trompèrent ces magnifiques espérances. L'acquisition de la *Gueldre* et du comté de *Zutphen*, qui le rendait maître du cours inférieur du Rhin, fut presque la seule entreprise qui lui réussit (1473). Les négociations qu'il entreprit avec l'empereur Frédéric III, dont il espérait, en échange des plus belles promesses, obtenir le titre de roi, échouèrent par l'adresse de Louis XI, qui sut le rendre suspect à l'empereur. Les villes libres de l'Alsace et les cantons suisses, inquiets pour leur indépendance, s'unirent contre lui; il y perdit toutes ses possessions d'Alsace (1474). Il voulut s'en dédommager en s'emparant de l'archevêché de Cologne; mais la petite ville de *Neuss* fut pour lui une autre Beauvais. Plus heureux dans son entreprise contre la Lorraine, il réussit à enlever cette province au jeune duc *Carloman René de Vaudémont*, dont la mère, ayant succédé (1473) au duc *Nicolas*, avait ainsi fait rentrer dans la maison de Lorraine cet important duché, passé depuis quarante-deux ans dans celle d'Anjou. Mais tandis que Charles le Téméraire l'en dépouillait à son tour et entrait dans Nancy (1475), les Suisses portaient le ravage dans la Franche-Comté et dans les pays de Vaud et de Neufchâtel.

Le *grand duc de l'Occident*, toujours occupé des gigantesques projets pour la réalisation desquels la possession de l'Helvétie était une nécessité, saisit cette occasion de s'en emparer. En vain les Suisses, effrayés de la formidable attaque qu'ils ont provoquée, essayent-ils de la prévenir par les propositions les plus avantageuses, et font-ils représenter au duc qu'*il y a plus d'or et d'argent dans les éperons de ses chevaliers et dans les brides de leurs chevaux qu'il n'en trouvera dans toute la Suisse*; en vain ses plus sages conseillers le détournent-ils de cette entreprise; Charles part à la tête d'une armée de quarante mille hommes, traînant une artillerie formidable; il prend *Verdun*, dont la garnison est lâchement massacrée, au mépris d'une capitulation, et court attaquer à *Granson* (2 mars 1476) avec sa témérité habituelle ces *vilains, encore qu'ils ne fussent pas gens faits pour lui*, disait-il. Au moment d'engager le combat, voyant ces simples et pieux montagnards se jeter à genoux et se découvrir la tête pour se recommander à Dieu : *Ils demandent merci*, s'écrient les Bourguignons; *voyez ces vilains qui nous veulent faire la guerre, ils n'osent pas même la commencer*. Ils surent bientôt à quoi s'en tenir; attaqués avec furie par les Suisses, ils s'enfuirent à toutes brides, laissant le duc quitter le dernier le champ de bataille, furieux et désespéré, et n'ayant plus autour de lui que cinq des siens. Quatre cents pièces de canon et une immense quantité de vivres et de munitions furent abandonnées sur le champ de bataille. Le trésor du duc fut partagé entre les alliés, qui se servirent de leurs grands chapeaux pour mesurer l'or et l'argent, et qui donnèrent pour quelques deniers les pièces de sa vaisselle d'argent et d'or prises pour de l'étain et du cuivre par les ignorants montagnards. Un des diamants du duc, encore aujourd'hui l'un des plus beaux qui soient en Europe, ramassé sous un chariot et regardé comme du verre par celui qui le trouva, fut vendu pour un écu. Les bannières, étendards et pennons de tant de princes et de seigneurs allèrent orner toutes les églises de la Suisse.

Charles le Téméraire, ne respirant que la vengeance, rassemble aussitôt une nouvelle armée, qui court mettre le siége devant la petite ville de *Morat;* mais ces mêmes Suisses, soutenus par des cavaliers lorrains et allemands, que leur amenèrent René de Lorraine et Sigismond d'Autriche, forcent son camp (22 juin 1476), tuent dix mille Bourguignons, et de leurs ossements ils érigent sur le champ de bataille deux pyramides qui ont subsisté jusqu'à nos jours. Le duc René de Lorraine avait profité de ce nouveau revers de son ennemi pour rentrer dans *Nancy;* mais Charles vient assiéger cette ville. René s'adresse alors à Louis XI, qui lui fournit des sommes d'argent suffisantes pour lever une nombreuse armée. Charles le Téméraire, attaqué sous les murs de *Nancy* par des forces cinq fois plus considérables que les siennes, s'obstine à leur tenir tête, et périt avec les guerriers qui avaient échappé aux massacres de Granson et de Morat (5 janvier 1477).

183. Louis recueille la moitié de l'héritage du duc de Bourgogne. — La mort de Charles le Téméraire donnait ouverture à une vaste succession, dont l'unique héritière était sa fille *Marie,* âgée de vingt ans. Cependant une partie des provinces de Charles étant, à ce que prétendait Louis XI, des *fiefs mâles,* ne pouvaient tomber entre les mains d'une femme, et revenaient de droit à la couronne de France; mais voyant ses prétentions à cet égard repoussées par les Etats, le roi se mit en devoir de s'emparer de la succession tout entière, en promettant à la duchesse Marie de la marier avec le dauphin. Et comme ce prince n'avait encore que huit ans, Louis commença par s'assurer de la possession des domaines de la princesse, en les faisant envahir par ses armées. La reprise des villes de Picardie, si chèrement rachetées par Louis dès la seconde année de son règne (voir n° 178), n'était que justice; mais l'occupation successive des deux Bourgognes, de l'Artois, d'une partie des Pays-Bas, et la révolte des Gantois, effrayèrent la princesse Marie, qui épousa (18 août 1477) Maximilien d'Autriche, fils de l'empereur Frédéric III. Ce mariage, qui devint la cause d'une sanglante rivalité de trois siècles entre les maisons de France et d'Autriche, n'eut cependant pas tout d'abord les conséquences que le prince allemand en avait espérées. Par une trêve d'un an conclue avec lui (**11 juillet 1478**), Louis consentit à évacuer Cambrai, le Hainaut et le comté de Bourgogne (la **Franche-Comté**), et conserva le duché de *Bourgogne*, la *Picardie* et l'*Artois*, trouvant que c'était *assez pour une fois*. Cependant, l'année suivante, il envahit de nouveau la *Franche-Comté* (1479), et tenta de s'emparer de Douai par surprise; mais cette ville fut sauvée par un avis secrètement envoyé d'*Arras*, où les excès commis à l'époque de la conquête avaient rendu odieux le joug français. La fureur de Louis XI se tourna alors contre cette dernière ville, l'une des plus riches et des plus industrieuses de ses États, et dont les admirables tapisseries étaient recherchées dans le monde entier. Tous les habitants en furent chassés et remplacés par des étrangers; et, *pour changer les courages*, Louis changea le nom d'Arras en celui de *Franchise*, que justifièrent les privilèges accordés à la ville nouvelle ; mais jamais ces privilèges ne purent lui rendre son ancienne prospérité.

Bientôt le résultat indécis de la sanglante bataille de *Guinegatte* (plus exactement *Enguinegatte*) (1479), et enfin la mort de Marie (1482), amenèrent le traité d'*Arras* (23 décembre (1482), qui stipulait le mariage du dauphin, âgé de douze ans, avec *Marguerite*, fille de Marie et de Maximilien, âgée de trois ans à peine. Ce mariage, qui d'ailleurs ne se réalisa pas, devait assurer le retour à la couronne du reste de la partie française de la succession de Bourgogne, dont toute la portion allemande restait à Maximilien. Ainsi se trouvait anéanti sans retour ce nouvel et puissant État qu'avait prétendu fonder Charles le Téméraire. Sa disparition allait, il est vrai, mettre en présence et en face l'un de l'autre, tant au nord qu'à l'orient, la France et l'Allemagne ; mais cette dernière, divisée en une foule de souverainetés indépendantes et ennemies les unes des autres, ne pouvait devenir redoutable que dans le cas où l'empereur parviendrait à réunir tous les États allemands en un seul faisceau ou à acquérir sur eux tous une prépondérance réelle, ce qui semblait alors peu probable. Tranquille de ce côté, allié des Suisses, qui, dit Comines, lui obéissaient comme ses sujets, voyant son amitié recherchée par tous les princes d'Italie, tenant l'Espagne en respect (n° 185), lié par les traités d'alliance avec les rois de Portugal et d'Écosse, Louis XI s'était ainsi assuré en Europe une position dont il aurait eu le droit d'être fier, si sa politique n'avait eu pour but que la grandeur de la France ; mais il avait travaillé beaucoup dans son propre intérêt, ou, tout au plus, dans celui de la royauté absolue : toute l'histoire intérieure de son règne en est la preuve.

184. ABAISSEMENT DES GRANDS. — Ces guerres et ces entreprises au dehors n'avaient pas fait perdre de vue à Louis XI le but principal de sa politique intérieure, le projet favori qu'il méditait depuis son avénement au trône, et que ses premières humiliations avaient revêtu de tout l'attrait de la vengeance : l'abaissement de la haute aristocratie et la ruine de ce qui restait encore debout de l'ancienne féodalité. C'était d'ailleurs le seul moyen de mettre le royaume à l'abri des plus dangereuses attaques de l'étranger, en mettant un terme à ces coalitions continuelles qui donnaient aux ennemis du dehors de si dangereux auxiliaires.

Il commença par écraser au midi cette orgueilleuse maison d'*Armagnac,* si fière de sa prétendue origine mérovingienne, et qui s'était signalée en tout temps par ses révoltes et par ses crimes. Le comte *Jean V,* après s'être vaillamment défendu dans Lectoure, est traîtreusement assassiné au mépris d'une capitulation, et ses États passent entre les mains de Louis (1473). La même année, la veuve du comte de *Foix* lui rend hommage pour ce comté ainsi que pour celui de *Bigorre.* — — L'année suivante (1474), le duc d'*Alençon,* coupable de tant de révoltes, convaincu d'intelligence avec les Anglais, dont il avait reçu des secours, de fabrication de fausse monnaie et de plusieurs meurtres, est condamné à mort par le parlement de Paris ; mais il obtient commutation de sa peine en une prison perpétuelle. Cette même année, Louis, instruit que le roi *René*, comte de Provence, avait entamé des négociations avec Charles le Téméraire, lui enlève le duché d'*Anjou*, dont sa maison portait le nom. Enfin il s'attache par des alliances ceux des grands seigneurs qu'il ne dépouille pas. Ce fut ainsi qu'il profita, pour établir son despotisme, des trêves qu'avaient consenties et imprudemment renouvelées le duc de Bretagne et celui de Bourgogne jusqu'à l'année 1475 (voir n° 181).

Les condamnations du connétable de *Saint-Pol* (1475) et du duc de *Nemours* (1477), qui portèrent tous deux leur tête sur l'échafaud, apprirent aux grands seigneurs que la plus haute naissance ne mettait plus les traîtres à couvert du châtiment. Le premier, qui avait pris une part si active à toutes les guerres entre Louis XI et Charles le Téméraire, les avait plus d'une fois trahis l'un et l'autre. Quant au duc de Nemours, son plus grand crime était d'appartenir à la maison d'Armagnac; car la seule accusation qui pût être prouvée contre lui (encore ne le fut-elle qu'au moyen d'une lettre d'aveux et de supplications touchantes adressée par lui au roi lui-même) était d'avoir connu les projets tramés par les conjurés. Or, ce ne fut qu'après sa condamnation que Louis rendit (22 décembre 1477) l'ordonnance qui déclarait coupable de lèse-majesté et passible de la peine capitale quiconque connaissant une conspiration, s'abstenait de la révéler. Victime de l'effet rétroactif donné à cette loi, le malheureux duc de Nemours, après avoir langui deux ans à la Bastille dans une cage de fer, d'où on ne le tirait par intervalles que pour le *torturer bien étroit afin de le faire parler clair*, suivant les ordres cruels du roi, fut enfin condamné à mort par le parlement et exécuté aux Halles. Il n'est, du reste, nullement prouvé, quoiqu'on l'ait souvent répété, que ses enfants aient été placés sous l'échafaud pour y être arrosés du sang de leur père. Il n'est pas besoin de supposer des atrocités et des crimes à Louis XI.

185. Relations avec l'Angleterre et l'Aragon. — Cependant Louis XI recueillait au dehors comme au dedans les fruits de cette politique plus soucieuse du profit que de l'honneur, plus amie de la ruse que de la force ouverte, qui l'avait tiré de tant de pas difficiles. Il s'en servit avec succès vis-à-vis des rois d'Angleterre et d'Aragon qui avaient pris parti pour ses ennemis. Pendant la lutte de la France contre la Bourgogne, Édouard IV, cédant aux instances de Charles le Téméraire, avait fait une descente en France avec une armée : *Louis, qui, dit Comines, ne vouloit rien hasarder en bataille s'il pouvoit trouver d'autres voies, parce qu'il estimoit n'être pas bien aimé de tous ses sujets, et par especial des grands, et qu'il savoit qu'il les retrouveroit si les besognes se portoient mal,* acheta la retraite de ce prince par les conditions peu honorables mais utiles du *traité de Picquigny* (1475). Peu lui importait qu'Édouard continuât à porter le titre de roi de France, en ne lui laissant que celui de *roi des Français,* s'il ne conservait lui-même les possessions et la puissance; il préférait encore échapper aux chances incertaines de la guerre moyennant la promesse d'une pension annuelle de soixante-quinze mille écus, qu'il se promettait de ne pas payer longtemps. Ce fut en effet la dernière attaque de l'Angleterre sous ce règne; bientôt les discordes civiles qui éclatèrent dans ce pays ôtèrent désormais à Louis XI toute crainte de ce côté, et il put impunément effacer dans le traité d'Arras (1482) la promesse faite à Picquigny de donner pour épouse à son fils la fille du roi d'Angleterre.

Le profit fut plus grand du côté de l'Aragon. Le roi s'était efforcé de reprendre possession du Roussillon et de la Cerdagne, sans rendre les sommes en nantissement desquelles il les avait données; mais il fut contraint, après une guerre acharnée, de les laisser à Louis XI jusqu'à plein et entier remboursement. Comptant bien ne jamais les restituer, le roi de France s'appliqua à les rendre tout à fait françaises, en expulsant ou en faisant mourir ceux des nobles et des autres habitants qu'il soupçonnait d'attachement à la domination aragonaise; enfin, il força le roi d'Aragon à signer un traité qui lui conférait la propriété définitive du Roussillon (1468).

186. ACQUISITIONS FAITES SOUS CE RÈGNE. — L'acquisition du Roussillon, qui coïncida avec celle bien plus importante encore de la Bourgogne, de la Picardie et de l'Artois enlevés à l'héritière de Charles le Téméraire (n° 183), fut suivie de divers autres accroissements du territoire de la France ou du domaine royal. Quelques années après (1480), le bon roi René de Provence (n° 184) étant mort, vivement regretté de ses sujets, dont il avait fait le bonheur, une contestation s'éleva à propos de son testament entre son petit-fils *René II*, déjà duc de Lorraine, auquel il avait laissé le duché de *Bar*, et son neveu *Charles*, comte du Maine, auquel il avait attribué l'Anjou et la Provence et ses droits sur le royaume de Naples. Louis XI, qui s'était déjà emparé du *Barrois*, maintint en possession de l'*Anjou* et de la *Provence* le comte du *Maine*, qui mourut l'année suivante (1481), après avoir institué le roi son héritier. Ainsi quatre belles provinces se trouvèrent réunies presque à la fois à la couronne (1). — Cette même année (1481), Louis fit traduire devant le parlement le jeune duc d'Alençon, innocent pourtant de toutes les révoltes de son père; aussi ses juges, dans

---

(1) Il faut noter toutefois que la *Provence* ne fut point réunie, mais annexée seulement à la couronne, en 1486, par un traité qui lui laissa ses lois et ses droits particuliers, et que les rois de France n'y exerçaient la souveraineté qu'en leur qualité de *comtes de Provence*, titre qu'ils conservèrent jusqu'à la révolution de 1789.

l'impossibilté où ils se trouvèrent de prononcer contre lui aucune peine personnelle, furent-ils réduits, pour donner satisfaction au tyran, à ordonner que le duc recevrait dans ses principales places fortes des garnisons royales.

De tous les grands feudataires, deux seulement étaient encore debout. L'un était le duc de Bourbon, dont Louis chercha à assurer au domaine royal la riche succession en donnant en mariage *Anne*, sa fille aînée, au sire de *Beaujeu*, frère du duc, à la condition qu'à défaut d'héritiers mâles, tous les biens de la maison de Bourbon feraient retour à la couronne. Le second était le duc souverain de la Bretagne, sur les frontières de laquelle Louis entretenait constamment une armée ; mais la prudente conduite de ce duc ne laissa au roi aucun moyen de réaliser ses pensées de convoitise sur une proie aussi fort à sa convenance. *Là est le danger*, répétait-il sur son lit de mort : et nous verrons que son successeur le comprit. *Nous avions songé aussi*, disait encore Louis XI mourant, *à chasser les Anglais du dernier coin qu'ils ont dans le royaume* (la ville de Calais). L'unité de la France fut donc, jusqu'à son dernier soupir, la pensée dominante de ce prince. Si l'opinion publique lui a tenu peu de compte des services qu'il a, sous ce rapport, rendus à son pays, c'est qu'on n'a pu oublier que presque jamais l'intérêt national ne fut le mobile exclusif de sa conduite, et que presque toujours il employa des moyens qui répugnent à la droiture et à la loyauté du caractère français.

187. Nouveaux parlements. — Postes. — Encouragements au commerce, a l'imprimerie, aux lettres. — L'affaiblissement de sa santé et le trouble de son âme n'empêchèrent pas Louis XI, qui n'en continuait pas moins à porter, comme il le disait, *tout son conseil dans sa tête*, de conserver jusqu'à ses derniers moments son inquiète activité. Elle finit, il est vrai, par ne plus se manifester que par des supplices ; mais il ne faut pas oublier tout ce qu'elle avait produit d'utile. Jamais administration ne fut aussi laborieuse. Les actes publics qui en sont le produit tiennent une place considérable dans les archives de l'État, où l'on trouve plus de deux mille cinq cents chartes scellées de la main de Louis XI. L'érection du parlement de *Grenoble*, par lequel Louis, encore dauphin de Viennois à cette époque (1453), remplaça l'ancien *conseil delphinal*, la création des parlements de *Bordeaux* (1462) et de *Dijon* (1476), et les réformes introduites dans celui de Paris, facilitèrent l'administration de la justice. Il renouvela dans la même intention l'ordonnance de son père relativement à la rédaction d'un *grand coustumier*. On pourrait même faire à Louis XI un mérite d'avoir posé le principe tutélaire de l'inamovibilité des juges, par l'édit qui déclara qu'ils ne pourraient être privés de leurs charges *que pour forfaiture jugée et déclarée judiciairement par juge compétent,* s'il ne l'avait violé lui-même en destituant trois conseillers qui avaient manifesté une opinion contraire à la sienne dans le procès du duc de Nemours.

On pourrait s'étonner de voir Louis XI favoriser la liberté des villes, en faveur desquelles il créa un code municipal très-complet, si l'attention avec laquelle il prit soin de les rattacher au pouvoir central ne prouvait que c'était contre la féodalité qu'il les élevait. Ce fut dans le même esprit qu'en organisant les corporations et les maîtrises, et en donnant de nouveaux règlements aux métiers de Paris, il s'en déclara le chef. Attentif à favoriser le commerce, il réserva à la marine nationale le droit exclusif d'importer les marchandises, créa un grand nombre de foires et de marchés, et donna à l'industrie un nouvel essor en encourageant l'éducation des vers à soie, et en attirant des pays étrangers à Tours des ouvriers habiles à fabriquer les étoffes de soie, d'or et d'argent. Il songea même à établir l'uniformité des poids et mesures, projet éminemment utile, dont la réalisation, différée pendant trois siècles et demi, n'est pas un des moindres bienfaits de nos derniers gouvernements. — L'ordre de *Saint-Michel,* qu'il créa (1469), en remplacement de celui de l'*Étoile,* institué par Jean le Bon, fut destiné à récompenser le mérite dans toutes les classes. — Ce fut encore Louis XI qui régularisa, pour son usage personnel (1477), l'invention des *Postes,* due à l'université de Paris, mais dont les particuliers ne furent admis à se servir qu'assez longtemps après.

La création (1480) des académies de *Caen* et de *Besançon,* l'ouverture d'une école de médecine dans l'université de Paris, dont les priviléges furent encore augmentés, l'accroissement de la bibliothèque fondée par Charles V, datent du règne de Louis XI, que signale aussi un nouvel essor donné aux sciences et aux lettres, et attesté par l'œuvre, si justement admirée, de l'historien *Philippe de Comines* (ou *Commynes*) (n° suivant). Louis XI, qui, suivant cet auteur, « avoit reçu en lettres une autre nourriture que les rois n'ont accoutumé d'en avoir, » composa des contes à la manière de Boccace, et le *Rosier des Guerres*, ouvrage qu'il destinait à l'éducation de son fils, pour lequel il fit aussi commencer la rédaction des *Grandes Chroniques de France*. C'est ce despote, enfin, qui introduisit à Paris l'imprimerie, l'agent le plus puissant de la liberté ; mais elle dut chercher dans le collége de la Sorbonne un asile contre les persécutions de l'université et du parlement.

188. COMINES. — Toute la gloire littéraire de cette époque appartient à Comines, l'auteur des *Mémoires* que nous avons tant de fois cités. « Comines (1445-1509), l'écrivain le plus original de notre littérature au quinzième siècle ; parce que, avec la naïveté de ce temps, il a la raison ferme d'une autre époque. » (M. VILLEMAIN.) Né sujet du duc de Bourgogne (1445), il quitta le service de ce prince *téméraire* pour celui de Louis XI, *le plus sage homme qu'il ait jamais connu* ; car pour lui la sagesse s'estime au succès, et il se plaît si fort à l'habileté, qu'il excuse volontiers une mauvaise action bien faite : aussi les cruautés de Louis XI l'indignent-elles peu, et raconte-t-il avec une merveilleuse aisance les turpitudes diplomatiques dont il s'est souillé lui-même au service de son maître ; il semble même trouver tout naturel qu'ayant pris part à une des intrigues tramées contre Anne de Beaujeu (chap. XXV), et le complot ayant échoué, il ait été renfermé pendant huit mois dans une cage de fer. Et cependant, ce panégyriste d'un despote habile aimait la liberté comme chose utile et bien entendue ; il ne croyait pas *que roi ni seigneur sur terre ait pouvoir de mettre un denier sur ses subjects sans octroy et consentement de ceux qui le doivent payer*; et même, en racontant la fin si misérable de Louis XI, il en vient à se demander s'il n'eût pas mieux valu à ce prince et à tous autres *de moins se soucier et moins se travailler et entreprendre moins des choses, et plus craindre à offenser Dieu et à persécuter le peuple et leurs voisins, et prendre des aises et plaisirs honnêtes? Leur vie en seroit plus longue*, ajoute-t-il : *les maladies en viendroient plus tard, et leur mort seroit plus regrettée, et de plus de gens, et moins désirée ; et* AUROIENT MOINS A DOUTER A LA MORT. Ce passage, dont le dernier trait semble emprunté à Bossuet, dit M. Villemain, donnera une idée du style de Comines, qui est souvent simple jusqu'à la nudité, parfois diffus et traînant, mais toujours clair, lucide et s'élevant quelquefois dans sa simplicité même jusqu'à une véritable éloquence. Nous avons insisté sur cet historien, parce qu'il offre le type le plus expressif des progrès que la raison avait faits au quinzième siècle. — Comment nommer à côté de lui son contemporain *Jean de Troyes*, dont la plume scrupuleuse notait en style de greffier tous les événements survenus dans Paris? On doit plus d'estime aux *Mémoires d'Olivier de la Marche*, romancier autant qu'historien, qui a laissé toutefois de précieux documents sur la brillante cour de Charles le Téméraire.

189. Caractère et derniers moments de Louis XI. — Nous avons raconté les événements politiques et indiqué les mesures qui ont signalé les dernières années du règne de Louis XI. Une altération grave survenue dans sa santé deux ans avant sa mort (1481) ajouta considérablement aux dispositions sombres et ombrageuses de son caractère naturellement cruel. Égoïste par-dessus tout, étranger à tout sentiment d'affection, de gratitude, de pitié, sans foi et sans scrupule, sans autre passion que celle du pouvoir, sans autre faiblesse qu'une étroite superstition, et, vers la fin de sa vie, une crainte abjecte de la mort, ne reculant devant aucune action mauvaise ou cruelle, devant aucun forfait, s'il en pouvait tirer quelque avantage positif et certain, Louis XI allait subir dans ses dernières années le châtiment d'une vie odieuse. Dévoré de crainte et d'ennui, il s'enferma dans son château du *Plessis-lez-Tours,* où il se rendit inaccessible. Se traînant dans ces longues galeries, du haut desquelles la vue s'étendait sur les belles campagnes d'alentour, il se rassurait en contemplant les grilles de fer, les chausses-trappes, les chaînes, appelées par le peuple les *fillettes du roi,* dont il était entouré, et les avenues de gibets qui conduisaient à son château. — Pour seul promeneur dans ces lugubres allées paraissait le bourreau *Tristan l'Hermite*, son grand prévôt; pour toute société, il avait autour de lui son barbier et son favori *Olivier le Daim,* qu'il avait créé comte de Meulan, des astrologues et des empiriques, qui *faisaient sur lui de terribles et merveilleuses médecines,* et qui lui ordonnaient, dit-on, de boire du sang de petits enfants, « remède tout à fait approprié au tempérament du malade. » (Chateaubriand.) Poursuivi sans relâche par la crainte de la mort, il se couvrait de reliques, faisait de riches offrandes à la sainte Vierge, *sa petite maîtresse, sa grande amie,* qu'il ne manquait jamais d'invoquer pour réussir dans les entreprises criminelles dont il lui demandait à la fois le succès et le pardon. Il institua en son honneur la prière de l'*Angelus* (1472), et lui conféra la suzeraineté de la ville de Boulogne. Enfin, il fit venir du fond de la Calabre *saint François de Paule*, espérant que ce saint ermite, par ses prières, éloignerait de lui la mort, qui le frappa toutefois à l'âge de soixante ans (30 août 1483).

On a souvent répété la maxime favorite de Louis XI, empruntée par lui à l'empereur Tibère : *Qui ne sait pas dissimuler ne sait pas régner*; il faudrait citer aussi cette autre plus honnête et plus vraie : *Quand orgueil chevauche devant, honte et dommage suivent de près*. Ajoutons cependant qu'elle n'avait guère un sens plus honorable dans la pensée de Louis, qui « savoit, dit un de ses historiens, reculer pour saillir plus loin, faire l'humble et le doux à couverte fin, concéder et donner pour recevoir au double, porter et souffrir ses propres griefs sur l'espérance de la vertu, qui du tout enfin lui pourroit rendre vengeance. » (CHASTELAIN.)

Louis XI ne convoqua qu'une fois (1468) les États généraux, où siégèrent, avec les princes, le clergé et la noblesse, cent quatre-vingt-douze députés des bonnes villes ; mais ils ne durèrent que huit jours, et le roi n'exécuta que celles de leurs décisions qui lui convinrent. Le parlement, devenu, comme nous l'avons dit, l'héritier permanent de leur pouvoir politique, montra plus de fermeté, et son refus courageux d'enregistrer plusieurs des actes du tyran posa du moins quelques limites au despotisme. Il ne put toutefois empêcher l'augmentation des impôts, qui furent successivement portés jusqu'à quatre millions sept cent mille livres, équivalant au moins à cent quarante millions de nos francs, somme énorme, si l'on réfléchit que les pays sur lesquels elle se prélevait ne formaient guère que la moitié de la France actuelle, et que l'exemption des classes privilégiées en faisait retomber toute la charge sur le peuple. Louis XI diminua le poids de ces charges par les privilèges qu'il accorda, comme nous l'avons dit, aux villes et au commerce, et par l'activité de sa police, qui réprima, avec une sévérité inconnue jusque-là, tous les vols et brigandages, ainsi que les exactions des gens de guerre. La réunion de nombreuses provinces à la couronne (voir n° 192) accrut aussi la force de l'État, qui se trouva assez puissant pour mettre sur pied jusqu'à cent mille hommes et pour solder un corps auxiliaire de six mille Suisses, les plus braves soldats de l'Europe à cette époque. L'artillerie de Louis XI était aussi la plus formidable et son royaume le mieux défendu de l'Europe. Car *s'il prenoit tout, il dépensoit tout,* comme dit Comines, et, quoique dans ces dépenses il eût surtout pour but l'extension du pouvoir royal, il faut reconnaître qu'elles tournèrent presque toutes à l'accroissement de la puissance de la France. Plus habile politique qu'aucun des princes de son temps, il sut encore augmenter cette puissance par des alliances utiles, sans se laisser entraîner à des conquêtes plus dangereuses que profitables. Aussi le vit-on refuser l'investiture du royaume de Naples et *donner au diable les Génois, qui vouloient se donner à lui*, tandis qu'il achetait avec empressement toutes les villes et terres de son royaume, que des seigneurs ou des voisins appauvris se trouvaient dans la nécessité de lui vendre. C'est ainsi que son règne, l'un des plus sanglants et des plus oppressifs de notre histoire, « est, à bien des égards, le plus utile dont elle ait conservé le souvenir. » (POIRSON.)

QUESTIONNAIRE. — 177. Quelle est la cause de l'établissement de la monarchie absolue sous Louis XI ? — Comment doit-on entendre ce mot de royauté absolue ? — 178. Où Louis XI apprit-il la mort de son père ? — Comment Louis XI commença-t-il son règne ? — Quelles étaient ses vues ? — Quelle politique a-t-il inaugurée ? — Quelle révolte suscita cette conduite ? — Quels événements amena la lutte de Louis XI contre la ligue du Bien public ? — Par quels moyens Louis XI parvint-il à dissoudre cette ligue ? — Quels traités y mirent fin ? — 179. Pourquoi Charles le Téméraire forma-t-il contre Louis une nouvelle ligue ? — Que se passa-t-il à Péronne ? — A quelles conditions Charles rendit-il la liberté à Louis XI ? — Quels avantages valut à Charles le Téméraire le traité de Péronne ? — Comment Louis XI le fit-il annuler ? — 180. Quelle ligue nouvelle se forma ? — Par quel événement fut-elle dissoute ? — 181. Quelles mesures prit ensuite Louis XI à l'égard du duc de Bourgogne ? — Comment Charles le Téméraire répondit-il à la citation de Louis XI, et combien de temps dura cette guerre ? — *Quel siége mémorable eut lieu durant cette guerre ?* — Comment se termina cette guerre ? — 182. Faites connaître les projets de Charles le Téméraire ? — Quels obstacles rencontra-t-il ? — *Comment perdit-il la bataille de Granson ? — Fut-il plus heureux à Morat ?* — Racontez le siége de Nancy. — Comment périt Charles le Téméraire ? — 183. Qui Charles le Téméraire laissa-t-il pour héritier ? — Plusieurs de ses provinces ne revenaient-elles pas de droit à la couronne de France ? — Quel projet conçut Louis XI pour s'emparer de toute la succession du duc de Bourgogne ? — Quel motif détermina Marie de Bourgogne à épouser Maximilien d'Autriche ? — Quelles conséquences eut ce mariage ? — Quelles circonstances amenèrent le traité d'Arras, et quels arrangements y furent stipulés ? — 184. *Comment Louis XI abaissa-t-il la féodalité ? — Quelles maisons féodales détruisit-il et par quels moyens ?* — 185. Quels furent les rapports de Louis XI avec le roi d'Angleterre et avec le roi d'Aragon ? — 186. Quelles provinces ajouta-t-il à son domaine ? — 187. Comment cherchait-il à se rendre populaire? — Quel ordre créa-t-il pour récompenser le mérite? — Quand les postes ont-elles été organisées? — Quelles institutions doit-on encore à Louis XI? — Quels encouragements donna-t-il aux lettres? — 188. *Parlez de Philippe de Comines.* — 189. Comment Louis XI termina-t-il son règne? — *Quelle vie menait-il dans son château du Plessis-lez-Tours?* — Comment s'efforçait-il de se rassurer contre la crainte de la mort? — Citez ses maximes favorites. — Quel était sous ce règne le chiffre des impôts et celui de l'armée? — Résumez en quelques mots la politique de Louis XI.

CHAPITRE VINGT-QUATRIÈME.

GÉOGRAPHIE COMPARÉE DE LA FRANCE A L'AVÉNEMENT ET A LA MORT DE LOUIS XI.

SOMMAIRE.

1er. 190. A l'avénement de Louis XI, le domaine royal comprend: le comté de Paris (Ile-de-France), la Picardie méridionale, la Champagne et la Brie, la Normandie, la Touraine, le comté de Chartres, le Poitou, l'Aunis, la Saintonge, le Limosin, la Guyenne et une petite partie de la Gascogne, le Languedoc, la moitié du comté de Lyon, le Dauphiné.

II. Les grandes maisons féodales sont : 1° La branche royale d'Orléans-Valois qui possède le duché d'Orléans, le comté de Valois, le comté de Blois, etc.; — 2° la maison de Valois-Angoulême : le comté d'Angoulême; — 3° le duché de Berry est au frère de Louis XI; — 4° la maison de Bourgogne possède le duché de Bourgogne, les comtés de Mâcon, d'Auxerre, de Flandre, d'Artois, de Boulogne, de Ponthieu, de Vermandois, la Picardie septentrionale; et sur les terres de l'empire germanique : la Franche-Comté, le Hainaut, les marquisats de Namur et d'Anvers, le Brabant, le Limbourg, la Hollande, la Zélande, la Frise, l'Alsace. La branche cadette de cette maison possède les comtés de Réthel, de Nevers et d'Étampes; — 5° la maison de Bourbon, divisée en plusieurs branches, possède le comté de Clermont, les duchés de Bourbon et d'Auvergne, le Forez, le Beaujolais, le Roannais, le dauphiné d'Auvergne, le comté de Sancerre; — 6° la maison d'Anjou, dont le chef prenait le titre de roi de Naples, possède l'Anjou, le Maine, la Provence; le duché de Lorraine cédé au fils du roi René d'Anjou; — 7° la maison d'Artois n'a plus que le comté d'Eu; — 8° la maison d'Alençon a le duché d'Alençon et le Perche; — Le duc de Bretagne a joint à ses domaines Fougères, Montfort-l'Amaury, etc.; — Au comté de Foix sont réunis le duché de Narbonne, la vicomté de Béarn, le comté de Bigorre. Les autres grandes maisons sont celles de Montmorency; celle de Vaudémont qui a la sirerie de Joinville; celle de Laval; celle de Châlon, qui possède la principauté d'Orange, etc.; celles d'Albret, d'Armagnac, de Penthièvre, de la Trémoille, de Saint-Pol, etc. — Le Roussillon et la Cerdagne appartiennent au roi d'Aragon; le Comtat-Venaissin au pape. — Le domaine royal ne comprend que le tiers du royaume.

§ II. 192. A la fin du règne de Louis XI le domaine royal a acquis les villes de la Somme, les comtés d'Artois, de Boulogne, la Bourgogne, la Franche-Comté, le Charolais, les comtés d'Auxerre et de Mâcon, le Maine, l'Anjou, le comté d'Alençon, la Provence, le Roussillon, la Cerdagne, l'Armagnac, Rodez, etc.

193. La féodalité a perdu ses chefs et ses domaines les plus importants. Les grandes maisons qui subsistent encore sont les maisons d'Orléans, de Bourbon, de Bretagne, de Luxembourg, de Vaudémont, d'Albret, de Foix, de Montmorency, etc.

§ Ier. LA FRANCE A L'AVÉNEMENT DE LOUIS XI.

190. ÉTENDUE DU DOMAINE ROYAL. — Pour bien faire comprendre les accroissements que reçut le domaine royal sous le règne de Louis XI aux dépens des principales maisons féodales, il convient d'exposer la géographie politique de la France tant à l'avénement qu'à la mort de ce prince.

Rappelons d'abord que toutes les provinces septentrionales de l'ancienne Gaule et de l'ancien royaume des Francs, et toutes celles situées à l'Orient de la Meuse, de la Saône et du Rhône, étaient, en quelque sorte, devenues étrangères à la France depuis qu'elles relevaient de l'empire d'Allemagne. Il faut toutefois en excepter le *Dauphiné* et la partie orientale du *Lyonnais,* rentrés depuis plus d'un siècle dans le domaine de la couronne (voir n°s 123 et 134 *bis*). Resserrée dans ces limites, la France eût néanmoins formé encore un puissant royaume si elle eût composé un tout homogène et compacte; mais on sait qu'il n'en était rien. Le royaume proprement dit, c'est-à-dire le *domaine royal*, ne comprenait pas plus de quinze ou seize des provinces principales qui composaient *le royaume* entier à l'avénement de Louis XI. Ces provinces étaient:

I. Le comté de PARIS, domaine primitif de la maison régnante, reconquis, avec toute l'ILE-DE-FRANCE, sur les Anglais, en 1429, époque à laquelle Jeanne d'Arc fut blessée sous les murs de *Paris*, et en 1436, année dans laquelle cette capitale vit enfin les étrangers chassés de son sein. Les seigneuries de Montmorency, d'Étampes, de Dammartin, dans le comté de Paris n'appartenaient pas au domaine royal.

II. La PICARDIE méridionale, c'est-à-dire la partie de cette province située au S. de la Somme. La portion qui s'étend au N. de cette rivière, et les villes mêmes situées sur ses bords, avaient été laissées au duc de Bourgogne. Il faut également séparer les comtés de Valois, de Soissons et de Clermont.

III. Les comtés de CHAMPAGNE et de BRIE, moins les comtés et principautés de Rhétel, Sédan, Bouillon, Joigny, Joinville.

IV. La NORMANDIE, reconquise sur les Anglais en une année (1449-1450) par le brave Dunois. Elle avait vu avec joie rentrer successivement sous l'autorité du roi toutes ses places fortes : *Pont-de-l'Arche*, sur la Seine, au-dessus de Rouen ; *Pont-Audemer, Lisieux, Saint-Lô, Coutances*, au O. de Rouen ; *Vernon*, au S. E. ; *Gournai*, à l'E. ; *Verneuil, Evreux, Louviers, Alençon*, vers le S. ; la capitale elle-même, *Rouen*, vainement défendue par le brave Talbot (1449) ; puis *Harfleur* et *Honfleur* ; enfin *Vire, Bayeux, Avranches, Caen*, capitale de la basse Normandie, *Falaise, Cherbourg*, défendue en vain par la mer et par une garnison nombreuse.

Les comtés d'Alençon, du Perche, d'Aumale, d'Harcourt, de Mortain, d'Eu, ne faisaient pas toutefois partie du domaine royal.

V. Le comté de CHARTRES, qui avait passé depuis l'an 1234 de la suzeraineté des comtes de Champagne sous celle du roi.

VI. Le duché de TOURAINE, mais pour les droits royaux seulement, car il avait été donné en 1424 au duc d'Anjou, à l'exception de la ville et du château de *Chinon*, demeurés en pleine propriété au domaine royal.

VII. Le comté de POITOU, avec l'AUNIS, la SAINTONGE et le LIMOUSIN, sauf les vicomtés de Limoges et de Turenne.

VIII. Le duché de GUYENNE, dont la capitale, *Bordeaux*, fut été reprise aux Anglais en 1453 avec une petite partie de la GASCOGNE, dont les comtes d'Armagnac, de Foix et d'Albret possédaient la plus grande partie.

IX. Le LANGUEDOC tout entier, où l'on distinguait les cinq sénéchaussées de *Toulouse*, à l'O. ; de *Carcassonne* et de *Narbonne*, au S. ; de *Béziers*, au S. E., et de *Beaucaire*, sur le Rhône, à l'E. ; et de plus, la seigneurie de *Montpellier*, les comtés d'*Alby*, de *Lodève*, de *Nîmes*, d'*Uzès*, etc.

X. Le DAUPHINÉ enfin, avec les comtés de VALENTINOIS, capitale *Valence*, sur le Rhône, et de DIOIS, capitale *Die*, un peu plus au S. E., formait l'apanage du dauphin, qui le réunit au domaine royal en parvenant au trône sous le nom de Louis XI.

191. Grandes maisons féodales. — Nous mentionnerons d'abord les provinces qui, bien que séparées du domaine royal, appartenaient pourtant en réalité à la couronne, parce qu'elles avaient été concédées en apanage seulement à des princes de la famille royale.

Ces grandes maisons étaient les suivantes :

I. La maison de Valois-Orléans embrassait dans ses vastes possessions : — Le *duché d'Orléans*, dont cette branche de la famille royale portait le titre depuis que Charles VI en avait investi son frère, en 1392. — Le comté de *Valois*, dont ce même prince, second fils de Charles V, avait reçu le titre à sa naissance, en 1372. — Le comté de *Blois*, acheté par le même prince, en 1391, de Guy de Châtillon, pour 200,000 écus d'or, avec le comté de *Dunois*, situé plus au N., et les seigneuries de *Château Renaud*, à l'O. de Blois, et de *Romorantin*, au S. E. de cette même ville. L'acquisition que le duc d'Orléans fit encore (en 1393) de la vicomté de *Châteaudun*, jusque-là séparée du Dunois, dont cette ville était pourtant la capitale, réunit entre ses mains toute cette province. — La sirerie de *Coucy* enfin, qui était une des plus belles et des plus puissantes baronnies du royaume, ayant dans sa dépendance cent cinquante bourgs ou villages, outre un grand nombre de terres et de châteaux, lorsque ce même duc d'Orléans l'acheta (en 1400) pour 400,000 livres; mais, en 1411, près de la moitié de cette riche seigneurie avait passé dans la maison des ducs de Bar, et, en 1431, avec ce dernier duché, dans la maison d'Anjou. — Toutes les possessions de la maison d'Orléans devaient être réunies, en 1498, au domaine royal par l'avénement au trône de Louis XII, l'héritier de cette maison (n° 200).

II. La maison de Valois-Angoulême, branche cadette de la maison d'Orléans, possédait, depuis 1407, le comté d'Angoulême, qui devait retourner au domaine royal par l'avénement au trône, en 1515, de l'héritier de cette branche, François Ier, arrière-petit-fils du chef de la maison de Valois-Orléans (t. III, n° 1).

III. Le duché de Berry avait été donné, en 1453, par Charles VII, en apanage à son second fils, qui devait le céder, en 1463, à son frère le roi Louis XI, en échange de la Normandie.

IV. La maison de BOURGOGNE, la plus près du trône après celles dont nous venons de parler, était devenue par ses alliances, ses acquisitions et ses conquêtes, bien plus puissante qu'elles encore. Ses immenses domaines comprenaient, soit en France, soit hors de France : — Le duché de *Bourgogne*, donné, en 1363, avec le titre de premier pair de France, par le roi Jean à son quatrième fils Philippe le Hardi, auteur de la seconde race des ducs de Bourgogne (n° 140); — les comtés de *Bourgogne* (Franche-Comté), de *Flandre* et d'*Artois*, de *Nevers* et de *Réthel*, que Marguerite, femme de ce même Philippe, avait reçus en héritage, en 1384, et transmis au même titre à son fils Jean Sans-peur en 1405; — le marquisat de *Namur*, acheté en 1421 par Philippe le Bon.

A ces vastes Etats Philippe le Bon avait encore ajouté toutes les provinces suivantes, dont une partie se trouvait comprise, ainsi que la dernière que nous venons de citer, dans l'ancien royaume de *Lorraine* : — Le duché de *Brabant*, situé à l'O. du comté de Flandre, avec celui de *Limbourg*, et le marquisat d'*Anvers*, fiefs de l'Empire qui étaient échus par succession à Philippe le Bon, en 1430. — Le comté de *Hainaut*, au S. E. de celui de Flandre, dont ce même prince s'était fait reconnaître comme héritier par les Etats dès l'année 1427; — ceux de *Hollande* et de *Zélande*, situés au N. et au N. O. de celui de Brabant, et même la *Frise*, située au N. E. de la Hollande, dont elle était, depuis l'an 1225, séparée par le golfe appelé *Zuyder-Zée*, ou mer du midi, formé à cette époque par une irruption des eaux de la mer. Cette dernière et pauvre province, disputée aux comtes de Hollande par les empereurs d'Allemagne, mais soumise à une forme de gouvernement à peu près républicaine, avait néanmoins été acquise, avec les comtés nommés précédemment, en 1433, par le duc de Bourgogne. — Le comté de *Boulogne*, celui de *Ponthieu*, les villes de *Saint-Quentin*, capitale du *Vermandois*, de *Corbie*, aussi sur la Somme, mais plus au N. O., d'*Amiens*, d'*Abbeville*, avec toute la partie de la Picardie située sur la rive droite de la Somme, dont ces villes défendaient le passage, et même, au midi de la Somme, les villes de *Roye* et de *Montdidier*, villes et comtés réunis à la Flandre par le traité d'Arras en 1435. — Les comtés de *Mâcon*, sur les rives de la Saône, d'*Auxerre*, sur les rives de l'Yonne, et la châtellenie de *Bar-sur-Seine*, réunis par le même traité à la Bourgogne. — Le duché de *Luxembourg* enfin, conquis en 1443 par Philippe le Bon, qui prit d'assaut sa capitale, se la fit céder avec le comté de *Chini*, au S. O. du Luxembourg, et l'avouerie d'*Alsace* (1444, 1451).

Parmi les seigneuries qui viennent d'être nommées, les comtés de *Réthel*, d'*Etampes* et de *Nevers*, avec la baronnie de *Donzy*, formaient l'héritage de la *branche cadette* de la maison de Bourgogne.

V. La maison de BOURBON remontait, comme on l'a dit plus haut (n° 124), à Robert, sixième fils de saint Louis, investi par son père en 1268 du comté de *Clermont* en Beauvaisis, auquel il ajouta, quelques années après, la sirerie de *Bourbon-l'Archambault*, dont Robert prit le nom, quoique cette seigneurie fût l'héritage de son épouse. En 1327, elle fut érigée en duché-pairie en faveur de Robert par Charles le Bel. Deux branches se partageaient les domaines de la maison de Bourbon à l'époque qui nous occupe.

La *branche aînée* se divisait elle-même en deux rameaux, celui des ducs de *Bourbon* et celui des ducs de *Montpensier*.

1° Les ducs de BOURBON possédaient alors, outre le comté de *Clermont* et le duché de *Bourbon*, avec le comté de *Montluçon*, qui étaient les domaines originaires de la famille, — le comté de *Forez*, situé au S. du Bourbonnais et longtemps réuni au comté le Lyonnais ; — la baronnie de *Roannais*, chef-lieu *Roanne*, sur la Loire, au N. E. du Forez, acquise par héritage en 1382 ; — la baronnie de *Combrailles*, située au S. du Bourbonnais, entre la Marche et l'Auvergne, dont elle était un démembrement, achetée en 1400 par le duc Louis le Bon (n° 124) ; — la baronnie de *Beaujolais*, capitale *Beaujeu*, au S. du Mâconnais, et la seigneurie de *Dombes*, à l'E. du Beaujolais, sur la rive opposée de la Saône, faisant toutes deux partie de l'ancien royaume d'Arles, et achetées l'une et l'autre, en 1400, par Louis le Bon, auquel l'ordre et l'économie avec lesquels il administrait ses finances permirent encore de faire, deux ans après, l'acquisition des villes et châtellenies de *Trévoux* et du *Châtelard*, l'une et l'autre dans la principauté de Dombes, dont elles complétèrent pour lui la possession ; et de la seigneurie d'*Ambérieux*, plus à l'E., dans le *Bugey*, qui était aussi une des provinces de l'ancien royaume d'Arles ; — le duché d'*Auvergne*, capitale *Riom*, démembré (en 1240) de l'ancien comté de ce nom.

2° Les ducs de BOURBON-MONTPENSIER avaient ajouté au

comté dont ils portaient le nom : en 1436, le *Dauphiné d'Auvergne* et le comté de *Sancerre*, au N. E. du Berry.

La *branche cadette* de la maison de Bourbon possédait les comtés et seigneuries de la *Roche-sur-Yon*, de *Vendôme*, de *Carency*, etc.

VI. La maison d'ANJOU, qui tirait, comme l'on sait (n° 124), son origine d'un frère de saint Louis, Charles, comte d'Anjou et roi de Naples, et qui conservait des prétentions à ce dernier royaume, qu'elle n'avait possédé que vingt ans (1265-1285), avait en France de vastes domaines, comprenant, outre l'*Anjou* et le *Maine* (n° 124) : — 1° les comtés de *Provence*, capitale *Aix*, et de *Forcalquier*, faisant partie l'un et l'autre de l'ancien royaume d'Arles, et passés par mariage au pouvoir de Charles d'Anjou ; — 2° le duché de *Touraine*, donné par Charles VII au duc d'Anjou.

Ces États avaient été partagés en 1434 entre deux frères, et l'étaient encore à l'époque qui nous occupe. 1° *René* d'Anjou, l'aîné, avait gardé pour lui, avec le titre de roi de Naples, qui s'était toujours conservé dans sa maison, le comté de *Provence* et le duché d'*Anjou*, et avait acquis d'importantes possessions, savoir : en 1419, le duché de *Bar*, qui lui fut cédé à l'occasion de son mariage avec Isabelle, héritière du duché de *Lorraine*, importante province de l'ancien royaume de ce nom. Les deux duchés de Bar et de Lorraine se trouvèrent réunis dans les mains de René, qui céda le duché de *Lorraine* à Jean II, duc de Calabre, son fils aîné, avec *Nancy*, sa capitale (1453). *Metz*, qui ne le cédait guère en importance à la capitale du duché, avait, quelques années auparavant, obtenu du duc la reconnaissance de son indépendance. — 2° La seconde branche de la maison d'Anjou possédait seulement le comté du *Maine*.

VII. La maison d'ARTOIS, issue de Louis VIII, possédait seulement le comté d'*Eu* en 1464.

VIII. La maison d'ALENÇON, issue de Philippe le Hardi, possédait le duché de ce nom, auquel était réuni depuis 1404, le comté du *Perche*, mais qui avait vendu au duc de Bretagne la seigneurie de *Fougères* (1424).

Après ces maisons de princes apanagistes, il faut nommer :

La maison de BRETAGNE (sous le duc de Montfort), qui possédait le duché de ce nom, et auquel elle avait récemment ajouté la baronnie de *Fougères*. Le duc de Bretagne possédait encore, à l'époque qui nous occupe, au cœur même de la

France, le comté de *Montfort l'Amaury*, au S. O. de Paris, et la terre de *Neaufle*, au N. E. de Montfort.

La maison de Foix qui possédait, outre le comté de Foix, le comté de *Bigorre*, le duché de *Narbonne*, la vicomté de *Béarn*, et qui allait bientôt (1462) hériter par les femmes du royaume de la *Basse-Navarre*.

Parmi les autres maisons féodales d'une origine moins illustre, les plus puissantes étaient :

La maison de Montmorency, qui possédait Écouen et Damville.

La maison de Vaudémont, qui, au comté de ce nom, à la sirerie de *Joinville* et à d'autres terres considérables devait joindre bientôt le duché de *Lorraine* (1473).

La maison de Chalon, qui possédait : 1° la baronnie d'*Arlai*, dans la Franche-Comté, au N. de Lons-le-Saulnier ; 2° la principauté d'*Orange*, enclavée dans le *Comtat Venaissin*, et qui devait son nom à sa capitale, située près du Rhône, au N. d'Avignon ; 3° enfin le droit de suzeraineté sur le comté de *Neufchâtel*, en Suisse. — Le comté de *Tonnerre*, au N. O. de la Bourgogne, qui avait été possédé par une autre branche de cette même maison, en avait été détaché récemment.

La maison de Laval, qui possédait dans le *Bas-Maine* la seigneurie de ce nom, ayant dans sa dépendance cent cinquante terres devant l'hommage, et érigée en *comté* par Charles VII le jour même de son sacre (17 juillet 1429), en considération de l'ancienneté de cette maison et de son immuable fidélité à la couronne.

La plus grande partie de la *Gascogne* et le *Rouergue*, étaient partagés entre la puissante maison d'Albret, maîtresse du comté de *Dreux*, et celle d'Armagnac, à laquelle appartenait aussi le comté de la *Marche* (auparavant à la maison de Bourbon), et qui allait acquérir le duché de *Nemours*.

La maison de Penthièvre (ancienne maison de Blois) était en possession de la vicomté de *Limoges*, du comté de *Périgord*, et avait sur la Bretagne des droits qu'Anne de Beaujeu fit acheter à Charles VIII (n° 196).

La maison de la Trémoille possédait le comté de *Joigny*, la vicomté de *Thouars* et la principauté de *Talmond*.

La maison de Chatillon avait dans ses domaines le comté de *Châtillon-sur-Marne*.

Le comté de *Saint-Pol*, avec une foule de seigneuries en

Flandre et en Picardie, appartenait à la maison de LUXEMBOURG.

Quant aux deux comtés de *Roussillon* et de *Cerdagne*, on sait que saint Louis les avait abandonnés au roi d'Aragon par le traité de Corbeil (1258). Le *Comtat Venaissin*, démembrement de la Provence, appartenait au pape depuis l'année 1274.

Ainsi, sur plus de cinquante provinces entre lesquelles se trouvait partagé, au milieu du quinzième siècle, le territoire de la France, le domaine royal n'en embrassait que le tiers à l'avènement de Louis XI.

§ II. LA FRANCE A LA MORT DE LOUIS XI.

192. ÉTENDUE DU DOMAINE ROYAL. — A la fin du règne de ce prince, la situation respective de la royauté et de la féodalité en France était complètement changée.

Le domaine royal avait acquis successivement par la conquête, la confiscation, les traités :

Au nord, les fiefs du comte de Saint-Pol, les villes de la Somme, le comté d'Artois et celui de Boulogne ;

A l'est, le duché de Bourgogne, les comtés d'Auxerre et de Mâcon, la Franche-Comté, le Charolais ;

A l'ouest, le Maine, l'Anjou, la moitié du comté d'Alençon ;

Au midi, la Provence, le Roussillon, la Cerdagne, les comtés d'Armagnac, de Fezenzac, de Fezenzaguet, de Rodez.

193. GRANDES MAISONS FÉODALES. — Cette immense extension du domaine royal avait singulièrement restreint les domaines des grandes maisons féodales, dont les principales avaient été entièrement détruites ou dépouillées par Louis XI. Les plus grands fiefs avaient disparu ; la féodalité avait perdu ses chefs ; entre le roi et ses vassaux, la victoire n'était plus désormais incertaine.

Les plus puissantes maisons féodales, à la mort de Louis XI, étaient : 1° les maisons issues de la famille royale, savoir : la maison d'ORLÉANS, qui allait parvenir au trône ; la maison de BOURBON, qui avait reçu le comté de la Marche, repris à la maison d'Armagnac, mais avait perdu une grande partie de ses domaines.

2° La maison de BRETAGNE, dont les domaines allaient passer, par mariage, au pouvoir du roi de France ; la maison de Luxembourg, qui conservait une partie des domaines du connétable de Saint-Pol ; la maison de Vaudémont, qui avait la Lorraine et le duché de Bar ; la maison de Chalon ; la maison d'Albret, qui avait acquis les comtés d'Etampes de Périgord, la vicomté de Limoges, et était devenue la plus puissante du Midi ; la maison de Foix, devenue héritière des droits à la couronne de Navarre ; la maison de Montmorency ; celle de la Trémoille, qui avait perdu une partie de ses possessions ; celle de Chatillon, etc.

Questionnaire. — § I. 190. Énumérez les provinces dont se composait le domaine royal à l'avénement de Louis XI. — Indiquez l'époque de l'acquisition des principales d'entre elles. — Qu'est-ce que le Dauphiné avait de particulier ? — 191. Quels étaient les princes apanagistes les plus puissants ? — Citez les autres grandes maisons féodales. — Quels étaient les domaines de la maison d'Orléans-Valois ? — De la maison de Valois-Angoulême ? — Du duc de Berry ? — Du duc de Bourgogne ? — Faites connaître la formation successive de ce puissant Etat. — Que possédait la branche cadette de Bourgogne ? — Quelles étaient les possessions des deux branches de la maison de Bourbon ? — De la maison d'Anjou ? — De la maison de Bretagne ? — Des maisons d'Artois et d'Alençon ? — Du comté de Foix. — Citez quelques autres maisons féodales. — Quelles étaient les plus puissantes au midi ? — A qui appartenaient la Cerdagne, le Roussillon, le comtat Venaissin ? — § II. 192. Quelles provinces acquit le domaine royal sous Louis XI ? — 193. Quelles pertes avait faites la féodalité ? — Quelles étaient les grandes maisons féodales encore subsistantes ? — Quelle avait été à l'avénement de Louis XI et quelle était à la mort de ce prince la situation respective de la royauté et de la féodalité ?

CHAPITRE VINGT-CINQUIÈME.

CHARLES VIII.

(1483-1498.)

SOMMAIRE.

194. A l'avénement de Charles VIII, âgé de treize ans (1483), Anne de Beaujeu, chargée par son père du gouvernement en qualité de régente, fait inutilement des concessions pour apaiser les mécontentements.

195. La convocation des Etats généraux n'interrompt qu'un instant l'exercice du pouvoir absolu. Ils se composent d'une manière irrégulière de députés du clergé, de la noblesse, du tiers-état ; ouverts à Tours (15 janvier 1484), ils se partagent en six nations pour les

délibérations. La question de la régence fut de suite décidée; ils s'occupent ensuite de la rédaction des cahiers et des réclamations du clergé, de la noblesse et du tiers-état. Le principe de la souveraineté du peuple fut posé. Un don annuel fut voté, mais pour deux années seulement. Mais la discorde se mit dans l'assemblée; elle fut dissoute (14 mars 1484). Peu de résultats furent obtenus; quelques réformes seulement furent faites.

196. Les princes mécontents prennent les armes et cherchent des alliés à l'extérieur. Anne de Beaujeu se fortifie par de sages mesures et d'utiles alliances; elle conclut le traité de Bourges (juillet 1485) avec le duc de Bretagne. Le duc d'Orléans est pris dans Beaugency (octobre 1485), et la retraite de l'empereur met fin à la *guerre folle* (1486). Madame de Beaujeu donne de nouveaux sujets de plaintes au duc de Lorraine et à celui de Bretagne. Dunois fait signer une nouvelle ligue (13 décembre 1486). La conduite énergique et l'activité de madame de Beaujeu amènent des défections. La guerre continue en Bretagne; elle se termine par la bataille décisive de Saint-Aubin du Cormier (28 juillet 1488), où le duc d'Orléans est fait prisonnier de nouveau. La mort du duc de Bretagne (septembre 1488) remet tout en question.

197. Anne de Bretagne est recherchée par de nombreux prétendants; elle épouse par procuration Maximilien d'Autriche (1490). Une nouvelle ligue se forme pour le démembrement de la France; le défaut d'accord empêche les souverains qui y avaient pris part de pousser vivement la guerre. Anne de Bretagne est cependant réduite à signer le traité de Rennes (15 novembre 1491). Le duc d'Orléans, mis en liberté par le roi, négocie le mariage de Charles VIII avec Anne de Bretagne : la réunion de la Bretagne à la France est désormais assurée.

198. Une nouvelle mais impuissante ligue se forme entre Maximilien Henri VII et Ferdinand Ier. Charles VIII conçoit des projets aventureux; il veut conquérir l'Italie et l'Orient. Pour les réaliser, il signe les traités d'Étaples avec le roi d'Angleterre (3 novembre 1492), de Barcelone avec celui d'Espagne (18 janvier 1493), et de Senlis avec le roi des Romains (mai 1493), qui enlèvent à la France une partie des acquisitions faites par Louis XI.

199. La France est tranquille au départ du roi, qui laisse le gouvernement à sa sœur. L'Italie, au commencement des guerres des Français dans ce pays, est divisée en un grand nombre d'États : Ludovic le More appelle les Français. Charles franchit les Alpes (août 1494). Les débuts de l'expédition sont brillants; il entre en Toscane, à Florence, puis à Rome (31 janvier 1495); il signe un traité avec Alexandre VI. Charles VIII entre à Naples en libérateur, mais son imprudente conduite fait naître une ligue formée pour lui intercepter le retour en France (31 mars 1495); il s'ouvre le passage par la bataille de Fornovo (5 juillet 1495); l'issue de cette première expédition est funeste. La pénurie du trésor empêche Charles VIII de retourner en Italie. La douceur de son caractère est cause que sa mort inspire de vifs regrets. En lui finit la première branche des Valois (1328-1498). Charles VIII réduisit les impôts, grâce à la richesse du domaine; il aimait la justice et organisa le Grand Conseil (1497); il fit commencer la rédaction et la publication des coutumes (1488 et 1497); il avait conçu d'utiles projets pour la répression des abus qui s'étaient introduits dans la discipline ecclésiastique.

194. ANNE DE BEAUJEU. — Charles VIII, prince d'une complexion faible et délicate, était âgé de treize ans à peine lorsqu'il se vit appelé au trône (1483). Louis XI, qui n'avait pas oublié sa propre conduite à l'égard de son père, et qui voulait se prémunir contre de pareils dangers, avait tenu son fils enfermé au château d'*Amboise* et dans une complète ignorance de tout ce qui avait rapport au gouvernement. Une régence était donc indispensable, et Louis XI y avait pourvu. Sa fille, *Anne* de France, âgée de vingt-trois ans et mariée depuis neuf ans à *Pierre de Bourbon*, sire de *Beaujeu*, avait été chargée par son père, conjointement avec son époux, du gouvernement de l'Etat pendant la jeunesse de son frère. Mais à peine Louis XI eut-il fermé les yeux, que les résistances et les mécontentements, comprimés par sa main de fer, éclatèrent de toutes parts. A la tête des mécontents se trouvaient le *duc d'Orléans,* qui régna depuis sous le nom de Louis XII, et qui prétendait alors à la régence en qualité de premier prince du sang, et le duc de Bourbon, frère aîné du sire de Beaujeu. Pour les apaiser, Anne, qui avait laissé se réunir autour d'elle une sorte de conseil composé des princes du sang et des seigneurs les plus considérables, souffrit encore que ce conseil nommât le duc d'Orléans gouverneur et lieutenant général de Paris, de l'Ile-de-France, de la Champagne, etc., et donnât à Bourbon l'épée de connétable. Puis, afin de se concilier le peuple, elle fit pendre le barbier Olivier le Daim et punir plusieurs autres des favoris de Louis XI, justement accusés par la voix publique d'avoir cruellement abusé de leur crédit : elle fit ouvrir les prisons, licencia six mille Suisses pris par Louis XI à la solde de l'Etat, remit le quart des impôts de l'année courante, et fit des promesses plus séduisantes encore. Mais les mécontents, croyant voir dans ces concessions une preuve de faiblesse, élevèrent de plus en plus leurs prétentions ; d'ailleurs la question de la régence était restée indécise. Anne avait promis de la faire décider par les Etats généraux : elle les convoqua pour le commencement de l'année 1484.

195. ETATS GÉNÉRAUX DE 1484. — Cette convocation des Etats généraux, qui semblait appeler ainsi la nation à régler elle-même ses intérêts les plus importants, paraît un démenti donné à l'opinion, qui fait dater du règne de Louis XI l'établissement de la monarchie absolue ; on va voir toutefois qu'il n'en fut rien. La nation elle-même était si bien convaincue d'avance de l'inefficacité de cette intervention, qu'un cinquième au moins des provinces négligèrent de se faire représenter dans cette assemblée. Rien d'ailleurs de fixe ni de régulier dans les élections, pour lesquelles on ne consultait ni l'importance ni la population des provinces, mais des usages locaux, en vertu desquels vingt-six bailliages du nord de la France, dix-huit sénéchaussées du midi et seize comtés envoyèrent aux États deux cent quarante-six députés, tant du clergé que de la noblesse et du tiers-état. Ces États généraux, qui s'ouvrirent à Tours le 15 janvier 1484, étaient les plus nombreux qui eussent jamais été réunis. Les lumières qu'ils renfermaient auraient pu faire luire sur la France une ère nouvelle, si l'inexpérience n'eût entraîné l'assemblée dans des fautes qui rendirent inutiles les bonnes intentions de ceux qui la composaient.

La première de ces fautes fut la résolution qu'adoptèrent les États de se partager en six *nations* ou bureaux, dans lesquels les trois ordres restèrent confondus; elle eut pour résultat de faire prédominer, sur les intérêts généraux, les intérêts locaux de l'*Ile-de-France*, de la *Bourgogne*, de la *Normandie*, de l'*Aquitaine*, de la *Langue d'oc* et de la *Langue d'oïl*. Tels étaient, en effet, les noms des *six nations*, qui comprenaient, outre les provinces dont elles portaient le nom, celles qui en étaient les plus voisines. Sous le nom de Langue d'oïl étaient comprises toutes les provinces du centre, depuis l'Anjou, le Poitou et la Saintonge, jusqu'au Bourbonnais, au Forez et à l'Auvergne. — Une seule question, celle de la régence, reçut une prompte solution par l'habileté de la dame de Beaujeu, *femme fine et déliée s'il en fut oncque, et vraie image en tout de son père* (BRANTOME). Afin de déjouer les projets de ses ennemis, elle parut s'effacer complétement, et fit décider que le roi gouvernerait avec l'assistance d'un conseil, dans lequel les princes auraient voix délibérative, et auquel seraient adjoints douze membres des États choisis par le roi. Ce conseil devait être présidé par le roi, et après lui par le duc d'Orléans, puis par le duc de Bourbon et par le sire de Beaujeu. Au roi seul appartenait le droit de rendre des ordonnances. Anne, qui ne s'était réservé que la garde et l'éducation du roi, sur lequel elle exerçait une complète influence, lui fit toujours présider le conseil, et resta ainsi en possession réelle de toute l'autorité.

Mais déjà une foule de réclamations étaient arrivées de toutes parts aux États contre les actes tyranniques et les spoliations du règne de Louis XI. De plus, les *cahiers* rédigés par chacun des trois ordres sollicitaient une foule de réformes : le clergé voulait le rétablissement de la Pragmatique sanction et de ses immunités et priviléges ; la noblesse, celui des juridictions et droits privilégiés, l'abolition des levées d'hommes faites parmi ses vassaux, qui ne devaient plus servir que sous la bannière de leur seigneur, et le renvoi des étrangers de toutes les charges civiles et militaires ; le tiers-état demandait la répression des exactions du fisc et des pillages exercés par les gens de guerre, la réduction de l'armée, l'entière abolition des tailles. Les cahiers des trois ordres réclamaient la réforme de l'ordre judiciaire, l'inamovibilité des juges, la suppression des juridictions prévôtales et des jugements par commissaires, la rédaction promise depuis longtemps déjà de toutes les *coutumes*, la diminution des droits des douanes, la répression de la contrebande, la prohibition des draps et soieries fabriqués à l'étranger, l'interdiction du commerce aux officiers publics, qui abusaient de leur autorité pour créer des monopoles, la libre circulation des marchandises à l'intérieur, et la suppression des barrières qui l'entravaient, l'emploi du produit des péages à l'entretien et à la construction des routes et des ponts ; enfin, la convocation des Etats généraux tous les deux ans. — Ces vœux, exprimés au nom du *peuple jadis nommé franc et ores de pire condition que le serf*, plus de trois siècles avant qu'il n'en obtînt la réalisation, pourraient nous surprendre, si nous ne lisions en même temps, dans l'historien des États généraux de 1484, le discours par lequel un député de la noblesse de Bourgogne, *Philippe Pot*, seigneur de la Roche, repoussa les prétentions élevées par les princes dans les discussions relatives à la régence, sur laquelle ils soutenaient avoir des droits exclusifs. « Dans l'origine, dit l'orateur, le peuple souverain créa les rois par son suffrage..... ; il n'y a que des flatteurs qui attribuent aux princes la souveraineté, laquelle n'existe que par le peuple. Il est évident que notre roi ne peut gouverner la chose publique par lui-même ; mais la chose du peuple, dans un tel cas, ne doit point revenir aux princes : elle appartient à tous. C'est au peuple qui l'a donnée que la chose du peuple doit revenir pour qu'il la reprenne comme étant sienne.... Or, j'appelle peuple, non point la populace ou seulement les sujets du royaume, mais les hommes de tous les états... » A l'appui de ces théories, qui ne sont pas, comme on le voit, d'origine aussi moderne qu'on l'a quelquefois supposé, l'orateur cite les décisions par lesquelles les Etats généraux ont plus d'une fois réglé le droit de succession au trône et déféré la régence.

L'assemblée ne s'arrêta pas là. En accordant, pour les deux années qui devaient s'écouler jusqu'à la prochaine réunion des Etats, un don annuel de 1,200,000 livres (équivalant à environ 50 millions d'aujourd'hui), l'assemblée déclara le *vote de l'impôt un droit national*; mais quand il s'agit d'établir la répartition de l'imposition qui venait d'être votée entre les diverses provinces, chaque député ne songeant plus qu'à défendre les intérêts de la sienne, les rivalités provinciales éclatèrent avec une violence qui paralysa bientôt toute l'influence des Etats. La confusion ne tarda pas à y devenir telle, qu'elle avait commencé en réalité à dissoudre l'assemblée avant même que les princes, effrayés de ses tendances démocratiques, et la princesse Anne, satisfaite des deux importantes décisions qu'elle en avait obtenues, se décidassent à congédier les députés après avoir répondu à leurs demandes par des promesses qui restèrent, pour la plupart, sans exécution (14 mars 1484). Cependant quelques réformes furent opérées dans l'administration de la justice; la Pragmatique, qui n'avait jamais été annulée de fait, continua d'être exécutée sans être formellement rétablie; la noblesse recouvra ses priviléges, le duc de Lorraine le Barrois, celui d'Alençon la propriété de ses domaines, et le comte d'Armagnac l'usufruit des siens; mais les vœux des Etats pour la convocation bisannuelle, pour l'abolition de la taille, restèrent dans l'oubli, et la dame de Beaujeu continua à lever les impôts sans nouveau vote, sans même s'astreindre à ne pas dépasser les sommes votées, et sans autre formalité qu'un simple enregistrement du parlement. Ce dernier corps, n'ayant ni le droit ni le pouvoir de refuser l'enregistrement, ne servait en quelque sorte qu'à donner aux actes du gouvernement la sanction de la légalité. Ainsi ces Etats généraux, devant lesquels semblait devoir tomber l'absolutisme, ne firent que montrer leur impuissance non-seulement à réaliser les théories hardies qui avaient été émises dans leur sein, mais à résoudre les difficultés qui avaient motivé leur convocation, et qui reparurent plus menaçantes après leur dissolution.

196. RÉVOLTE DU DUC D'ORLÉANS. — Les princes ne tardèrent pas, en effet, à s'apercevoir qu'ils avaient été joués par la dame de Beaujeu, qui, maîtresse absolue de l'esprit du roi, gouvernait avec autant d'autorité qu'en avait jamais possédé son père, dont elle continuait le règne, quoique avec des formes plus douces et plus légales. Le duc d'Orléans fut le premier à s'indigner de la nullité à laquelle il se trouvait réduit, et ses protestations, adressées aux parlements, à l'université et aux bonnes villes, n'ayant eu d'autre résultat que de lui faire ôter par la princesse Anne les gouvernements qui lui avaient été accordés, il prit une première fois les armes (1485), entraînant dans sa révolte le duc de Bretagne, dernier soutien de la féodalité, le duc de Bourbon, le comte d'Angoulême et Dunois, ainsi que plusieurs des principaux seigneurs. Ces princes comptaient d'ailleurs avoir pour appui le roi d'Angleterre, Richard III, et Maximilien d'Autriche, fauteur constant et intéressé de toutes ces ligues antinationales. Mais déjà Anne s'était assuré d'utiles alliances par des traités conclus avec le duc de Lorraine, avec les nobles bretons soulevés contre Landais, favori de leur duc, et avec les États de Flandre, qui se défiaient de Maximilien, contre lequel elle suscita encore *Guillaume de la Marck*, si justement surnommé le *sanglier des Ardennes*, qu'elle appuya par un corps d'armée sous les ordres du maréchal d'*Esquerdes*. Bientôt le duc de Bretagne, assiégé dans Nantes par sa noblesse, fut contraint de livrer son favori, qui fut pendu, et il signa à *Bourges*, quelques jours plus tard (juillet 1485), un traité par lequel il renonçait à toute alliance préjudiciable au service de Charles VIII. Peu de temps après (22 août 1485), Richard III périt à la bataille de Bosworth (voir notre *Histoire Moderne*, chap. III). Privé de ce double appui, et assiégé par Anne dans Beaugency, le duc d'Orléans fut réduit à faire sa soumission, et consentit à exiler son cousin Dunois, qui avait été l'âme de toutes ces intrigues (octobre 1485). Le duc de Bourbon se retira dans ses terres, et Maximilien, après quelques succès en Artois, ayant licencié son armée, cette *guerre folle*, comme on la nomma, se trouva terminée (1486).

La ligue était dissoute, mais les ennemis d'Anne de Beaujeu ne se résignaient point à sa domination. L'ordonnance qu'elle fit rendre à Charles VIII (octobre 1486) pour déclarer la réunion définive à la couronne de France des comtés de Provence et de Forcalquier, sur lesquels le duc René II de Lorraine avait des droits, mécontenta vivement ce prince : d'un autre côté, le duc de Bretagne, qui n'avait que deux filles pour héritières, n'apprit pas sans une irritation violente que madame de Beaujeu avait déterminé la branche de Penthièvre à céder au roi ses droits éventuels sur la Bretagne, et qu'une partie des seigneurs de ce pays, gagnés aussi par elle, étaient disposés à consentir à la réunion de la Bretagne à la France, en ne réservant qu'une dot à ses filles. Dunois, échappé à son exil, exploita habilement les mécontentements des deux ducs, et déployant les rares talents qu'il avait pour l'intrigue, il réussit à faire signer (13 décembre 1486) une nouvelle ligue, dans laquelle entrèrent l'empereur Maximilien, Madeleine de France, sœur de Louis XI, agissant au nom du roi et de la reine de Navarre, les ducs d'Orléans, de Bourbon, de Bretagne et de Lorraine, les comtes de Foix, d'Angoulême, de Nevers, de Dunois et de Comminges, le prince d'Orange, le sire d'Albret et une foule d'autres seigneurs.

Entourée d'ennemis, comme l'avait été son père, Anne montra la même énergie et la même activité que lui. Laissant de côté la Bretagne, où ses principaux ennemis s'étaient réunis, et chargeant d'Esquerdes d'arrêter au nord Maximilien, elle se met avec le roi à la tête d'une armée qui marche rapidement sur le Midi. Les seigneurs de cette partie de la France, déconcertés par cette brusque attaque, n'osent faire aucune résistance. Anne reçoit leur soumission, entre avec Charles VIII à Bordeaux (mars 1487), et fait donner le gouvernement de la Guyenne à son mari, déjà pourvu de celui du Languedoc. Cependant les ducs de Lorraine et de Bourbon avaient déserté la ligue, et le duc d'Orléans, avec Dunois et leurs adhérents, avaient cherché un refuge en Bretagne, où la guerre, vivement soutenue par toutes les forces des deux partis, se prolongea plus d'un an. Enfin la bataille de *Saint-Aubin du Cormier* (près de Rennes), où les princes furent entièrement défaits par la *Trémoille* (28 juillet 1488), porta le coup mortel à la ligue. Le duc d'Orléans, fait prisonnier avec le prince d'Orange, fut enfermé dans la grosse tour de Bourges. Le duc de Bretagne, voyant toutes ses places tomber successivement au pouvoir du roi, demanda la paix et l'obtint (21 août 1488); mais sa mort, survenue trois semaines après (septembre 1488), remit tout en question, et fit recommencer la guerre, qui semblait terminée.

197. Acquisition de la Bretagne. — L'héritage de la Bretagne avait trop d'importance pour ne pas exciter l'ambition de tous les princes ennemis de la France : aussi la main de la duchesse *Anne*, héritière de ce duché, et parvenue alors à l'âge de treize ans, fut-elle vivement recherchée. Le roi d'Angleterre, Henri VII, oubliant que c'était aux secours reçus de la France qu'il devait sa couronne, voulut faire épouser Anne au sire d'Albret, et envoya six mille hommes en Bretagne; le roi d'Espagne Ferdinand voulait la marier à Maximilien d'Autriche, récemment élu roi des Romains (1486). L'éclat de la couronne impériale, dont ce prince devait bientôt hériter, séduisit la jeune duchesse Anne, qui, d'ailleurs impatiente de se délivrer des obsessions dont elle était entourée, épousa par procureur le roi des Romains (1490), et signa avec lui et les rois d'Espagne et d'Angleterre un traité qui devait avoir pour résultat le démembrement de la France. Maximilien, en effet, devenant ainsi l'époux d'une seconde Marie de Bourgogne, devait joindre à la Bretagne les deux Bourgognes et l'Artois ; Ferdinand, de son côté, prétendait recouvrer le Roussillon et la Cerdagne, et Henri VII comptait rentrer en possession de la Normandie et de la Guyenne.

Heureusement pour la France, Maximilien, arrêté par une guerre contre les Hongrois et par la révolte des Flamands excités et soutenus par madame de Beaujeu, ne put venir réaliser son mariage avec la duchesse Anne, qui fut vivement blessée de se voir ainsi négligée ; le roi d'Espagne, occupé alors à chasser les Maures de la Péninsule, ne put diriger contre la France aucune attaque sérieuse, et le roi d'Angleterre, ne voulant pas supporter à lui seul les frais de la guerre, ne la poussa qu'avec mollesse. Madame de Beaujeu en profita pour faire attaquer à la fois la Bretagne par trois armées, dont une vint assiéger dans Rennes la duchesse elle-même. Réduite alors à l'impossibilité d'exécuter le projet qu'elle avait formé de fuir en Angleterre, elle fut bientôt contrainte de signer le traité de *Rennes* (15 novembre 1491), qui remettait à l'arbitrage de douze commissaires la fixation définitive des droits du roi et de ceux de la duchesse sur la Bretagne. Ces droits ne devaient pas tarder à se confondre.

Charles VIII, qui commençait à gouverner par lui-même (il était dans sa vingt et unième année), avait rendu la liberté au duc d'Orléans sans consulter sa sœur, qui consentit toutefois à se réconcilier avec ce prince, ainsi qu'avec Dunois et le prince d'Orange. Ceux-ci reconnurent les bienfaits du roi en négociant son mariage avec l'héritière de Bretagne, qui, sans tenir plus de compte de ses fiançailles avec Maximilien que Charles VIII n'en tenait lui-même des siennes avec la fille de ce prince, conclut secrètement à Rennes avec le roi une union qui fut quinze jours après (6 décembre 1491) célébrée publiquement au château de Langeais en Touraine. Ainsi se trouvait désormais assurée la réunion à la France de cette Bretagne, *dont les rois, ducs et princes ne reconnaissaient de toute antiquité pour créateur, instituteur, ni souverain, fors Dieu tout-puissant;* ainsi se trouvait conjuré le dernier danger que Louis XI redoutait pour la France de la part de la féodalité. L'œuvre de ce prince était accomplie.

198. IMPRUDENTES CONCESSIONS DE CHARLES VIII AUX ÉTATS VOISINS. — Le mariage d'Anne de Bretagne réveilla la haine de tous les ennemis de la France. Maximilien, irrité du double affront que lui faisait le roi en lui enlevant sa fiancée et en lui renvoyant sa fille Marguerite, qui était élevée en France en attendant le moment où, suivant les stipulations du traité d'Arras (n° 183), elle devait épouser le roi, resserre son alliance avec les rois d'Angleterre et d'Espagne. Cependant les mêmes difficultés qui avaient empêché ces princes de venir au secours de la Bretagne les arrêtaient toujours et rendaient la ligue peu redoutable. Malheureusement, de folles idées avaient germé dans la faible tête du jeune roi Charles VIII. L'esprit rempli des exploits de Charlemagne et des grands capitaines de l'antiquité, il brûlait du désir de se signaler à son tour par quelque glorieuse expédition. Les droits que la maison d'Anjou prétendait conserver depuis le règne du roi Charles, frère de saint Louis, sur le trône de Naples, que lui avait ravi le roi d'Aragon, avaient été transmis au roi de France par le dernier héritier de cette maison ; mais c'était peu pour Charles VIII de songer à les faire valoir, il ne rêvait rien moins que l'expulsion des Turcs hors de l'Europe, la conquête de Constantinople et la couronne impériale de l'Orient. Dédaignant dès lors les luttes obscures, mais utiles, qui avaient rempli les premières années de son règne, sacrifiant même en grande partie les résultats avantageux, fruits de l'habile politique de son père et de sa sœur, et qu'il lui était si facile de compléter, il se hâte d'acheter la paix de ceux des ennemis qui lui restaient à combattre dans son royaume.

Le roi d'Angleterre, débarqué à Calais avec une forte armée, assiégeait Boulogne ; Charles, au prix d'une somme de 745,000 écus d'or, payable en quinze ans, détermine ce prince avare, qui, dit un historien, *vendait la paix à ses ennemis et la guerre à ses sujets*, à retourner dans son île après avoir signé le traité d'*Étaples* (3 novembre 1492). — Ferdinand réclamait toujours le Roussillon et la Cerdagne : Charles, pour l'empêcher de s'opposer à ses projets sur le royaume de Naples, lui rend ces deux provinces par le traité de *Narbonne* (18 janvier 1493), sans exiger même le remboursement des sommes en nantissement desquelles Louis XI se les était fait donner. — Restait Maximilien, qui, après s'être emparé par trahison d'Arras et de Saint-Omer et avoir tenté de surprendre Amiens, que sauva l'éveil donné par une femme nommée *Catherine de Lice*, avait consenti à une trêve qui fut changée en un traité de paix conclu à *Senlis* (mai 1493). Par ce traité, Charles VIII s'engageait à renvoyer honorablement la princesse Marguerite à son père et à lui restituer les provinces qui avaient dû être sa dot, c'est-à-dire les vastes et riches comtés de Bourgogne, d'Artois et de Charolais.

Ainsi les projets aventureux de Charles VIII commencèrent par coûter à la France cinq provinces abandonnées en quatre mois ; ils devaient lui coûter encore des flots de sang, qui arrosèrent, pendant plus de soixante années, toutes les parties de l'Italie.

199. Conquête et perte du royaume de Naples. — Victoire de Fornoue. — Charles VIII, débarrassé de tous ses ennemis au prix de tant de sacrifices, pouvait sans crainte quitter ses États. Il en laissait l'administration à sa sœur, dont l'habileté éprouvée et l'expérience consommée avaient reçu d'ailleurs un nouvel appui du changement arrivé dans la position de son mari, devenu, par la mort de son frère aîné (1488), duc de Bourbon et possesseur des immenses domaines de cette maison. La noblesse, entraînée à la suite du roi hors du royaume, que sa turbulence avait troublé si longtemps, ne songe déjà plus qu'à l'illustration et aux riches dépouilles qu'elle compte acquérir dans ces guerres qui vont, au contraire, épuiser son sang et ses trésors ; le peuple, oubliant les droits réclamés pour lui par les États généraux, qui n'ont su en définitive lui obtenir aucun soulagement à ses maux, se trouve heureux du repos qu'il a recouvré, et de quelques diminutions réalisées dans les impôts : rien ne s'oppose donc plus à ce que Charles VIII mette à exécution ses projets sur l'Italie.

Ce pays, où s'était développée, sous l'influence du saint-siége et des opulentes républiques commerçantes du Nord, une civilisation brillante, mais descendue peu à peu jusqu'à une corruption profonde, était depuis longtemps la maison de banque et la grande manufacture de luxe de l'Europe, le sanctuaire des arts et de la liberté : liberté, vaine et mensongère toutefois, dont l'existence ne se révélait, dans les innombrables cités républicaines de l'Italie, que par une continuelle anarchie et par l'impunité des assassinats sans cesse renouvelés qui faisaient passer d'une famille à l'autre l'influence prépondérante dans la cité. Sept Etats principaux y dominaient à l'époque qui va nous occuper, savoir : au nord, le duché de *Savoie*, celui de *Milan*, avec *Gênes*, devenue sa vassale, et la puissante république de *Venise* ; au milieu, *Florence*, espèce de république monarchique sous la domination des *Médicis*, alors alliés de la France, et centre de la plus florissante civilisation, puis l'*État de l'Église*, gouverné par Alexandre Borgia, le pape qui s'est montré le plus indigne d'occuper la chaire pontificale ; au midi enfin, le royaume de *Naples*, possédé par une branche bâtarde de la famille des rois d'Aragon, et sur lequel Charles VIII prétendait faire valoir les droits de la maison d'Anjou.

Mais la résolution qu'avait prise ce prince de revendiquer ses droits par la force des armes n'était pas le seul motif qui le conduisait en Italie, il y était encore appelé par *Ludovic le More*, qui, ayant usurpé l'autorité souveraine à Milan, au préjudice de son petit-neveu *Jean Marie Galéas Sforza*, avait vu se former contre lui une ligue redoutable (voir notre *Histoire Moderne*, chapitre V). Charles franchit donc les Alpes au mont Genèvre (août 1494), à la tête d'une armée de trente mille soldats français et suisses, tandis que son artillerie et ses bagages descendaient le Rhône pour venir le rejoindre par mer.

La France et l'Italie durent également maudire le jour où les bandes guerrières du Nord mirent le pied sur cette terre, qu'elles ravagèrent cruellement de l'une à l'autre extrémité, mais que tant de Français engraissèrent de leur sang. Cette première expédition s'annonça toutefois sous les plus brillants auspices. « De tous côtés, les peuples d'Italie commençoient à prendre cœur pour les François, désirant nouvelletés, voulant voir choses qu'ils n'eussent vues de longtemps. » (COMINES.) Depuis quatre ans, le moine florentin *Savonarole*, devenu l'idole du peuple par ses prédications éloquentes contre les Médicis et contre les honteux désordres qui déshonoraient la papauté, annonçait Charles VIII comme le « *fléau de Dieu*, envoyé pour châtier les tyrans de l'Italie et réformer l'Eglise par l'épée. » En effet, la marche de ce prince à travers toute l'Italie fut celle d'un triomphateur.

Reçu à Turin au milieu des fêtes, il traversa le Milanais, qu'il n'eut pas la prudence de rendre aux Visconti, et dont Ludovic s'assura la possession en empoisonnant le jeune Sforza. En même temps, ce perfide allié excitait secrètement les Florentins à combattre les Français ; mais Charles, franchissant rapidement l'Apennin au col de *Pontremoli*, déconcerta ses ennemis ; les forteresses de la Toscane lui furent livrées par Pierre de Médicis, que cette trahison rendit encore plus odieux aux Florentins. Ils portèrent contre toute sa famille un arrêt de proscription. Cependant ils reçurent Charles dans leur ville, mais en allié plutôt qu'en vainqueur ; et quelques différends s'étant élevés entre les commissaires nommés pour régler les droits des deux nations : *Eh bien ! sonnez vos trompettes*, s'écrièrent ceux de Florence, *nous allons sonner nos cloches*. Les gens d'armes français se soucièrent peu d'essayer une guerre dangereuse dans les rues étroites et tortueuses de cette grande ville, où l'usage habituel des guerres intestines avait changé toutes les maisons en forteresses, et bientôt un traité d'alliance, vendu à prix d'or, permit au roi de poursuivre sa marche vers Rome. Le pape Alexandre VI s'était à son approche retiré dans le château Saint-Ange. Charles, imitant la pompe triomphale de ces héros de l'antiquité dont il était si avide de se montrer l'émule, entra à la lueur des flambeaux dans cette capitale du monde, dont la population joignit ses acclamations aux cris de joie des guerriers français (31 janvier 1495).

La plupart des cardinaux proposaient au jeune roi de déposer un pontife infâme dans ses mœurs, simoniaque, et qui à tous les scandales dont il affligeait la chrétienté avait ajouté celui d'une alliance conclue avec le sultan des Turcs Bajazet II. Il en recevait même une pension considérable pour retenir prisonnier son frère Djem (Zizim, comme l'appellent les historiens occidentaux), qui, après avoir disputé le trône à Bajazet, s'était réfugié en Italie. Charles, adoptant l'avis de ses conseillers, qui lui firent redouter un schisme, se borna à conclure avec le pape un traité par lequel Alexandre lui donnait l'investiture du royaume de Naples, lui livrait trois forteresses avec son fils *César Borgia* comme otage, et lui remettait le prince Djem. Charles espérait se servir de ce dernier dans ses projets ultérieurs contre la Turquie ; mais le malheureux captif mourut quelques jours après, *pour avoir pris quelque chose qui ne convenait pas à son tempérament*, dit un historien du temps qui n'ose pas désigner autrement un poison lent que le pape, assure-t-on, lui avait fait donner avant de le livrer.

Charles continua alors sa marche vers Naples. Alphonse II, détesté de la nation pour ses cruautés et son avarice, crut sauver ses États en les transmettant à son fils Ferdinand II, qui essaya de les défendre ; mais, abandonné de son armée, il s'enfuit et alla rejoindre son père en Sicile. Ses sujets reçurent Charles VIII comme le libérateur de l'Italie, et les Napolitains jetèrent des fleurs sur son passage lorsqu'il arriva (22 février 1495) dans leur capitale, où il fit quelques jours après (13 mars) une entrée triomphale, la couronne impériale en tête, le sceptre à la main, et revêtu du manteau de pourpre des empereurs d'Orient, dont il se prétendait le légitime successeur depuis qu'il avait acheté (6 septembre 1494) les droits d'André Paléologue, neveu et héritier de Constantin Paléologue, dernier empereur de Constantinople.

Rien ne semblait en effet pouvoir s'opposer alors à la réalisation des rêves ambitieux de Charles VIII. La conquête de l'Italie, accomplie en quatre mois, jeta la terreur dans toutes les contrées voisines, et Bajazet, dont les sujets grecs commençaient à prendre les armes, se disposait à fuir en Asie. Il ne fallait à Charles que de la prudence pour consolider sa facile conquête et en assurer bien d'autres encore ; mais, quoique ce prince ne manquât ni de lumières ni de jugement, il fut enivré par la grandeur et la rapidité de ses succès, et se crut, à vingt-cinq ans, devenu l'égal des plus grands capitaines. Nul d'ailleurs ne se montra moins que lui digne d'avoir eu pour père le plus habile politique des temps modernes. Il mécontenta les seigneurs napolitains en donnant tous les emplois à ses capitaines, et le peuple en ne réprimant pas la licence de ses soldats. Déjà une ligue menaçante se formait derrière lui, et un traité venait d'être signé à Venise (31 mars 1495) entre ce même Ludovic qui avait appelé les Français, les Vénitiens, jaloux de voir s'élever dans la Péninsule une puissance rivale de la leur, le pape Alexandre VI, l'empereur Maximilien, enfin les souverains d'Aragon et de Castille. En même temps, Bajazet, encouragé par les Vénitiens, éteignait dans le sang de quarante mille chrétiens la révolte des Grecs de ses provinces.

Charles, qui ne songeait qu'aux fêtes et aux tournois, et qui se faisait couronner roi de Jérusalem pour ne pas paraître oublier ses projets de croisade, apprit tout à coup la signature de la ligue et l'intention des alliés de lui fermer le retour en France. Aussitôt il part précipitamment, laissant à Naples un faible corps d'armée. Il trouve les confédérés réunis à Fornove ou *Fornoue*, près de Parme, s'ouvre, avec huit mille soldats, un passage à travers cette armée de quarante mille hommes, qui ne peut résister à la *furie française* (5 juillet 1495), et rentre dans son royaume; heureux que ce *voyage eût été,* comme dit Comines, *conduit de Dieu tant à l'aller qu'au retourner; car le chef et les conducteurs ne servirent de guères.*

Peu de temps après le départ du roi de France, Ferdinand II, aidé du fameux *Gonzalve de Cordoue,* fit prisonnier le comte de Montpensier, laissé par Charles à Naples en qualité de vice-roi. A peine quelques débris de son corps d'armée, échappés aux maladies pestilentielles, parvinrent-ils à regagner leur patrie. Cette malheureuse entreprise n'eut ainsi pour la France d'autre résultat que d'y exciter une ardeur insensée pour ces expéditions en Italie qui devaient lui coûter tant de sang.

Charles lui-même n'avait pas quitté l'Italie sans espoir de retour. Il y envoya même quelques troupes, après avoir repoussé l'invasion tentée dans le Languedoc par le roi d'Aragon, en exécution de ses conventions avec les alliés; mais l'argent manquait pour une nouvelle expédition, et le premier ministre du roi, le cardinal *Briçonnet,* qui était peu partisan de cette guerre, ne se hâtait pas de réunir les ressources nécessaires pour la recommencer. Il laissait Charles lui-même l'oublier au milieu des fêtes et des soins qu'il prenait pour faire construire et décorer ses châteaux royaux à l'exemple des édifices qu'il avait admirés en Italie. C'est ainsi qu'il s'occupait à rebâtir le château d'Amboise, lorsqu'il s'y heurta violemment la tête en passant sous une porte trop basse. Il expira quelques heures après, âgé du vingt-huit ans à peine, et vivement regretté de ses sujets, dont il était tellement aimé, que plusieurs, dit-on, moururent de douleur en apprenant sa mort; car si Charles se montra peu habile et *peu entendu,* comme le dit Comines, *il était si bon, qu'il n'était point possible de voir meilleure créature; la plus humaine et douce parole d'homme qui fut jamais était la sienne; car je crois,* ajoute cet historien, *que jamais à homme ne dit chose qui lui dût déplaire.*

Sa femme, la reine Anne de Bretagne, qui lui portait une affection dont il ne s'était pourtant pas toujours montré digne, voulait le suivre au tombeau, et resta trois jours sans qu'on pût lui faire accepter de nourriture. — Elle lui avait donné trois fils et une fille qui moururent en bas âge, de sorte qu'avec Charles VIII s'éteignit la première branche des Valois, qui, en cent soixante-dix ans (1328-1498), avait donné sept rois à la France.

Ramené par la mort successive de tous ses enfants à des mœurs plus réglées et à des habitudes plus sérieuses, Charles VIII rendit les dernières années de sa vie utiles à son peuple, et justifia ainsi l'affection qu'il lui témoigna. Suivant la politique adoptée par sa sœur, il ne convoqua pas une seule fois les États généraux pendant toute la durée de son règne; mais naturellement juste et bon, il réduisit les impôts d'un sixième, malgré les charges occasionnées par la guerre d'Italie, et avait même pris la résolution de les abolir complétement et de se contenter de son domaine; ce qui lui était possible, dit un historien, puisque avec les aides et les gabelles il passait un million de franc (plus de 31 millions d'aujourd'hui, si l'on tient compte à la fois de la différence dans le poids et dans la valeur de la livre d'argent). — Se plaisant à rendre lui-même la justice à ses sujets, à l'exemple de saint Louis, Charles s'appliqua à les faire jouir de tous les avantages qui résultent d'une bonne administration judiciaire. C'est dans ce but qu'il établit à Paris d'une manière fixe (1497), et qu'il compléta le *Grand Conseil*, chargé du jugement des causes les plus importantes, qu'il proscrivit la vénalité des offices de judicature (1493), et qu'il fit commencer la rédaction des *coutumes*, d'après le plan arrêté sous Charles VII, et par les soins des praticiens nommés dans chaque pays par les trois ordres, et assistés de commissaires du roi. Ce premier travail, revu successivement par deux commissions composées des plus habiles jurisconsultes du royaume, à la tête desquels il faut citer le premier président de *la Vacquerie*, recevait ensuite la sanction royale, qui fut ainsi donnée à sept coutumes (1488 et 1497) par Charles VIII, dont les successeurs, jusqu'à Henri IV, continuèrent cette entreprise éminemment utile.

Charles VIII avait aussi conçu, pour la suppression des abus qui s'étaient introduits peu à peu dans la discipline de l'Église de France, des projets dont l'exécution, arrêtée par sa mort prématurée, aurait peut-être préservé la France des malheurs de la *réforme*.

C'est pendant le règne de ce prince qu'eurent lieu les deux plus grandes découvertes des temps modernes, savoir : la découverte de l'*Amérique* par le Génois *Christophe Colomb* (1492), et celle de la route des Indes occidentales par le cap de *Bonne Espérance*, que doubla cinq ans plus tard le Portugais *Vasco de Gama* (1497).

QUESTIONNAIRE. — 194. Quelles circonstances firent confier la régence du royaume à la princesse Anne de Beaujeu, sœur aînée du jeune roi Charles VIII ? — Faites connaître le caractère de la princesse Anne.— Dites en quoi il ressemblait au caractère de son père et en quoi il en différait. — Que fit la princesse Anne pour se concilier le peuple et qui eut-elle pour adversaire ? — 195. Que firent les États généraux assemblés par la princesse Anne ? — Quelle en était la composition ? — Comment l'assemblée se divisa-t-elle et quelles étaient les six nations ou bureaux ? — Quels vœux émirent les États ? — Quelles doctrines furent émises ? — De quelle manière fut voté l'impôt ? — Quels fâcheux effets de la division des États en nations se manifestèrent lors de la répartition de l'impôt ? — Comment la régente les congédia-t-elle ? — 196. Quelle ligue se forma contre Anne de Beaujeu ? — Comment Anne parvint-elle à affaiblir cette ligue ? — Quelle fut la conduite du duc d'Orléans dans ces circonstances ? — Sa révolte fut-elle suivie de succès ? — Comment se termina la guerre folle ? — Quelle bataille mit fin à la coalition formée par Dunois entre le duc d'Orléans et un grand nombre de seigneurs ? — Quelles furent les suites de cette bataille ? — 197. Quelle femme épousa Charles VIII et quel résultat important eut ce mariage ? — Quels ennemis restaient encore à combattre lorsque Charles VIII retira le gouvernement à sa sœur ? — 198. Quels projets belliqueux conçut Charles VIII ? — Par quelles concessions se délivra-t-il de ses ennemis ? — 199. Quels droits prétendait-il avoir sur le royaume de Naples ? — Faites connaître l'état de l'Italie au moment de l'entrée de Charles VII. — Racontez les premiers succès de son expédition en Italie. — Que se passa-t-il à Florence lors de l'arrivée des Français ? — Quel traité fut conclu entre le pape Alexandre VI et Charles VIII. — Quelles étaient les dispositions des Napolitains à l'égard de leurs princes à l'approche du roi de France ? — Comment fut-il reçu à Naples ? — Montra-t-il la prudence nécessaire pour consolider cette conquête ? — Comment mécontenta-t-il les Napolitains ? — Quelle bataille eut-il à livrer pour effectuer son retour en France ? — Que devinrent les troupes françaises restées à Naples ? — Quel résultat eut pour la France cette entreprise ? — Dites les derniers projets de Charles VIII et les regrets qu'excita sa mort. — Quelle branche de la famille royale finit avec Charles VIII ? — Faites connaître les institutions de Charles VIII. — Quel fut le rôle des États généraux sous ce règne ? — Quelles sont les grandes découvertes géographiques qui datent du règne de Charles VIII ?

CHAPITRE VINGT-SIXIÈME.

LOUIS XII.

(1498-1515.)

SOMMAIRE.

200. **Louis XII**, duc d'Orléans, arrière-petit-fils de Charles V, succède à Charles VIII (1498). Il répudie Jeanne de France et épouse Anne de Bretagne (1499), ce qui unit définitivement la Bretagne à la France.
201. **Louis XII** continue les guerres d'Italie. Il se ménage des alliances dans ce pays. Le Milanais, conquis (1499), est recouvré (février 1500), puis de nouveau perdu (avril 1500) par Ludovic Sforza, qui reste captif en punition de l'assassinat de son neveu. Louis XII, allié de César Borgia et du pape, s'unit à Ferdinand le Catholique par le traité de Grenade (11 novembre 1500) pour la conquête de Naples. L'expédition réussit malgré le désastre des flottes française et vénitienne. La mésintelligence fut bientôt suivie d'une guerre entre les Français et les Espagnols, où les Français eurent d'abord l'avantage; mais battus à Cerignola (avril 1503), ils ne purent conserver leurs conquêtes, malgré leur résistance dans Venosa et Gaëte, malgré le secours amené par la Trémouille et la bravoure de Louis d'Ars.
202. Louis signe une trêve avec Ferdinand, puis le triple traité de Blois avec Maximilien, l'archiduc Philippe d'Autriche et le pape Jules II (22 septembre 1504). Le mariage impolitique de la fille de Louis avec Charles d'Autriche est annulé par le troisième de ces traités; il excite en France de graves mécontentements; Louis XII lui-même reconnaît sa faute. Les États généraux de Tours (14 mai 1506) adressent des remontrances au roi par l'organe de l'orateur des États, Thomas Bricot; ils déterminent les fiançailles de François, duc de Valois, avec Claude de France et la rupture du mariage stipulé à Blois est dénoncée à Philippe d'Autriche.
203. Maximilien et Philippe se préparent à la guerre; mais le second meurt laissant deux fils en bas âge. Une ligue se forme contre la France. La seigneurie de Gênes est réunie au domaine royal de France (29 avril 1507) après la révolte des Génois (1507). Les dispositions des étrangers changent à l'égard de la France, et la ligue de Cambrai se forme contre les Vénitiens (10 décembre 1508).
204. Louis XII remporte en personne, sur les Vénitiens, la brillante victoire d'Agnadel (14 mai 1509), suivie de rapides conquêtes.
205. Louis XII s'aliène les Suisses par une économie mal entendue, au moment où le pape Jules II cherchait à chasser les Français d'Italie. Après des hésitations, que l'assemblée de Tours fit cesser (septembre 1510), Louis se décide à faire la guerre au pape, qui est vaincu par Bayard, mais il ne consent pas à traiter au congrès de Mantoue, et malgré les nouveaux succès des Français, Jules II parvient à conclure la Sainte Ligue de Rome (octobre 1511).

206. Gaston de Foix, duc de Nemours, remporte, après plusieurs succès, la victoire de Ravenne, qui lui coûte la vie (11 avril 1512).

207. Les confédérés reprennent courage, et bientôt le Milanais et Gênes sont perdus pour les Français ; les Médicis rentrent à Florence ; la Navarre est enlevée à la maison d'Albret. La situation de la France est critique. Une nouvelle ligue se forme contre elle à Malines (avril 1513). La bataille de Novare (6 juin 1513) est gagnée par les Suisses, qui viennent assiéger Dijon (septembre 1513). La journée des Éperons (16 avril 1513) coûte la liberté à un grand nombre des meilleurs guerriers. La France est sauvée par les discordes de ses ennemis.

208. Louis XII se réconcilie avec le pape Léon X (13 mars 1514). La trêve d'Orléans (17 août) et le traité de Londres (14 septembre 1514) mettent fin à la guerre. Louis XII épouse Marie d'Angleterre (9 octobre 1514). Ce mariage cause sa mort (1er janvier 1515) et l'extinction de la première branche d'Orléans. Claude de France (18 mai 1514), fille de Louis XII, avait épousé François de Valois, qui devait succéder au trône.

209. Louis XII réduit les impôts, solde les gens de guerre, donne un traitement aux juges, réglemente l'Université, favorise le commerce et l'agriculture, rétablit l'ordre dans les finances par une sévère économie, malgré les dépenses de la guerre. Il crée les parlements de Rouen (1499) et d'Aix (1501); fait rédiger plusieurs coutumes et publier celle de Paris ; il régularise le recrutement de l'armée ; organise l'infanterie française.

210. Georges d'Amboise est aumônier de Louis XI et l'ami de Louis XII il est d'abord évêque de Narbonne, puis de Rouen ; c'est un ministre éclairé et sage ; il a supprimé le droit de joyeux avénement secondé toutes les mesures utiles du roi ; devenu cardinal et légat, il meurt en 1510.

211. Le style de la *Renaissance* prévaut en architecture sous l'influence des Italiens. Le palais de justice de Rouen et le château de Gaillon furent construits par ordre du cardinal d'Amboise. Louis XII augmente la bibliothèque. L'essor de la poésie commence à se montrer dans les œuvres de Villon, littérateur de talent, mais cynique.

200. Louis XII (1498). — Louis XII, arrière-petit-fils du roi Charles V, était le plus proche héritier de Charles VIII. Il avait hérité du titre de duc d'Orléans qu'avaient porté son père et son aïeul, ce Louis, duc d'Orléans, époux de *Valentine de Milan,* « par qui le sang italien commença à couler dans les veines de nos monarques et à leur communiquer le goût des arts : race légère et romanesque, mais élégante, brave, intelligente, et qui mêla la civilisation à la chevalerie. » (CHATEAUBRIAND.) Tout le monde connaît la noble réponse qu'il fit aux courtisans qui l'engageaient à se venger de ceux qui s'étaient montrés opposés à lui pendant ses prétentions à la régence (voir ci-dessus, n° 196) : *Ce n'est pas au roi de France,* leur dit-il, *à venger les injures du duc d'Orléans.* Il accorda toute sa confiance à la Trémoille, qu l'avait fait prisonnier à Saint-Aubin (n° 196), en disant : *Si la Trémoille a si bien servi son roi contre moi, j'espère qu'il me servira avec la même affection contre les ennemis de l'État.* — Tout son règne fut une confirmation de ces sentiments généreux (voir n° 209). — Une seule des actions de Louis XII dépare le portrait avantageux que font de lui ses historiens ; c'est son divorce avec la malheureuse *Jeanne de France*, fille de Louis XI. Ce dernier, en lui faisant épouser malgré lui (1496) cette princesse douce et spirituelle, mais contrefaite, avait bien compté *que les enfants qu'ils auraient ensemble ne coûteraient pas cher à nourrir*. Ils n'en eurent point en effet, et ce fut le motif que Louis XII, oubliant l'attachement sans bornes que Jeanne lui avait témoigné dans ses malheurs, employa pour faire déclarer nul son mariage par le pape Alexandre VI ; et tandis que cette épouse infortunée allait ensevelir au fond d'un monastère de Bourges la douleur que lui causaient ses mépris et son ingratitude, il épousait au château de Nantes (8 janvier 1499) la veuve de son prédécesseur, Anne de Bretagne, dont la succession, malgré les restrictions exigées par cette princesse, devait être ainsi définitivement assurée à la couronne.

201. Partage de Naples avec les Espagnols et acquisition de Milan. — Louis XII, dès le jour de son sacre (27 mai 1498), avait pris les titres de *roi de France, roi des Deux-Siciles et de Jérusalem, et duc de Milan*, annonçant ainsi à l'avance ses projets sur l'Italie. Il avait en effet plus d'un motif pour se laisser entraîner à continuer ces guerres fatales. Il voulait reconquérir le royaume de Naples, possédé un instant par Charles VIII ; mais il tenait plus encore à faire valoir les droits héréditaires qu'il tenait de son aïeule, Valentine Visconti, sur le duché de Milan. Après s'être assuré des bonnes dispositions des princes qui auraient pu traverser son entreprise, il se fit en Italie des alliés des puissances mêmes que son prédécesseur avait eues pour ennemies, des Vénitiens, du pape, des Florentins et du duc de Savoie, qui livra passage à son armée (1499). Elle fit en vingt jours la conquête du Milanais, dont Louis XII vint prendre possession à Milan (6 octobre 1499), tandis que le duc Ludovic Sforza, dit *le More*, s'enfuyait dans le Tyrol. Ce dernier parvint toutefois, à la faveur d'un soulèvement excité par la licence des soldats français, à reconquérir son duché (février 1500) ; mais ce ne fut que pour le reperdre deux mois après (avril 1500). Attaqué par une armée de vingt mille hommes, que commandaient la Trémoille et le cardinal *Georges d'Amboise*, archevêque de Rouen et premier ministre de Louis XII (n° 210), Ludovic fut livré aux Français par les Suisses mercenaires, qui formaient près de la moitié des deux armées, et alla expier, dans une captivité de dix ans, qui ne se termina que par sa mort, l'assassinat et la spoliation dont il s'était rendu coupable à l'égard de son neveu. Ce dernier avait laissé un fils qui fut aussi emmené en France par Louis XII, et mourut abbé de Marmoutiers. Malgré toutes ces précautions, Louis ne réussit pas à empêcher la famille Sforza de remonter sur le trône de Milan (voir 207).

La facilité de cette première conquête encouragea Louis à recommencer aussi celle du royaume de Naples. Il avait un nouvel et puissant allié dans César Borgia, fils d'Alexandre VI, qu'il avait, en reconnaissance du consentement donné par le pape à son divorce, aidé à établir sa domination dans la Romagne; de plus, il était assuré de la coopération du roi d'Espagne, Ferdinand le Catholique, avec lequel il était convenu, par un traité signé à *Grenade* (11 novembre 1500), de partager ses conquêtes: enfin, après s'être emparé du royaume de Naples, les alliés devaient passer en Grèce pour aller attaquer le sultan des Turcs, Bajazet, qui menaçait alors l'Italie. Le pape fit même décréter dans toute la chrétienté, pour subvenir aux frais de cette nouvelle croisade, un impôt d'un décime, dont le produit fut très-considérable, mais ne servit qu'à payer l'expédition de Naples.

Cette conquête fut presque aussi rapide que celle du Milanais. Tandis que le gros de l'armée, sous le commandement de *d'Aubigny*, traversait sans obstacle toute l'Italie centrale, où César Borgia se joignit à elle, la flotte française, partie de Toulon sous les ordres de *Philippe de Ravestein*, portait à Naples six mille hommes de troupes de débarquement. Le souverain de ce pays, Frédéric, successeur de Ferdinand II, n'ayant aucun soupçon du traité signé secrètement entre les rois de France et d'Espagne, avait appelé à son secours une armée espagnole, commandée par Gonzalve de Cordoue. Se voyant trahi, il voulut s'enfuir; mais il fut fait prisonnier et conduit en France, où il mourut en captivité. Les confédérés restèrent maîtres de ses Etats. Mais tandis que la flotte de Ravestein, de concert avec celle des Vénitiens, faisait voile pour les côtes de la Grèce, où toutes deux furent abîmées par les tempêtes, des difficultés s'élevèrent entre les Français et les Espagnols au sujet du partage des provinces conquises en commun, et firent reconnaître à Louis XII la gravité de la faute qu'il avait commise en s'associant à son plus dangereux rival.

La guerre éclata bientôt entre eux et fut d'abord à l'avantage des Français ; mais leur alliance avec César Borgia, qui se faisait détester par ses crimes, les rendit odieux en Italie, et le duc de Nemours, *Louis d'Armagnac*, envoyé à Naples comme vice-roi par Louis XII, se laissa amuser par des négociations perfides qui donnèrent à Gonzalve le temps de recevoir des renforts. D'Aubigny fut battu et chassé de la Calabre. *La Palisse* fut fait prisonnier après des exploits à peine croyables et qui ont rendu son nom populaire ; enfin le duc de Nemours lui-même, qui avait attaqué à *Cerignola* Gonzalve, retranché dans une position inexpugnable (avril 1503), perdit la bataille avec la vie. C'était le fils de ce Jacques d'Armagnac décapité en 1477 (voir n° 184), et le dernier héritier de cette illustre maison, qui avait suscité tellement de troubles en France que son extinction y dut causer peu de regrets.

Chassés de Naples, les Français ne conservèrent plus que deux forteresses, où les débris de leur armée se rassemblèrent, sous le commandement du brave capitaine *Louis d'Ars*, à Venosa, et du nouveau vice-roi, le marquis de Saluces, à Gaëte. Ils prolongèrent leur défense avec assez de vigueur et de succès pour permettre à Louis XII d'envoyer à leur secours une nouvelle armée, sous le commandement de la Trémoille ; mais, quoique ce général soit appelé par l'historien Guichardin, son admirateur, *le plus grand capitaine du monde*, il ne put réussir à forcer Gonzalve sur la ligne du Garigliano, dans les marais duquel son armée contracta des maladies, qui, après plus de deux mois d'inutiles tentatives, le décidèrent à faire retraite. Malgré des efforts inouïs et des actes de bravoure tels que ceux de *Bayard, le chevalier sans peur et sans reproche*, qui soutint seul, sur un pont, l'attaque de deux cents Espagnols, l'armée fut bientôt mise en pleine déroute ; ses débris cherchèrent un asile à Gaëte, où ils obtinrent, par une capitulation, la liberté de regagner la France, tandis que le vaillant Louis d'Ars, qui s'était maintenu dans Venosa, refusant d'accéder à cette capitulation, s'ouvrit, avec une poignée d'intrépides guerriers comme lui, une route glorieuse à travers toute l'Italie, jusqu'au sein de sa patrie.

262. Traités de Blois. — Les revers de Louis XII lui avaient enlevé tous ses alliés, à l'exception des Florentins ; car le pape Alexandre était mort (18 août 1503), et son successeur, *Jules II*, était ennemi de la France. Désirant terminer une guerre si funeste, Louis conclut une trêve de trois ans avec le roi d'Espagne, Ferdinand, auquel la paix était nécessaire pour consolider sa domination à Naples, et signa à *Blois* (22 septembre 1504), avec l'empereur Maximilien et son fils l'archiduc Philippe d'Autriche, auquel le pape consentit à se réunir, trois traités ayant pour but : 1° une ligue contre les Vénitiens ; 2° l'investiture du duché de Milan, accordée par l'empereur à Louis XII, tant pour lui que pour ses héritiers mâles directs, et, à leur défaut, pour sa fille *Claude* de France ; 3° enfin, le mariage de Charles, fils de l'archiduc Philippe, et petit-fils de l'empereur Maximilien (qui devait être le fameux Charles-Quint), avec cette même princesse Claude, à laquelle Louis assurait en dot les duchés de Milan, de Gênes et d'Asti, celui de Bretagne, l'héritage de sa mère, celui de Blois, et même celui de Bourgogne, s'il venait lui-même à mourir sans enfants mâles. — Peu de temps après (12 octobre 1505), Louis signait avec le roi d'Espagne, Ferdinand, un autre traité, par lequel il lui donnait en mariage sa nièce, *Germaine de Foix*, et lui abandonnait, comme dot de cette princesse, tous ses droits sur le royaume de Naples.

La connaissance de ces divers traités excita en France un mécontentement universel. L'époux que toutes les convenances politiques indiquaient pour la princesse Claude, fille de Louis XII et d'Anne de Bretagne, était *François*, duc de Valois, neveu du roi, et héritier présomptif du trône ; mais la reine haïssait mortellement la comtesse d'Angoulême, mère de ce jeune prince, et, de plus, elle cherchait à éloigner le moment de la réunion définitive de sa chère Bretagne à la couronne de France. — Louis XII lui-même n'avait pas tardé à reconnaître que le mariage qu'il avait stipulé pour sa fille au traité de Blois était contraire aux intérêts de la France, et dans une maladie qu'il fit peu de temps après (avril 1505), il avait, par son testament, ordonné à sa fille d'épouser son cousin le duc de Valois. Revenu à la santé, il réunit à *Tours* (14 mai 1506), les Etats généraux, où le même vœu lui fut exprimé au nom de la nation.

« Les députés, par la bouche d'un docteur de Paris, nommé maître *Thomas Brico*, firent remontrer audit seigneur roi, en langage françois, comment ils étoient venus vers lui en toute humilité et révérence pour lui dire aucunes choses concernant grandement le bien de sa personne, l'utilité et profit de son royaume et de toute la chrétienté, assavoir, que au mois d'avril de l'an passé, il avoit été moult grièvement malade, dont tous ceux de son royaume avoient été en grand souci, craignant de le perdre, connoissant les grands biens qu'il avoit faits en plusieurs choses singulières ; assavoir, pour la première, qu'il avoit maintenu son royaume et son peuple en si bonne paix que par le passé n'avoit été en plus grande tranquillité, et tellement que les poules portoient le bacinet (casque) sur la tête... secondement qu'il avoit réformé la justice de son royaume et mis de bons juges partout... et, pour ces causes et autres qui seroient longues à réciter, il devoit être appelé le roi Louis douzième, *père du peuple*. Et après, ledit Brico et tous ceux desdits États se mirent à genoux, et dit icelui Brico : Sire, nous sommes ici venus sous votre bon plaisir pour vous faire une requête pour le général bien de votre royaume, qui est telle que vos très-humbles sujets vous supplient qu'il vous plaise de donner madame votre fille unique (elle eut plus tard une sœur qui fut mariée au duc de Ferrare) en mariage à monsieur François, ici présent, *qui est tout François*, disant, outre plusieurs belles paroles qui émurent le roi et les assistants à pleurer. » — Le roi, qui avait peut-être suggéré cette démarche des États, ne se borna pas à leur accorder leur requête ; huit jours après (21 mai), il fit célébrer, en leur présence, les fiançailles des deux jeunes époux, et exigea des députés, ainsi que des princes et barons de son royaume et du duché de Bretagne, le serment que : « Si le cas advenoit qu'il allat de vie à trépas sans avoir lignée masculine, ils feroient accomplir ledit mariage et tiendroient ledit sieur de Valois leur vrai roi, prince et souverain seigneur. » En même temps, il signifia à l'archiduc Philippe, père du jeune Charles d'Autriche, que le serment fait par lui, à Reims, lui défendait de consentir ni de permettre la diminution du royaume.

Ce manque de foi, conseillé par la politique, allait devenir la cause d'une nouvelle guerre.

203. Ligue de Cambrai. — L'empereur Maximilien, aïeul du prince Charles d'Autriche, ne fut pas moins indigné que l'archiduc Philippe de la rupture du mariage projeté, et tous deux se préparaient à prendre les armes contre

Louis XII, lorsque Philippe mourut (25 septembre 1506), laissant deux fils en bas âge : Charles héritier des Pays-Bas, où il fut élevé par sa tante Marguerite, qui gouverna pendant sa minorité, et Ferdinand. Leur mère, Jeanne, reine de Castille, étant devenue folle de la douleur que lui causa la mort de son mari (du moins suivant l'opinion la plus accréditée), son père, Ferdinand le Catholique, prit le gouvernement de ses Etats. Tandis que ce prince et Maximilien continuaient les préparatifs de guerre commencés contre Louis XII, le pape et les Vénitiens firent révolter la ville de Gênes, alors soumise à la domination de la France. Les Français, surpris à l'improviste, furent massacrés dans les rues, et le reste de la garnison assiégé dans la citadelle (1507).

A cette nouvelle, Louis, comprenant la nécessité d'effrayer ses ennemis par l'énergie de ses mesures, franchit rapidement les Alpes à la tête d'une armée de cinquante mille hommes, appelle à lui les troupes auxiliaires de ses alliés, les ducs de Savoie, de Ferrare, et le marquis de Mantoue, force les passages des Apennins, réduit la ville de Gênes à se rendre à merci, fait trancher la tête aux instigateurs de la révolte, impose au reste des citoyens une énorme rançon, déclare la constitution républicaine abolie, et la seigneurie de Gênes réunie au domaine royal de France (29 avril 1507). Cet acte de rigueur jette la terreur parmi les ennemis de la France ; le pape recherche son alliance, que Louis s'empresse d'accepter ; le roi d'Espagne, pour mettre dans ses intérêts le cardinal d'Amboise, lui promet d'appuyer ses prétentions au trône pontifical ; les Vénitiens eux-mêmes se déclarent pour la France contre Maximilien ; toutefois, Louis XII ayant refusé de les aider à s'emparer de Trente, ils abandonnèrent son parti pour se réconcilier avec l'empereur. Celui-ci, qui les haïssait, les trahit bientôt à son tour, et proposa au roi de France de mettre à exécution le traité signé à Blois contre cette république, dont les immenses richesses, la haute prospérité commerciale, la puissance maritime et les nombreuses possessions excitaient la jalousie et la cupidité de tous ses voisins. Le pape, l'empereur, le roi d'Aragon, les ducs de Ferrare et de Savoie et le marquis de Mantoue accédèrent à la ligue signée contre les Vénitiens, à *Cambrai* (10 décembre 1508), par la gouvernante des Pays-Bas, Marguerite d'Autriche, au nom de l'empereur, son père, et du roi d'Espagne, et par le cardinal d'Amboise, comme premier ministre du roi de France et chargé des pouvoirs du pape. L'objet que se proposaient les confédérés était d'envahir et de se partager les domaines considérables que les Vénitiens possédaient en terre ferme.

204. Victoire d'Agnadel. — Louis XII, ayant franchi les Alpes (avril 1509) et traversé son duché de Milan, parut le premier sur les terres de la république. La honteuse permission qu'il avait vendue aux Florentins, de se remettre en possession de Pise soustraite à leur domination par Charles VIII, lui avait procuré de quoi fournir aux frais de la guerre sans pressurer ses sujets. Bientôt il gagna sur les Vénitiens (14 mai 1509) la sanglante bataille d'*Agnadel*, qui coûta quatorze mille hommes aux ennemis et moins de cinq cents aux Français. Louis XII y signala sa bravoure, et dit à ceux de ses courtisans qui le blâmaient de s'exposer trop : *Quiconque a peur se mette derrière moi*. Cette brillante victoire eut pour conséquence la rapide conquête des villes et territoires que le traité de partage fait à l'avance assignait au roi de France. Louis, l'ayant achevée en dix-sept jours, rentra en triomphe à Milan, et revint ensuite en France. Il laissait la Palisse et Bayard pour auxiliaires à ses alliés, qui durent leurs succès aux siens, à l'exception toutefois de Maximilien, qui, s'étant mis trop tard en campagne, échoua honteusement devant Padoue.

205. Sainte Ligue. — Venise cependant n'avait pas perdu courage : elle était assez riche pour acheter de nouvelles troupes mercenaires en remplacement de celles qui avaient péri à Agnadel, et, retranchée dans ses inexpugnables lagunes, elle attendait, pour reprendre ce qu'on lui enlevait, le moment nécessairement peu éloigné où la diversité des intérêts viendrait rompre une ligue contre nature. La politique de ceux qui la gouvernaient était trop habile, en effet, pour qu'ils n'eussent pas compris que les prétentions rivales des empereurs et des rois de France sur l'Italie ne leur permettraient jamais de rester longtemps unis. Depuis que l'avénement presque consécutif de six princes de la puissante maison d'Autriche au trône impérial semblait avoir changé le titre nominal d'empereur en une souveraineté héréditaire et véritable, la suzeraineté également nominale que les empereurs avaient précédemment exercée sur l'Italie, où il leur fallait d'ailleurs aller recevoir la couronne impériale, tendait aussi à devenir une domination réelle. Mais la France avait l'intérêt le plus direct à empêcher l'accroissement démesuré de cette puissance, qui, à l'aide des liens qui lui rattachaient l'Espagne, pouvait menacer l'Europe d'une domination unique et sans contre-poids. Or, elle ne pouvait l'empêcher qu'en fermant aux empereurs l'accès de l'Italie ; ce qui lui était facile en restant unie avec les Suisses, gardiens naturels des Alpes, et avec les Vénitiens, seuls capables de défendre le cours de l'Adige et des autres vallées par lesquelles l'Allemagne communique avec l'Italie. Louis XII, il est vrai, ne comprit pas cette utile politique, et, à la première faute qu'il avait faite en aidant Maximilien à s'établir aux dépens des Vénitiens dans l'Italie septentrionale, il en ajouta bientôt une seconde en s'aliénant les Suisses, qui réclamaient une augmentation de subsides, et dont il repoussa les exigences par ces paroles outrageantes : *Il est incroyable que de misérables montagnards, à qui l'or et l'argent étaient inconnus avant que mes prédécesseurs leur en donnassent, prétendent faire la loi à un roi de France.* Cette malencontreuse économie devait lui coûter cher.

Le pape Jules II, qui, depuis qu'il avait reconquis sur Venise les ports de la Romagne, avait repris son projet favori de chasser les Français de l'Italie, se rapprocha des Vénitiens, fit alliance avec les Suisses, et obtint des secours du roi d'Espagne en lui accordant l'investiture du royaume de Naples. Louis XII n'avait plus d'alliés en Italie que le duc de Ferrare, persécuté par le pape, et Maximilien, qui lui restait attaché par intérêt. Néanmoins le maréchal *Chaumont d'Amboise* obtint encore quelques succès contre les Vénitiens, et força les Suisses, qui avaient fait une invasion dans le Milanais, à regagner leurs montagnes. Mais Louis craignait encore de s'engager dans une guerre contre le pape. Il venait de perdre (25 mai 1510) son ministre favori, le cardinal d'Amboise, auquel sa bienfaisance et son désintéressement (n° 210) ont fait pardonner les fautes de sa politique extérieure ; cette perte rendait le roi plus incertain encore. « C'est ce qu'ont de fâcheux, dit Bossuet, les guerres qu'on a à soutenir contre l'Eglise : elles font naître des scrupules non-seulement dans les esprits faibles, mais même en certains moments dans les forts. » Une assemblée de prélats et de docteurs, tenue à Tours (septembre 1510), rassura la conscience de Louis, et le maréchal de Chaumont reçut ordre de marcher au secours du duc de Ferrare, dont les Etats venaient d'être confisqués par le pape. Jules II, vaincu par Bayard, fut contraint à se retirer.

Cependant Maximilien avait convoqué à *Mantoue* un congrès pour la pacification de l'Italie. Louis y fit les propositions les plus modérées ; mais le pape, déterminé à expulser de l'Italie les *Barbares,* rendit inutiles les efforts des deux souverains. Le roi de France, irrité de la violence de cette opposition, fait décréter par une assemblée du clergé français la convocation d'un concile général à Pise, et ordonne à *Trivulzio,* qui avait remplacé Chaumont, mort deux mois auparavant, de pousser la guerre avec vigueur. Forcé de fuir à Bologne, qui s'insurgea contre lui (21 mai 1511), le pape voit de nouveau son armée mise en pleine déroute, et s'enfuit précipitamment devant les Français, qu'il croit déjà maîtres de Rome. Mais Louis, qui n'avait d'autre désir que d'amener Jules II à faire la paix, donne ordre à Trivulzio de ramener son armée en Lombardie. — Ces ménagements ne firent que rendre le pape plus inflexible. Il mit en interdit la ville de Pise, où s'était rassemblé le concile, qui se retira alors à Milan ; il excommunia ceux qui prenaient part à ce concile, en convoqua lui-même un à Saint-Jean de Latran, et réussit, à force d'adresse, à faire signer contre les Français (octobre 1511) une *sainte ligue* dans laquelle entrèrent avec lui les Vénitiens, les Suisses, Ferdinand le Catholique, qui voulait s'emparer de la Navarre, et à laquelle accéda secrètement le roi d'Angleterre Henri VIII, qui comptait avoir pour sa part la Guyenne.

206. Victoire et mort de Gaston de Foix a Ravenne. — Louis XII, n'avait plus d'autre allié que Maximilien, qui se préparait à l'abandonner aussi : menacé en Italie par les confédérés, en Bourgogne par les Suisses, au nord par Marguerite d'Autriche, vers les Pyrénées par les Espagnols et les Anglais, ayant de plus à combattre le préjugé qui voyait en lui l'ennemi de l'Eglise, il expiait ainsi son imprudence et les fautes de sa politique. Cependant la brillante valeur d'un nouveau duc de Nemours, *Gaston de Foix,* neveu de Louis XII, qui remporte sur les confédérés les victoires de *Bologne,* de *Brescia* et de *Ravenne,* retarde quelque temps la perte du Milanais ; mais ce héros de vingt-trois ans succombe à la glorieuse journée de *Ravenne,* au milieu même d'un triomphe chèrement acheté (11 avril 1512). *Plût à Dieu que mes ennemis eussent gagné une pareille bataille!* dit le roi en en recevant la nouvelle ; *ils seraient bientôt perdus sans ressources.*

207. Perte de l'Italie. — Avec Gaston périt en effet la

fortune de Louis XII. Les confédérés, un moment épouvantés de leurs désastres, appellent les Suisses dans le Milanais, et l'empereur lui-même, infidèle à son alliance, aide le jeune Maximilien Sforza, fils de Ludovic le More (voir 204), à rentrer en possession du duché de Milan, que la Palisse, successeur de Gaston, est contraint d'évacuer en laissant seulement des garnisons dans quelques forteresses. En même temps les Génois de nouveau révoltés contre la France, s'affranchissent de sa domination, les Médicis rentrent dans Florence, et la maison d'Albret est punie de son alliance avec le roi de France par la perte de la portion espagnole de son royaume de Navarre, qui est conquise par Ferdinand le Catholique. Bientôt même les Espagnols franchissent les Pyrénées, et Louis XII, attaqué de nouveau sur toutes ses frontières, se voit encore menacé par la moitié de l'Europe conjurée contre lui.

La grandeur du péril n'effraya ni la France ni son souverain. N'ayant d'autre allié que le roi d'Ecosse, il espère encore tenir tête au pape, à l'empereur, aux Suisses et aux deux rois d'Espagne et d'Angleterre, qui renouvellent à *Malines* (avril 1513) leur ligue contre lui. Déjà les Vénitiens s'étaient séparés d'eux, et une armée française, envoyée en Italie sous le commandement de la Trémoille, avait repris le Milanais; mais la France paya cher ces succès d'un moment. La Trémoille fut défait à *Novare* (6 juin 1513) par les Suisses, qui chassèrent les Français du Milanais et vinrent bientôt, réunis aux Francs-Comtois et soutenus par la cavalerie et l'artillerie allemandes, mettre le siége devant Dijon (septembre 1513). Au nord de la France, l'empereur Maximilien, à la tête de ving-trois mille Allemands, et réuni au roi Henri VIII, débarqué à Calais avec trente mille Anglais, venait de surprendre une armée française à *Enguinegatte,* près de Saint-Omer. Cette fatale *journée des Eperons* (16 août 1513), qui, comme l'indique son nom, fut moins une bataille qu'une déroute, coûta la liberté à Dunois, Bayard et la Palisse, qui, après avoir fait les plus grands efforts pour rallier les fuyards, tombèrent entre les mains des ennemis. Enfin la défaite et la mort du roi d'Ecosse, Jacques VI, à la sanglante bataille de *Flodden-Field* (1513), laissa la France sans alliés. Elle était donc menacée de nouveau des plus grands dangers, lorsque, heureusement pour elle, la discorde éclata parmi ses ennemis. La Trémoille sauva Dijon en éloignant à prix d'argent les Suisses, qu'un sacrifice fait plus à propos eût conservés pour alliés à la France.

208. Traités de paix. — Enfin des négociations habilement conduites amenèrent la réconciliation du roi avec le pape *Léon X*, successeur de Jules II, et qui n'avait pas la même haine que lui contre la France (13 mars 1514). L'abandon du Milanais à Sforza et celui de la Navarre à Ferdinand disposèrent aussi ce dernier prince et l'empereur Maximilien à traiter avec Louis XII; enfin Henri VIII, voyant tous ses alliés le quitter, consentit à signer la *trêve d'Orléans* (17 août 1514), suivie bientôt (14 septembre) du *traité de Londres*, par lequel le roi de France abandonnait toutes ses conquêtes.

Tel fut le déplorable résultat des guerres de Louis XII, qui ne manquait pourtant, ainsi qu'on l'a vu, ni de courage personnel, ni de généraux habiles, ni de braves guerriers. Ce qui le fit échouer, comme Charles VIII, dans toutes ses entreprises, ce fut le peu d'habileté de sa politique et le peu de soin qu'il mit à s'assurer ou à conserver d'utiles alliances et particulièrement celle des Suisses, qu'il s'aliéna par une économie mal entendue. — A ces mauvais succès on ne trouve d'autres compensations que les avantages qui résultèrent pour la France de son contact avec la brillante civilisation de l'Italie (voir ci-après n° 211), et peut-être aussi le nouvel affaiblissement que firent éprouver à la féodalité ces funestes entreprises dont les désastres frappèrent sur elle bien plus que sur le peuple.

Louis XII, devenu veuf (9 janvier 1514) d'Anne de Bretagne, scella son traité de réconciliation avec Henri VIII en épousant (9 octobre 1514) sa sœur *Marie*, la seule princesse anglaise qui soit devenue reine de France sous la troisième race. Mais ce mariage avec une femme de seize ans devint fatal à Louis, âgé de près de cinquante-trois ans, et qui pour complaire à sa jeune épouse changea toutes ses habitudes. « Car où il souloit dîner à huit heures, dit l'historien de Bayard, il convenoit qu'il dînât à midi; où il souloit se coucher à dix heures du soir, souvent il se couchoit à minuit. » Son faible tempérament n'y put résister : il périt d'une maladie violente moins de trois mois après son mariage (1er janvier 1515), et emporta dans la tombe les regrets de tous ses sujets, qui lui confirmèrent pendant ses funérailles, le beau nom de *Père du peuple*.

Louis XII ne laissait pas d'héritier mâle, et fut ainsi le

premier et le dernier roi de la *première branche d'Orléans,* la troisième de la race des Capétiens.

La princesse Claude, l'aînée des deux filles que lui avait données la reine Anne, avait épousé (18 mai 1514), quatre mois après la mort de sa mère, le duc de Valois François, qui devait succéder à Louis XII, et consommer ainsi la réunion définitive du duché de Bretagne à la couronne de France.

209. Administration bienfaisante du père du peuple. — Si les guerres de Louis XII furent désastreuses pour la France, il en répara les maux par une administration sage et éclairée qui lui valut le beau nom de *Père du peuple.* Louis XII réduisit les impôts à la moitié de ce qu'ils étaient sous Louis XI; il donna une solde aux gens de guerre, afin qu'ils n'eussent aucun prétexte pour faire subir à ses sujets des vexations, qu'il réprima sévèrement; il donna aussi des traitements aux juges, afin de les rendre plus inaccessibles à la corruption, et soumit les magistrats à des examens et à des tribunaux de censure. Il fit un grand nombre de règlements pour l'administration de la justice et pour rétablir l'ordre parmi les membres de l'Eglise et de l'Université, qui abusaient souvent de leurs priviléges pour troubler l'Etat. Il favorisa de tout son pouvoir le commerce, que développa la sûreté rendue aux routes, l'agriculture qui remit en valeur plus du tiers des terres du royaume. Enfin Louis XII eût été un souverain accompli, si, à l'exemple de Charles VIII, il ne s'était laissé entraîner par la passion des conquêtes à tant de stériles expéditions : encore doit-on lui rendre cette justice, qu'à la suite même de ses entreprises les plus ruineuses, il ne rétablit jamais les impôts qu'il avait supprimés. Pour toute réponse aux railleries qu'on se permettait à sa cour sur sa sévère économie, il disait : *J'aime mieux voir les courtisans rire de mes épargnes que de voir le peuple pleurer de mes dépenses.* Il avait mis dans ses armes un essaim d'abeilles avec cette devise : *Non utitur aculeo rex cui paremus* (1).

Ajoutons que ce fut Louis XII qui érigea en parlement (1499) la cour souveraine de Normandie, nommée jusqu'alors l'*Echiquier*, et qui créa le parlement d'*Aix* ou de Provence (1501). Il fit aussi continuer la rédaction et la publi-

---

(1) On sait que la reine des abeilles n'a pas d'aiguillon.

cation des coutumes, et particulièrement celle des *prévôté et vicomté de Paris,* qui est regardée avec raison comme un progrès accompli dans la législation du royaume. — Les États généraux de Tours (1506) sont les seuls qui furent assemblés pendant ce règne de dix-sept ans; encore ne durèrent-ils que huit jours; mais ceux des provinces connues sous le nom de *pays d'États* paraissent l'avoir été plus régulièrement pour s'occuper du vote annuel des impôts, auxquels s'ajoutaient de temps à autre quelques *crues* pour les dépenses de la guerre. Du reste, la politique restait étrangère à leurs délibérations, et l'on ne voit même pas qu'ils aient émis aucun vœu contre les guerres imprudentes entreprises par le roi. C'est que, toutes regrettables qu'elles furent, elles ne pesaient guère sur la France, qui, depuis la fin du règne de Louis XI, n'avait pas vu un seul ennemi sur son territoire. La haute paye que recevaient les soldats et l'espoir du butin suffisaient à recruter l'armée, et la sévère économie du roi à la défrayer. Mais, quoique les volontaires ne manquassent pas, Louis XII ne parvint qu'avec la plus grande peine à organiser l'*infanterie française,* sur le modèle de cette infanterie suisse qui, depuis un demi-siècle, avait décidé le succès des batailles, en dépit du mépris des *gens d'armes,* qui combattaient toujours à cheval. Ce ne fut pas sans répugnance, ni sans de vives instances et de grandes promesses de la part du roi, que les gentilshommes consentirent à entrer dans ce corps, qui devait faire désormais la force des armées.

210. LE CARDINAL D'AMBOISE. — Les bienfaits de l'administration de Louis XII sont dus en grande partie à son digne et fidèle ministre, *Georges d'Amboise.* Né en 1460, au château de Chaumont, près d'Amboise, et devenu de bonne heure l'un des aumôniers du roi Louis XI, il s'était attaché, fort jeune encore, à la fortune du duc d'Orléans, qui avait obtenu pour lui, sous Charles VIII, les titres de prince archevêque de Narbonne, puis de Rouen, et enfin de lieutenant général de la Normandie. Louis XII en fit son premier ministre, et trouva en lui un auxiliaire aussi habile que dévoué. Georges d'Amboise se fit chérir du peuple dès les premiers jours de son gouvernement en supprimant le droit de *joyeux avénement,* et sa popularité, égale à celle de Louis XII lui-même, ne fit que s'accroître par l'exercice éclairé et bienfaisant du pouvoir. S'il eut le tort grave de favoriser le goût du roi pour les guerres étrangères, il s'associa à toutes ses vues d'économie et de réforme, et doit partager la gloire de toutes les utiles mesures prises par ce prince. Il reçut du pape Alexandre VI la dignité de cardinal, et fut nommé légat de la cour de Rome en France. Le cardinal d'Amboise précéda de plusieurs années le roi dans le tombeau (1510).

211. COMMENCEMENT DE LA RENAISSANCE DES ARTS. — Les guerres d'Italie, si fatales d'ailleurs et si ruineuses pour la France, eurent du moins l'avantage de donner une vive impulsion à la renaissance des arts dans notre patrie. Le contact prolongé avec une civilisation déjà florissante, la vue des chefs-d'œuvre que l'architecture, la peinture, la sculpture, multipliaient au delà des Alpes, ne pouvaient manquer de développer le goût du beau chez nos compatriotes.

L'architecture, qui avait remplacé au quinzième siècle, par la recherche un peu exagérée du gothique flamboyant, la noble et grandiose simplicité du pur style ogival, se préparait, sous Louis XII, aux gracieuses productions de la *renaissance*. Des artistes italiens, dont le plus célèbre est *Giocondo*, constructeur du pont Notre-Dame, embellissaient les palais et les châteaux du roi et de son ministre. Le palais de justice de Rouen, type de cette architecture intermédiaire où s'unissent avec tant de grâce les hardiesses du genre ancien et les ornements du genre nouveau, le château de Gaillon, véritable chef d'œuvre d'élégance, doivent leur origine et leurs plans au cardinal d'Amboise.

Le siècle de François Ier était préparé.

Le règne de Louis XII est encore signalé par un progrès notable des lettres, que secondèrent les encouragements éclairés du roi et de son ministre.

Tandis que Louis XII composait une nombreuse bibliothèque de manuscrits anciens, tandis que le Grec Lascaris, le Français Buddée restauraient les études classiques, que Comines, désormais étranger aux affaires, écrivait ses précieux *Mémoires*, ce monument si remarquable de la prose française (n° 188), la poésie, sortie des châteaux et des cours féodales pour devenir populaire, se montrait sous un aspect tout nouveau dans les œuvres de *Villon* (m. v. 1500), qui sut le premier, dit Boileau,

> Débrouiller l'art confus de nos vieux romanciers.

Véritable enfant de Paris, vivant au hasard, fripon moitié

par besoin et moitié par espièglerie d'esprit, toujours entre la faim et la prison, sauvé de la potence par la clémence de Louis XI qui l'affectionnait, mais ne perdant jamais ni sa gaieté ni son génie, Villon est toujours prêt à rimer une ballade, seule monnaie de bon aloi dont il ne fût jamais pauvre. Il rime au cabaret, il rime dans un cachot, il rime son épitaphe comme il a rimé ses amours; la perspective du gibet de Montfaucon lui inspire des vers dans lesquels l'insouciance du poëte et la malice du satirique se mêlent à la plus effrayante énergie, et, trop souvent, à une immoralité effrontée, à une impiété cynique. Il espère, toutefois, que ses *frères humains,* quant ils le verront au haut de sa potence, *lavé de la pluie, desséché par le soleil, et poussé çà et là par le vent, déjà cendre et poudre,* prieront le Seigneur *qu'il le veuille absoudre;* car enfin tous *n'ont pas le sens rassis,* et lui surtout n'a eu de bon sens que le peu *que Dieu lui a prêté,* n'ayant pu, *et pour cause,* en emprunter à ses contemporains. Du reste, dans cette nature si désordonnée, si triviale, se rencontre un art exquis : la rime, jusque-là fort négligée, est, chez lui, heureuse et riche; enfin la gracieuse et mélancolique ballade qui a pour refrain le vers :

Mais où sont les neiges d'antan?

est un exemple de l'habileté avec laquelle il manie le refrain, difficulté et mérite principal de ce genre de poésie.

Ce fidèle représentant de l'esprit libre, frondeur et caustique, de notre vieille France, eut de nombreux successeurs que nous ne nommerons pas ici ; mais nous tirerons, avec un savant et ingénieux littérateur, une conséquence de leur nombre et de leurs productions variées. « Il n'y avait pas alors d'hommes de génie, il n'y avait pas de vraie poésie, mais un goût très-vif des plaisirs de l'esprit. Cela ne fait pas époque dans l'histoire des arts ; mais c'est une circonstance remarquable de la civilisation du temps. Les intelligences ont gagné, le sentiment des arts se répand, le langage a quelque chose de plus fin ; mais rien de grand et d'original, aucune de ces créations qui frappent si vivement en Italie, et que semble favoriser la vivacité première d'une littérature naissante. » (M. VILLEMAIN.)

QUESTIONNAIRE. — 200. A quel titre Louis XII succéda-t-il à Charles VIII?—Faites connaître sa belle réponse à ceux qui l'excitaient à se venger de ses anciens ennemis. — Comment se conduisit-il à l'égard de la Trémoille? — Quel acte dépare ses belles actions? — Quel était le but politique de son second mariage? — 201. Dans quelles vues Louis XII entreprit-il ses grandes expéditions militaires? — Réussit-il dans ses projets? — Quels étaient ses principaux généraux? — De quelles troupes se composait l'armée de Louis XII? — Que manqua-t-il à Louis XII pour le succès de ses entreprises? — 202. Comment Louis XII fit-il la conquête du Milanais? — Avec qui entreprit-il celle du royaume de Naples? — Quelles suites eurent les difficultés qui s'élevèrent entre les deux rois? — 203. Pourquoi Louis XII forma-t-il une ligue contre les Vénitiens? — A quels moyens les Vénitiens eurent-ils recours pour se défendre? — 204. Quelle brillante victoire remporta Louis XII? — Quelles en furent les suites? — 205. Comment Louis XII s'aliéna-t-il les Suisses? — Quelles étaient les dispositions du pape Jules II à l'égard des Français? — Quelle ligue le pape forma-t-il contre Louis XII? — 206. Faites connaître les victoires et la fin glorieuse de Gaston de Foix. — 207. Quels désastres éprouva la France après la mort de ce héros? — Comment la France fut-elle sauvée du danger qui la menaçait? — 208. Quels traités terminèrent les guerres de Louis XII? — Quel avantage la France recueillit-elle des guerres d'Italie? — Quand mourut Louis XII et quel nom lui fut décerné? — Quelle branche des Capétiens commença et finit avec Louis XII? — 209. Faites connaître les principaux actes de l'administration de Louis XII. — Comment administra-t-il les finances? — Que répondait-il à ceux qui le raillaient sur son économie? — Quel important changement introduisit-il dans l'armée? — 210. Quel fut le principal auxiliaire de Louis XII? — Quels furent les différents titres de Georges d'Amboise? — Comment se rendit-il populaire? — Que doit-on lui reprocher? — 211. Quels progrès firent les arts à cette époque? — Citez quelques monuments du temps. — Quels sont les littérateurs les plus célèbres? — Caractérisez le poëte Villon.

TABLE GÉNÉRALE.

DES MATIÈRES CONTENUES DANS CE VOLUME.

Pages.

Extrait du programme du 30 août 1852 pour l'enseignement de l'Histoire et de la Géographie dans les lycées........ v

Extrait du programme sommaire du 5 septembre 1852 pour le baccalauréat ès lettres........................... VIII

Extrait du programme d'Histoire et de Géographie du 7 septembre 1852 pour le baccalauréat ès sciences.......... XV

CHAPITRE PREMIER.

Guerres de Pépin et de Charlemagne................... 1

CHAPITRE DEUXIÈME.

Gouvernement de Charlemagne....................... 17

CHAPITRE TROISIÈME.

Géographie politique de l'empire de Charlemagne........ 36

CHAPITRE QUATRIÈME.

Démembrement de l'empire de Charlemagne par le soulèvement des peuples.................................. 49

CHAPITRE CINQUIÈME.

Démembrement du royaume de France par les usurpations des Leudes...................................... 56

CHAPITRE SIXIÈME.

Les derniers rois carlovingiens et les ducs de France....... 71

CHAPITRE SEPTIÈME.

Les quatre premiers capétiens........................... 79

CHAPITRE HUITIÈME.

Exposition du système féodal au onzième siècle.......... 93

CHAPITRE NEUVIÈME.

Entreprises extérieures................................ 105

CHAPITRE DIXIÈME.

Géographie politique de la France avant les croisades..... 111

CHAPITRE ONZIÈME.

La première croisade................................... 125

CHAPITRE DOUZIÈME.

Louis VI dit le Gros et les communes................... 144

CHAPITRE TREIZIÈME.

Louis VII dit le Jeune, Philippe-Auguste et Louis VIII.... 161

CHAPITRE QUATORZIÈME.

Saint Louis.. 181

CHAPITRE QUINZIÈME.

De la civilisation au treizième siècle................... 192

CHAPITRE SEIZIÈME.

Philippe III le Hardi, Philippe le Bel et ses fils.......... 204

CHAPITRE DIX-SEPTIÈME.

Géographie politique de la France à l'avénement des Valois. 222

CHAPITRE DIX-HUITIÈME.

Philippe VI auteur de la branche des Capétiens-Valois..... 231

CHAPITRE DIX-NEUVIÈME.

Jean le Bon.. 242

TABLE DES MATIÈRES.

CHAPITRE VINGTIÈME.
Charles V dit le Sage............................. 249

CHAPITRE VINGT-UNIÈME.
Charles VI....................................... 258

CHAPITRE VINGT-DEUXIÈME.
Charles VII...................................... 269

CHAPITRE VINGT-TROISIÈME.
Louis XI... 287

CHAPITRE VINGT-QUATRIÈME.
Géographie comparée de la France à l'avénement et à la mort de Louis XI................................... 309

CHAPITRE VINGT-CINQUIÈME.
Charles VIII..................................... 318

CHAPITRE VINGT-SIXIÈME.
Louis XII.. 335

FIN DE LA TABLE.

Paris. — Imprimerie Morris et Comp., rue Amelot 64.

www.ingramcontent.com/pod-product-compliance
Lightning Source LLC
Chambersburg PA
CBHW050545170426
43201CB00011B/1567